高职高专金融投资专业教材

商业银行经营管理
(第2版)

韩宗英　李晓红　编著

清华大学出版社
北　京

内容简介

"商业银行经营管理"作为教育部确定的21世纪高等学校经济学、管理学专业的核心课程，在经济管理类教学中居于核心地位。本书力求在商业银行经营管理的结构、内容上有所创新，既包括了商业银行经营管理的基本理论，又概括了商业银行的实践，并介绍了业务和应用技术；既研究了商业银行的传统业务管理，又把目光投向创新业务管理、市场营销、产品定价等新领域。

本书可作为高职高专院校投资理财、经济、会计、金融等专业的教材，也可作为商业银行从业人员的参考用书。

图书在版编目(CIP)数据

商业银行经营管理/韩宗英，李晓红编著. --2版. --北京：清华大学出版社，2016（2020.2重印）
(高职高专金融投资专业教材)
ISBN 978-7-302-41618-0

Ⅰ. ①商…　Ⅱ. ①韩…　②李…　Ⅲ. ①商业银行—经济管理—高等职业教育—教材　Ⅳ. ①F830.33

中国版本图书馆CIP数据核字(2015)第228177号

责任编辑：桑任松
装帧设计：杨玉兰
责任校对：周剑云
责任印制：沈　露
出版发行：清华大学出版社
网　　址：http://www.tup.com.cn, http://www.wqbook.com
地　　址：北京清华大学学研大厦A座　　邮　　编：100084
社 总 机：010-62770175　　邮　　购：010-62786544
投稿与读者服务：010-62776969, c-service@tup.tsinghua.edu.cn
质量反馈：010-62772015, zhiliang@tup.tsinghua.edu.cn
课件下载：http://www.tup.com.cn, 010-62791865
印 装 者：清华大学印刷厂
经　　销：全国新华书店
开　　本：185mm×230mm　　印　张：24.25　　字　数：526千字
版　　次：2010年1月第1版　2016年3月第2版　　印　次：2020年2月第5次印刷
定　　价：44.00元

产品编号：053024-01

再版前言

金融是经济的核心，商业银行作为现代金融体系的主体，对国民经济活动的影响日益深刻。近二十年来，随着金融业全球化进程的加快，商业银行的经营模式、管理理论和管理方法均发生了巨大的变化。本书从通俗易懂的案例导入开始，全面、系统、深入地阐述了商业银行经营管理的有关概念、内容和方法，详细而全面地介绍了商业银行业务及其操作程序，同时还介绍了商业银行的经营创新。

目前国内相关方面内容的书籍很多，且各具特色。在本书的编写过程中，作者广泛吸收了其他版本的优点，同时力图体现以下特色。

(1) 规范性与现实性相结合。本书紧紧围绕商业银行的资产负债业务和中间业务、表外业务的经营管理等加以介绍，既体现了商业银行经营管理学科的规范性，又重视近年来商业银行业务的创新。

(2) 系统性与实用性相结合。本书以商业银行资产负债业务为主线，依次介绍了资本金业务、负债业务、贷款业务、投资业务、中间业务及表外业务等，并对商业银行资产的证券化进行了专门介绍，特别是对商业银行的资产负债表进行了详细的分析，具有较强的系统性、适应性和实用性。

(3) 理论性与可操作性相结合。商业银行经营管理的内容极其丰富，本书在编写的过程中力求避免以空洞的理论进行说教的弊端，注重经营管理方法的介绍和案例分析，力争使读者学会和掌握其操作程序与方法，从而最终服务于我国银行经营管理的实践。

本书可以作为经济类院校相关专业的教材，同时也是实际工作人员掌握商业银行经营管理知识和操作技巧的一本很好的参考书。

参与编写的人员中有从事与商业银行经营管理学相关内容教学的教师，有曾在商业银行一线工作多年的有实践经验的教师，编写之前根据他们对内容驾驭的熟练程度分配了编写任务。其中由辽宁金融职业学院韩宗英教授统一分配、统稿并编写第一章、第二章、第三章、第四章、第五章、第十章；辽宁金融职业学院李晓红博士编写第六章、第七章、第八章；辽宁金融职业学院伏琳娜编写第九章、第十一章、第十二章。

在编写过程中，我们借鉴了许多优秀金融学者和银行专家们的思想，参阅了大量的同名或类似名称的教材、读本及相关资料，在本书后统一列出参考文献，对他们表示谢意。

为了在完善高等经济、金融职业类院校的“商业银行经营管理”教材工作方面贡献一分力量，我们全体参编人员对编写内容进行了认真商量、仔细斟酌。尽管编写过程中付出了许多努力，但由于时间和水平的原因难免出现纰漏，敬请读者批评指正。

编　者

目　录

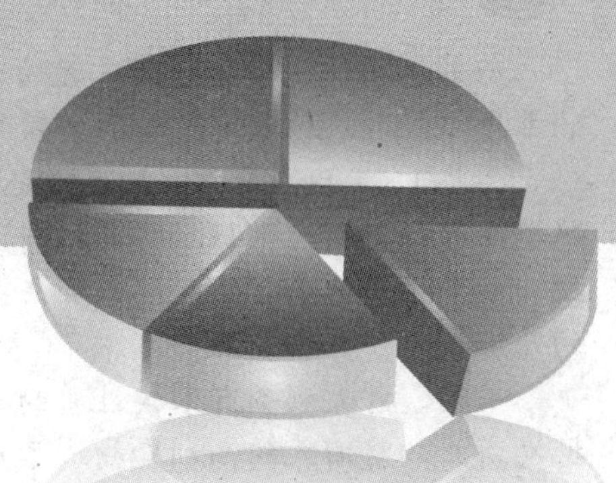

第一章 商业银行导论

本章精粹：

- 商业银行的起源和发展。
- 商业银行的性质及职能。
- 商业银行的经营原则。
- 商业银行的组织结构和政府对银行业的监管。
- 案例研究：互联网金融代表了中国银行业未来的方向。

案例导入 “外来和尚”的海洋基因

历史总要转几个世纪的弯之后才能证明一个简单的道理：一件事物的起源，决定了它的本质。银行这种做关于货币生意的机构也是如此。

公元1171年，在意大利的威尼斯诞生了世界上第一家近代银行，在随后的几百年里，热那亚银行、荷兰阿姆斯特丹银行以及著名的英格兰银行等，上百家私人或公立的银行在欧洲最早的商业海岸上兴起，那正是一个海外贸易和重商主义主宰全球的“大航海时代”的开始。

早期，意大利带有家族性质的小银行，依托于兴旺的海外贸易和建立在这种基础上的批发商业，将旧式的高利贷扫进了历史的角落，这种以国家未来的税收作为担保取得贷款的方式，使银行拥有了稳定的财源，也令国家可以从容地应对战争和公债。

到了16世纪，故事仍在上演，只不过主角变成了荷兰，战争变成了商业掠夺。从当时的南非到日本，荷兰的东印度公司像一个国家那样运作着，每年向海外派出50支商船队所掠夺回来的金银货币，任何时刻都迫切地需要一个储存和流转的场所。1609年，阿姆斯特丹银行建立，它支持着出海的商人们日益膨胀的野心，也充实着荷兰这个国家称霸一时的经济命脉，这是世界上第一个取消金银兑换业务而发行纸币的银行。

近一个世纪后出现的英格兰银行，很好地继承了阿姆斯特丹银行的血统，并依靠着英国工业革命这个强大的商业机器将其发扬光大。作为世界上第一个中央银行，它开创了现代银行制度：“一方面把一切闲置的货币准备金集中起来，并把它投入货币市场，从而剥夺了高利贷资本的垄断；另一方面又建立了信用货币，从而限制了贵金属本身的垄断。”

“好的银行都是一个体系出来的，就是澳大利亚、英国和美国。”摩根士丹利(Morgan Stanley，MYSE: MS)亚太区前首席经济学家谢国忠的话虽然武断却也不无道理，国人所熟悉的渣打银行、汇丰银行、花旗银行，包括来自香港地区的东亚银行，都无一例外是带有海洋基因的“外来和尚”。

这些深受海洋法系影响的国度和地区，较早地接受了银行是一个关于信用的商业契约的本质，也习惯了拥有真实海外贸易背景的商人和企业前来融资的传统，因为它们的整个国家机器，都是为这一庞大的工商业系统提供服务的。

它们时刻准备着向外扩张，150多年前，英国渣打银行终于以“麦加利银行”的名字登陆中国。一个多世纪过去了，渣打银行从未间断在中国营业的历史，成为和中国最早建立业务关系、合作时间最长的外资银行，并与其他后来者一同影响着中国银行业的发展进程。

不过，在新中国成立后相当长的一段时间，渣打银行看到的是一个高度垄断的银行体系。至少在1984年以前，中国只有一家中央银行——中国人民银行，通过总分行来控制全国的金融流通。当然，实践证明，这种没有任何分工的银行体系只能适应那个没有多少存款，吃饭买东西还需要粮票、菜票的时代。

(资料来源：胡宗源．上海南风窗．http://www.sina.com.cn，2007-05-30)

第一节　商业银行的起源和发展

商业银行是市场经济的产物，它是为适应市场经济的发展和社会化大生产的需要而形成的一种金融组织。商业银行经过几百年的发展演变，现在已经成为世界各国经济活动中最主要的资金集散机构，对经济活动的影响力居于各国各类金融机构之首。

一、商业银行的起源

银行是由货币经营业演变而来的，而历史上的货币经营业又是在货币兑换业的基础上逐渐形成的，可以说，货币经营业是银行的先驱。货币经营业与银行的主要区别在于有无信用活动，银行是专门经营货币信用业务的金融机构。商业银行的产生有三种途径：一是从旧式的高利贷银行转变而来，二是以股份公司的形式组建，三是由国家作为主要出资者进行组建。

早期银行业的产生与国际贸易的发展有着密切的联系。中世纪的欧洲地中海沿岸各国，尤其是意大利的威尼斯、热那亚等城市是著名的国际贸易中心，商贾云集，市场十分繁荣。但由于当时社会的封建割据，货币制度混乱，各国商人所携带的铸币形状、成色、重量各不相同。为了适应贸易发展的需要，必须进行货币兑换。于是，单纯从事货币兑换业并从中收取手续费的专业货币商便应运而生。随着异地交易和国际贸易的不断发展，来自各地的商人为了避免长途携带货币而产生的麻烦和风险，开始把自己的货币交存在专业货币商处，委托其办理汇兑与支付。这时候的专业货币商已作为银行萌芽反映出最初的职能：货币的兑换与款项的划拨。

随着接收存款的数量不断增加，专业货币商发现这些存款人不会同时支取存款，于是他们开始把汇兑业务中暂时闲置的资金贷放给社会上的资金需求者。最初，专业货币商贷放的款项仅限于自有资金，随着代理支付制度的出现，借款者开始把所借款项存在贷出者那里，并通知贷放人代理支付。可见，从实质上看，贷款已不仅限于现实的货币，而是有一部分变成了账面信用，这标志着现代银行的本质特征已经出现。

当时，意大利的银行主要有 1171 年设立的威尼斯银行和 1407 年设立的圣乔治银行等。到 16 世纪末，银行普及到欧洲其他国家，如 1609 年成立的阿姆斯特丹银行、1619 年成立的汉堡银行、1621 年成立的纽伦堡银行等都是欧洲早期著名的银行。在英国，早期的银行业是由金匠业发展而来的。17 世纪中叶，英国的金匠业极为发达，人们为了防止金银被盗，将金银委托给金匠保存。当时金匠业不仅代人保管金银，签发保管凭条，还可按顾客的书面要求，将金银划拨给第三者。金匠业还利用自有资本发放贷款，以获取利息。同时，金匠们签发的凭条可代替现金流通于市面，称之为“金匠券”，这也开了近代银行券的先河。

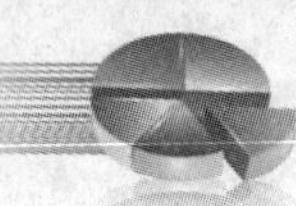

这样，英国早期银行就在金匠业的基础上出现了。

早期的银行业虽已具备了银行的本质特征，但它仅仅是现代银行的原始发展阶段。因为银行业的生存基础还不是社会化大生产的生产方式，银行业的放款对象主要是政府和封建贵族，银行业的放贷带有明显的高利贷性质，其提供的信用还不利于社会再生产。但早期银行业的出现，完善了货币经营业务，孕育了信贷业务的萌芽。它们演变成为现代银行则是在 17 世纪末到 18 世纪期间的事情，而这种转变还要求具备经济发展过程中的某些特殊条件。

现代商业银行的最初形式是资本主义商业银行，它是资本主义生产方式的产物。随着生产力的发展、生产技术的进步和社会劳动分工的扩大，资本主义生产关系开始出现萌芽。一些手工场主同城市富商、银行家一起形成了一个新的阶级——资产阶级。由于封建主义银行贷款具有高利贷的性质，年利率为 20%～30%，严重地阻碍着社会闲置资本向产业资本的转化。另外，早期银行的贷款对象主要是政府等一批特权阶层而非工商业，新兴的资产阶级工商业无法得到足够的资金支持，而资本主义生产方式产生与发展的一个重要前提是要有大量的为组织资本主义生产所必需的货币资本。因此，新兴的资产阶级迫切需要建立和发展资本主义商业银行。

资本主义商业银行的产生，基本上是通过以下两种途径：一是旧的高利贷性质的银行逐渐适应新的经济条件，演变为资本主义银行。在西欧，由金匠业演化而来的旧式银行，主要是通过这一途径缓慢地转化为资本主义银行的。另一途径就是新兴的资产阶级按照资本主义原则组织的股份制银行，这一途径是主要的。这一建立资本主义银行的历史过程，在最早建立资本主义制度的英国表现得尤其明显。1694 年，在政府的帮助下，英国建立了历史上第一家资本主义股份制的商业银行——英格兰银行。它的出现，宣告了高利贷性质的银行业在社会信用领域垄断地位的结束，标志着资本主义现代银行制度开始形成以及商业银行的产生。从这个意义上来说，英格兰银行是现代商业银行的鼻祖。继英格兰银行之后，欧洲各资本主义国家相继成立了许多商业银行。从此，现代商业银行体系在世界范围内开始普及。

与西方的银行相比，中国的银行则产生得较晚。中国关于银钱业的记载，较早的是南北朝时的寺庙典当业。到了唐代，出现了类似汇票的“飞钱”，这是我国最早的汇兑业务。北宋真宗年间，由四川富商发行的交子，成为我国早期的纸币。到了明清以后，当铺是中国主要的信用机构。明末，一些较大的经营银钱兑换业的钱铺发展成为银庄。银庄产生初期，除兑换银钱外，还从事贷款业务，到了清代，才逐渐开办存款、汇兑业务，但最终在清政府的限制和外国银行的压迫下走向衰落。我国的近代银行业，是在 19 世纪中叶外国资本主义银行入侵之后才兴起的。最早在中国设立的外国银行是英商东方银行，其后各资本主义国家纷纷来华设立银行。在华的外国银行虽给中国国民经济带来巨大破坏，但在客观上也对我国银行业的发展起到了一定的刺激作用。1897 年 5 月 27 日，中国通商银行在上海成立，这是中国人自己创办的、具有资本主义性质的第一家商业银行，标志着中国现代银行的产生。此后，浙江兴业银行、交通银行相继成立。

二、商业银行的发展

尽管各国商业银行产生的具体条件不同，其称谓也不尽相同，但是其发展基本遵循如下传统。一是英国式融通短期资金形式。英美等国商业银行的贷款业务至今仍以短期自偿性商业贷款为主。这种传统方式的优点是能够较好地保持银行的安全性和清偿力；缺点是银行业务的发展受到了一定的限制。二是德国式综合银行形式。这一传统方式的主要特点是：商业银行不仅提供短期商业性贷款，而且提供长期贷款，甚至可以投资于企业股票与债券，参与企业的决策与发展，为企业的兼并与重组提供财务咨询、财务支持等投资业务。至今，不仅德国、瑞士、奥地利等少数欧洲国家坚持这一传统，而且美国、日本等国的商业银行也有向综合银行发展的趋势。这种传统方式的优点是利于银行开展全面的业务经营活动，为企业提供全方位的金融服务；缺点是会加大银行的经营风险，因而对银行的经营管理提出了更高的要求。

商业银行发展到今天，其内核与其当时因发放基于商业行为的自偿性贷款从而获得“商业银行”的称谓相比，已相去甚远。今天的商业银行被赋予了更广泛、更深刻的内涵。特别是第二次世界大战以后，随着社会经济的发展、银行业竞争的加剧，商业银行的业务范围不断扩大，逐渐成为多功能、综合性的“金融百货公司”。

20 世纪 90 年代以来，国际金融领域出现了不少新情况，直接或间接地对商业银行的经营与业务产生了深远的影响：银行资本越来越集中，国际银行业出现竞争新格局；国际银行业竞争激化，银行国际化进程加快；金融业务与工具不断创新，金融业务进一步交叉，传统的分业经营模式朝着综合化、全能化模式转化；金融管制不断放宽，金融自由化趋势日益明显；国内外融资出现证券化趋势，证券市场蓬勃发展；出现了全球金融一体化的趋势。这些发展趋势的出现必将对今后商业银行制度与业务的发展产生更加深远的影响。

三、西方商业银行的最新发展动向

21 世纪是知识经济与新金融时代，商业银行的业务逐步向全能化、规模化、国际化、新技术化方面发展。

(一)西方商业银行发展的全能化

商业银行的一个重要趋势是从专业化向全能化(综合性)银行发展，西方商业银行以各种形式的金融创新和改头换面的新金融机构形式冲破制度束缚，逐步全方式、全能化地发展银行业务，于是经济发展过程中有了“金融百货公司”的概念。

“无所不能为，无所不去为。”西方商业银行几乎什么业务都能做：有传统的存款、贷款、汇款(结算)和货币兑换等商业银行业务，有各种各样的创新业务，有证券包销、证券经纪、资产管理、财务顾问、企业并购策划等典型的投资银行业务，有各种基金、信托、租

赁、保险代理等各种非银行的金融业务，有为普通工商企业提供的各种类似采购、销售甚至是计算机系统建设之类的经济业务，也有一些诸如社会保障、助残等社会工作。

银行全能化的好处是分散银行风险，增强了其抗风险能力，同时增加银行盈利，也可以为客户、为社会提供全方位、多功能的金融服务，既节省客户同银行打交道的成本，又提高了金融业的服务效率。

(二)商业银行业发展的规模化

西方银行业将跨行业合并作为规模扩张、提高竞争能力和盈利能力的重要手段。通过并购实现区域和业务范围的扩展，整合传统银行业务与现代银行业务的运作模式，将商业银行、投资银行、网上银行融为一体，通过规模经济、协同效应大大提高了对其风险的防范与化解能力。过去十年间，美国超过 100 亿美元的金融机构的合并达到二十余次，日本三家大银行掌握了 50%以上的国内存款，法国的巴黎国民银行、里昂信贷银行和兴业银行总资产占法国商业银行总资产的 50%。当今全球 10 大银行，包括三菱东京、花旗集团、摩根大通等为了维持和增强全球竞争力，近年来无一例外地都进行了重大并购行动，超级银行不断产生，大大地改变了世界银行业的整体格局。发达国家中，少数大银行在市场中占主导地位的现象越来越明显。银行业正走向集中和垄断，出现了强者越强、弱者越弱的现象。

(三)商业银行业发展的国际化

随着生产与销售国际化的迅速发展，无论是生产者、销售者还是消费者都希望获得全球化的服务，这在客观上促使金融市场国际化和银行业务全球化的进程日益加快。

由于大宗并购交易频繁，使得全球并购市场十分火爆。据彭博统计，2014 年上半年全球并购交易总规模达到 2 万亿美元，较去年同期翻番，创下 2007 年以来同期最高水平，其中大宗并购交易比重大幅提升。金融危机后，全球投资者倾向于选择规避风险的投资，出于分散经营风险和获取更大收益等考虑，近年来，各大银行纷纷到海外设立分支机构，并与国际企业的跨国经济、国际资本流动相辅相成。西方商业银行，特别是跨国商业银行的国际化程度逐步提高，银行业务的地域扩张已经远远超越国界而走向全球化，银行机构国际化、经营地域全球化趋势十分明显。

截至 2013 年，花旗集团的分行、子公司、附属机构遍布全球 100 多个国家；汇丰集团在欧洲、亚太地区、美洲、中东及非洲 82 个国家和地区拥有约 10 000 个附属机构。

西方商业银行股东全球化、机构全球化、客户全球化、业务全球化、雇员全球化、管理模式全球化的模式在带来可观收入的同时，还伴随着资本市场的巨大增值。

(四)商业银行业发展的高新技术化

商业银行高科技发展很快，很多新技术是抢先在银行系统运用的，有不少新技术本身就是银行发明的，特别是在最近十年中，计算机和信息技术的迅猛发展，使金融业成为技术应用最多、效率最高、速度最快、技术最密集、最先实现了信息化的行业，传统业务(资金调拨、办公与会计等)的处理速度大大提高，同时也使银行能够提供范围更广泛的服务。计算机通信技术的进步和在金融体系中广泛应用，使银行业务全面进入电子化时代，由最初用于银行内部发展到票据交换和证券交易，再到国际金融交易及信息传递，以及家庭银行服务业。

计算机与通信技术，尤其是网络技术的发展与应用，促使商业银行的经营环境和经营方式发生了根本变化，经营方向由传统的粗放经营转向集约经营。以前，支票的支付与结算完全由银行垄断，现在情况改变了，在美国等西方国家银行与其他机构组成了支付结算服务协会，此后，结算变得更加自动化，各种银行卡(信用卡、记账卡、支票保证卡、智能卡)的使用越来越普遍，技术性能大大提高。ATM 机、POS 机广泛应用，家庭和办公室银行业的生产和发展，使得通过个人计算机或其他终端设备与银行计算机联网，客户可以直接在家或办公室接受银行服务，技术创新也导致了大量新的金融产品的出现，欧洲的网上银行目前所拥有的客户数已达 320 万之多。

第二节　商业银行的性质及职能

商业银行是在市场经济中孕育和发展起来的，它是适应市场经济发展和社会化大生产的需要而形成的一种金融企业。经过几百年的发展和演变，现代商业银行已经成为各国经济活动中主要的资金集散机构和中心，其对经济活动的影响力居于各国各类银行与非银行金融机构之首。

商业银行是以追求最大利润为目标，并能向客户提供多种金融服务的特殊金融企业。赢利是商业银行产生和经营的基本前提，也是商业银行发展的内在动力。

一、商业银行的性质

从商业银行的起源和发展历史来看，商业银行的性质可以归纳为以追求利润为目标，以经营金融资产和负债为对象，是综合性、多功能的金融企业。

(一)商业银行具有现代企业的基本特征

和一般的工商企业一样，商业银行也具有业务经营所需的自有资金，也需独立核算、自负盈亏，也要把追求最大限度的利润作为自己的经营目标。获取最大限度的利润是商业银行产生和发展的基本前提，也是商业银行经营的内在动力。就此而言，商业银行与工商企业没有区别。

(二)商业银行是一种特殊的企业

商业银行的特殊性主要表现在以下几方面。

(1) 商业银行的经营对象和内容具有特殊性。一般工商企业经营的是物质产品和劳务，从事商品生产和流通；而商业银行是以金融资产和负债为经营对象，经营的是特殊的商品——货币和货币资本，经营内容包括货币收付、借贷以及各种与货币运动有关的或者与之联系的金融服务。

(2) 商业银行对整个社会经济的影响和受社会经济的影响特殊。商业银行对整个社会经济的影响要远远大于任何一个具体的企业，同时商业银行受整个社会经济的影响也较任何一个具体的企业更为明显。

(3) 商业银行责任特殊。一般工商企业只以盈利为目标，只对股东和使用自己产品的客户负责；商业银行除了对股东和客户负责之外，还必须对整个社会负责。

(三)商业银行是一种特殊的金融企业

商业银行既有别于国家的中央银行，又有别于专业银行(西方指定专门经营范围和提供专门金融服务的银行)和非银行金融机构。中央银行是国家的金融管理当局和金融体系的核心，具有较高的独立性，它不对客户办理具体的信贷业务，不以营利为目的。专业银行和各种非银行金融机构只限于办理某一方面或几种特定的金融业务，业务经营具有明显的局限性。商业银行的业务经营则具有很强的广泛性和综合性，它既经营“零售”业务，又经营“批发业务”，其业务触角已延伸至社会经济生活的各个角落，成为“金融百货公司”和“万能银行”。

二、商业银行的职能

商业银行作为一国经济中最重要的金融中介机构，具有不可替代的作用，商业银行的经济职能恰恰能够说明这一点。

(一)信用中介职能

信用中介职能是商业银行最基本也最能反映其经营活动特征的职能。这一职能的实质是通过商业银行的负债业务，把社会上的各种闲散资金集中到银行，再通过商业银行的资产业务，投向社会经济的各部门。商业银行作为货币资本的贷出者和借入者，实现货币资本的融通，并从吸收资金的成本与发放贷款利息收入、投资收益的差额中获取利益收入，从而形成银行利润。商业银行成为买卖“资本商品”的“大商人”。商业银行是通过信用中介的职能实现资本盈余和短缺之间的融通，并不改变货币资本的所有权，改变的只是货币资本的使用权。这种使用权的改变，对经济活动可以起到多层面的调节转化作用，包括以下几个方面。

(1) 可以把暂时从再生产过程中游离出来的闲置资金转化为可用资金，从而在不改变社会资本总量的条件下，通过改变资本的使用量，提供了扩大生产手段的机会。

(2) 可将用于消费的资金转化为能带来货币收入的投资，扩大社会资本总量，从而加速经济增长。

(3) 可以把短期货币资本转化为长期货币资本，在利润原则的支配下，还可以把货币资本从效益低的部门引向效益高的部门，形成对经济结构的调节。

(二)支付中介职能

商业银行除了作为信用中介融通货币资本以外，还执行着货币经营的职能。商业银行通过存款在账户上的转移代理客户支付，在存款的基础上为客户兑付现款等，成为工商业团体和个人的货币保管者、出纳者和支付代理人。这样，整个经济社会就形成了以商业银行为中心无始无终的支付链条和债权债务关系。支付中介职能的发挥，大大地减少了现金的使用，节约了社会流通费用，加速了结算过程和货币资金周转，促进了经济发展。支付中介职能从逻辑上先于信用中介职能，它最早产生于货币经营时期。货币经营者在货币保管和办理支付过程中积聚了大量货币，为使货币增值而发放贷款，于是产生了信用中介职能。但支付职能的发展，也有赖于信用中介职能，因为只有在客户确有存款的前提下，商业银行才能为客户办理支付。可见，支付中介职能和信用中介职能是相互联系、相互促进的，两者互动构成了银行借贷资本的整体运动。

(三)信用创造职能

商业银行的信用创造职能是在信用中介与支付中介的职能基础之上产生的。长期以来，商业银行是各种金融机构中唯一能吸收活期存款并开设支票存款账户的机构，在此基础上产生了转账和支票流通，商业银行利用吸收的存款发放贷款，在支票流通和转账结算的基础上，贷款又转化为派生存款，在这种存款不提现或不完全提现的情况下，就增加了商业银行的资金来源。最后在整个商业银行的体系中，形成了数倍于原始存款的派生存款。当然，商业银行也不能无限制地创造信用，更不能凭空创造信用，它至少要受到以下因素的制约。

(1) 商业银行信用创造，要以原始存款为基础。就每一个商业银行而言，要根据存款发放贷款和进行投资；就整个商业银行的体系而言，也要在原始存款的基础上进行信用创造。因此，信用创造的限度，取决于原始存款的规模。

(2) 商业银行信用创造要受中央银行法定存款准备金率及现金漏损率的制约，创造能力与其呈反比。

(3) 创造信用的条件是要有贷款需求。如果没有足够的贷款需求，存款贷不出去，就谈不上创造，因为有贷款才有派生存款；相反，如果归还贷款，就会相应地收缩派生存款，收缩的程度与派生程度一致。

因此，对商业银行来说，吸收存款的多少具有非常重要的意义。商业银行通过自己的信贷活动创造和收缩活期存款，自己的负债作为货币来流通，具有信用创造功能。

(四)金融服务功能

随着经济的发展，各个经济单位之间的联系更加复杂，各金融中介机构之间的竞争也日益激烈，人们对财富的管理要求亦相应提高。商业银行由于联系面广，信息比较灵通，特别是电子计算机在银行业务中的广泛应用，使其具备了为客户提供服务的条件。商业银行根据客户的要求不断地拓展自己的金融服务领域，如信托、租赁、咨询、经纪人业务及国际业务等，这些领域在商业银行的经营中占据了越来越重要的地位。现代化的社会生活，从多方面给商业银行提出了创新金融服务的要求。如何保持竞争优势，借鉴和吸收国际经验，不断开发新的业务领域和业务品种，是各国商业银行面临的一个新的艰巨任务。在现代经济生活中，金融服务已成为商业银行的重要职能。

第三节　商业银行的经营原则

商业银行经营的高负债率、高风险性以及受到监管的严格性等特点决定了商业银行的经营原则不能是单一的，而只能是几个方面的统一。目前，各国商业银行已普遍认同了经营管理中所必须遵循的“安全性、流动性、盈利性”的“三性”原则，我国也在《中华人民共和国商业银行法》中明确规定了商业银行“安全性、流动性、效益性”的经营原则。

一、安全性

商业银行应努力避免各种不确定因素对它的影响，保证商业银行的稳健经营和发展。商业银行之所以必须坚持安全性原则，是因为商业银行经营的特殊性。

(一)安全性的含义

所谓安全性，是指商业银行在运营过程中其资产免遭损失的可靠程度。可靠程度越高，资产的安全性就越强；反之，则资产的安全性越弱。安全性的相对概念为风险性，即商业银行资产遭受风险的可能性。引起银行经营风险的因素大致有两类：一是市场风险，这是由于影响市场波动因素的不确定性导致的，如利率升降、商品供求变化等；二是违约风险，这是借款人不能履约偿还贷款本金和利息的风险。风险总是对银行的经营产生不利影响，商业银行经营的绝对安全是不存在的，但要尽量采取措施把风险降到最低点。因此，应倡导稳健经营，注重资产安全和风险防范。

(二)安全性的目的

(1) 商业银行自有资本较少，经受不起较大的损失。商业银行是以货币为经营对象的信用中介机构，不直接从事物质产品和劳务的生产流通活动，不可能直接获得产业利润。银行的贷款和投资所取得的利息收入只是产业利润的一部分，如果商业银行不利用较多的负债来支持其资金运用，银行的资金利润率就会大大低于工商企业的资金利润率。同时作为一个专门从事信用活动的中介机构，商业银行比一般企业更容易取得社会信用，接受更多的负债。因此，在商业银行的经营中就有可能保持比一般企业更高的资本杠杆率，由此使得商业银行承受风险的能力要比一般企业大得多。可见，为了保证银行的正常经营，对资金业务的安全性给予充分的关注是极其必要的。

(2) 商业银行经营条件的特殊性，尤其需要强调它的安全性。一方面，商业银行以货币为经营对象，它们以负债的形式把居民手中的剩余货币集中起来，再分散投放出去，从中赚取利润。对于商业银行来说，对居民的负债是有硬性约束的，既有利息支出方面的约束，也有到期还本的约束。如果商业银行不能保证安全经营，到期按时收回本息的可靠性会非常低，则商业银行对居民负债的按期清偿也就没有了保证，这会大大损害商业银行的对外信誉，接受更多负债的可能性将失去；更有甚者，若居民大量挤兑存款，则可能导致商业银行倒闭。另一方面，在现代信用经济条件下，商业银行是参与货币创造过程的一个非常重要的媒介部门。如果由于商业银行失去安全性而导致整个银行体系混乱，则会妨碍整个宏观经济的正常运转。

(三)风险分类

商业银行在经营过程中会面临各种风险，因此，保证安全性经营就必须控制风险。概括起来，商业银行面临的主要风险如下。

(1) 国家风险。国家风险是指由于债务国政治动乱或经济衰退而导致债务人无法清偿债务，使债权人蒙受损失的可能性。

(2) 信用风险。信用风险是指借贷双方产生借贷行为后，借款方不能按时归还贷款方的本息而使贷款方遭受损失的可能性。信用风险的存在非常广泛，商业银行的所有业务都有可能面临信用风险，其中以信贷业务的信用风险最大。近年来，世界性的银行呆账、坏账问题就反映了信用风险对商业银行影响的严重性。

(3) 利率风险。金融市场上利率的变动使经济主体在筹集或运用资金时可能遭受到的损失就是利率风险。利率风险主要表现为经济主体在筹集或运用资金时选择的时机或方式不当，从而不得不付出比一般水平更高的利息或收到比一般水平更低的收益。

(4) 汇率风险。由于汇率的变动而使经济主体所持有的资产和负债的实际价值发生变动可能带来的损失就是汇率风险。对于既有本币资产又有外币资产的商业银行来说，汇率风险是无处不在的。

(5) 流动性风险。流动性风险是传统商业银行的主要风险之一，是指商业银行掌握的可用于即时支付的流动性资产不足以满足支付需要，从而使其丧失清偿能力的可能性。虽然流动性风险经常是商业银行破产倒闭的直接原因，但实际情况往往是由于其他种类风险长时间隐藏、积累，最后以流动性风险的形式集中爆发出来，因此流动性风险的防范必须与其他风险的控制结合起来。

(6) 经营风险。经营风险是指商业银行在日常经营中因各种自然灾害、意外事故等引起的风险。

(7) 竞争风险。竞争风险是指金融业激烈的同行业竞争造成商业银行客户流失、资产质量下降、银行利差缩小，从而增大银行经营的总风险。商业银行的经营特点决定了商业银行保持经营安全的重要性。

二、流动性

当银行需要资金时，商业银行的流动性要求能够通过迅速收回资产予以满足，同时还要保持足够的流动性来满足客户提现和贷款的要求。

(一)流动性的含义

流动性是指商业银行及时变现和支付的能力。流动性通常包括两方面的含义，即资产流动性和负债流动性。

(1) 资产流动性是指在资产不发生损失的条件下，银行及时变现资产进行支付的能力。为了保持流动性以应付客户提现以及其他贷款需求，银行必须掌握一定数额的现金资产和流动性较强的其他资产。现金资产一般包括库存现金、法定准备金以及同业存款，它们是满足银行流动性需求的第一道防线；其他资产通常是指短期票据及短期贷款，它们是满足流动性需求的第二道防线。商业银行在经营过程中出现流动性需求时，虽然可以通过资产的流动性安排来满足流动性需求，但更为积极的办法是通过负债来获取新的流动性。

(2) 负债流动性是指银行及时获取所需资金的负债能力。商业银行负债的流动性是通过创造主动负债来进行的，如向中央银行借款、发行大额可转让存单、同业拆借、利用国际货币市场融资等。如果商业银行在需要资金的时候能够以合理的成本通过新的负债及时获取所需资金，那么它就具有较好的负债流动性，否则就缺乏负债的流动性。

(二)流动性的目的

(1) 遵守关于银行的法律。存款人开户存款，说明金融机构与存款人之间储蓄合同关系即告成立。商业银行对存款人要保证支付，无论存款人到期支取，还是提前支取，商业银行都要保证支付。如果商业银行不能支付存款人取款时，就会引发大规模的公众挤兑。相反，商业银行贷款一般都是要等到合同到期时才能收回，商业银行在借款人没有违约的情况下，不能提前收回贷款。一方面，商业银行要保证支付，另一方面商业银行不能提前收回贷款。而商业银行库存的现金是有限的，所以，为了保证商业银行的支付能力，商业银行必须保证资产的适度流动性。

(2) 维护银行信誉。一旦商业银行的本息收回额与其准备金额之和还不能应付客户提存与贷款需求及银行本身需求时，便出现了流动性危机。流动性危机将严重损害商业银行的信誉，影响其业务量并增加经营成本，妨碍其进一步发展。由此可见，商业银行在经营中必须十分注意保持良好的流动性。

(3) 有利于社会稳定。如果商业银行因支付能力不足而破产，会使信用纠纷增多，由此引发大范围的信用危机，不利于社会经济的发展，也不利于社会的稳定。

三、盈利性

一切经营性企业都有一个共同的目标——追求盈利。商业银行作为经营货币的企业，当然也不例外。

(一)盈利性的含义

所谓盈利性，是指商业银行获得利润的能力。商业银行作为金融企业，在业务经营活动中同样力求获得最大限度的利润，盈利性越高，获得利润的能力就越强；反之，获得利润的能力就越弱。提高盈利水平，可以提升银行信誉，增强银行实力，从而吸引更多的客户，同时也可以增强银行应对经营风险的能力，避免因资本大量损失而带来破产倒闭的危险。

商业银行通过吸收存款、发行债券等负债业务，把企事业单位和个人的闲置资金集中起来，然后再通过发放贷款、经营投资等资产业务，把集中起来的资金运用出去，弥补一部分企事业单位和个人的暂时资金不足。商业银行通过这种资金运动，把社会资金周转过程中暂时闲置的资金融通到暂时不足的地方去，解决了社会资金周转过程中资金闲置和不足并存的矛盾，使社会资金得到充分利用，这不仅可以对社会经济的发展起到有益的促进作用，而且商业银行可以从资金利用中得到利息收入和其他营业收入。这些收入扣除付给

存款人的利息，再扣除支付给职工的工资及其他有关费用，余下的部分即形成商业银行的利润。

(二)盈利性的目的

(1) 盈利水平的增长是商业银行一切经营活动的中心和原动力。商业银行的最终目标是为了追求盈利，并使利润最大化。这是由商业银行的企业性质所决定的，也是商业银行股东的利益所在。

(2) 盈利水平的发展趋势能够综合反映商业银行内部的经营管理状况。由此可以看出该银行决策者的管理水平以及银行经营是否健康等各方面的状况。

(3) 盈利水平的逐年增长也为其参与竞争和发展打下了坚实的基础。因为有较高利润水平的银行，通常其留存盈余也比较多，银行发展也就有了物质基础；其次，较多的税后利润，给银行股东的回报就比较多，这样银行股票的市值就会上升，有利于商业银行资本的筹集；再次，盈利性高的往往受到社会公众的普遍信任，客户市场占有率就高，规模效益就大；最后，具有高盈利性的商业银行，职员的工资水平上升得比较快，这样职工工作积极性、工作效率就会提高，同时也有利于银行吸引更多的人才。

四、商业银行经营原则的矛盾及其协调

作为一个企业，商业银行经营的首要目标在于盈利，盈利是企业生存、发展的必要条件。但作为一个经营货币商品的特殊企业，商业银行在实现这个目标的过程中又要受到流动性与安全性的制约，忽视这两方面的因素而单纯追求盈利，则商业银行的经营必然陷入混乱。因此，现代商业银行在追求盈利性目标的同时，必须兼顾其资产的安全性和流动性。商业银行经营的安全性、流动性和盈利性之间往往是相互矛盾的。从盈利性的角度看，商业银行的资产可以分为盈利资产和非盈利资产，资金用于盈利资产的比重越高，商业银行收取的利息就越多，盈利规模也就越大。而从流动性的角度看，非盈利资产如现金资产随时可以应付存款的提现需要，具有极强的流动性，因而现金资产的库存额越高，商业银行的流动性越强，商业银行体系应付提现的能力也就越强。再从安全性的角度来看，一般情况下，具有较高收益率的资产，其风险总是较大的。为了降低风险，确保资金的安全，商业银行就不得不把资金投向收益率较低的资产。不难看出，盈利性原则要求提高盈利资产的运用率，而流动性原则却要求降低盈利资产的运用率；资金的盈利性要求选择有较高收益的资产，而资金的安全性却要求选择有较低收益的资产。这样，就使得商业银行的安全性、流动性和盈利性之间产生了尖锐的矛盾。

商业银行的某些经营决策往往会有利于某一原则，但同时又有损于另一个原则；某一原则的实现，经常会以损害另一个原则为代价。这种矛盾关系要求商业银行的管理者必须

对“三性”原则进行统一协调。实际上，商业银行经营的“三性”原则之间存在着潜在的统一协调关系。商业银行盈利与否的衡量标准并不是单一地采用预期收益率的指标，还要综合考虑商业银行的安全性及其面临的风险。对各种风险因素进行综合计量后得出的收益率指标，才是商业银行的实际盈利状况。因此，盈利性与安全性之间存在统一的一面。另外，商业银行的盈利性与流动性也有统一协调的一面。商业银行的流动性要求商业银行保留一定水平的流动资产，以满足其流动性的需求。如果商业银行将本应作为流动资产的资金全部投放到盈利资产中去，在短期内会提高商业银行资产的盈利性，但是当商业银行出现流动性需求或有新的投放高盈利资产的机会时，原来投放在盈利资产上的资金不能及时抽回或抽回将遭受重大的损失，商业银行因不保留流动资产而增加的盈利最终将损失殆尽。安全性与流动性也存在统一的一面。安全性的反面是风险，而流动性风险就是商业银行风险中很重要的一种。因此，商业银行的流动性管理实质上是安全性管理的一个有机组成部分。

第四节　商业银行的组织结构和政府对银行业的监管

商业银行自诞生以来，已经形成了多种组织形式，这些不同的组织形式发挥着各种功能以满足社会公众不同的需求。但无论采取何种组织形式，都必须以效率为原则。事实上，商业银行的组织形式既与其发挥的功能有关，也受银行规模的影响。因为商业银行的规模大小与商业银行的作用呈正相关关系，银行规模越大，所提供的金融服务就越多，对经济生活发挥的作用也就越大，因此也就决定了银行的组织形式。当然，政府对银行业的监管要求也会对银行的组织形式产生一定的影响。

一、商业银行的组织结构

通常，商业银行的组织结构可以从其外部组织形式和内部组织结构两方面来认识。

(一)商业银行的外部组织形式

商业银行的外部组织形式是指商业银行在社会经济生活中存在的形式。从全球的商业银行来看，主要有四种类型。

1. 单一银行制

单一银行制也称独家银行制，其特点是银行业务完全由各自独立的商业银行经营，不设或限设分支机构。这种银行制度在美国非常普遍，是美国最古老的银行形式之一，通过一个网点提供所有的金融服务。美国是各州独立性较强的联邦制国家，历史上经济的发展很不平衡，东西部悬殊较大。为了适应经济均衡发展的需要，特别是适应中小企业发展的

需要，反对金融权力集中，各州都立法禁止或限制银行开设分支机构，特别是跨州设立分支机构。

这种银行制度的优点是：①限制银行业垄断，有利于自由竞争；②有利于银行与地方政府的协调，能适合本地区的需要，集中全力为本地区服务；③各银行独立性和自主性很大，经营较灵活；④管理层次少，有利于中央银行对其的管理和控制。

但这种银行制度本身也存在着严重的缺陷：①商业银行不设分支机构，与现代经济的横向发展和商品交换范围的不断扩大存在着矛盾，同时，在电子计算机等高新技术大量应用的条件下，其业务发展和金融创新受到了限制；②银行业务多集中于某一地区、某一行业，容易受到经济波动的影响，筹资不易，风险集中；③银行规模较小，经营成本较高，不易取得规模经济效益。

2. 分行制

分行制商业银行的特点是，法律允许除了总行以外，在国内外各地普遍设立分支机构；总行一般设在各大中心城市，所有分支机构统一由总行领导指挥。这种银行制度源于英国的股份银行。按总行的职能不同，分行制又可以进一步划分为总行制和总管理处制。总行制银行是指总行除管理控制各分支行外，本身也对外营业。总管理处制是指总行只负责控制各分支行处，不对外营业，总行所在地另设对外营业的分支行或营业部。

分行制的优点在于：①分支机构多，分布广，业务分散，因而易于吸收存款，调剂资金，可以充分有效地利用资本；同时由于放款分散，风险分散，可以降低放款的平均风险，提高银行的安全性。②银行规模较大，易于采用现代化的设备，提供多种便利的金融服务，取得规模效益。③由于银行总数少，便于金融当局的宏观管理。

分行制的缺点在于容易造成大银行对小银行的吞并，形成垄断，妨碍竞争；同时，银行规模过大，内部层次、机构较多，管理上也较为困难。

目前，世界上大多数国家都实行分行制，我国也是如此。但对单一银行制和分行制在经营效率方面的优劣却很难简单地加以评判。

3. 银行持股公司制

银行持股公司是指由一个集团成立股权公司，再由该公司控制或收购两家以上的银行。在法律上，这些银行是独立的，但其业务与经营政策，统属于同一股权公司所控制。这种商业银行的组织形式在美国最为流行。它是 1933—1975 年美国严格控制银行跨州经营时期，立法方面和商业银行之间“管制—逃避—再管制”斗争的结果。到 1990 年，美国的银行持股公司控制了 8700 家银行，占该行业总资产的 94%。银行持股公司使银行可以更便利地从资本市场筹集资金，并通过关联交易获得税收上的好处，也能够规避政府对跨州经营银行业务的限制。

银行持股公司制有两种类型：一种是非银行持股公司，另一种是银行持股公司。前者是由主要业务不在银行方面的大企业拥有某一银行股份组织起来的；后者是由一家大银行组织一个持股公司，其他小银行从属于这家大银行。

4. 连锁银行制

连锁银行制又称为联合银行制，其特点是由某一个人或某一集团购买若干独立银行的多数股票，这些银行在法律上是独立的，也没有股权公司的形式存在，但其所有权掌握在某一个人或某一集团手中，其业务和经营政策均由一个人或一个决策集团所控制。这种银行机构往往是围绕一个地区或一个州的大银行组织起来的。几个银行的董事会由一批人组成，以这种组织中的大银行为中心，形成集团内部的各种联合。它与银行持股公司制一样，都是为了弥补单一银行制的不足，规避对设立分支行的限制而实行的。但连锁银行与控股公司相比，由于受个人或某一集团的控制，不易获得银行所需要的大量资本，因此许多连锁银行相继转为银行分支机构或组成持股公司。

(二)商业银行的内部组织形式

商业银行的内部组织结构是指就单个银行而言，银行内部各部门及各部门之间相互联系、相互作用的组织管理系统。商业银行的内部组织结构，以股份制形式为例，可分为决策机构、执行机构和监督机构三个层次。决策机构包括股东大会、董事会以及董事会下设的各种常设委员会；执行机构包括行长(或总经理)以及行长领导下的各委员会、各业务部门和职能部门；监督机构是指董事会下设的监事会。

1. 股东大会

现代商业银行由于多是股份制银行，因此股东大会是商业银行的最高权力机构。每年定期召开股东大会和股东例会。在股东大会上，股东有权听取银行的一切业务报告，有权对银行的业务经营提出质询，并且选举董事会。

2. 董事会

董事会是由股东大会选举产生的董事组成的，代表股东执行股东大会的建议和决定。董事会的职责包括制定银行目标、确定银行政策模式、选举管理人员、建立委员会、提供监督和咨询以及为银行开拓业务等。

3. 常设委员会

常设委员会由董事会设立，其职责是协调银行各部门之间的关系，也是各部门之间互通情报的媒介，定期或经常性地召开会议以处理某些问题。

4. 监事会

股东大会在选举董事的同时，还选举监事，组成监事会。监事会的职责是代表股东大会对全部经营管理活动进行监督和检查。监事会比董事会下设的稽核机构的检查权威性更大，除检查银行业务经营和内部管理外，还要对董事会制定的经营方针和重大决定、规定、制度的执行情况进行检查，对发现的问题具有督促限期改正的权力。

5. 行长(或总经理)

行长是商业银行的行政主管，是银行内部的行政首脑，其职责是执行董事会的决定，组织银行的各项业务经营活动，负责银行具体业务的组织管理。

6. 总稽核

总稽核负责核对银行的日常账务项目，核查银行会计、信贷及其他业务是否符合当局的有关规定，是否按照董事会的方针、纪律和程序办事，目的在于防止篡改账目、挪用公款和浪费，以确保资金安全。总稽核是董事会的代表，定期向董事会汇报工作，提出可行性建议。

7. 业务和职能部门

在行长(或总经理)的领导下，设立适当的业务和职能部门，便构成了商业银行的执行机构。业务部门的职责是经办各项银行业务，直接向客户提供服务。职能部门的职责是实施内部管理，帮助各业务部门开展工作，为业务管理人员提供意见、咨询等。

8. 分支机构

分支机构是商业银行体系业务经营的基层单位。分支行里的首脑是分支行行长。各商业银行的分支机构按照不同地区、不同时期的业务需要，还设有职能部门和业务部门，以完成其经营指标和任务。如图 1-1 所示是典型的股份制银行的组织结构。

股东大会=董事会+监事会

董事会=总稽核+行长(或总经理)+各种委员会

行长(总经理)=一、二、三级分行+投资部+贷款部+存款部+分支行+国际业务部+信托部+会计部+人事部+教育培训部+控制部+营销部+公共关系部

以上是典型的商业银行的内部组织结构。

商业银行的管理系统由以下五个方面组成。

(1) 全面管理。由董事长、行长(或总经理)负责。其主要内容包括确立银行目标、计划和经营业务预测，制定政策，指导和控制及评价分支机构及银行的管理和业务工作等。

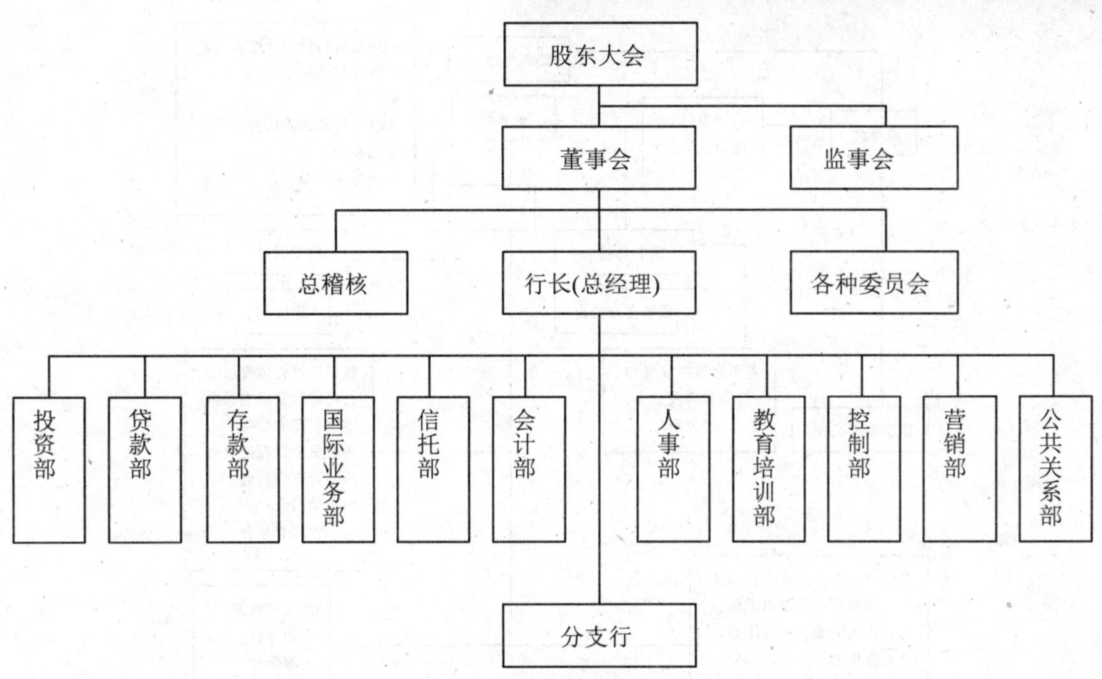

图 1-1　股份制银行的组织结构

(2) 财务管理。其主要内容包括处理资本金来源和成本，管理银行现金，制定费用预算，进行审计和财务控制，进行税收和风险管理等。

(3) 人事管理。其主要内容包括招募雇员，培训职工，进行工作和工资评审，处理劳资关系等。

(4) 经营管理。其主要内容包括根据计划和目标安排组织各种银行业务，分析经营过程，保证经营活动安全等。

(5) 市场营销管理。其主要内容包括分析消费者行为和市场情况，确定市场营销战略，开展广告宣传、促销和公共关系，制定银行服务价格，开发产品和服务项目等。

以上五项管理内容分别由各部门分工负责，同时，各部门之间也需要相互协作，以实现银行的既定目标。

由于各国银行体制不同，经营环境不同，加之民族习惯的差异，商业银行的内部组织结构也并不完全相同。我国国有商业银行是我国金融体系的核心，其内部组织结构具有其特殊性。近年来，我国银行体系中出现了不少中小型股份制商业银行，受其规模所限，它们的组织结构较为简单。如图 1-2 所示描述了中国民生银行的内部组织结构。

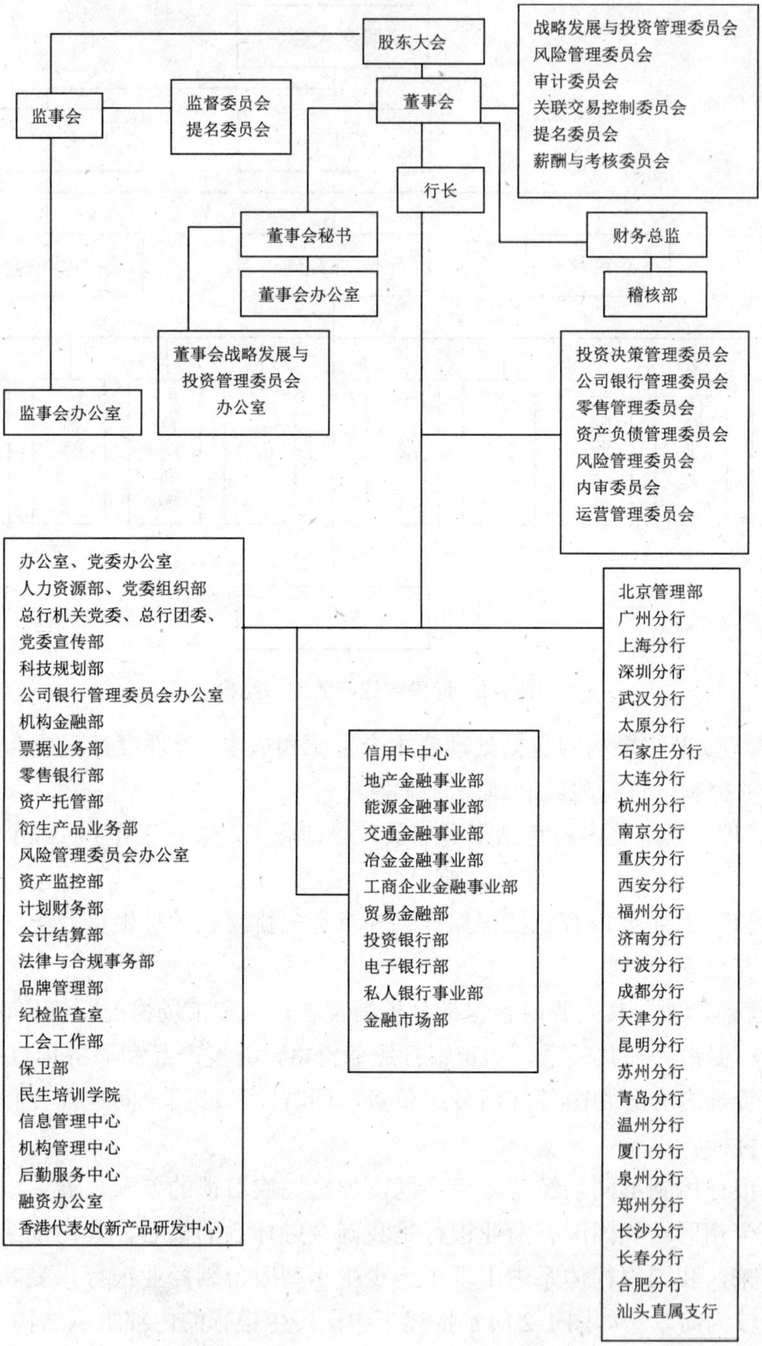

图 1-2 中国民生银行的内部组织结构

二、政府对银行业的监管

在各国金融体系中，商业银行要向社会公众提供贷款、接收存款和提供其他金融服务。银行业与经济生活存在着紧密的联系，因此各国银行的经营均受到政府的广泛监管。但行使监管的主体各国有所差异，有的国家单独设立监管机构，有的国家由财政部门负责对银行业进行监管，有的国家则由中央银行负责监管。

(一)政府对银行业实施监管的原因

政府之所以要对银行业实施监管，其原因在于银行业自身的经营特点。

(1) 政府对银行业实施监管是为了保护储户的利益。银行吸收居民储蓄是开展银行业务的基本条件，但是社会公众无法做到对银行业全面和准确的了解，也无法判断银行业的经营状况，储户和商业银行之间存在着严重的信息不对称。如果银行发生倒闭而使储户资金受到损失，社会和经济后果都是非常严重的。因此，政府必须承担保护储户利益的责任。通常，政府会定期对商业银行进行检查和审计，收集银行经营信息，评价银行财务状况，在银行经营出现困难或必要时提供资金上的援助。

(2) 政府对银行业实施监管的原因还在于银行是信用货币的创造者。在信用经济条件下，货币数量的多少与经济发展密切相关。一国的经济增长率、失业率和通货膨胀率都受到信用规模的影响。虽然中央银行可以通过调节基础货币来控制货币的供应量，但商业银行作为中央银行货币政策传导的中枢，对中央银行的货币政策做何反应仍是中央银行关注的事情。

(3) 当今世界各国的银行业正在向综合化发展，银行业、证券业和保险业的综合经营使商业银行的概念不断延伸，同时，世界经济一体化又使得银行的国际化进程加快。这些都对政府实施对银行业的监管提出了新的课题。近年来发生的全球性金融危机也恰恰证明了加强政府对银行业的监管仍然有着重要的意义，这也要求各国政府在银行业监管领域中进一步加强合作。

(二)政府对银行业监管的内容

由商业银行的经营特点所决定，政府对银行业的监管要以谨慎监管为原则，即“Camel(骆驼)原则”。

C(Capital)代表资本。商业银行最主要的资本形式因产权组织形式的不同而有所差异。股份制商业银行资本的主要形式是股本，它为商业银行提供永久性的资金来源，也是银行损失的缓冲器。股本要求有回报，而且同样的股本支持资产规模的不同会给银行带来不同的盈利率(资本的杠杆比率不同)，这就要求建立国际上共同的资本标准，以使国际银行业处于平等的竞争地位。

A(Asset)代表资产。资产品质是政府监管部门关注的一个问题。监管人员通过检查资产的规模、结构和银行的工作程序等，获得对该银行的总体评价。对于贷款，政府的监管人员将对银行的未清偿贷款和贷款的担保进行仔细审核，以确定每一借贷者的财务状况和信誉。资产集中是政府监管部门另一个需要关注的问题。近年来，资产的过度集中成为国际上一些大银行倒闭的主要原因。因此，各国开始对单个贷款进行法定的限制(如资本的15%)，对贷款的行业集中问题、地区集中问题也给予了较多的关注。

M(Management)代表管理。评价管理能力也是银行管理人员包括董事会成员的品质和业绩的监管内容之一。在相同条件下经营的银行，其成功或失败在很大程度上取决于管理者的管理能力。政府监管人员主要考查管理人员的素质、董事会职责的行使状况、银行战略计划的制订和执行情况等。

E(Earning)代表收益。银行的盈利能力主要由银行的资产收益率和资本收益率来衡量。重要的是这两个指标要与同业者进行比较才有意义。

L(Liquidity)代表清偿能力。清偿能力用来衡量银行满足提款和借款需求而又不必出售其资产的能力。政府监管主要是评价银行当前的清偿能力以及未来的变化趋势。

世界各国在对银行业进行监管时，主要包括以下五个方面的内容。

(1) 银行业的准入。对银行业准入进行监管是各国政府对银行业进行监管的最初手段，目的是防止银行业的过度集中，限制社会资金过度流入银行业而降低经济运行效率。一般来说，对银行业的准入进行限制主要是规定最低注册资本金、合格的经理人员、合理的业务范围及规模、完备的服务设施和设备等。

(2) 银行资本的充足性。目前，世界各国均按《巴塞尔协议》规定的资本比率对商业银行进行资本的监管。

(3) 银行的清偿能力。银行清偿能力的监管包括负债和资产两个方面。从负债方面，要考虑存款负债的异常变动，利率变动对负债的影响，银行筹集和调配资金的能力等；从资产方面，主要检查资产的流动性状况。

(4) 银行业务活动的范围。银行业务活动范围主要是指银行业与证券业、保险业等进行合业与分业经营的问题。目前各国商业银行在此问题上的做法大体可以分为综合经营型和分业经营型两类。我国商业银行实行分业经营。

(5) 贷款的集中程度。对贷款集中程度的监管是商业银行分散风险的需要。从技术操作上来说，贷款的集中程度就是规定个别贷款对银行资本的最高比率。

(三)存款保险制度

存款保险制度产生于20世纪30年代金融大危机以后的美国，其成立的宗旨是，重新唤起社会公众对银行体系的信心，保护存款者的利益，监督并促使银行在保证安全的前提下进行经营活动。

存款保险制度要求商业银行按存款额的大小和一定的保险费率缴纳保险费给存款保险

机构，当投保银行经营破产或发生支付困难时，存款保险机构在一定的限度内代为支付。目前，世界上除了挪威等少数国家对存款保险实行全额保障外，绝大多数国家实行的是限额保险，主要包括三种形式：一是以美国为代表的按限额赔偿，美国对 10 万美元以内的存款给予全部赔偿，超过 10 万美元的部分不予赔偿；二是以德国为代表的按比例赔偿；三是以英国为代表的按比例有限额赔偿，英国对所有存款只按 75%进行赔偿，但最高限额为 1 万英镑。

存款保险制度是 20 世纪金融业创新的成果，由于其行使相应的监管功能，起到保护银行体系稳定的作用。同时，不可回避的问题是，由于存款保险公司的存在，银行对从事高风险投资的担忧在减少，甚至在一定程度上刺激了银行去进行高风险的投资，加剧了道德风险。在经济活动中，道德风险问题相当普遍。获 2001 年度诺贝尔经济学奖的约瑟夫斯蒂格里茨(Joseph E. Stiglitz)在研究保险市场时，发现了一个经典的例子：美国一所大学学生自行车被盗比率约为 10%，有几个有经营头脑的学生发起了一个对自行车的保险，保费为保险标的的 15%。按常理，这几个有经营头脑的学生应获得 5%左右的利润。但该保险运作一段时间后，这几个学生发现自行车被盗比率迅速提高到 15%以上。何以如此？这是因为自行车投保后学生对自行车的安全防范措施明显减少。在这个例子中，投保的学生由于不完全承担自行车被盗的风险后果，因而采取了对自行车安全防范的不作为行为，而这种不作为行为，就是道德风险。可以说，只要市场经济存在，道德风险就不可避免。

(四)我国政府对银行业的监管

1984 年，中国人民银行开始正式行使对商业银行的监管职能。1995 年 3 月 18 日，第八届全国人民代表大会第三次会议通过了《中华人民共和国中国人民银行法》(以下简称《中国人民银行法》)，正式确立中国人民银行是国家金融业的主管机关。《中国人民银行法》第三十条规定："中国人民银行依法对金融机构及其业务实施监督管理，维护金融业的合法、稳健运行。"

《中国人民银行法》规定，我国中央银行金融监督管理权的主要内容包括以下几个方面。

(1) 金融机构的设置及业务范围的审批。中国人民银行按规定审批金融机构的设立、变更、终止，未经中国人民银行批准，任何单位和个人不得从事吸收公众存款等商业银行业务；商业银行实行分业经营、分业管理的原则。

(2) 稽核检查金融机构的业务经营状况。中国人民银行有权对金融机构的存款、贷款、结算、呆账等情况随时进行稽核、检查和监督；有权对金融机构违反规定提高或者降低存贷款利率的行为进行检查和监督；维护商业银行依法拒绝任何单位和个人强迫发放贷款或提供担保的权利。

(3) 中国人民银行有权获取金融机构的财务报表，对违法、违规的金融机构，中国人民银行有权视情节轻重给予撤销、停业整顿、罚款等行政处罚，并对有关责任人员给予相应的行政处分。

第五节　案例研究：互联网金融代表了中国银行业未来的方向

谁手里现在有一张 1985 年中国银行珠海分行发行的中银卡，那么他可以到收藏品市场换 5000 多元钱，这是全国首张银行卡。当然如果你现在还是经常拿着银行卡到 ATM 机上取钱、汇款，说明你也 Out(过时)了。

几百年前，晋商为了方便异地资金结算创立了票号，银票可以当成支票、存折使用。英语中将山西票号称为“Shangxi Bank”，字面意思翻译过来就是山西银行，可见西方学者承认古老的山西票号身上已经有了现代银行的影子。

几百年来，银行业在中国一直处于变化之中。即便是在现代银行体系基本形成之后，在技术革命的推动下，银行的业务模式仍然在改变，而且丝毫没有停止的意思。

一、现代银行体系初具规模阶段

现代中国银行业体系形成于中华人民共和国成立后。1948 年 12 月 1 日，中央在石家庄成立了中国人民银行，开始发行人民币。在计划经济体系下，中国人民银行既是办理存款、贷款和汇兑业务的商业银行，又是担负着国家宏观调控职能的中央银行。

从 1979 年年初开始，中央相继恢复了主管农村金融业务的中国农业银行，从中国人民银行中分设出了主管外贸信贷和外汇业务的中国银行，从财政部中分设出了主管长期投资和贷款业务的中国人民建设银行。

1983 年 9 月 17 日，国务院发文明确规定中国人民银行专门行使中央银行的职能，同时决定成立中国工商银行，接办中国人民银行原有的信贷和储蓄等商业银行业务。

1987 年，中国人民银行提出要建立以中央银行为领导，各类银行为主体，多种金融机构并存和分工协作的社会主义金融体系。

在交通银行重组成以公有制为主的股份制全国性综合银行后，相继成立了中信实业银行、招商银行、深圳发展银行、烟台住房储蓄银行、广东发展银行、中国光大银行、华夏银行、上海浦东发展银行、民生银行等股份制银行。数量更庞大的是遍布全国各地的城市商业银行和农村商业银行。

至此，中国基本形成了由中国人民银行、三大政策性银行、四大国有商业银行、十多家全国性股份制银行、一百多家城市商业银行，以及更多的农村商业银行和农村信用社所构成的现代银行业体系。

二、现阶段营业厅搬到了手机上

在银行体系逐渐完善的同时，国内银行的信息化建设开始起步。几十年来最常用的取款和汇款方式经历了翻天覆地的改变。

如果现在你手里有几十年前的存折，可以看到，上面的数据都是采用手写加盖章。可见，在“中农工建”四大银行成立初期，银行相关业务的开展基本上都靠人工来完成。

直到 20 世纪 60 年代前后，中国人民银行成立核算工厂，从国外引入计算机系统，国内银行电子信息化建设开始起步。

很快分行与支行之间逐渐实现联网，相关数据通过计算机处理，为 ATM 机和 POS 机的铺开创造了基础。1985 年中国银行珠海分行发行了全国首张银行卡，在全国范围内铺设刷卡设备。

储户可以不用带存折，到 ATM 机上直接刷卡取钱，直接降低了银行的人工成本。1993 年工商银行在全国共有 1884 台 ATM 机，到 2007 年，这一数字已经是 23 420 台了。

1997 年中国银行建立了自己的网站，同年推出网上银行“一网通”，成为国内第一家在网上提供金融服务的银行。如今，客户用鼠标轻点几下，输入密码就能完成转账汇款、支付、投资等多项银行业务。

当然，技术革命给银行带来的变化似乎并没有停止的意思。智能手机的普及让传统银行更加大踏步地拥抱互联网。一个小小的客户端能满足客户日常生活、工作中常用的银行业务，不用再到营业厅排队了。

三、未来金融拥抱互联网

毫无疑问，国内银行下一场变革来自于互联网。通过大数据支撑，为客户提供个性化的金融服务。

2012 年中国建设银行推出了网上商城善融商务，为客户提供在线交易、分期付款、融资贷款、资金托管、房地产交易等全方位的专业服务。前不久，招商银行试水 P2P，一个月募集资金超过 1.3 亿元人民币。

2014 年拥有国内手机银行业务规模最大、用户数过亿的建设银行升级微信平台(小微)，并投入运行。升级后，由过去推送单一的营销活动信息及投资理财、营业网点查询，转变为集微金融、悦生活、信用卡三大业务于一体的综合性平台，更显前沿性、互动性和人性化。

在互联网金融的浪潮下，传统银行正在受到互联网企业的冲击。仅靠 300 人，阿里小贷就为超过 50 万家小微企业解决融资需求，累计投放贷款超过 1200 亿元，违约率约 0.9%。网店店主可以随时查看自己的授信额度，只要轻点鼠标就能实时到账。

看上银行业务的互联网公司不只有阿里。日前，京东商城和百度方面确认，两家大型互联网公司均正在设立实体小额贷款公司。转型互联网企业的苏宁目前正在申请民营银行资质。

在新环境下，信息不再如以往一样由用户主动推送，而是需要银行扩大触角，全面地收集、分析、辨别庞杂纷乱的信息，因此，有互联网背景的企业更有优势。

例如，欧洲一家大型银行之前是依靠发大量邮件做业务推广。后来他们根据人们在网站上的点击寻找潜在客户。比如有个客户在网上点击查询了有关房贷的信息，那么系统就会提示呼叫中心在下一次电话交流中推荐房贷产品，并向用户发送房贷产品信息。如果他刚好进入到一个银行网点办理业务，柜台服务人员就会抓住这个机会向他详细讲解房贷相关的金融产品。

【复习思考】在变革时代中国银行业的发展趋势是什么？

【知识拓展1】 我国政府对银行业的监管

按照1995年3月18日通过的《中华人民共和国中国人民银行法》的规定，我国中央银行金融监督管理的主要内容包括：①金融机构的设置及业务范围的审批；②稽核检查金融机构的业务经营状况。

(1) 中国人民银行对我国银行业的监管方式如图1-3所示。

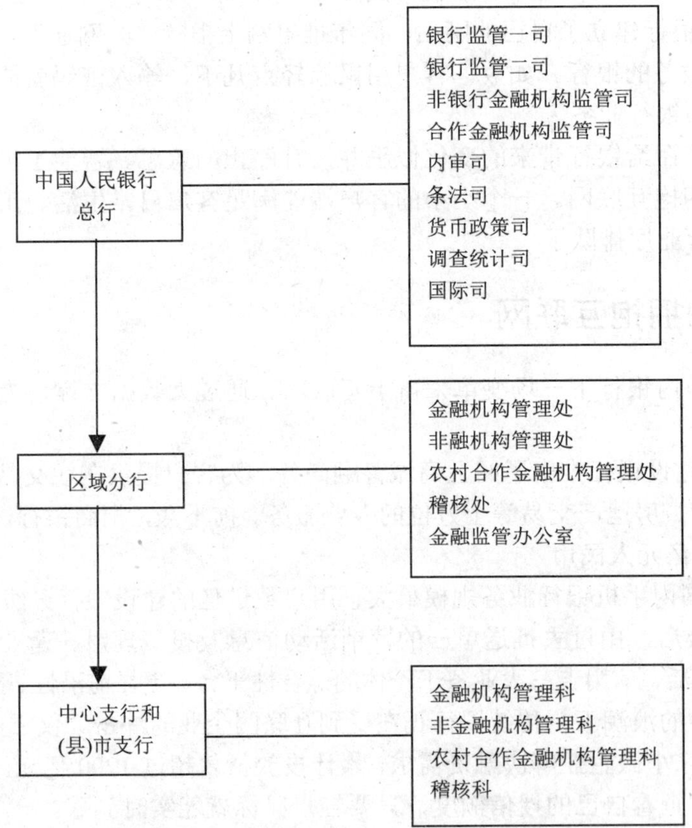

图1-3 中国人民银行对我国银行业的监管

(2) 中国银行业监督管理委员会对银行业的监管如图 1-4 所示。

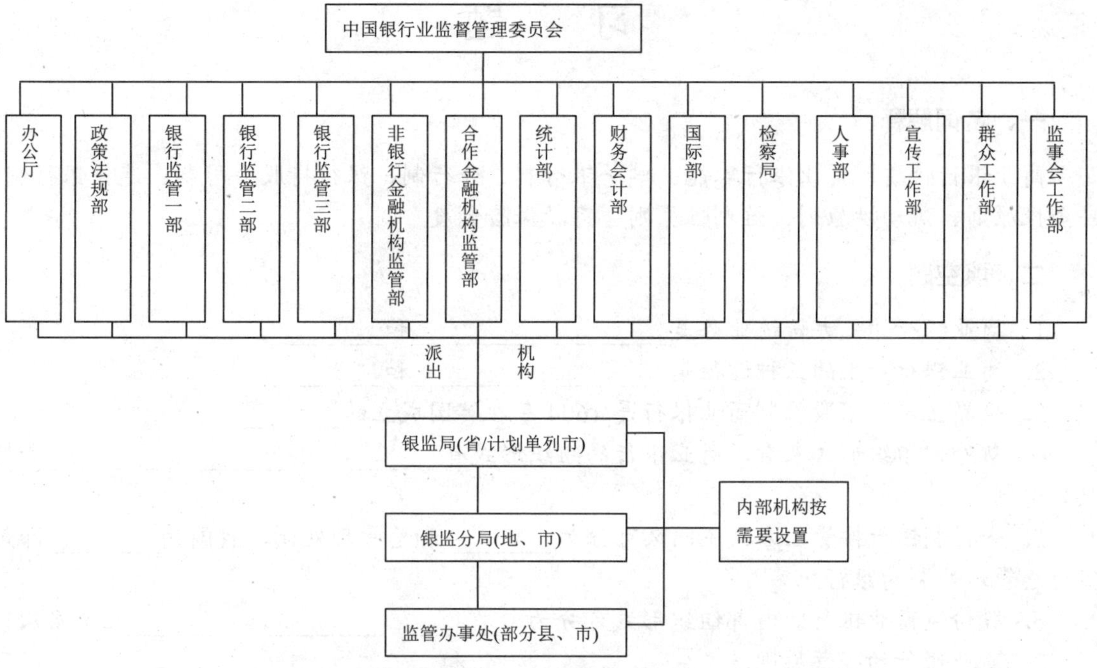

图 1-4　中国银行业监督管理委员会对银行业的监管

【知识拓展 2】　银监会简介

中国银行业监督管理委员会(China Banking Regulatory Commission，CBRC)简称银监会，是 2003 年 4 月 28 日正式挂牌成立的。根据 2003 年 12 月颁布的《中华人民共和国银行业监督管理法》的有关规定，银监会统一监督管理银行、金融资产管理公司、信托投资公司以及其他存款类金融机构，以维护银行业的合法、稳健运行。银监会成立后，中国人民银行只负责货币政策调控等一系列非直接监管金融机构的任务，即中国人民银行将主要负责货币政策和跨行之间的资金往来，具体包括利率的调整、银行之间的现金结算支付和一些新业务等。而银监会的监管职能包括金融机构的市场准入、运行监督和依法查处违法违规行为，如中外资银行成立的审批、业务经营中的反洗钱等具体业务。至此，银行、证券、保险这中国金融业监管的三个并列系统最终完成。

银监会的主要职责是制定有关银行业金融机构监管的规章制度和办法；审批银行业金融机构及分支机构的设立、变更、终止及其业务范围；对银行业金融机构实行现场和非现场监管，依法对违法违规行为进行查处；审查银行业金融机构高级管理人员的任职资格；负责统一编制全国银行数据、报表，并按照国家有关规定予以公布；会同有关部门提出存款类金融机构紧急风险处置意见和建议；负责国有重点银行业金融机构监事会的日常管理工作；承办国务院交办的其他事项。

习　题

一、名词解释

商业银行性质、商业银行职能、单一银行制、分行制、银行持股公司制、连锁银行制、安全性原则、流动性原则、盈利性原则、存款保险制度

二、填空题

1. 商业银行的三大传统业务是________、________和________。
2. 商业银行产生的三种途径是________、________和________。
3. 世界上第一家股份制商业银行是1694年在英国成立的________。
4. 从外部组织形式来看，商业银行的组织形式有________、________、________和持股公司制。
5. 分行制银行按管理方式不同又可分为________和总管理处制，我国的________即是实行总管理处制的银行。
6. 股份制商业银行的内部组织形式可分为________、________和________三个层次。
7. 商业银行的经营原则是________、________和________。
8. ________是指银行不能满足存款提取和正常贷款需求而使银行信誉蒙受损失的风险，它是银行破产倒闭的直接原因。

三、判断题

1. 商业银行都是以股份制形式创立的。 (　　)
2. 实行总管理处制的银行，总管理处本身并不对外营业。 (　　)
3. 实行股份制的商业银行，最高权力机构是董事会。 (　　)
4. 招商银行成立于1987年4月，是我国第一家完全由企业法人持股的股份制商业银行，总部设在广州。 (　　)
5. 交通银行始建于1908年，是中国早期的发钞行之一。 (　　)
6. 中国光大银行于1992年开业，是中国光大集团总公司的全资附属企业。 (　　)

四、单项选择题

1. 实行董事会领导下的行长负责制的银行属于(　　)。

   A. 股份制银行　B. 国有制银行　C. 私人银行　D. 以上均不是

2. 属于股份制银行决策层次的有(　　)。

   A. 董事会　B. 行长　C. 监事会　D. 银行信贷检查委员会

3. 以下各项中不是商业银行的经营原则的是(　　)。

A. 安全性　　B. 流动性　　C. 效益性　　D. 稳健性

4. 我国组建的第一家以民营资本为主的商业银行是(　　)。

A. 中国建设银行　　B. 中国交通银行

C. 中国光大银行　　D. 中国民生银行

5. 传统上一直采用全能银行模式的是(　　)。

A. 英国　　B. 美国　　C. 德国　　D. 日本

6. 中国银行的前身是清政府1904年成立的(　　)。

A. 户部银行　　B. 大清银行　　C. 工部银行　　D. 商户银行

7. (　　)发行的是金穗卡。

A. 中国工商银行　　B. 中国建设银行

C. 中国银行　　D. 中国农业银行

8. 我国最早的商业银行是1897年清政府在上海成立的(　　)。

A. 浙江兴业银行　　B. 交通银行

C. 中国农民银行　　D. 中国通商银行

9. 在原始存款基础上通过银行体系创造出数倍的派生存款，这体现了商业银行的(　　)。

A. 信用中介功能　　B. 支付中介功能

C. 信用创造功能　　D. 金融服务功能

10. 商业银行掌握的可用于即时支付的流动性资产不足以满足支付需要，这种风险被称为(　　)。

A. 信用风险　　B. 经营风险　　C. 竞争风险　　D. 流动性风险

11. 商业银行是(　　)。

A. 事业单位　　B. 企业　　C. 国家机关　　D. 中介机构

12. 商业银行经营活动的最终目标是(　　)。

A. 安全性　　B. 流动性　　C. 盈利性　　D. 合法性

13. 我国商业银行体制的形成在(　　)。

A. 建国初期　　B. 计划经济时期

C. 文革时期　　D. 改革开放以后

14. 银监会的作用是(　　)。

A. 确立银行法律地位　　B. 加强金融监管

C. 扩大金融对外开放　　D. 实现金融创新

五、多项选择题

1. 分支行制商业银行类型的缺陷有(　　)。

A. 受地方经济影响大　　B. 易形成垄断

C. 管理难度大　　D. 不利于先进设备和技术的开发

2. 商业银行的职能主要表现在(　　)。
   A. 金融中介　　B. 支付中介　　C. 信用创造　　D. 金融服务
3. 商业银行经营的特点是(　　)。
   A. 负债经营　　B. 风险经营
   C. 激烈的竞争下经营　　D. 严格的监管下经营
4. 商业银行董事会的职能包括(　　)。
   A. 制定银行目标　　B. 确定银行政策模式
   C. 选举管理人员　　D. 建立委员会
5. 商业银行的经营原则包括(　　)。
   A. 安全性　　B. 流动性　　C. 盈利性　　D. 规模适度性
6. 商业银行形成的途径是(　　)。
   A. 自发形成的　　B. 外国金融机构带进来的
   C. 从高利贷银行转变的　　D. 以股份制形式组成的
7. 下列银行属于企业集团银行的是(　　)。
   A. 招商银行　　B. 华夏银行　　C. 交通银行　　D. 中信实业银行
8. 1994 年，我国先后成立了(　　)等政策性银行。
   A. 深圳发展银行　　B. 农业发展银行
   C. 国家开发银行　　D. 中国进出口银行

六、简答题

1. 简述商业银行的形成途径。
2. 简述商业银行的职能。
3. 简述商业银行的三大经营原则及其相互关系。

第二章 商业银行财务报表

本章精粹：

- 资产负债表。
- 银行损益表。
- 现金流量表。
- 其他报表。
- 案例研究：商业银行资产负债表总体分析。

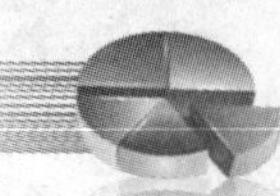

案例导入 不断变化的银行收入来源

银行业是一个不断发展的行业。商业银行的资产和负债都受到了来自外部的竞争压力。在资产方，银行向公司的贷款利息收入曾经是银行收入的主要来源，但由于商业票据市场的发展和垃圾债券的出现而大大减少了。地方银行在地方抵押贷款上曾经占有很大的优势，这是因为它们可以方便地获得借款人的信息从而进行快捷而正确的风险评估。然而地方银行的这种优势却受到了抵押贷款证券化的威胁。当前，其他地方的贷款者通过将单个抵押贷款组合起来并成批地出售出去(证券化)在很大程度上消除了源于信息不对称的风险。

在负债方，随着活期储蓄、定期存款替代物的出现，银行也面临着不断白热化的对消费者资金方面的竞争。首先对银行构成威胁的是货币市场互助基金。近年来，股票和债券互助基金也开始盛行，越来越多的年轻人将其收入的一部分直接存入这样的互助基金当中。结果，活期存款或者说不生息的活期存款(银行最便宜的资金来源)的增长非常缓慢。

为了降低这些因素给银行的盈利性造成的压力，银行增加了新的服务，并开始对这些服务收取费用。这些能够带来收入的服务包括信托管理、经纪人服务、贷款财团服务、换汇安排及为工商企业提供的其他形式的派生物，有些银行甚至对出纳业务也征收 3 美元的费用。正是由于这些原因，服务费用占银行总收入的比例从 1985 年的不足 25%达到了 1995 年的 35%以上。与此同时，从贷款和证券上所获的利息收入占银行总收入的份额则相应下降。考虑到银行承受的巨大压力，如果这种趋势继续下去，也用不着大惊小怪。

商业银行财务报表汇集了能够反映银行各项业务开展情况的基本数据，银行每天要阅读资产负债表等相关报表，了解其资金来源和运用的状况，掌握各个部门的工作是否按计划进行。月末、季末和年末，银行通过损益表和现金流量表分析银行的经营管理绩效，以便总结经验和发现不足，制订下一阶段的业务计划。银行还会通过查阅竞争对手的财务报表，分析对手的经营策略，发现可能对本银行产生的威胁，从而调整和制定本银行的发展策略。上市银行根据法规会定期公布相关财务报表，公众可以通过网站查阅这些银行的财务数据。

商业银行财务报表包括商业银行的资产负债表、损益表、现金流量表和表外项目报告表，反映银行在一定时期的业务状况、盈利状况和运营状况。

通过分析资产负债表，可以了解银行的财务状况，对客户的偿债能力、资本结构是否合理、流动资金的充足性等作出判断。通过分析损益表，可以了解银行的盈利能力、盈利状况、经营效率，对银行在行业中的竞争地位、持续发展能力作出判断。通过分析现金流量表，可以了解和评价一段时间内银行的资金来源和运用的变化情况，并据此预测银行未来的现金流量。

总之，财务报表为报表的使用者提供定量和定性的信息。定量信息包括可用货币计量的银行业务信息，如业务状况、计划执行情况、银行盈利状况等。定性信息包括银行执行金融政策、会计政策情况，银行面临的风险状况和管理者的管理能力等。

(资料来源：编者根据相关材料整理)

第一节　资产负债表

银行资产负债表(Balance Sheet of Financial Position)是银行最主要的财务报表，反映特定时点(如天、月末、年末)上银行的业务规模和结构。通过阅读资产负债表，使用者可以得到银行各项业务规模、业务结构、清偿能力、抵御风险能力、经营特色等定量的和非定量的管理信息。

一、资产负债表的内容

下面以 A 银行 2011 年末的资产负债表为例进行分析，如表 2-1 所示。

表 2-1　A 银行资产负债表

(2011 年 12 月 31 日)　单位：元

资　产		负债及股东权益	
一、流动资产		一、流动负债	
货币资金	1 918 715 000	短期存款	2.731 18E+11
贵金属	0	短期储蓄存款	63 952 957 000
存放中央银行的存款	54 860 062 000	财政性存款	10 877 359 000
存放同业款项	10 639 246 000	向中央银行借款	0
存放联行款项	0	同业存放款项	33 893 169 000
拆放同业	62 628 450 000	联行存放款项	0
拆放金融性公司	1 929 999 000	同业拆入	0
短期贷款	1.604 26E+11	金融性公司拆入	0
抵押贷款	0	应解汇款	0
应收进出口押汇	1 548 582 000	汇出汇款	495 475 000
应收账款	0	委托存款	0
其他应收款	796 112 000	应付代理证券款	0
其他应收款净额	745 168 000	卖出回购证券款	5 422 664 000
减：坏账准备	146 444 000	应付账款	0
应收款项净额	745 168 000	预收账款	0
预付账款	0	其他应付款	1 525 112 000
贴现	6 308 565 400	应付工资	480 325 000
短期投资	13 299 073 000	应付福利费	107 499 000
应收利息	1 582 194 000	应付股利	58 020 000

续表

资　产		负债及股东权益	
委托贷款及委托投资	0	应交税金	946 145 000
自营证券	0	其他应交款	0
代理证券	0	预提费用	31 538 000
买入返售证券	20 009 640 000	发行短期债券	0
一年内到期的长期债权投资	6 813 377 000	一年内到期的长期负债	0
其他流动资产	0	其他流动负债	0
流动资产合计	3.431 21E+11	流动负债合计	4.529 53E+11
中长期贷款	1.478 2E+11	二、长期负债	
逾期贷款	5 191 463 000	长期存款	70 667 592 000
减：贷款呆账准备金	4 991 491 000	长期储蓄存款	10 140 679 000
应收租赁款	0	保证金	344 435 000
租赁资产	0	应付转租赁租金	0
长期资产合计	1.480 2E+11	发行长期债券	0
二、长期投资		长期借款	0
长期股权投资	50 000 000	应付债券	7 263 878 000
长期债权投资	59 455 922 000	长期应付款	0
长期投资合计	59 637 579 000	住房周转金	0
减：长期投资减值准备	131 657 000	其他长期负债	306 746 000
长期投资净额	59 505 922 000	长期负债合计	88 723 330 000
三、固定资产		负债合计	5.416 77E+11
固定资产原价	4 210 781 000		
减：累计折旧	1 008 888 000		
固定资产净值	3 201 893 000		
减：固定资产减值准备	8 970 000	三、股东权益	
固定资产净额	3 192 923 000	股本	7 258 779 000
在建工程	1 705 659 000	资本公积金	4 207 435 000
固定资产合计	4 898 582 000	盈余公积金	1 182 831 000
无形资产	117 957 000	其中：公益金	0
长期待摊费用	363 755 000	未分配利润	1 696 860 000
无形资产及其他资产合计	1 294 837 000	股东权益合计	15 459 479 000
资产总计	5.571 36E+11	负债及股东权益总计	5.571 36E+11

资产负债表的基本结构：

负债及所有者权益=存款+借入款+股东权益

资产=现金资产+持有证券+贷款+其他资产

资产负债表的平衡公式：

资产总额=负债总额+股东权益总额

二、资产负债表分析

表 2-1 列举了在 2011 年 12 月 31 日这个特定的时点，A 银行资产、负债和股东权益(也称所有者权益)的规模。分析上面的报表可以发现，资产负债表主要由资产、负债和所有者权益三大项目组成。其中，“流动负债、长期负债”组成银行的负债项目，负债项目中的各子项目的比例关系反映了银行负债的结构。报表中的“股东权益”项目反映银行股东投资的数量和结构。负债和所有者权益共同构成了银行的资金来源。“流动资产、长期资产、长期投资、固定资产”组成资产项目，也称为银行的资金运用，资产项目中各个子项目的比例关系反映了银行资产的结构。

(一)资产项目

银行资产主要项目的分类如下：①现金资产(*C*)；②存放在其他金融机构的存款(*P*)；③在金融市场购买的证券(*S*) (包括国库券和企业债券)；④向客户提供的贷款(*L*)；⑤其他资产(MA)。表 2-2 所示为银行资产项目分类。

表 2-2　银行资产项目分类

单位：元

项目代号	分　类	表 2-1 中资产项目	表 2-1 中余额
C	现金资产	库存现金、存放中央银行的存款、存放同业款项、存放联行款项	1 918 715 000+54 860 062 000 +10 639 246 000+0
P	与其他金融机构往来	拆放同业、拆放金融公司	62 628 450 000 +1 929 999 000
S	持有证券	无	0
L	贷款	短期贷款、中长期贷款、逾期贷款、贴现	160 426 000 000+147 820 000 000 +5 191 463 000+63 085 654 000
MA	其他资产	股权投资、固定资产等	

分析表 2-2，三个项目资产余额合计为 451 722 500 400 元。列举的项目是商业银行的主要资产业务，在银行总资产中的占比=451 722 500 400/557 136 000 000≈81%。

这个数据表明，中国商业银行的主要资金运用(投资项目)仍然以贷款为主，对这一点报

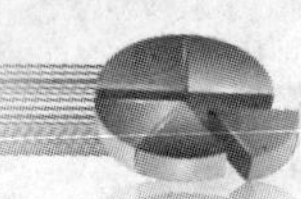

表中的数据可以给予有力支持。银行的贷款包括：短期贷款、中长期贷款、逾期贷款和贴现。其中的贷款损失准备金账户余额可以用于抵扣银行的损失贷款。

另外，我们还可以观察到此报表中，持有证券余额为0，这个数字反映了中国银行体系的问题。我们提到中国银行业实行的是“分业经营体系”，银行经营范围与非银行金融机构经营范围之间有严格的区分，银行不能经营租赁业务、证券投资业务(证券自营)和代客证券投资业务。

观察现金资产分类中，库存现金是为了满足存款客户提取存款的需要，也就是银行常常提到的满足银行流动性的需要；存放央行的存款是商业银行用于满足央行关于存款准备金比率的要求、满足银行支付结算中清算资金的需要；存放同业款项是银行用于获得其他银行为本行客户提供代理服务在服务代理银行存入的活期存款。在库存现金不能满足银行流动性的需求时，存放央行存款中的超额存款准备金可以迅速转化为现金作为银行流动性需求的补充。

(二)负债项目

银行负债项目主要包括两项：机构和个人存放在银行中的存款(D)；银行从金融市场借入的资金(NDB)，也称非存款资金或借入款。

(1) 存款。存款是银行通过向家庭和机构提供金融服务，吸引家庭和机构将盈余资金存入银行而获得的资金，是银行主要的和最稳定的资金来源。其中交易账户存款、定期存款和储蓄存款被称为核心存款。

(2) 借入款。借入款是银行为了满足流动性、贷款资金需求从金融市场借入的资金。在近代负债管理理论的指导下，借入款已经逐步成为现代商业银行，特别是大型商业银行的重要资金来源。表2-3为银行负债项目分类情况。

表2-3 银行负债项目分类

单位：元

项目代号	分 类	表2-1中负债项目	表2-1中余额
D	个人和机构存款	短期存款、短期储蓄存款、长期存款、长期储蓄存款、保证金	273 118 000 000+63 952 957 000+70 667 592 000+10 140 679 000+344 435 000
NDB	金融市场借款	向中央银行借款、同业存放款项、财政性存款、应付债券	0+33893169000+10877359000+7263878000

分析表2-3，两个项目负债余额合计为4.702 58E+11元。列举的负债项目的两个分类是商业银行的主要负债业务，在银行总负债中的占比=4.702 58E+11/5.416 77E+11≈87%。家庭和机构的存款是银行的最基本资金来源，银行从金融市场上获得的借入款主要弥补了存款资金的不足。该银行的“应付债券”是银行通过金融市场发行的长期可转换债券。

(三)股东权益(资本金)

股东权益(EC)项下的资金规模常常被看作是一个银行实力的象征，用来衡量银行抵御不可预测风险的能力及保护存款人利益的能力。股东权益数量在“负债及股东权益”总量中的占比一般小于10%，这一点说明银行是靠大量对外借款(负债)来支持资产业务的。财务杠杆比率大造成银行经营过程面临巨大的风险。由国际银行巴塞尔委员会公布的《关于统一的国际银行资本衡量和资本标准的协议》的主要目的就在于指导国际商业银行提高资本金比率，增强抗风险能力。

(四)三项目之间的关系

银行资产、负债和股东权益的关系如下。

$$C+P+S+L+\mathrm{MA}=D+\mathrm{NDB}+\mathrm{EC} \tag{2-1}$$

资产负债表中记载的负债和股东权益数额代表银行持有的资金来源的数量，决定银行进行投资项目(资产)的购买力，负债和股东权益的结构揭示了资金来源的不同渠道。资产总额代表银行累计的资金运用的数量，银行通过资金运用获得收益，为银行带来收入，并向存款人支付利息和支付银行日常运行的费用。资产的结构揭示了银行资金运用的方向。从数量上讲，可以用一个恒等式来表述，即

$$\text{银行资金运用数量}=\text{银行资金来源数量} \tag{2-2}$$

资产负债表中每一项资产(资金运用)必须由一定的负债(资金来源)来支持。所以，银行所有资金运用项目的数量总和必须等于银行资金来源项目的数量总和。更进一步讲，银行的资金运用分为：管理项目和投资项目。银行在预留了必须满足日常管理项目需要的资金数量 (如库存现金、存款准备金等)后，剩余部分资金才能用于投资项目(如贷款、买入证券和其他投资)，因此，银行资金运用项目中投资项目的数额一定小于银行的资金来源数额。银行家经常讲的一句话，“资金来源的数量决定银行贷款投资的数量，决定银行的盈利能力”，从这里可以得到解释。

第二节　银行损益表

银行损益表也称为利润表，是反映银行在一段时期内各项业务收入和支出情况的财务报表。报表中记载的数据和信息反映了银行的盈亏状况，体现了银行的经营效率、管理效率和盈利能力。

损益表是反映银行在一定时期内盈亏状况的动态报表。银行的资产负债表和损益表之间有着密切的联系，资产负债表中的资产投资活动产生损益表中利息收入等收入项目，负债活动和银行管理活动产生损益表中的利息支出和费用支出等支出项目。报表使用者可以

通过损益表了解银行的利润状况，了解银行的收入渠道分布状况、利息支出分布状况和费用支出分布状况。银行通过研究损益表可以发现银行哪一项资产业务发展不够，还可以给银行带来更多的收益；哪个负债项目费用过高，需要进一步控制费用支出。

一、银行损益表的内容

损益表的主要组成部分包括：主营业务收入、主营业务支出、净利润和可供股东分配的利润。表 2-4 为 A 银行损益表，以此为例进行分析。

表 2-4　A 银行损益表(2011 年 1 月 1 日—12 月 31 日)　　单位：元

项目	金额	项目	金额
一、主营业务收入	23 800 377 000	减：存货跌价损失	0
其中：利息收入	17 491 718 000	管理费用	0
金融企业往来收入	3 225 771 000	财务费用	0
手续费收入	494 049 000	五、营业利润	4 240 326 000
证券销售差价收入	0	加：投资收益	2 364 000
证券发行差价收入	0	营业外收入	0
租赁收益	0	减：营业外支出	0
汇兑收益	221 894 000	六、利润总额	4 242 690 000
房地产经营收入	0	减：所得税	1 540 171 000
其他营业收入	0	少数股东权益	0
二、主营业务支出	18 538 942 000	七、净利润	2 702 519 000
其中：利息支出	7 822 305 000	加；年初未分配利润	1 999 595 000
金融机构往来支出	3 210 984 000	盈余公积转入	0
手续费支出	121 717 000	外币未分配利润折算差	0
营业费用支出	6 006 507 000	八、可分配利润	4 702 114 000
汇兑损失	0	减：提取法定盈余公积	270 252 000
房地产经营成本	0	提取法定公益金	135 126 000
房地产经营费用	0	九、可供股东分配的利润	3 096 736 000
其他营业支出	19 436 000	减：应付普通股股利	362 931 000
三、主营业务税金及附加	1 021 109 000	提取任意盈余公积金	0
四、主营业务利润	4 240 326 000	十、未分配利润	1 696 860 000
加：其他业务利润	0		

二、银行损益表分析

通过损益表可以了解银行的利润状况。

损益平衡表公式为

$$\text{收入}-\text{支出}=\text{利润}$$

(一)主营业务收入

银行收入包括银行资金运用带来的利息收入和银行向个人和机构提供金融服务收取的手续费收入两部分。其中，银行资金运用收入项目包括：贷款(L)利息收入、证券投资(S)利息收入、拆放同业和金融机构形成的金融机构往来利息收入。服务手续费收入包括：银行为个人和机构办理支付结算服务的汇兑收入、银行为个人和机构办理其他金融服务(如办理挂失、代理缴费等)的手续费收入，这部分收入也称中间业务收入。表 2-5 为 A 银行 2011 年损益表中主营业务收入结构。

表 2-5 A 银行 2011 年损益表中主营业务收入结构 单位：元

业务种类	表 2-4 中收入项目	表 2-4 中余额
贷款	利息收入	17 491 718 000
拆放同业款项、存放同业款项 拆放金融公司	金融机构往来收入(利息收入)	3 225 771 000
支付清算	汇兑收益	221 894 000
表外业务、中间业务	手续费收入	494 049 000

由表 2-5 可知：

贷款和金融往来利息收入占银行总收入的比率为

$$(17\,491\,718\,000+3\,225\,771\,000)/23\,800\,377\,000\approx 87\%$$

手续费和汇兑收入(中间业务收入)占银行总收入的比率为

$$(221\,894\,000+494\,049\,000)/23\,800\,377\,000\approx 3\%$$

计算结果显示，中间业务收入占比仅为 3%。这是目前中国政府和金融家们普遍担心的一个问题，即：银行的盈利结构单一化。当一个国家的金融市场逐步完善，更多的企业会通过资本市场筹集资金，放弃银行的贷款。金融专家普遍预测，商业银行的贷款市场将随着中国资本市场的发展而不断萎缩，这意味着商业银行的盈利能力将不断下降。如何扩大中间业务收入，改善银行的盈利结构，改变银行对于贷款绝对的依赖关系，这是商业银行必须积极应对的问题。

(二)主营业务支出

主营业务支出包括利息支出和营业费用支出两部分。银行的利息支出包括银行支付给存款人的利息支出和金融市场借入款的利息支出，这是银行的主要费用支出部分。营业费用支出包括向银行职员支付的工资、奖金和福利部分，银行房屋和各类设备的日常运行费用或租金等。表2-6为A银行2011年损益表中主营业务支出结构情况，以此为例说明。

表2-6　A银行2011年损益表中主营业务支出结构　　单位：元

业务种类	表2-4中支出项目	表2-4中余额
存款	利息支出	7 822 305 000
同业拆放款项、同业存放款项 金融公司拆入	金融机构往来支出 (利息支出)	3 210 984 000
发行债券	手续费支出	121 717 000
营业场地租金、电子设备运营 办公消耗品、差旅费用	营业费用支出	6 006 507 000

由表2-6可知：

存款利息支出占比：7 822 305 000/18 538 942 000=42.19%

金融机构往来支出占比=3 210 984 000/18 538 942 000=17.32%

营业费用占比=6 006 507 000/18 538 942 000=32.40%

从上面的数据可见，该银行资金成本占比为59.51%，营业费用占比为32.40%，营业费用占比较大。从这个数据我们可以理解现代商业银行的一些管理措施，比如实施严格的内部管理制度：控制日常费用开支、控制营业场地面积、控制电子设备的更新速度等。这些做法也是银行管理者降低营业支出、提高利润的一种手段。

(三)利润

银行主营业务收入扣除主营业务支出、主营业务税金和附加，得到主营业务利润。

主营业务利润=主营业务收入-主营业务支出-主营业务税金及附加

利润总额=主营业务利润+投资收益

净利润=利润总额-所得税

可分配利润=净利润+上年未分配利润　　(2-3)

根据式(2-3)，计算表2-4中的有关数据如下。

主营业务利润=23 800 377 000-18 538 942 000-1 021 109 000=4 240 326 000(元)

利润总额=4 240 326 000+2 364 000=4 242 690 000(元)

净利润=4 242 690 000-1 540 171 000=2 702 519 000(元)

可分配利润=2 702 519 000+1 999 595 000=4 702 114 000(元)

分析公式 2-3 可得，银行要提高收益可以采取的策略有：①提高资产利息收入；②重新安排资产结构，提高盈利资产占比；③降低存款和借入款的利息支出；④重新安排资金来源结构，降低高利息存款和借入款的占比；⑤降低员工的工资和福利；⑥降低设备和房屋的费用；等等。

当然，在实际操作中，银行家面对的情况要复杂得多。例如：某项资产收益率高，银行财务人员主张发放这样的贷款，但是银行风险管理经理则认为高利率的贷款意味着高信用风险而予以否定。又如：银行存款中活期存款成本率最低，但是过多的活期存款意味着银行将承担更大的流动性风险，银行必须存放更多的现金资产(非盈利资产)以满足流动性的需要，这样活期存款的综合成本可能大于定期存款。在此，在实际操作中银行家们反而青睐于成本相对较高的定期存款。

第三节　现金流量表

现金流量表也称资金流量表，是反映一定时期银行资金来源和资金运用变化情况的财务报表。

一、银行现金流量表的内容

银行现金流量表主要回答两个问题：银行在某一时期使用的资金来自何方？资金用到哪里去？银行现金流量表由经营活动现金流量、筹资活动现金流量、投资活动现金流量三部分组成。表 2-7 为 A 银行现金流量表。

(一)银行经营业务产生的资金的流入和流出

1. 现金流入量

贷款利息收入、金融机构往来收入、其他营业收入、活期存款吸收与支付净额、吸收的定期存款、收回的中长期贷款、收回的已核销贷款、与中央银行往来现金净额、与金融机构往来现金净额、收到的其他与经营活动有关的现金。

2. 现金流出量

存款利息支出，金融机构往来支出，其他营业支出，支付给职工以及为职工支付的现金，支付定期存款本金，短期贷款发放与收回净额，中长期贷款，支付营业税金及附加，支付所得税，支付除营业税金及附加，所得税以外的其他税费，支付其他与营业活动有关的现金。

(二)银行筹资业务产生的资金的流入和流出

1. 现金流入量

吸收权益性投资所收到的现金、发行债券所收到的现金、收到其他与筹资活动有关的现金。

2. 现金流出量

偿还债务所支付的现金、发生筹资费用所支付的现金、分配股利或利润所支付的现金、偿还利息所支付的现金、减少注册资本所支付的现金、支付的其他与筹资活动有关的现金。

(三)投资活动产生的现金流入和流出

1. 现金流入量

收回投资所收到的现金，分得股利或利润所收到的现金，取得债券利息收入所收到的现金，处置固定资产，无形资产和其他长期资产所收到的现金净额，收到其他与投资活动有关的现金。

2. 现金流出量

购建固定资产，无形资产和其他长期资产而支付的现金，权益性投资所支付的现金，债权性投资所支付的现金，支付其他与投资活动有关的现金。

二、银行现金流量表的计算

三部分现金流量满足恒等式：

某一时期银行获得的资金=某一时期银行使用的资金

下面以A银行现金流量表(见表2-7)为例进行分析。

表2-7　A银行现金流量表(2011年1月1日—12月31日)　单位：元

一、经营活动产生的现金流量	
贷款利息收入收到的现金	20 528 319 000
金融机构往来收入	0
其他营业收入收到的现金	0
活期存款吸收与支付净额	36 725 190 000
吸收的定期存款	0
收回的中长期贷款	45 030 925 000
同业存放和系统内存放款项吸收与支付净额	0

续表

与其他金融机构拆借资金净额	0
金融机构其他往来收到的现金净额	0
租赁收入	0
证券及租赁业务现金增加净额	0
收到的其他与经营活动有关的现金	0
手续费收入收到的现金	494 049 000
汇兑净收益收到的现金	0
债券投资净收益收到的现金	0
经营活动现金流入小计	7.231 72E+11
存款利息支出支付的现金	10 062 564 000
金融企业往来支出支付的现金	0
手续费支出支付的现金	121 717 000
营业费用支付的现金	0
其他营业支出支付的现金	0
支付给职工以及为职工支付的现金	2 356 723 000
支付的定期存款	0
短期贷款收回与发放净额	0
发放的中长期贷款	78 258 329 000
支付营业税及附加	0
支付的所得税款	1 269 071 000
购买商品接受劳务支付的现金	0
支付的其他与经营活动有关的现金	0
经营活动现金流出小计	7.078 49E+11
经营活动产生的现金流量净额	15 323 082 000
二、投资活动产生的现金流量	
收回投资所收到的现金	51 127 263 000
分得股利或利润所收到的现金	0
取得债券利息收入所收到的现金	2 386 367 000
处置固定无形和长期资产收回的现金	3 852 000
收到的其他与投资活动有关的现金	0
投资活动现金流入小计	53 517 482 000
购建固定无形和长期资产支付的现金	1 285 969 000
权益性投资所支付的现金	0

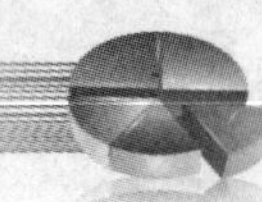

续表

债权性投资所支付的现金	54 553 645 000
支付的其他与投资活动有关的现金	0
投资活动现金流出小计	55 839 614 000
投资活动产生的现金流量净额	2 322 132 000
三、筹资活动产生的现金流量	
吸收权益性投资所收到的现金	0
发行债券所收到的现金	1 114 891 000
借款所收到的现金	0
收到的其他与筹资活动有关的现金	0
筹资活动现金流入小计	1 114 891 000
偿还债务所支付的现金	0
发生筹资费用所支付的现金	0
分配股利或利润所支付的现金	329 446 000
偿付利息所支付的现金	0
融资租赁所支付的现金	0
支付的其他与筹资活动有关的现金	0
筹资活动现金流出小计	334 055 000
筹资活动产生的现金流量净额	780 836 000

对表 2-7 中的数据进行归纳，可以得出以下结果。

银行经营活动现金流入量=贷款利息收入+手续费收入+收回的中长期贷款+吸收活期存款
=20 528 319 000+494 049 000+45 030 925 000+36 725 190 000
=102 778 483 000(元)

银行经营活动现金流出量=存款利息支出+手续费支出+支付职员工资+发放贷款+支付税金
=10 062 564 000+121 717 000+2 356 723 000+78 258 329 000+1 269 071 000
=92 068 404 000(元)

银行经营活动现金净流量=102 778 483 000−92 068 404 000=10 710 079 000(元)

第四节　其 他 报 表

为了更全面地反映银行的经营状况，商业银行(特别是上市银行)会公布一些其他的财务报表作为补充信息。这些报表包括股东权益变动表、表外业务报告表等。

一、股东权益变动表

股东权益变动表反映了银行股东对本银行投资变化的情况和银行盈利的分配情况。股东对银行的投资(也称为股本)是商业银行抵御不可预测风险的最重要也是最后的屏障。因此，政府监管当局高度关注股东权益变动表。另外，股东权益变动表列举了股东的权益实现，也备受股东的关注。下面以 A 银行股东权益变动表(见表 2-8)进行分析。

表 2-8　A 银行股东权益变动表(2011 年 8 月 30 日)

一、实收资本(或股本)		任意盈余公积	0
期初余额(实收资本)	5 184 447 000	储备基金	0
本期增加数(实收资本)	1 037 588 000	企业发展基金	0
资本公积转入	0	法定公益金转入数	0
盈余公积转入	0	本期减少数	0
利润分配转入	0	弥补亏损	0
新增资本(或股本)	0	转增资本	0
本期减少数(实收资本)	0	分派现金股利或利润	
期末余额(实收资本)	6 222 035 000	期末余额	496 756 000
二、资本公积		法定盈余公积	0
期初余额(资本公积)	4 948 491 000	储备基金	0
本期增加数(资本公积)	2 640 000	企业发展基金	0
资本(或股本)溢价	0	三、法定公益金	0
接受捐赠非现金资产准备	0	期初余额	280 697 000
接受现金捐赠	0	本期增加数	0
股权投资准备	0	从净利润中提取数	0
拨款转入	0	本期减少数	0
外币资本折算差额	0	集体福利支出	0
资本评估增值准备	0	期末余额	280 697 000
其他资本公积	0	四、未分配利润	
本期减少数(资本公积)	0	期初未分配利润	1 999 595 000
转增资本	0	本期净利润	1 268 009 000
期末余额(资本公积)	495 113 000	本期利润分配	1 399 876 000
法定和任意盈余公积	0	期末未分配利润	1 867 728 000
期初余额	496 756 000	年初余额	0
本期增加数	0	本年增加数	0
从净利润中提取数	0	本年减少数	0
法定盈余公积(增加数)	0	年末余额	0

表 2-8 反映出该银行在本期实收资本增加 1 037 588 000 元，银行抗风险能力增加，但是原股东股权被稀释。“本期利润分配”数大于“本期净利润”，分配动用上期末未分配利润，是为了保持银行的股本收益率不会有太大的降幅而采取的措施。

二、表外业务报告表

全球主要国家金融体系都趋向混业体系。一方面，传统商业银行资金运用依赖于贷款的状况，受到资本市场的冲击，企业客户越来越多地趋向离开商业银行到资本市场直接融资，造成银行贷款市场需求量缩小，银行贷款业务收入已经不能满足银行追求利润增长的要求；另一方面，金融混业体系下，政府的金融政策允许商业银行提供更多的金融服务。这种状况激发了银行的创新热情。

对于那些向客户提供金融服务时不动用银行资金(可能在之后的某个时间会动用银行资金)的业务不列入资产负债表中，而是列入表外业务报告表中。中国银监会颁布的《资本充足率管理办法》中规定银行的表外项目分为五类：贷款的授信业务、与某些交易相关的或有负债、与贸易相关的短期或有负债、承诺、信用风险仍在银行的资产销售与购买协议。银行将这些表外业务状况计入表外项目报告表中。表外项目报告表与其他银行财务报表没有对应关系，一般不对外公布。

第五节　案例研究：商业银行资产负债表总体分析

一、案例展示

资产负债表总体评价和分析，一般通过编制比较资产负债表或共同比报表的方式进行。对资产负债表作总体分析时，应当特别注意资产项目和负债项目的对照分析。现举例说明如下。

B 商业银行 2012 年末、2013 年末比较资产负债表如表 2-9 所示。

表 2-9　比较资产负债表

编制单位：B 银行　　2012 年 12 月 31 日—2013 年 12 月 31 日

资产项目	资产/万元		比较增减数	
	2012 年度	2013 年度	金额/万元	比例/%
流动资产	121 721	83 175	−38 546	−31.7
存放系统内款项	23 365	16 073	−7 292	−31.2
分行辖内往来(借)	0	394	394	100
短期贷款	44 956	44 587	−369	−7

续表

资产项目	资产/万元		比较增减数	
	2012 年度	2013 年度	金额/万元	比例/%
支行辖内往来(借)	29 825	12	−29 813	−99.9
长期资产	3 475	14 798	11 323	326
中长期贷款	0	500	500	204
逾期贷款	2 725	8 293	5 568	11.8
长期投资	186	208	22	142.9
无形及递延资产	70	170	100	
……				
资产总额	125 266	98 142	−27 124	−21.6
流动负债	101 813	73 731	−28 082	−27.5
短期存款	41 604	36 422	−5 182	−12.4
短期储蓄	15 168	21 035	5 867	38.7
分行辖内往来(贷)	29 257	0	−29 257	−100
一年内到期长期存款	4 862	3 901	−961	−19.8
长期存款	14 531	7 815	−6 716	−46.2
长期储蓄存款	7 312	14 541	7 229	98.9
所有者权益	1 610	1 856	246	15.28

二、案例分析

从表 2-9 中可以看出：

(1) 该行资产总额 2013 年比 2012 年减少 125 266−98 142=27 124 万元，减幅为 27 124+1 252 662=−21．65%，而流动资产减少 121 721−83 175=38 546 万元，减幅为 38 546+121 721=−31.67%，是导致资产总额减少的主要原因。与此对应，流动负债减少 101 813−73 731=28 082 万元，减幅为 28 082÷101 813=−27.58%，是负债和所有者权益减少的主要原因。

(2) 在流动资产中，短期贷款、存放系统内款项和支行辖内往来变动较大。与 2012 年相比，分行辖内往来贷差 29 257 万元变为 2013 年的借差 394 万元，表明该银行收回了短期贷款，归还了借用的资金。

(3) 流动负债减少了 28 082 万元，相应地减少了流动资产。但是，流动资产额 83 175 万元大于流动负债额 73 731 万元，说明有一部分长期负债形成了流动性资产。

(4) 在中长期资产中，中长期贷款仅 500 万元，逾期贷款为 8 293 万元，比年初的 2725 万元上升了 5568 万元，升幅达 5568÷2725=204%，表明资产恶化，应引起高度重视。

通过对比较资产负债表的总体分析，大体上可以得到如下结论。

(1) 该行近年来资产正在缩减。其原因可能源于经济环境的变化导致存款减少，也可能源于该行战略性地缩减业务。

(2) 资产总额中流动资产占比很高，表明该行资产流动性较强。但是，从长期来看，这将影响到该行的盈利能力。

(3) 该行信贷资产质量较差，逾期贷款过多，加之该行高盈利性资产占比较低，该行资产质量和收益能力都在恶化。因此，该行应及时采取措施，防止资产质量的进一步下滑。

【复习思考】表 2-10 为 C 银行 2013 年资产负债表，试据此对 C 银行资产负债管理进行综合评价。

表 2-10　C 银行 2013 年资产负债表　　单位：元

指标名称	数　值
现金及银行存款	2 603 644 928.000
贵金属	0.000
存放中央银行款项	26 265 223 168.000
存放同行业款项	3 323 041 024.000
存放联行款项	0.000
拆出资金	0.000
折放同行	11 286 701 056.000
折放金融行公司	364 668 000.000
短期贷款	84 127 784 960.000
抵押贷款	0.000
应收进出口押汇	1 075 608 064.000
应收账款	1 053 017 984.000
减坏账准备	192 720 992.000
预付账款	0.000
其他应收款	773 713 984.000
贴现	28 767 027 200.000
短期投资	6 620 929 024.000
委托贷款及委托投资	8 102 351 872.000
自营证券	0.000
代理证券	0.000
买入返售证券	7 297 849 856.000
存货	0.000

续表

指标名称	数　值
待处理流动资金净损失	0.000
一年内到期的长期债券投资	5 431 059 968.000
待摊费用	0.000
流动资产合计	186 899 890 176.000
中长期贷款	14 781 079 552.000
逾期贷款	1 639 408 000.000
贷款呆账准备	6 729 999 872.000
应收租赁款	0.000
未收租赁收益	0.000
租赁资产	0.000
待转租资产	0.000
长期投资合计	50 648 514 560.000
减：长期投资减值准备	95 123 000.000
固定资产原值	6 200 531 968.000
减：累计折旧	1 344 059 008.000
固定资产净值	4 856 473 088.000
在建工程	220 155 008.000
待处理固定资产净损失	0.000
长期资产合计	5 076 627 968.000
无形资产	0.000
递延资产	0.000
无形资产及其他资产合计	2 457 168 896.000
其他长期资产	1 897 901 952.000
递延税款借项	1 844 999 936.000
资产总计	266 317 152 256.000
短期存款	117 675 622 400.000
短期储蓄存款	73 206 579 200.000
财政性存款	1 459 858 944.000
向中央银行存款	2 622 469 888.000
同业存放款项	20 499 924 992.000
联行存放款项	0.000
同业拆入	7 984 169 984.000

续表

指标名称	数　值
金融性公司拆入	0.000
保证金存款	10 960 302 080.000
应解汇款	1 471 289 984.000
汇出汇款	1 755 501 056.000
委托存款	8 102 351 872.000
应付代理证券款	0.000
卖出回购证券款	84 326 000.000
短期借款	0.000
应付账款	0.000
预收账款	0.000
其他应付款	2 570 391 040.000
应付工资	385 107 008.000
应付福利费	339 084 000.000
应交税金	461 103 008.000
未付股利	0.000
其他应交款	0.000
预提费用	3 540 000.000
发行短期债券	0.000
一年内到期的流动负债	0.000
其他流动负债	0.000
流动负债合计	250 848 280 576.000
长期存款	2 752 328 960.000
长期储蓄存款	6 772 452 864.000
保证金	0.000
应付转租赁金	0.000
发行长期债券	827 660 032.000
长期借款	0.000
长期应付款	0.000
其他长期负债	0.000
住房周转金	0.000
长期负债合计	10 352 442 368.000
负债合计	261 200 723 968.000

续表

指标名称	数　值
少数股权及权益	0.000
实收资本	4 206 818 048.000
股东权益	0.000
资本公积	0.000
盈余公积	35 470 000.000
其中：公益金	35 470 000.000
负债及股东权益总计	874 147 968.000
外币报表折算差额	0.000
股东权益合计	5 116 435 968.000
负债及股东权益总计	266 317 152 256.000

习　题

一、名词解释

资产负债表、银行损益表、现金流量表、股东权益变动表

二、填空题

1. 负债及所有者权益=________+________+________。
2. 资产=________+________+________+________。
3. 资产总额=________+________。
4. 损益表平衡公式：________-________=利润
5. 银行现金流量表由________、________和________三部分组成。
6. 银行收入包括银行资金运用带来的________和________两部分。
7. 主营业务支出包括________和________两部分。

三、分析题

商业银行资产负债表可以表明在某一时点银行资产负债的基本情况，反映商业银行在某一特定时点拥有或控制的、能以货币计量的经济资源的分布和机构；商业银行的短期、长期偿债能力；商业银行的财务弹性。表 2-11 是某国有商业银行省分行资产负债表，试分析其资产负债管理情况。

表2-11　某国有商业银行省分行资产负债表

×××年6月30日　　　　单位：万元

项　目	年初余额	本期期末余额	项　目	年初余额	本期期末余额
一、各项贷款	8 984 335	9 125 376	一、各项存款	9 181 390	10 065 731
1．流动资金贷款	7 899 344	8 051 084	1．对公存款	3 436 197	3 485 014
2．固定资产贷款	1 084 991	1 074 292	2．储蓄存款	5 745 193	6 580 717
附：三项不良贷款	3 716 543	3 945 316	附：总定期存款	4 327 245	5 029 144
逾期贷款	2 030 574	2 126 228	总活期存款	4 854 145	5 036 587
呆滞贷款	1 586 302	1 710 890	二、系统外净借入资金	183 489	141 429
呆账贷款	99 667	108 198	三、系统内净借入资金	1 859 030	1 721 466
二、系统外拆出资金	167 815	70 435	四、同业存放款项	319 218	251 289
三、系统内净借出资金			五、向央行借款	15 524	2 026
四、存放同业款项	58 225	57 226	六、发行有价证券	1 013	283
五、存央行汇票清算款		126 339	七、应缴税金	17 135	193 076
六、备付金合计	766 270	523 499	八、其他负债	182 819	277 705
1．在央行存款	629 112	357 842	汇出汇款	96 671	208 376
2．库存现金	137 158	165 657	九、收入下级行调控准备金		
七、缴央行存款准备金	1 151 567	1 271 528	十、外汇周转金轧差来源		
八、购买债券	522 786	524 432	十一、内部负债	322 738	194 321
国债	160 232	228 404	十二、待清负债含信托	56 142	28 613
九、投资	128 942	128 150	十三、联行资金轧差占用	1 239 804	1 068 837
十、缴上级行调控准备金	577 223	705 524	十四、代理业务轧差占用	37 111	29 598
十一、外汇周转金轧差占用	114 968	162 292	附列：高成本负债	3 346 002	2 962 654
十二、内部资产	1 090 203	1214 515	中成本负债	4 646 463	5 280 433
应收利息	411 795	514 606	低成本负债	4 891 256	5 066 185
十三、待清理资产含信托	151 270	135 556	无成本负债	522 692	4 914 332
十四、其他资产			负债方合计	13 406 443	13 800 604

续表

项　目	年初余额	本期期末余额	项　目	年初余额	本期期末余额
十五、联行资金轧差上存			十五、所有者权益	307 191	244 268
十六、代理业务轧差占用			1．实收资本	308 521	308 521
附列：高收益资产	7 988 967	7 901 155	其中：营运资金	308 521	308 521
中收益资产	2 416 127	2 518 459	2．本年利润		−80 917
低收益资产	395 180	425 998			
无收益资产	2 913 330	3 199 260			
资产方合计	13 713 604	14 044 872	负债与所有者权益合计	13 713 604	14 044 872

试分析该行资产负债管理情况。

第三章 商业银行的资本金管理

本章精粹：

- 商业银行资本金的构成及需要量的确定。
- 《巴塞尔协议》与商业银行资本金。
- 商业银行资本金的筹集方式与选择。
- 案例研究 1：海南发展银行倒闭案例。
- 案例研究 2：资本金高低不同，风险各异。

案例导入　日本幸福银行破产案

日本金融再生委员会于 1999 年 5 月 23 日正式宣布，总部设立在大阪的地方银行——幸福银行破产，由政府接管。这是自日本金融破产法案生效以来第二家宣告破产倒闭并由金融再生委员会委任破产管理人的地方银行。金融当局说，在稽核幸福银行的账户后发现，截至 1998 年 9 月，该银行资本亏损达 569 亿日元，包括其所持证券的亏损；到 1999 年 3 月底，其自有资金率只有 0.5%。幸福银行有 50 年的历史，在日本国内有 110 家分支机构，2000 多名员工。该银行过去三年一直亏损，日本金融监管部门曾要求该银行立即增加资本，该银行总裁江川笃明也提出动用私人财产挽救银行，但该银行终究还是逃脱不了破产倒闭的命运。

同其他企业一样，商业银行的资本是银行从事经营管理活动的基本物质条件，要办银行首先要有资本。一般企业的资本通常占其资产总额的 50%以上，而商业银行的资本占资产总额的比例一般都不到 10%，企业资本是其维持生产经营的主要物质条件和支撑力量，而商业银行的资产经营主要不是依靠资本来支撑的，而是依靠存款负债。这就决定了银行资本和企业资本的区别。银行资本的功能主要有：当银行丧失清偿能力和发生流动性危机时保护未保险的存款人；以充足的保证金弥补未预料的亏损，维持公众对银行的信心，提高银行的信誉；购置房产设备。由于资本能有效地保证存款安全，抵御风险损失，从而最终有利于社会经济和金融秩序的稳定，因而各国银行管理当局无不十分重视资本充足程度的管理。一般来说，银行经营管理者总是倾向于使用较少的资本千方百计地扩展资产业务，以获得较大的股权收益率，其必然结果是增大银行的经营风险；而银行管理当局则更重视银行系统的稳定和保护存款者的利益，因而要求商业银行提高资本比率，以保证银行业务经营的稳健。《巴塞尔协议》将银行的资本划分为核心资本与附属资本两类，并且规定银行的核心资本比率为 4%，全部资本比率为 8%。我国的《商业银行法》第四章第 39 条第 1 款有关商业银行规定，“资本充足率不得低于百分之八”；第八章第 75 条第 2 款规定，“未遵守资本充足率、存贷比例、资产流动性比例、同一借款人贷款比例和中国人民银行有关资产负债比例管理的其他规定的，由中国人民银行责令改正”。

(资料来源：金融学案例评析. 石家庄经济学院，2004.)

第一节　商业银行资本金的构成及需要量的确定

在现代商业银行的监管框架下，资本能力的大小决定了银行的规模增长能力、风险抵御能力和市场竞争能力。资本管理已成为当今国际先进银行经营管理的核心内容之一。

资本作为商业银行防范风险的最后一道防线，决定了商业银行在经营过程中与其他企业一样，必须要有资本。要视资本的多寡决定商业银行规模的大小，明确地讲就是要视资本抵御风险的能力决定商业银行经营产品的种类、范围和总量。

一、商业银行资本金的概念及其构成

任何以营利为目的的企业，在业务发展初创时期以及今后进行业务经营都需要筹集并投入一定量的资本金，并在以后的业务经营过程中不断地加以补充。

商业银行资本金就是指银行投资者为了正常的经营活动及获取利润而投入的货币资金和保留在银行的利润。

(一)商业银行资本金的概念及其特点

1. 商业银行资本金的概念

商业银行资本比例增加，银行的安全性也随之提高。从本质上看，属于商业银行的自有资金才是资本，它代表着投资者对商业银行的所有权，同时也代表着投资者对所欠债务的偿还能力。但是，在实际运作中，一些债务也被当作银行资本，如商业银行持有的长期债券等。我们这里是从所有者权益来理解资本的定义的。

商业银行的资本金包括两部分：一是商业银行在开业注册登记时所载明、界定银行经营规模的资金；二是商业银行在业务经营过程中通过各种方式不断补充的资金。

商业银行的资本金的特性：一是商业银行业务活动的基础性资金，可以自由支配使用；二是在正常的业务经营过程中无须偿还。

2. 商业银行资本金与一般企业资本金的区别

资本金所包含的内容不同。企业的资本等于资产总值减去负债总额后的净值，即所有者权益或者产权资本，也可称为自有资金；商业银行的资本金既包括所有者权益部分的资本，也包括一定比例的债务资本，如呆账准备金、坏账准备金，在资产负债表的资产方，但以“-”号来表示。

资本金在全部资产中所占比例不同，绝对数额相差很大。现代企业都具有负债经营的特点，即经营中都依赖一定的外援资金。但由于企业发展的性质和特点不同，资本金在全部资产中所占比例也就不同。按照国际惯例，一般性企业的负债率在 66%左右，即自有资金应保持在 34%左右；商业银行作为特殊的金融企业，其 80%～90%的资金是从各种各样的客户手中借来的，也就是说，商业银行的资本金占其全部资产的比例一般为 10%～20%，如此也就形成了商业银行高负债经营的状况。

固定资产的形成能力与其资本金的数量关联性不同。一般企业的固定资产既可以由其资本金形成，也可以由各种借入资金，包括商业银行的贷款来形成，与资本金的关联性不

大；商业银行固定资产的形成能力却与其资本金的数量有着非常明确的关联关系。因为银行的固定资产是商业银行形成较好的业务经营能力的必要物质条件，这些设施的资金占用时间较长，只能依赖于自有的资本金。

(二)商业银行资本金的构成

商业银行的设立与经营必须要有资本金。资本金构成了商业银行防范风险损失的最后准备，为商业银行提供了经营的基础与物质条件，同时也是金融监管当局监管商业银行的重要手段。近年来，商业银行的资本充足性成为引人注目的问题。商业银行的资本如何构成，其是否充足的衡量标准是什么，如何根据《巴塞尔协议》的要求来提高商业银行的资本充足率，降低商业银行的风险，是本章的核心内容。

资本是商业银行的自有资金，它代表着所有者对银行的所有权。从会计的角度来看，我们可以把资本定义为：总资产与总负债的账面价值之差，即净值。但在实际业务中，人们更关注资本的市场价值，即资产的市场价值与负债的市场价值之差。因为资本的市场价值反映了银行用来抵御风险的实际资本额，存款人据此可以判断银行的存款是否有足够的可出售的资产作为担保，从而选择最佳的银行存款。一些非自有资金，如长期负债，也作为资本金的组成部分。西方国家在计算银行资本量时，大都采用这种方法。但股本与债务资本在期限、收益、本金偿还、对银行的控制权方面，都存在着很大差别。

从银行资本金的构成来看，主要有下列四个部分。

(1) 投入资本。投入资本是指投资者实际投入银行经营活动的各种财产物资。股份制银行的投入资本称为股本。投入资本按照投资形式不同可分为货币投资、实物资产投资和无形资产投资。

(2) 资本公积。资本公积是指包括资本(或股本)溢价、法定财产重估增值和接受捐赠资产价值在内的资本项目。一般来讲，资本公积也是投资者投入的资本。但是从法律意义上看，投入资本与资本公积有着明显的区别。前者是法定资本，不得随意抽回；后者是附加资本(或增收资本)，由于某种原因可能减少。

(3) 盈余公积。盈余公积是指银行按照有关规定从税后利润中提取的公积金。盈余公积属于银行利润的累计结存数，是一种有特定用途的留存收益，主要用于弥补亏损、转增资本等。

(4) 未分配利润。未分配利润是指银行留待以后年度分配或待分配的净利润。它有两层含义：一是这部分利润没有分给银行投资者，二是这部分净利润未指定用途。未分配利润同盈余公积一样，都是通过银行经营活动而形成的资本。

(三)我国商业银行资本金的构成

我国银行资本金的构成情况以 1993 年 7 月 1 日实行的《金融界保险企业财务制度》《金

融企业会计制度》为界限，在政策上有所不同。1993 年以前，我国银行资本金主要由国家财政拨款、银行积累资金和待分配盈余等三种途径形成。1993 年以后，根据新的财务制度对商业银行资本金的规定，各方投资者投入商业银行的资本金以及由这些资金增值等原因形成的资本公积、盈余公积和利润分配形成商业银行的所有者权益，代表着投资者在商业银行的权益，供商业银行在存续期内长期使用。商业银行可以采用吸收现金、实物、无形资产或发行股票等方式筹集资本金，并按有关规定入账。目前，我国商业银行资本金包括以下内容。

1. 核心资本

核心资本包括实收资本、资本公积、盈余公积和未分配利润。

(1) 实收资本，按照投入主体不同，分为国家资本金、法人资本金、个人资本金和外商资本金。

(2) 资本公积，包括股票溢价、法定资产重估增值部分和接受捐赠的财产等形式所增加的资本。它可以按照法定程序转增资本金。

(3) 盈余公积，是商业银行按照规定从税后利润中提取的，是商业银行自我发展的一种积累，包括法定盈余公积金(达到注册资本金的 50%)和任意盈余公积金。

(4) 未分配利润，是商业银行实现的利润中尚未分配的部分，在其未分配前与实收资本和公积金具有同样的作用。

2. 附属资本

附属资本包括商业银行的贷款呆账准备金、坏账准备金、投资风险准备金、五年及五年期以上的长期债券。

(1) 贷款呆账准备金，是指商业银行在从事放款业务过程中，按规定以贷款余额的一定比例提取的，用于补偿可能发生的贷款呆账而设的准备金。

(2) 坏账准备金，国家有关制度规定银行可按照年末应收账款余额的 3‰提取，用于核销商业银行的应收账款损失。

(3) 投资风险准备金，按照规定，我国商业银行每年可按上年末投资余额的 3‰提取。如达到上年末投资余额的 1%时可实行差额提取。

(4) 五年及五年以上的长期债券，属于金融债券的一种，是由商业银行发行并还本付息的资本性债券，用来弥补商业银行的资本金不足。

此外，根据《巴塞尔协议》的要求与我国商业银行的具体情况，我国还规定了商业银行资本金的扣除项目，形成资本净额，即：资本净额=总资本-在其他银行资本中的投资-已对非银行金融机构资本中的投资-已对工商企业的参股投资-已对非自用不动产的投资-呆账损失尚未冲减的部分。

(四)我国股份制商业银行的资本构成

(1) 实收资本占资本的比例差异悬殊，如中信银行为72.92%，招商银行为35.60%。

(2) 未分配利润占资本比重有所下降，但总体水平仍然高于国有商业银行。这说明股份制商业银行有较强的内部融资能力。

二、决定资本金需要量的客观因素

(1) 经济运行的状况。经济繁荣时期，存款会稳定增长，贷款风险则相对较小，需要的资本也相对较少。

(2) 银行信誉的高低与资本金需要量成反比。风险往往发生在到期存款不能及时兑付，而出现挤兑风潮，流动性受到影响。

(3) 银行业务的规模和发展速度与资本金需要量成正比。

(4) 银行负债结构与资产质量。活期比重大，所需要的资本金就多；定期比重大，所需要的资本金就小；资产质量高，资本金就小；长期贷款多，需要灵活调度资金的可能性大，资本金就多。

三、商业银行资本金需要量的确定方法

(一)单一比例法

单一比例法是以银行资本金与银行资产和负债之间的某个比率来确定银行资本金需要量的一种方法。这是西方国家较早采用的方法。

1. 资本/存款比率

20世纪初，西方银行广泛地将银行资本金与存款总额之间的比率作为确定商业银行资本需要量的尺度，并根据实际经验形成了一种看法，即认为银行资本金至少应等于其存款负债的10%。

商业银行持有资本金主要是为了应付意外事件造成的损失。资本/存款这个比率是以存款量的多少来考查银行遭受损失的可能性大小的，但存款本身在没有被用来发放贷款、进行投资之前风险并不大，因此以存款量的多少来确定银行资本金需要量是不太科学的。由于这种原因，西方国家在第二次世界大战后逐步放弃了这种方法。

2. 资本/资产总额比率

第二次世界大战后的最初几年，资本与资产总额的比率被用来衡量资本金需要量。这一比率把资本金需要量与银行的全部资产，包括现金资产、同业存款、放款、投资资产等

联系在一起。如美国联邦储备系统曾经要求商业银行的资本金应相当于其资产总额的7%，美国联邦存款保险公司则以全国银行资本与资产总额的平均比率作为衡量银行资本需要量的尺度。

由于银行的损失主要来自资产，因此，该比率使银行资本抵御意外损失的能力在一定程度上得到了发挥，并且，由于这一比率计算起来比较方便，因而直到现在还常常被人们用来作为迅速测试资本需要量的一种方法。但是，资本/资产总额比率和资本/存款比率一样，没有考虑银行资产的结构情况与银行风险的大小存在着十分密切的关系。比如，按照这种方法，两家具有同样资产规模的银行，就应持有相同的资本金数量。但是，若一家银行的资产主要是现金、同业存款、政府短期债券等，这些资产发生损失的可能性较小；而另一家银行的资产大部分是长期放款、企业债券等，包含有较大的风险。在这种情况下，两家银行持有等量的资本显然难以准确地发挥银行资本金抵御风险损失的功能。

3. 资本/风险资产比率(齿轮比率)

银行的风险资产是指可能发生损失的资产，主要包括放款和投资。其计算方法是用银行的资产总额减去库存现金、同业存款和政府短期证券。资本/风险资产比率是资本/资产总额比率的发展。因为资产中只有贷款和投资才具有较大的信贷风险，需要由银行资本金提供保障，而库存现金、同业存款和政府短期证券则一般没有风险或风险很小，可以不需要或需要较少的银行资本作为保障。将银行资本需要量与风险资产联系起来考虑，较好地发挥了银行资本抵御资产意外损失的功能，因此具有一定的科学性。资本/风险资产比率通常为15%～20%。

资本/风险资产比率虽然比资本/资产总额比率前进了一步，但仍然存在着缺点，因为这一方法在计算银行应持有的资本量时，将库存现金、同业存款和政府短期债券等所谓无风险资产或风险较低的资产排除在外，但其中有些资产仍会有风险存在，需要有一定量的资本为之作保障，而且这一比率法并没有反映出各种风险资产在风险程度上的差别。实际上，风险资产的风险程度是大不相同的，如银行短期放款的风险很低，而长期放款、企业长期债券的风险就相当高。对这些风险程度不同的资产保持相同的资本储备，既难以发挥资本金的作用，又不“经济”。因此，在后来计算银行的风险资产时，一般都把风险程度与现金和政府短期债券大致相同的资产，如政府担保的放款等，从总资产中扣除，再按适当比例求得应保有的资本金数量。

4. 分类比率法

分类比率法又称纽约公式，是纽约联邦储备银行设计的一种资本需要量测定方法。即按照银行资产风险程度的不同，将全部资产分成几类，然后确定各类资产应保持的资本比率，最后将各类资产应保持的资本量相加，求得在既定时间内应持有的资本金总额。如 20 世纪 50 年代初期，美国有关部门将银行的资产按流动性和风险程度分为六组。表 3-1 为美国商业银行风险资产分类表。

表 3-1　美国商业银行风险资产分类表

类　型	内　容	风险程度及比例
无风险资产	库存现金、同业存款、政府短期证券等	基本无风险，0%
最小风险资产	政府中长期证券、信誉较高的商业票据、各种担保放款	有一定风险，5%
普通风险资产	普通有价证券贷款、政府债券以外的五年以上到期的证券投资	这类资产没有可靠的保证，12%
较大风险资产	因债务人财务状况较差、信誉不好、担保不足或质量不佳，不可靠因素较多	遭受损失的可能性较大，20%
有问题资产	已过偿还期限，债务人未履行还款义务	风险很大，50%
亏损与固定资产	呆滞贷款、贬值证券、房屋设备等	100%

(二)综合分析法

单一比率法是从某一个角度对银行资本金的需要量提出要求。但一家银行的资本需要量受到多种因素的影响，如存款数量、资产数量和结构、银行经营管理水平、经营者能力、资产的流动性等。在其他条件相同的情况下，经营管理水平高、经营能力强的银行只需要较少的资本金就能抵御所面临的风险。因此各国开始普遍采用综合分析法来确定商业银行的资本需要量。通过综合分析法，虽然比较容易得出银行资本金需要量的一般水平，但难以计算出较为精确的数值，且计算时也比较烦琐，要与其他方法并用才能得到较好的效果。现在均按照《巴塞尔协议》统一的资本标准。

银行资本金需要量的确定综合分析法是把银行的全部业务活动作为分析对象，在综合考虑各种影响银行经营管理状况因素的基础上，确定银行应保持的资本量。美国的货币监理官(归财政部所属)提出以下几点可作为确定银行应保持资本需要量的因素：银行经营管理水平、银行资产的流动性、银行盈利及留存盈余的历史、银行股东的信誉及特点、银行的营业费用、银行存款结构的潜在变化、银行经营活动的效率、银行在竞争环境下满足本地区目前和今后金融需求的能力等。

显然，用综合分析法比用单一比率法来衡量银行资本金的需要量更加全面、合理、科学。后来在此基础上又演变出在西方国家非常流行的一种评估制度，即骆驼评级制。

骆驼评级制是由美国商业银行创设的一种重要的评价银行经营能力、管理水平的评级制度。其评估的五个方面内容为：资本充足率(Capital)、资产质量(Asset)、经营水平(Management)、收益(Earning)和流动性(Liquidity)。其英文第一个字母组合恰为英文单词“骆驼”(CAMEL)，所以被称为骆驼评级制。

商业银行的资本是金融管理部门实施控制的工具。我国对设立商业银行的最低资本要求是：设立分支机构的全国性商业银行，最低实收资本为20亿元人民币；不设立分支机构的全国性银行为10亿元人民币；区域性商业银行最低实收资本为8亿元人民币；合作银行最低实收资本为5亿元人民币等。金融管理部门通过规定和调节各种业务的资本比率，就可对其业务活动实施控制。

第二节　《巴塞尔协议》与商业银行资本金

巴塞尔协议(Basel Accord)的全名是资本充足协议(Capital Accord)。

巴塞尔委员会是1974年由十国集团中央银行行长倡议建立的，其成员包括十国集团中央银行和银行监管部门的代表。自成立以来，巴塞尔委员会制定了一系列重要的银行监管规定，经过一段时间的检验，鉴于其合理性、科学性和可操作性，许多非十国集团监管部门也自愿地遵守了巴塞尔协定和资本协议，特别是那些国际金融参与度高的国家。1997年，有效银行监管的核心原则的问世是巴塞尔委员会历史上又一项重大事件。核心原则是由巴塞尔委员会与一些非十国集团国家联合起草，得到世界各国监管机构的普遍赞同，并已构成国际社会普遍认可的银行监管国际标准。至此，虽然巴塞尔委员会不是严格意义上的银行监管国际组织，但事实上已成为银行监管国际标准的制定者。

一、《巴塞尔协议Ⅰ》(旧巴塞尔协议)的内容及其局限性

1988年7月达成的《巴塞尔协议Ⅰ》，其目的主要有两个：一是制定统一的资本充足率标准，以消除国际银行间的不平衡竞争；二是通过制定统一的商业银行资本与风险资产的比率及一定的计算方法和标准，为国际银行业的监管提供一个有利的工具，以保证各国金融体系的稳定与安全，进而保障国际金融业健康、有序、稳定的发展。协议共有51个条款、3个附录，主要包括资本组成、资产风险加权的计算、标准化比率目标、过渡时期及其实施安排等四个方面的内容。

(一)《巴塞尔协议Ⅰ》的内容

1. 商业银行的资本组成

一般企业的资本是根据会计学的定义理解的，即资本等于资产总值减去负债总额后的净值，这个净值称所有者权益或自有资金。而商业银行资本的内涵较为宽泛，除了所有者权益之外，还包括一定比例的债务资本和各类准备金。商业银行常将所有者权益称为一级资本或核心资本，而将长期债务称为二级资本或附属资本。

1) 股本：普通股和优先股

股本，也被称为实收资本，或永久性股东权益，是股东根据合同或者协议投入银行的那部分资金，是银行可以永久性使用的资金，是银行最稳定的资金来源。

(1) 普通股。普通股股票是一种权利证书，标明股票持有人对企业的所有权和某些可行使的权利。这些权利包括：享有分配和处置银行税后利润的权利；享有修改银行公司章程、任免银行董事的权利；享有决定银行经营方针的权利。同时也承担较大的风险：投资收益不确定性；投资资金损失的可能性，银行亏损时，股东共同承担企业的损失；求偿权风险，银行清算时，股东对银行资产的分配权排在债券持有人、优先股持有人之后。

(2) 优先股。优先股是一种定向发售的，性质介于普通股和债券之间的股票。优先股持有人享有的权利和义务要在股权买卖协议上载明。优先股特点如下：①优先股持有人按照固定利率取得股息；②投资的资金没有固定的偿还期；③优先股持有人不拥有对银行经营管理的表决权；④在银行清算时，优先股持有人对银行资产的分配权优于普通股持有人，但排在存款人和债券持有人之后。

常见的优先股有三种形式：固定股息率优先股，可调整股息的优先股，可转换优先股。

2) 资本盈余、留存盈余和法定公积

(1) 资本盈余。资本盈余，也称资本公积或资本溢价，是指银行发行股票时，股票市场价高出股票票面价格的部分。还包括银行接受捐赠所增加的资本。

(2) 留存盈余。留存盈余，也称未分配利润，是指银行历年累计的、税后未分配给股东的利润。留存盈余可以增加银行资本金总量，也可用来贴补股息分配。

(3) 法定公积。法定公积，也称盈余公积，是指银行根据政府相关法律法规规定，每年从利润中提取的部分。是税前提取还是税后提取，要根据政府法律法规的规定执行。

3) 债务资本

债务资本是指银行以负债形式筹集到的资本金。典型的债务资本是银行资本票据和银行资本债券。通常资本票据是指银行发行的期限相对较短、面额不等的债务凭证。资本债券是指银行发行的期限较长、面额固定、面值较大的债务凭证。

作为银行的补充资本，它能为银行带来以下好处：一是债务利息税前列支，可降低筹资成本；二是增加此类资本不会影响银行股东对银行的控股权；三是此类资本有助于提高银行收益率。但是，债务资本具有法定到期清偿性，故银行应注意支付能力，以免发生违约。

4) 各类准备金

准备金是为了防止意外损失而从收益中提留的资金，包括资本准备金、贷款损失准备金与投资损失准备金。

准备金在应付因优先股拆回等造成的股权资本减少或因贷款坏账损失等资产损失方面起到重要作用。同时，其逐年累计提留的做法不会对当年的分红产生巨大影响；补偿取用时，又可使银行避免因资产损失而对当年收益造成冲击。准备金在许多国家被允许税前列支，使银行享受税收优惠。

2. 银行资本金分类

1)　注册资本和补充资本

注册资本：申请开业时，银行必须达到监管当局规定的最低资本金要求。

补充资本：经营过程中，通过各种渠道不断增加的资本。

2)　内源资本和外源资本

内源资本：银行通过减少内部股东利润分配、增加未分配利润的方式补充资本金，以这种筹资方式获得的资本称为内源资本。

外源资本：银行通过对外发行股票、票据和债券等形式募集资金，补充银行的资本金，以这种筹资方式获得的资本称为外源资本。

3)　核心资本和附属资本

核心资本是所有者权益，真正代表银行的实力。附属资本是对核心资本的补充，总数不能超过核心资本金数量。根据表 3-2 某银行的资产负债表分析该银行核心资本数量是否适当。

表 3-2　某银行的资产负债表

单位：万元

资　产	负债及所有者权益
现金 1643	负债 1.活期存款 4214
存放中央银行款项 66	2.储蓄存款 914
存放同业 278	3.定期存款 11 366
证券投资 2803	4.其他短期债务 3029
承兑 70	5.长期债券 1035
贷款总值 15 887	债务合计 20 558
减：损失准备金 511	所有者权益
房产、设备总值 365	1.普通股 212 2.非累积优先股 1 3.资本公积 603 4.未分配利润 331
其他资产 1104	所有者权益总计 1147
资产总计 21 705	负债权益总计 21 705

分析：

内源资本=未分配利润+贷款损失准备金=331+511=842(万元)

外源资本=普通股+非累积优先股+资本公积+长期债券

=212+1+603+1035=1851(万元)

核心资本=普通股+非累积优先股+资本公积+未分配利润

=212+1+603+331=1147(万元)

附属资本=长期债券+贷款损失准备金=1035+511=1546(万元)

核心资本金占比=1147/2693=43%

附属资本金的数额大于总资本金数额的 50%，该银行应该增加核心资本数量。

3. 商业银行的资本充足率

银行资本金越充裕，抵御风险的能力就越强，但是资本金相对银行总资产的占比越大，资本的财务杠杆作用越小，资本金收益率会下降。为了解决这个矛盾，巴塞尔委员会提出了“资本充足率”的概念，用于衡量国际银行持有资本金的数量是否达到要求。

资本充足率是指银行资本总额与银行资产总额的比率。资本充足率的公式为

资本充足率=资本/风险加权资产

商业银行资本充足率不得低于 8%，核心资本充足率不得低于 4%。该 8%的指标是一家银行能够正常对外营业并足以维持公众信誉的最低限度。同时，商业银行还应该制定资本充足率的内部管理方法，合理调整资本金结构，以符合银行总体经营目标的需要。因此资本充足率的管理包括数量管理和结构管理两部分内容。

1) 资本金数量管理

开业时，金融监管当局规定了银行注册资本金的最低限额。比如我国规定，全国性商业银行的注册资本最低限额为 10 亿元人民币，城市商业银行的注册资本最低限额为 1 亿元人民币，农村商业银行最低为 5000 万元人民币。银行正常营业后，由于业务发展速度不同、资产和负债规模不同，监管当局很难对所有银行资本金的数量作统一规定。目前，世界各国均采用《巴塞尔协议Ⅰ》提出的最低资本充足率 8%的标准来监管商业银行资本金数量。

2) 资本结构管理

资本结构的合理性是指银行资本金中核心资本与附属资本在总资本金中所占的比例关系。由于筹集资金的难易程度不同、筹资成本不同，银行在选择资本金筹资策略时，是选择扩大核心资本还是附属资本数量，需要遵循降低成本、降低银行风险的原则。

4. 银行资产风险权数的具体计算方法

《巴塞尔协议Ⅰ》认为，评估资本金是否充足的一个较好方法，是将银行资本与资产负债表上不同种类资产以及表外项目的风险进行加权而制定风险加权比率。其好处如下：

(1) 可以在比较公平的基础上，对结构有所不同的银行体系进行国际上的比较。

(2) 可以使资产负债表外项目的风险衡量更加容易。

(3) 并不阻止银行持有流动资金或风险较低的其他资产。

《巴塞尔协议 I》根据商业银行资产风险状况，区别资产负债表内与表外项目，分别给予不同的风险权数。

表内项目的风险权重有五级，即 0、10%、20%、50%和 100%。风险权重为 0 的资产是指经合组织(OECD)成员国政府发行的债券以及由这些国家政府提供抵押或担保的债券；风险权重为 10%的资产是指国内政府公共部门机构(不包括中央政府)发行的债券和由这些机构提供担保的贷款；风险权重为 20%的资产是指中央政府以外的公共机构和跨国开发银行拥有的债券；风险权重为 50%的资产是指由房地产作抵押的贷款；风险权重为 100%的资产是上述四类以外的一切资产，如对私人的贷款、对地产的投资，以及对非 OECD 成员政府的债券投资等。风险权重越大，表明这种资产的风险越大。其计算公式为

$$风险资产=表内资产\times风险权重$$

银行资产的风险权重如表 3-3 所示。

表 3-3　银行资产的风险权重

第一类：权数为 0 的资产
1. 现金(本币和外币)； 2. 以本国货币定值并以此通货对中央银行和中央政府融通资金的债权； 3. 对 OECD 国家的中央政府和中央银行的其他债权； 4. 用现金或用 OECD 国家中央政府债券作担保或用 OECD 国家中央政府提供担保的债权
第二类：权数为 20%的资产
1. 对多边发展银行的债权，以及由这类银行提供担保或以这类银行发行的债券作抵押的债权； 2. 对 OECD 国家内的注册银行的债权以及由 OECD 国家内注册银行提供担保的贷款； 3. 对 OECD 组织内的外国公共部门实体的贷款； 4. 对 OECD 以外国家注册的银行余期在一年期内的债权和由 OECD 以外国家的法人银行提供担保的所余期限在一年之内的贷款； 5. 对非本国的 OECD 国家的公共部门机构的债权，以及由这些机构提供担保的贷款； 6. 托收中的现金款项
第三类：权数为 50%的资产
完全以居住用途的房产作抵押的贷款，这些房产为借款人所占有使用或由他们出租
第四类：权数为 100%的资产
对私人机构的债权 对 OECD 以外的国家的法人银行余期在一年以上的债券； 对 OECD 以外的国家的中央政府的债券(以本国货币定值)； 对公共部门所属的商业公司的贷款； 行址、厂房、设备和其他固定资产； 不动产和其他投资； 对其他银行发行的资本工具(从资本中扣除的除外)； 所有其他的资产

续表

非固定权重:		
1	对国内政府公共部门(不包括中央政府)的债权和由这样的机构提供担保的贷款	0、10%、20%、50%
2	对国内政府的债权 所有证券或即将到期的一年以下的证券 一年以上的证券	0或其他 10% 20%
3	十国集团拥有股东权益的多边发展银行的债权	20%或其他

表3-4为中国银监会公布的《商业银行资本充足率管理办法》中表内资产风险权重。

表3-4　中国商业银行资产风险权重

权　重	资　产
0	1. 现金类资产：库存现金、黄金、存放人民银行的款项
0	2. 对中央政府和中央银行的债权(其中，对评级为AA-以下国家和地区政府和中央银行的债权为100%)
	3. 对公用企业的债权
50%	(1)对评级为AA-及以上国家和地区政府投资的公用企业的债权
100%	(2)对评级为AA-以下国家和地区政府投资的公用企业的债权
50%	(3)对我国中央政府投资的公用企业债权
100%	(4)对其他公用企业的债权
	4. 对我国金融机构的债权
0	(1)对我国政策性银行的债权
0	(2)对我国中央政府投资的金融资产管理公司的债权
0	①金融资产管理公司为收购国有银行不良贷款而定向发行的债券
100%	②对金融资产管理公司的其他债权
	(3)对我国商业银行的债权
0	①原始期限四个月以内(含四个月)
20%	②原始期限四个月以上
	5. 对在其他国家或地区注册金融机构的债权
20%	(1)对评级为AA-及以上国家或地区注册的商业银行或证券公司的债权
100%	(2)对评级为AA-以下国家或地区注册的商业银行或证券公司的债权
0	(3)对多边开发银行的债权
100%	(4)对其他金融机构的债权
100%	6. 对企业和个人的债权
50%	(1)对个人住房抵押贷款
100%	(2)对企业和个人的其他贷款
100%	7. 其他资产

由于表外业务的发展，各国金融管理当局对商业银行经营表外业务，也要求配置一定比例的资本金。

对于资产负债表外项目的资产，《巴塞尔协议Ⅰ》认为应运用信用转换系数来分析不同的业务项目和交易风险。协议将表外业务的信用转换系数分为四级，即：100%、50%、20%和0。使用换算系数为0的表外项目主要包括随时可取消的或不足一年的信贷额度和其他承诺等；使用换算系数为20%的表外项目主要包括短期的与贸易有关的债权(如有担保抵押的信用证等)；使用换算系数为50%的表外项目主要包括履约担保书、即期信用证、证券发行便利和1年期以上的备用信用额度等；使用换算系数为100%的表外项目主要包括各种直接信贷的替代工具，如担保、银行承兑、回购协议、有追索权的资产销售和远期存款及购买等。并通过下列公式将资产负债表外项目的资产与资产负债表内项目的资产联结在一起。

表外风险资产=表外资产(本金)×信用转换系数×表内相同性质资产的风险权重

其中，信用转换系数是依据表外信用规模、信贷敞口风险发生的可能性以及巴塞尔委员会1988年3月公布的《银行资产负债表外项目管理问题监管透视》文件所确定的信贷风险的相对程度推算出来的。

表3-5所示为表外业务风险权重表。

表3-5　表外业务风险权重表

工　具	信用转换系数/%
1. 直接信用代用工具。如一般负债保证和承兑 2. 销售和回购协议以及有追索权的资产销售 3. 远期资产购买、超远期存款和部分缴付款项的股票和代表承诺一定损失的证券	100
1. 某些与交易相关的或有项目 2. 票据发行融通和循环包销便利 3. 其他初始期限为一年期以上的承诺	50
短期的有自行清偿能力的、与贸易有关的或有项目	20
类似初始期限为一年以内的，或者是可以在任何时候无条件取消的承诺	0

《巴塞尔协议Ⅰ》规定，商业银行资本标准比率的目标是指资本对加权风险资产的比率，也称资本充足率。协议规定，到1992年底，签约国中较具规模的商业银行，全部资本与加权风险资产的比率也即全部资本充足率应达到8%，核心资本与加权风险资产的比率也即核心资本充足率应达到4%。计算公式为

资本充足率=总资本/风险资产

=(核心资本+附属资本)/Σ(资产×风险权数)

表3-6所示为某商业银行风险资产计算表。

表 3-6　某商业银行风险资产计算表　　单位：亿元

项　目	权　重	2012 年	风险资产	2013 年	风险资产
资产总额		148.8	82.08	170.5	63.94
现金	0	0.7	0	0.6	0
存放中央银行款项	0	10.8	0	19.5	0
存放同业款项	0.1	7.9	0.79	9.6	0.96
拆放同业款项	0.1	2.5	0.25	3.1	0.31
购买国债	0	26.4	0	48.8	0
中央银行债券	0	6	0	12.9	0
固定资产	1	4	4	4.5	4.5
贷款		90.5	74.79	71.5	55.42
其中：国家项目贷款	0.1	3.9	0.39	4.9	0.49
企业贷款		77.6	69.9	59.3	51.28
一般担保贷款	1	65.8	65.8	47.1	47.1
贴现	0.1	4.5	0.45	4.8	0.48
抵押贷款	0.5	7.3	3.65	7.4	3.7
个人住宅按揭贷款	0.5	9	4.5	7.3	3.65
表外业务		5	2.25	6	2.75
其中：开出银行承兑	1	2	2×0.5	3	3×0.5
开出跟单信用证	0.5	1	0.5×0.5	1	0. 5×0. 5
一年以上授信额度	0.5	2	1	2	1
总资本		6.2	7.5%(6.2/82.08)	11.95	18.7%(11.95/63.94)
其中：实收资本		3.5		10.25	
盈余公积		1.1		1.5	
未分配利润		1.3			
贷款呆账准备		0.3		0.2	

(二)《巴塞尔协议Ⅰ》的缺陷

《巴塞尔协议Ⅰ》促进了国际银行业对银行风险管理重要性的认识，为国际银行业实施风险管理提供了相应的统一标准，改变了商业银行经营管理的观念与方式方法，拓宽了商业银行风险管理的范围。同时不可否认的是，无论从理论上还是从实践上，《巴塞尔协议Ⅰ》都存在一定的缺陷。

1. 忽视了市场风险

《巴塞尔协议Ⅰ》的重点是商业银行的信用风险以及信用风险的更深层次——国家转移风险及其防范对策，而对商业银行的其他风险尤其是市场风险几乎没有考虑。

2. 对银行资产风险的判定有欠妥之处

《巴塞尔协议Ⅰ》在确定银行风险权数时的一个重要依据是，是否为 OECD 的正式成员国或者是否为已与国际货币基金组织达成特别放款安排的国家，也即以此来确定一国银行资产的国家转移风险的级别，如此人为地造成了一种不公平的事实。只要是 OECD 成员国的商业银行，不论其经营状况如何，都可以享受较低的风险权数；反之，只要不是 OECD 成员国的商业银行，不论其经营状况如何，都必须给予较高的风险权数。再如对银行资产风险权数的具体确定方法也有待于进一步细化。

3. 过分强调了资本充足的作用

《巴塞尔协议Ⅰ》规定的资本充足率不是防范风险的唯一方法和尺度，即：有了适量的资本金，并不能保证商业银行绝对不会遭受重大损失甚至破产倒闭的危险。例如，1993 年巴林银行的资本充足率远远超过 8%，1995 年 1 月还被监管部门认为是安全的金融机构，但到了 1995 年 2 月，巴林银行就倒闭了。

二、《巴塞尔协议Ⅱ》(新巴塞尔协议)的基本内容及其特点

1997 年爆发的东南亚金融危机波及全世界，而当时的巴塞尔协议机制却没有发挥出应有的作用，在这样的背景下，1999 年 6 月，巴塞尔委员会发布第一次建议，决定修订 1988 年的协议，以增强协议规则的风险敏感性。2004 年 6 月正式定案，并希望在 2006 年年底以前，大多数的国家都能采用此架构。

在内容上，《巴塞尔协议Ⅱ》高度浓缩了巴塞尔委员会近年来在监管领域的成果，是在巴塞尔委员会以往发布文件基础上的提高。最为重要的是，《巴塞尔协议Ⅱ》强调了“三大支柱”在现代监管体制中的作用，支柱二“外部监管”和支柱三“市场约束”作为支柱一“最低资本要求”的补充手段，三个支柱必须协调使用。这是新协议《巴塞尔协议Ⅱ》区别于 1988 年旧协议《巴塞尔协议Ⅰ》的核心所在。

(一)《巴塞尔协议Ⅱ》的主要内容

1. 第一大支柱——最低资本要求

最低资本要求仍然包括三个方面的内容，即资本的定义、风险资产的计算及 8%的最低资本充足率。其中，资本的定义和 8%的最低资本充足率要求不变，最低资本充足率计算公式中的分子(总资本)亦保持不变，但其分母改为信用风险的加权资产与市场风险和操作风险

所需资本的 12.5 倍之和。

计算公式为

银行资本充足率=总资本/[信用风险加权资产+
(市场风险资本+操作风险资本)×12.5]

同时，《巴塞尔协议Ⅱ》对信用风险的衡量及风险资产的计算方法作了重大的修改。

(1) 《巴塞尔协议Ⅱ》调整了计算风险资产的所谓“标准方法”。1988 年《巴塞尔协议》在计算资本充足率时，资产(包括对政府、银行、企业的债权)的风险权重主要根据债务人所在国是不是经合组织 (OECD)成员国来区分，而《巴塞尔协议Ⅱ》则是根据外部评级的结果来确定风险权重：①对政府主权债权，按照新的计算方法，即便是经合组织成员国政府，如果它的外部评级信用等级低，银行对其债权的风险权重也要提高；而对于外部评级信用等级较高的非经合组织国家政府，银行对其债权的风险权重可相应降低。②对银行债权，新协议提出了两种选择：一是以所在国政府债务的风险权重为基础，相应提高一个档次；二是直接以银行自身的外部评级结果为依据确定。③对企业债权，《巴塞尔协议Ⅱ》建议一般为 100%，但对于信用等级特别高的企业(AA-以上)，权重可以是 20%，而对于信用等级特别低的企业(B-以下)，权重将是 150%。也就是说，对于信用风险特别高(即信用等级特别低)的国家、银行或企业的债权，银行的最低资本要求不是 8%，而是 12%(8%×150%)。这是一个值得注意的动向。

(2) 除上述计算风险资产的标准方法外，《巴塞尔协议Ⅱ》还提出了其他替代方法。例如，对于一些十分先进的银行，《巴塞尔协议Ⅱ》允许它们使用内部评级方法计算风险资产；对一些高度发达的银行，欢迎在风险管理中运用信用组合风险模型。

2. 第二大支柱——外部监管

外部监管是要求加大银行监管机构对银行的监管力度，同时严格控制银行的资本充足率，以确保银行有严格的内部体制。其基本原则有四个：一是银行应参照其承担风险的大小，建立起关于资本充足整体状况的内部评价机制，并制定维持资本水平的战略；二是监管当局应对银行的内部评价程序与资本战略，以及资本充足状况进行检查和评价；三是监管当局应该根据银行的风险状况和外部经营环境，要求银行保持高于最低水平的资本充足率；四是监管当局应对银行资本下滑的情况及早进行干预。

3. 第三大支柱——市场约束

市场约束是要求发挥市场力量来促使银行稳健、高效地经营以及保持较高的资本充足水平。因为市场的奖惩机制有利于促使银行更加有效地分配资金和控制风险。市场约束作用得以发挥的前提是提高银行信息披露的水平，加大透明度，也就是要求银行提供及时、可靠、全面、准确的信息，以便市场参与者据此作出判断。《巴塞尔协议Ⅱ》规定，银行应及时公开披露包括资本结构、风险状态、资本充足率、对资本的内部评价机制以及风险管理战略等在内的信息，披露的频率为至少一年一次。

(二)《巴塞尔协议Ⅱ》的特点

与旧资本协议相比，《巴塞尔协议Ⅱ》具有如下特点。

(1) 最低资本要求涵盖的风险范围，由信用风险扩展为信用风险、市场风险和操作风险；同时，在第二支柱中要求，银行的资本水平还必须涵盖其在经营过程中所遇到的其他所有重大风险，如银行账户利率风险、流动性风险、业务和战略风险，以及在第一支柱中涉及但尚未完全覆盖的贷款集中度风险等。

(2) 提供了多种计算资本充足率的方法。相对于 1988 年的《巴塞尔协议Ⅰ》中所有银行只能使用一套风险权重来计算风险加权资产的规定，《巴塞尔协议Ⅱ》允许银行根据自身风险管理水平的差异，选择不同的计算风险加权资产的方法：信用风险可采用标准法、内部评级法初级法和内部评级法高级法；市场风险可采用标准法和内部模型法；操作风险可采用基本指标法、标准法和高级计量法。符合银行业务实际的高级风险计量方法，使资本需求与银行自身的风险管理能力、风险水平具有更高的敏感性。

(3) 建立资本激励机制，鼓励银行提高风险计量水平。在《巴塞尔协议Ⅱ》框架下，监管当局对采用高级计量方法的银行提供监管资本激励，促使银行采用对风险更加敏感的高级计量方法。

(4) 强调资本抵御风险与风险管理抵御风险相结合。在《巴塞尔协议Ⅱ》中，除了包括监管资本激励机制外，还规定了银行要获得采用较为高级的风险量化方法，必须达到更高的技术标准和制度标准，并获得监管当局的认可。

(5) 强调了监督检查。在《巴塞尔协议Ⅱ》第二支柱中，第一次将监管约束纳入到资本框架中，确定了监督检查的主要原则、透明度和问责制度等。监督检查的目的不仅要保证银行有充足的资本来应对业务中的所有风险，而且还鼓励银行开发并使用更好的风险管理技术来监测和管理风险。

(6) 健全市场约束。为了让市场力量来促使银行安全稳健运营，《巴塞尔协议Ⅱ》第一次引入了市场约束机制。在第三支柱中，《巴塞尔协议Ⅱ》确立了一套信息披露要求，要求银行及时公开披露包括资本结构、风险敞口、资本充足率、对资本的内部评估机制以及风险管理战略等在内的信息，以便市场参与者据此作出判断决策。

《巴塞尔协议Ⅱ》吸纳了当代经济理论和风险计量技术的最新成果，总结了国际领先银行风险管理的最佳做法，使资本对银行自身风险管理能力和风险水平更为敏感。因此，新协议自出台之日，就得到了国际银行业的普遍重视和欢迎，各国监管当局都积极研究并推动实施新资本协议。

三、《巴塞尔协议Ⅲ》的基本内容及其特点

基于 2008 年金融危机的教训，巴塞尔委员会对现行银行监管国际规则进行了重大改革，

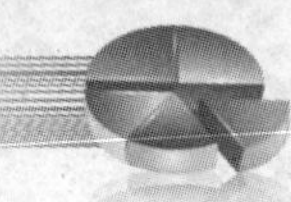

2010年9月12日巴塞尔银行监管委员会宣布各方代表就《巴塞尔协议III》达成一致。

1. 强化资本充足率监管标准

根据《巴塞尔协议III》，商业银行的核心资本充足率将由目前的4%上调至6%，同时计提2.5%的防护缓冲资本和不高于2.5%的反周期准备资本，这样核心资本充足率的要求可达到8.5～10.5%。总资本充足率仍维持8%不变。

2. 引入杠杆率监管标准

银行体系过度杠杆化是2008年金融危机负面效应显著放大的重要原因。因此，《巴塞尔协议III》确立了杠杆率的监管标准，各国一度掀起“去杠杆化”浪潮。美国的标准，即杠杆率(权益比率的倒数)=一级资本/总资产，要求达到3%

杠杆率高，少量的资本支撑着过多的负债，一般意味着风险大。杠杆率是监管机构引入的对资本充足率的一个重要补充指标，并且能够约束商业银行业务规模过度扩张。银行的杠杆比率和资本充足率两个指标，最大的不同在于分母，前者是以总资产为基础，后者是以风险资产为基础。

3. 建立流动性覆盖率监管标准

《巴塞尔协议III》要求流动性覆盖率不得低于100%。

流动性覆盖率这一指标的意义，在于当某银行处于一种短期严重压力情况下，该银行所持有的无变现压力的优质流动性资产(如库存现金、存放于央行的超额准备金、政府债券)的数量是否能足以覆盖该压力状况下的资金净流出。因为在严重的压力中，银行可能面对如下状况：负债面临挤兑压力，而资产却因整个金融市场的流动性迅速消失而使得原来流动性极佳的资产难以变现(如拆放)。这样，就需要银行能提前测算手中无变现障碍的资产是否足以应对该种危机状况。

总之，《巴塞尔协议III》的目的很明确：一是提高商业银行抵御金融风险的能力；二是确保银行持有足够的储备金，能不依靠政府救助独自应对今后可能发生的金融危机。

《巴塞尔协议III》体现了微观审慎监管与宏观审慎监管有机结合的监管新思维，按照资本监管和流动性监管并重、资本数量和质量同步提高、资本充足率与杠杆率并行的总体要求，确立了国际银行业监管的新标杆。

四、《巴塞尔协议》对世界银行业的影响

商业银行的资本充足率是银行安全乃至整个国家金融安全的重要保证，也是衡量一家银行和一个国家银行业竞争力的重要标志。

(一)《巴塞尔协议》对世界各国商业银行的影响

一系列有关商业银行资本金的《巴塞尔协议》的出台，对世界各国商业银行具有多方面的深远影响。

(1) 削弱了各国在金融管理方面的差异，有助于各国商业银行在平等基础上的竞争和促进银行业效益的提高。

(2) 有助于商业银行的风险管理。随着《巴塞尔协议》的实施，商业银行的资本充足率得到了加强，银行的风险资产有了比较坚实的资本支持。商业银行表外业务的扩张受到约束，其风险可以被控制在一定的范围内。另外，国际的银行监管趋向协调一致，有利于堵塞金融监管方面的漏洞。如海外分支机构、跨国银行的发展，就可以利用各国监管的不一致，来逃避有关法律监管的约束。

(3) 有助于银行业的国际化发展。资本充足性统一比率的制定以及管理标准的趋向统一，使得各国金融监管当局的合作与交流大大加强，促使国际银行业务更加规范，这无疑会大大推动银行业的国际化发展。

(二)《巴塞尔协议》对商业银行具体经营管理的影响

(1) 《巴塞尔协议》的签订与实施，使商业银行在资产负债管理方面加大了风险资产管理的内容。纵观商业银行资产负债管理的发展历程，我们不难发现，商业银行无论是在资产管理阶段、负债管理阶段、资产负债综合管理阶段都是围绕着银行的流动性与盈利性进行有关管理工作的，所运用的管理方法多是以流动性为操作基础，以盈利性为出发点和归宿的。这些管理方法实行的前提是假定商业银行的放款与投资的本金没有风险。而《巴塞尔协议》设计了以资本充足性管理为核心的风险资产管理模型，要求商业银行要保持适度的资本金，自觉地调整银行资产组合中风险资产所占的比重，以加强对风险资产的管理。

(2)《巴塞尔协议》第一次将商业银行管理的对象从资产负债表内拓展到资产负债表外。表内业务如果资产规模扩充过快，你的资本充足率就会下降，甚至会低于最低要求，就会受到监管当局的提示。商业银行的表外业务作为银行应付金融市场激烈竞争、规避金融监管的产物，在最近的几十年中发展迅速。表外业务的发展，在有利于商业银行提高竞争能力与效率的同时，由于透明度较差、不易控制等因素，也给银行带来了较大的经营风险，并使得金融监管机构的监管工作难度加大。另外，表外业务缺乏相应的资本金控制，出现了无限制的膨胀趋势。因此，《巴塞尔协议》对银行表外业务的有关风险权数的规定，遏制了表外业务的无限膨胀，并将表外业务的管理纳入到商业银行风险管理的体系之中。

(3) 《巴塞尔协议》使商业银行的信用膨胀与资本的财务杠杆作用受到约束。《巴塞尔协议》建立了银行资本金与银行风险资产，包括表外业务风险资产的各项比例关系，规定了银行附属资本占银行全部资本的比例，从而可以有效地控制银行的信用膨胀，并使银行

资本的财务杠杆作用受到实际的约束，有利于银行的健康稳定发展。

(4) 《巴塞尔协议》在商业银行经营管理的诸多具体方面，如资本的有关项目与比例、银行的内部管理制度、信息披露制度等方面，给予了具体的指导要求，有利于银行建立健全的经营管理模式。

第三节　商业银行资本金的筹集方式与选择

商业银行的资本筹措是满足银行对其资本金需要量的重要环节。商业银行在进行资本筹措前，应通过对银行经营环境、活动及各种要素条件进行分析，制订经营计划，然后根据经营计划及具体情况确定资本金需要量，最后通过对各种资本筹措渠道的比较、选择，决定如何筹措所需资本。

商业银行资本的筹集方式主要包括从银行外部筹措和从银行内部筹措两种方式。

一、从银行外部筹措资本

商业银行大量的资本是从外部筹措的，其方式主要包括发行股票、资本性债券与票据。

(一)发行普通股

1. 发行普通股的优点

这种筹措形式对商业银行来说具有以下优点。

(1) 没有固定的股息负担，商业银行具有主动权和较大的灵活性。

(2) 没有固定的返还期，不必向股东偿还本金，银行可以相对稳定地使用这部分资本。

(3) 发行比较容易。尽管收益不固定，但一般情况下其收益率要高于优先股和附属债券，而且股息收益随通货膨胀的增加而增加，因而具有保值功能，所以普通股更容易为投资者所接受。

2. 发行普通股的缺点

商业银行通过普通股筹资也有缺陷，具体如下。

(1) 影响原有股东对银行的控制权与获得的收益率。因为通过普通股筹资，将增加银行普通股股东的数量，稀释原有股东所拥有的控制权和收益率，从而使原有股东，特别是原有大股东对银行的控制权减弱。并且由于新增资本并不会立即带来银行盈利上的增加，就使得每股所分得的股息减少，因而银行通过普通股筹资时，可能会遭到原有银行股东的反对。

(2) 普通股的发行成本与资金成本比较高，会给银行带来一定的经营管理上的压力。一般来说，由于普通股的影响较大，各个国家的有关管理当局对普通股票的发行限制较为严格，需要满足各种有关条件，这就导致银行的资本发行成本较大。另外由于普通股的风险较大，在正常经营状况下，银行对普通股股东支付的股利，通常要高于对债券和优先股收益的支付。

(二)发行优先股

1. 发行优先股的优点

从银行经营管理者来看，通过发行优先股筹措资本至少有以下优点。

(1) 既可以使银行筹措到所需资金，又可以避免由于新增股东而分散对银行的控制权和减少普通股股东的收益率，并有利于减缓普通股股价的下跌。

(2) 其股息不是绝对固定的债务负担。当银行当年利润不足以派息时，某些类型的优先股，如“非累积性的优先股”，则可以不必支付股息(并且也无权在下期盈利中要求支付)，而在进行破产清算时，如果银行没有剩余资金，也可以不必偿还这部分资本。同时，发行优先股的成本较低，对银行经营管理的压力相对较小。

(3) 可以使银行获得财务杠杆效应。因而这种筹措资本的方式，在商业银行经营状况较好时，可使普通股的收益率增加，进而给普通股股东带来更高的收益。

正因为优先股可以为商业银行的普通股股东带来明显的好处，所以一旦需要增加资本金时，银行首先想到的是增加优先资本，如优先股。

2. 发行优先股的缺点

银行通过优先股筹集资本有如下缺点。

(1) 优先股的使用减少了银行经营的灵活性。由于多数类型优先股的股息是比较固定的，不论银行的经营状况如何，银行都要对优先股本的股东支付股利。在银行盈利状况不好的情况下，将会使银行负担加重。

(2) 一般来说，优先股的股息支付要求比资本性债券和票据的收益支付要求更高，因此，发行优先股的资金成本比发行资本型债券和票据的资金成本要高。加之许多国家规定，银行对优先股支付的股息是税后列支，而其他债务资本的利息可以在税前列支，这使得优先股的实际成本率大大高于其他债券资本的实际成本率。

(3) 银行过多地发行优先股会降低银行的信誉。因为这类资本属于债务型资本，或多或少地带有借入资本的性质与特征，对商业银行的保障程度不高。如果发行得过多，甚至会导致普通股在银行资本总量中所占的比重下降，商业银行的信誉就会被削弱。因此商业银行一般不敢过分加大优先股在银行资本金中的比例，而金融监管当局也会对其加以控制，以保证银行业的稳健经营。

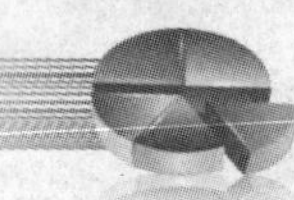

(三)发行资本票据和债券

1. 发行资本票据和债券的有利之处

(1) 与发行优先股一样，通过发行资本型票据和债券筹集资本，对原有普通股股东的控制权与收益率的影响不大，并且在银行经营状况较好时，可以为普通股股东带来财务杠杆效应，使普通股股东的收益率有较大的增长。

(2) 通过发行资本型票据和债券筹集资本，其资本发行成本和银行的经营成本都比较低。一般来说，各国金融管理当局对资本型票据和债券的发行和管理限制较少，发行手续比较简便，发行成本较低。并且银行通过资本型票据和债券筹集的资金，一般可以不必保持存款准备金和参加存款保险，这就使商业银行的经营成本相对降低，而其所需支付的利息也可以在税前列支，这又进一步降低了银行的经营成本。

2. 局限性

(1) 与股票资本尤其是普通股股票相比，资本型票据和债券这类债务型资本不是商业银行的“永久性”资本，而是有一定的偿还期限的，因此也就限制了银行对这类资本的使用。

(2) 资本型票据和债券的利息是银行的一种固定负担，如果银行盈利状况不好，商业银行不仅不能对其支付利息，而且还会由于过大的债务负担导致破产，因此这种筹资方式的经营风险比较大。基于此种原因，各国银行管理当局对这类债务型资本在商业银行的资本总额中所占的比例均有严格的规定，有的甚至还将其排斥在银行资本金之外。因此银行不能过多地采用这种方式来筹集资本金。

二、从银行内部筹措资本

从银行内部筹措资本主要是通过留存盈余的方式进行的。其优点如下。

(1) 商业银行只需将银行的税后净利转入留存盈余账户即可增加银行资本金，从而节省了商业银行为筹措资本所需花费的费用，这种方式简单易行，因此被认为是商业银行增加资本金的最廉价的方法。

(2) 银行留存盈余作为未分配利润保存在银行，其权益所有者仍为普通股股东。也就是说，它可以被看作是银行股东在收到股息以后又将其投入银行，并且股东不必为这部分收入缴纳个人所得税。同时，由于不对外发行普通股股票，普通股股东不会因此而损失控制权。因而这种筹集资本金的方式在很多情况下对普通股股东特别有利。

但是，银行留存盈余的权益人是普通股股东，因而这种募集资本金的方式牵扯到银行所有者的利益，是一个比较复杂、敏感的问题。另外通过留存盈余方式增加银行资本金不会使普通股股东遭受控制权的损失，但是，过多的留存盈余而不分配利润，致使投资者对于股票未来的市场价值产生怀疑，可能会带来市场上股价的下跌，从而构成银行未来发展的不利因素。因此，商业银行需要根据具体情况来确定留存盈余的比例大小以及通过留存盈余获得银行资本金的合理数量。

三、商业银行资本筹集方式的选择

面对众多的资本筹集方式，银行在抉择时必须兼顾以下两个方面：一是满足监管要求，二是符合股东利益。为此，若要避开监管要求，从银行股东利益出发，资本的筹集应考虑以下因素。

(1) 所有权控制。即新增资本是否稀释了原有股东对银行的控制权。

(2) 红利政策。即新增资本对银行的股利分发将产生何种影响，股东是否愿意接受这种影响。

(3) 交易成本。即考虑增资所需交易成本占新增资本的比例是否合算。

(4) 市场状况。即要审时度势，根据市场状况采取相应的筹资方式。

(5) 财务风险。即新增资本后对银行财务杠杆率的影响，是提高还是降低了银行的财务风险水平。选择何种方式筹措外部资本要以对各种方案的细致的财务分析和各种方案对银行每股收益的影响为基础。

例：假定某银行需要筹措 2000 万美元的外部资本。该银行目前已经发行的普通股为 800 万股，总资产将近 10 亿美元，权益资本为 6000 万美元。如果该银行能够产生 1 亿美元的总收入，而经营费用比超过 8000 万美元。现在该银行可以通过三种方式来筹措所需要的资本，表 3-7 为某商业银行资本筹集方式比较表。

表 3-7　某商业银行资本筹集方式比较表

项　目	出售普通股	出售优先股	出售资本票据
估计收入/万美元	10 000	10 000	10 000
估计经营费用/万美元	8000	8000	8000
净收入/万美元	2000	2000	2000
资本票据的利息支出/万美元	—	—	200
税前净利润/万美元	2000	2000	1800
所得税(35%)/万美元	700	700	630
税后净收益/万美元	1300	1300	1170
优先股股息/万美元	—	160	—
普通股股东净收益/万美元	1300	1140	1170
普通股每股收益/万美元	1.3	1.43	1.46

第一种，以每股本 10 美元的价格发行 200 万股新股。

第二种，以 8%的股息率和每股 20 美元的价格发行优先股。

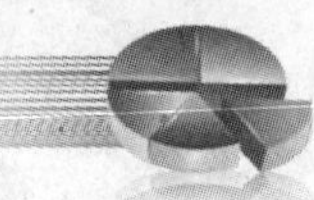

第三种，以票面利率 10%来出售 2000 万美元的次级债务资本票据。

如果银行的目标是使每股收益最大化，那么应选择何种方式来筹措所需的资本？

根据表 3-7 的分析可以看出：最好的筹资方式是发行资本票据，而且资本票据没有投票权，所以现有的股东保留控制权。

第四节 案 例 研 究

一、案例研究 1：海南发展银行倒闭案例

(一)案例展示

谁也不曾料到，中国首例银行被关闭事件会在中国最南端的海南省发生。

海南发展银行(以下简称海发行)于 1995 年 8 月 18 日开业，它是通过向全国募集股本，并兼并了五家信托投资公司而设立的股份制银行，注册资金为 16.77 亿元人民币(其中外币折合人民币 3000 万元)。股东有 43 个，主要股东为海南省政府、中国北方工业总公司、中国远洋运输集团公司、北京首都国际机场等，由海南省政府控股。

一开始，海发行的发展势头的确让人称赞。据 1997 年《海南年鉴》称，该银行收息率为 90%，未发生一笔呆滞贷款，与境外 36 家银行及其 403 家分支行建立了代理关系，外汇资产规模达 1.7 亿美元……应该说，在海南整个金融界连续 30 多个月存款下降的情况下，海发行的成绩的确引人瞩目。

不久，一项赋予海南发展银行历史重任的大事发生了。

1997 年 12 月 16 日，经中国人民银行批准，中国人民银行海南省分行发布公告，宣布关闭海口市人民城市信用社等五家违法违规经营、严重资不抵债、已不能支付到期债务的城市信用社，其债权债务由海发行托管。全省其余 29 家信用社除一家仍独立经营外，其余全部并入海发行。兼并之后的海发行的“家底”虽然大了，但同时也让海发行再次背负上了沉重的包袱。因为这些被兼并的信用社除了少数几家能够维持之外，其他的都亏得一塌糊涂，除了一些被套在手里的土地和房产之外，可以说就是一个空壳。

此事是 1997 年全国金融改革会议召开后出现的第一桩大事。有消息称，兼并之后，海发行的股本金已由最初的 16.77 亿元增长为 106 亿元，存款余额为 40 亿元，债务为 50 亿元，实力大为增强。但与此同时，人们也在担心：海发行能不能把城市信用社这个沉重的包袱背起来，会不会救人不成反被所救的人拖下深渊？别的不说，光是兼并后银行职员就成倍增长，达 3000 多人。事实证明，人们的担心不无道理。

起初，仿佛一切都照常进行着，但 1998 年春节过后，不稳定的因素开始出现了。一大早，在海发行的营业网点排成长队的取款人便成为一个话题，而且传闻越来越多、越传越玄……有鼻子有眼的传闻加剧了人们心理上的恐慌，恐慌的心理又反过来导致更多的储户

取款。于是，金融界十分避讳、社会十分担心的现象——挤兑开始在海发行出现了。

造成挤兑的原因很简单，海发行的信用度降低了。

海南人曾骄傲地说，海口银行的密度在全国最大，银行的数量多过了米铺。但正因为如此，使海南的银行走上了恶性竞争的道路。在海发行未兼并托管城市信用社之前，各信用社无一例外地采取了高息揽储的方式吸引存款，有的年利率高达 25%。这也直接造成了多数城市信用社高进低出、食储不化的结果，只有靠新的高息存款支付到期的存款，然后再吸入高息存款，进入了严重违背商业规律的恶性循环。于是，资不抵债、入不敷出、无法兑付到期存款，成了信用社的通病，并严重影响了社会的安定。这也正是中国人民银行决定海发行兼并、托管信用社的最直接原因。

海发行兼并诸多城市信用社后，明确规定，只保证 28 家信用社储蓄存款本金和合法利息的支付。对于托管的 5 家被关闭信用社的储蓄，也大致如此，而单位存款则被视为所欠债务，在债权债务清算后进行清偿。应该说，这些措施也有其合理性，尤其是按国家正常利息付息本来就是国家的硬性规定，不得有违。但一些谋求“钱生崽”的老百姓却不这样想，他们将钱存入信用社，就是为了获取高息。这就使许多问题变得复杂了。

最初是到期的储户将存款取出，不在海发行续存。然后甩下一句话：“当初是签了合同的，利息一下子由 22%降到 7%，少了 10 多个百分点，这样的银行谁还相信？”出来的多，进去的少，市民源源不断地提款，使海发行有些捉襟见肘了。

未到期的储户也开始提前取款了。某公司的一职员，为提前兑现存款，将定期变为活期，牺牲利息 3 万多元，还连称“胜利大逃亡”。类似情况不在少数。海发行有的营业部，光是定期变为活期，三四个月节省的利息就接近 100 万元。

越往后，取存款就越难，海发行规定的每次取款数额越来越小，上个月还是每周可取 3 次，每次限额 2000 元，下个月就是每周取两次，每次限额 500 元，甚至是 200 元。取款人自然就在海发行的营业部闹开了，指着银行里写的“存款自愿，取款自由”的承诺骂起来。最惨的是那些以单位名义存款的机构，领导一个劲儿地催财务人员要钱。而银行内部规定，首先保证老百姓私人存款的兑付……

于是海发行的存贷业务，似乎只剩支付部分储户的本金和利息了。

为了应付越来越多的挤兑者，海发行一些营业部又开始高息揽储，开出的年利率达 18%。这种承诺，在国家利息频频下调之际，显得十分反常。有过取款痛苦的人们，也没有再将钱存入的念头了，海发行只得加大向债务人讨债的力度。但银行是贷款容易收贷难，更何况好多债都成了空在那里的房地产，哪来的钱还贷？

要在海南解决问题，显然是没有出路的。于是海发行将眼光投向了岛外。继 1996 年在广州设立分行以后，1998 年 5 月，海发行又在深圳设立分行，想以岛外的储蓄缓解岛内兑付的压力。但一切并未如人愿。

1998 年 6 月 21 日，中国人民银行发出公告：“鉴于海南发展银行不能及时支付到期债务，为了保护债权人的合法权益，根据《中华人民共和国人民银行法》、《中华人民共和国公司法》和中国人民银行《金融机构管理条例》，中国人民银行决定于1998年6月21日关闭海南发展银行，收缴其总行及其分支机构的《金融机构法人许可证》、《经营金融业务许可证》和《经营外汇业务许可证》，停止其一切业务活动，由中国人民银行依法组织成立清算组，对海南发展银行进行关闭清算；同时指定中国工商银行托管海南发展银行的债权债务，对境外债务和境内居民储蓄存款本金及合法利息保证支付，其余债务待组织清算后偿付。"

同时，中国工商银行也发出公告，宣布即日起对海南发展银行的债权债务进行托管，并公布了托管、登记等有关事宜。

(资料来源：王化成．财务教研网，http://www.cwjv.net.)

(二)原因分析

海南发展银行的倒闭已时过境迁。但其倒闭的原因对那些仍在步其后尘的金融机构仍具有强烈的现实意义，尤其是进行重组的金融机构更要从中吸取教训，防止重蹈覆辙。

海南发展银行于1995年在合并5家信托公司的基础上组建。这5家公司在1993年以前的海南房地产热中，已有大量资金积压在房地产上。从诞生之初，海发行就被赋予了化解金融风险的重任。之后，海发行又引入了北方工业公司、中远集团等40余家岛外股东，筹集资金10.7亿元，由海南省政府控股。注册资本金为16.77亿元的海发行一开始就背负了44亿元的债务。

在当时普遍采用高息揽存的情况下，海发行迅速扩张。1997年底，海发行的资金规模发展到106亿元。也就在当年，由城市信用社引发的海南金融问题第一次大规模显现。支付危机波及全省十几家城市信用社。

此时的海发行存在着以下两方面的严重问题。

1. 资本金不足，支付困难，信誉差，不良资产比例过大

海南发展银行是通过向全国募集股本，并兼并了5家信托投资公司而设立的海南股份制银行，注册资金16.77亿元人民币。股东有43个，主要股东为海南省政府、中国北方工业总公司、中国远洋运输集团公司、北京首都国际机场等，由海南省政府(出资3.2亿元)控股。关闭前有员工2800余人，资产规模达160多亿元。

如此一家银行，为什么开业不到三年，就被迫关闭了呢？事实上，合并后成立的海南发展银行，并没有按照规范的商业银行的机制进行运作，而是大量进行违法违规的经营。其中最为严重的就是向股东发放大量无合法担保的贷款。股东贷款实际上成为股东抽逃资本金的重要手段。有关资料显示，海南发展银行成立时的16.77亿股本在建行之初，甚至在筹建阶段，就已经以股东贷款的名义流回股东手里。海南发展银行是在1994年12月8日经中国人民银行批准筹建，并于1995年8月18日正式开业的。但仅在1995年5月至9月间，就已发放贷款10.60亿元，其中股东贷款9.20亿元，占贷款总额的86.71%。绝大部分

股东贷款都属于无合法担保的贷款；许多贷款的用途根本不明确，实际上是用于归还用来入股的临时拆借资金；许多股东的贷款发生在其资本金到账后 1 个月内，入股单位实际上是刚拿来，又带走，拿来多少，带走多少。这种不负责任的行为显然无法使海南发展银行走上健康发展的道路。

由于上述原因，海南发展银行从开业之日起就步履维艰，不良资产比例大，资本金不足，支付困难，信誉差。在有关部门将 28 家有问题的信用社并入海南发展银行之后，公众逐渐意识到问题的严重性，出现了挤兑行为。持续几个月的挤兑耗尽了海南发展银行的准备金，而其贷款又无法收回。为保护海南发展银行，国家曾紧急调拨了 34 亿元人民币助其抵御这场危机，但这只是杯水车薪。

资本金的高低是银行从事正常经营活动的保证，决定了银行的信用能力及未来的发展规模，决定了商业银行本身具有较强的内在风险性。银行的资本金规模越大，其承受风险的能力越大。

2. 违法违规经营，高息揽存方式大量吸取存款

海发行采用高息揽存方式大量吸取存款，这也直接造成了海发行“高进低出，食储不化”的结果，靠新的高息存款支付到期的存款，然后再吸入高息存款，再支付到期的存款从而进入了严重违背商业规律的恶性循环。最后，海发行不可避免地走上了资不抵债、入不敷出，无法兑付到期存款的“不归路”，发生了严重的支付危机，信用度全无。这也正是国务院、央行决定关闭海发行的最直接原因。

(三)案例启示

(1) 不良资产比例过大是目前我国银行业的主要风险。目前我国的主要商业银行是裹着国家信用大旗掩盖着高额不良资产的病灶，如果不能尽快把不良资产比重降下来，随着我国加入 WTO 和国有商业银行企业化改革的深入，极容易引发类似海南发展银行这样的风波。

(2) 合规合法经营是商业银行稳健运行的基本要求。《中华人民共和国商业银行法》第四章第 35 条、第 36 条、第 40 条规定，“商业银行贷款，应当对借款人的借款用途、偿还能力、还款方式等情况进行严格审查”，“商业银行贷款，借款人应当提供担保”，“商业银行不得向关系人发放信用贷款；向关系人发放担保贷款的条件不得优于其他借款人同类贷款的条件”。而海南发展银行完全违背这些规定，贷款不问用途，贷款不搞抵押，甚至通过贷款的方式抽逃资本金。

(3) 中央银行的救助是防止商业银行发生信用危机，化解银行业风险的最后一道防线。

在 1998 年上半年海南发展银行出现储户挤兑时，中央银行紧急调拨 34 亿元资金予以支持，当发现如此救助不足以制止信用危机的发生时，中央银行采取果断措施，立即关闭海南发展银行。这一案例，充分显示了中央银行充当化解银行风险的最后一道防火线的地位。

海发行被关闭已经成为历史，但是我们不应该忘记历史的教训。金融业作为高风险行业，具有内在的不稳定性。金融监管是针对市场的失灵而进行的，它可以保护市场参与者的合法利益，维护金融市场的公平、效率、透明、稳定，同时也能促进整个国民经济的稳定与发展。金融体系的稳定关系到一个国家整个国民经济的稳定，因此整顿金融秩序、加强金融监管是我们向社会主义市场经济过渡过程中应该牢牢把握的中心。

【复习思考】从海南发展银行被关闭的案例中，你得到什么启示？

二、案例研究2：资本金高低不同，风险各异

(一)案例展示

美国有两家银行，分别是高资本金银行(简称甲银行)和低资本金银行(简称乙银行)，表3-8是1999年它们的资产负债简表。

这两家银行在20世纪80年代均卷入了不动产市场的热潮中，但是到了90年代，它们发现，自己的500万美元的不动产贷款已经一文不值了。当这些坏账从账上划掉时，资产总值减少了500万美元，从而，作为资产总值与负债总值之差的资本金也少了500万美元。表3-9所示为它们的资产负债变化情况表，请据此分析哪家银行经营状况较好。

表3-8　资产负债简表　　单位：万美元

项　目	甲银行	乙银行
资产		
准备金	1000	1000
贷款	9000	9000
负债		
存款	9000	9600
资本金	1000	400

表3-9　资产负债变化情况表　　单位：万美元

项　目	甲银行	乙银行
资产		
准备金	1000	1000
贷款	8500	8500
负债		
存款	9000	9600
资本金	500	-100

(二)案例分析

从表 3-9 中可以看出，甲银行可以应付这 500 万美元的资本金损失，因为它最初拥有 1000 万美元的资本金对这 500 万美元的损失产生了缓冲作用，使得它仍然有 500 万美元的净值。而乙银行却陷入了困境，其资产的价值在负债以下，为-100 万美元，已经资不抵债，面临倒闭了。所以甲银行的经营状况较好。

习　　题

一、名词解释

资本金、普通股、优先股、核心资本、附属资本、表内风险资产、表外风险资产、《巴塞尔协议》

二、填空题

1. 商业银行的资本金构成包括________、________、________和________。

2. 优先股是一种定向发售的，性质介于________和________之间的股票。

3. 我国规定设立商业银行注册资本最低额度为设立分支机构的全国性商业银行________元人民币，不设立分支机构的全国性商业银行________元人民币，城市合作商业银行的最低限额为________元人民币。

4. 《巴塞尔协议》对表内资产进行了分类，其风险权数分别是________、________、________、________和 100%。风险越小的资产其风险权数越________。

5. 《巴塞尔协议》建议采用________将表外业务额转化成表内业务额。

6. 商业银行的资本金包括两部分：一是商业银行________的资金，二是商业银行________的资金。

7. 商业银行的资本金的特性：一是商业银行业务活动的基础性资金，可以________；二是在正常的业务经营过程中________。

8. 《巴塞尔协议》把银行资本分为两部分，即________和________，其中前者主要由________和税后利润中提取的________所组成，并应占全部资本金的________以上。

9. 核心资本(即一级资本金)是由股本和税后利润中提取的________所构成，并应占全部资本金的 50%以上。

10. 附属资本包括________、________、________、________和长期债券等。

11. 我国商业银行的附属资本包括商业银行的________、________、________、________。

12. 资本充足率的计算公式是________，《巴塞尔协议》规定银行的资本充足率应当大于或等于________，其中核心资本充足率应大于或等于________。

13. 1988年7月，西方________个国家的央行或金融监管机构组成的银行监管委员会通过了《巴塞尔协议Ⅰ》，后又多次修改。

14. 1988年《巴塞尔协议Ⅰ》中银行风险资产的构成中只算信用风险，包括表内业务和表外业务风险。表外资产的信用转换系数有四个等级，分别为________、________、________及________。

15. 某商业银行的核心资本为300亿元，附属资本为40亿元，拥有三类资产分别为6000亿元、5000亿元、2000亿元，与其对应的资产风险权数分别为10%、20%、100%，其资本充足率为________。

16. 某银行的核心资本为200亿元人民币，附属资本为80亿元人民币，风险加权资产为1500亿元人民币，则其资本充足率为________。

17. ________是所有者权益，真正代表银行的实力。

18. ________是对核心资本的补充，总数不能超过核心资本金数量。

19.《巴塞尔协议》中衍生工具的信用换算系数有四个等级，分别为________、________、________及________。

三、判断题

1. 资本是商业银行防范风险的最后一道防线。（ ）

2. 商业银行的普通资本就是普通股，优先资本就是优先股。（ ）

3.《巴塞尔协议》规定银行的资本充足率应大于或等于8%，且核心资本占总资本的比例应达到或超过一半。（ ）

4. 采用股票股息的形式，实际上是一部分收益的资本化，增加了公司股本，相应地减少了公司的当年可分配盈余。（ ）

四、单项选择题

1. “损失一旦发生，就要用收益抵补，收益不够，则需用资本金弥补。”这句话说的是银行资本金的(　　)功能。

A. 展业　　B. 营运　　C. 保护　　D. 管理

2. 普通股票溢价，捐赠的资产等应属于(　　)。

A. 普通资本　　B. 优先资本　　C. 其他资本　　D. 以上均不是

3. 完全以居住用途的房产作抵押的贷款的风险权数为(　　)。

A. 0%　　B. 20%　　C. 50%　　D. 100%

4. “应当在经济形势良好，银行自身经营状况有利的时候融资”，这句话说明银行进行外部融资时应确定(　　)。

A. 筹资对象范围　　B. 筹资时机选择

C. 筹资价格的确定　　D. 以上均不正确

5. 《巴塞尔协议》中的附属资本指的是(　　)。

A. 公开储备和未公开储备

B. 公开储备、重估储备、普通准备金

C. 未公开的储备、重估储备、普通准备金、投资风险准备金

D. 公开储备、普通准备金、投资风险准备金、未公开储备

五、多项选择题

1. 下列各项中属于核心资本的是(　　)。

A. 股本　　B. 公积金　　C. 普通准备金　　D. 未分配利润

2. 《巴塞尔协议》把资本金分为(　　)两类。

A. 普通资本　　B. 优先资本　　C. 核心资本　　D. 附属资本

3. 银行外部资本筹资的方式包括(　　)。

A. 发行股票　　B. 资本性债券　　C. 票据　　D. 支票

4. 《新资本协议》提出了“三大支柱”的概念，是指(　　)。

A. 关于资本最低要求　　B. 资产风险权重

C. 市场纪律　　D. 外部监管

5. 商业银行提高资本充足率的措施有(　　)。

A. 留存盈余　　B. 发行股票

C. 压缩资本规模　　D. 发行资本性票据和债券

六、简答题

1. 简述《巴塞尔协议》关于银行资本构成的规定。
2. 商业银行增加资本金的途径有哪些？
3. 1988 年 7 月达成的《巴塞尔协议 I》的目的有哪些？

七、计算题

假设你是某商业银行的一名工作人员，正在自检所在行的资本金充足率是否符合《巴塞尔协议》的相关要求。通过资产负债表显示的资料如下：

资本总额为 150 万元人民币，总资产为 1800 万元人民币，该行资产负债表内项目及对应的风险权数如表 3-10 所示。

表 3-10　某商业银行资产负债表内项目及对应的风险权数

项　目	金额/万元	对应的风险权数/%
现 金	80	0
短期政府债券	330	0

续表

项　目	金额/万元	对应的风险权数/%
国内银行存款	100	20
家庭住宅抵押贷款	90	50
企业贷款	1200	100
合　　计	1800	

表 3-11　该银行资产负债表外项目及转换系数、对应的风险权数

项　目	金额/万元	转换系数/%	风险权数/%
用于支持政府发行债券的备用信用证	200	100	20
对企业的长期信贷承诺	250	50	100
表外项目合计	450		

你能否通过上述资料判断所在银行的资本充足率是否符合《巴塞尔协议》的规定。

第四章

商业银行的负债业务

本章精粹：

- 商业银行负债业务概述。
- 商业银行存款负债的管理。
- 商业银行非存款负债的管理。
- 商业银行负债成本控制。
- 案例研究 1：对我国商业银行负债结构分析。
- 案例研究 2：分析银行吸收存款的最佳选择。

案例导入　伊利诺伊大陆银行的挤兑风潮

1984 年 5 月，拥有 420 亿美元资产的伊利诺伊大陆银行出现了大规模的挤兑风潮，令人惊讶的是，等待取款的队伍长达几个街区。伊利诺伊大陆银行是美国中西部最大，全美第八大银行，它与花旗银行、大通曼哈顿银行一样都是货币中心银行，它的金融基础由大公司的存款、货币市场互助基金和大额账户构成，这些资金可以由计算机在很短的时间内划拨走。

是什么引起了该银行的这次挤兑风潮呢？20 世纪 70 年代末，该银行确定了很高的增长率目标。从 1977 年到 1981 年，其借款每年以 22%的速度扩张，然而，伊利诺伊州法律禁止银行开设三家以上的分支机构，因此，伊利诺伊大陆银行缺乏连续大规模扩张的消费贷款基础。为了实现迅速的贷款增长，该银行运用积极的负债管理来获得资金，先后发行了大量的可转让存单并吸收其他形式的“游资”，包括从外国客户手中借到的 120 多亿美元。另外，该银行资产流动性极低，其贷款对存款的比率为 79%，与此形成鲜明对照的是，同一时期，其他货币中心银行的这一比率为 67%，而所有美国银行的比率为 56%。伊利诺伊大陆银行的资金来源很不稳定，资产结构缺乏流动性并且风险性很高，该银行面临着巨大的经营风险。

伊利诺伊大陆银行投向能源业、农业及拉丁美洲国家的贷款也出现了问题。由于从破产的俄克拉荷马城的 Penn Square 银行购入的与能源有关的贷款发生了问题，伊利诺伊大陆银行被迫消化了这些损失。这时，大额的挤兑风潮开始了。因为该银行大部分存款是大额存单，所以该银行 290 亿美元存款中只有 40 亿美元得到联邦存款保险公司的保险。当伊利诺伊大陆银行还存在大量呆账的谣言传出后，大储户极度恐慌，人们争先恐后地提取存款。当大额存单到期后，美国公司、货币市场互助基金及国外客户立即撤出其资金，在短短的几个星期内，该银行存款减少了 100 亿美元，大约占其存款总额的 1/3。

如果没有大规模的援助，伊利诺伊大陆银行会马上倒闭，可能还会引起对其他银行的挤兑风潮。此时，管理当局丝毫没有迟疑，立即出台了前所未有的援助计划，包括从联邦银行机构注入 20 亿美元资本，由美国 24 家主要银行组成的财团提供的 55 亿美元的信用限额及美联储发放的 50 亿美元贷款。联邦存款保险公司也放弃了 10 万美元保险限额的规定，从而使该银行的所有存款者得到了足额保险。尽管如此，由于一些储户对联邦存款保险公司的能力存在怀疑，这一行动并没有完全阻止住这次挤兑风潮。管理当局试图找到一个合并伙伴，但是没有一家银行愿意以与联邦存款保险公司一样的条件来接收这家银行。最后，联邦存款保险公司被迫以全价购买下了该银行存在问题的大约 50 亿美元的贷款，从而获得了该银行 8%的所有权。后来联邦存款保险公司抛光了该银行所有的股票，现在该股票的价值大大低于原来的价格。

众所周知，商业银行和商业企业一样都是从事买进卖出并从中获取收益的，只不过商业银行经营的是一种特殊商品——货币，它是依靠资金的运动获取收益。商业银行如何运用资金获取最大的收益与其资产和负债结构有着密切的关系。

(资料来源：迈克尔 · G.哈吉米可拉齐斯，卡马 · G.哈吉米可拉齐斯著. 货币银行与金融市场[M]. 聂丹，译. 上海：上海人民出版社，2003.)

第一节　商业银行负债业务概述

负债是指所负的各种债务，是一种已被承担的经济义务。商业银行的负债业务，可以说就是商业银行筹集资金，借以形成资金来源的业务。银行作为信用中介和支付中介机构，主要是依赖负债筑成其经营基础的。商业银行必须事先使自己成为全社会最大的债务人，然后才能成为全社会最大的债权人。因此，商业银行在其经营管理的过程中，必须重视和加强负债业务的管理，努力扩大负债业务，提高负债业务的稳定性，为商业银行经营活动的展开创造条件。

一、银行负债业务的含义和种类

作为商业银行最重要的资金来源，负债必须是现实的经济业务，必须是能够用货币数量来衡量的。

(一)负债业务的含义

银行负债业务是银行由于受信而承担的将以资产或资本偿付的能以货币计量的债务，是银行在经营活动中尚未偿还的经济义务。

负债业务是商业银行形成资金来源的业务，是商业银行资产业务的前提条件，也是商业银行经营活动的起点。银行的负债业务按范围划分，有广义和狭义之分。广义的负债业务是指除了商业银行对他人负债以外，还包括商业银行的资本金。狭义的负债业务是指商业银行对他人的各种债务和欠款。需要明确的是，商业银行以借贷方式向他人获得资金后，虽然可以自由支配，但仅仅是获得了资金的使用权，并没有获得所有权，这就决定了借入者负有偿还义务，由此构成了负债行为。

(二)负债业务的种类

商业银行的负债业务按不同的标准，可分为不同的种类。商业银行负债业务按其取得方式划分，有被动型负债、主动型负债和其他负债。

通常把吸收存款称为被动型负债。因为客户是否把结余的货币存入商业银行、存入多少、信用关系是否发生变化，主要取决于存款人的决策，商业银行对这种负债处于被动地位。这是商业银行的主要负债方式。

通常把商业银行通过向金融市场发行各种债务凭证进行融资、如发行金融债券，签发银行票据、发行大额可转让定期存单等，称之为主动型负债。因为在这种负债形成的过程中，商业银行处于主动地位。

除了上述两种负债方式外，商业银行还有一些其他负债业务，如同业拆借、向中央银行借款、结算中的资金占用等，这种负债没有规范的信用关系。

存款、派生存款是银行的主要负债，占资金来源的 80%以上。另外，借入款、联行存款、同业存款等也构成银行的负债。

(三)银行负债的特点

(1) 它必须是现实的、优先存在的经济义务，过去发生的或已经了结了的经济义务或将来可能发生的经济义务都不包括在内。

(2) 它的数量必须是可用货币计量的，一切不能用货币计量的经济义务不能称为银行负债。

(3) 负债只能在偿还后才能消失。

二、商业银行负债业务的意义

商业银行负债业务是其经营的基础，负债的规模决定了资产的规模。美国花旗银行总经理说，负债好比企业经营中的原材料，企业没有原材料就无法进行加工制作，银行没有负债则无法进行信用活动。

(一)负债业务是商业银行经营活动的起点

商业银行作为社会信用中介，首先是借者的集中，然后才是贷者的集中，因此负债业务是商业银行最基本、最主要的业务。商业银行等金融机构与其他工商企业比较，最主要的区别之一，在于资金主要是借入的。商业银行必须首先开展负债业务筹集资金、才能开展资产业务运用资金，没有负债业务的发展，商业银行的经营活动就成了无源之水、无本之木，资金营运规模就不可能扩大。商业银行实力的强弱，往往不看资本，而是主要看负债或资产，负债中主要看存款，存款负债业务是商业银行的生命线。

(二)负债业务是商业银行资产业务的基础

负债业务的规模和结构制约着商业银行资产业务的规模和结构。负债业务是商业银行经营实力大小的标志。特别是在当前资金供求紧张，金融竞争日趋激烈的情况下，商业银行要实现资金供求平衡，就必须积极组织负债。只有负债的数量不断增加，才能不断扩大资产的数量，增加盈利才有可能。

(1) 负债规模的大小决定资产规模的大小，商业银行利用负债进行信用创造，向客户提供贷款。

(2) 负债结构，即负债的期限结构、利率结构、币种结构等决定资产运用的方向和结构特征。

(3) 负债业务是银行开展中间业务的基础。

(三)负债业务是商业银行与社会联系的桥梁

商业银行通过负债业务一方面把社会暂时闲置的货币资金和居民待用货币集聚起来，在社会资金总量不变的情况下扩大社会生产资金的总量，为社会各界提供了金融投资的场所，这不仅增强了货币资金的安全性，而且增强了投资的增值性；另一方面为社会各经济单位提供了服务，如办理存款转账结算、资金划拨等，既可以加速资金周转，又节省了现金的使用，降低了货币流通的费用。

(四)负债业务是维护商业银行资产流动性的手段，是银行盈利的关键

资产流动性强弱是衡量商业银行经营状况好坏的重要标志。商业银行遇到流动性不强的压力时，既可以通过资产结构重组来满足流动性需求，也可以通过主动型负债来满足流动性需求，如向中央银行再贷款、同业拆借、证券回购等方式来实现。

(1) 只有通过负债业务才能为银行聚集大量的可用资金，满足合理的贷款、提现、支付的需要。

(2) 负债水平决定银行的盈利水平。在资产价格水平一定的情况下，负债成本的高低决定银行盈利水平的高低。由于银行利息收入只是工商企业利润的分割，银行要获取平均利润，必须尽量扩大负债规模，使资产总额几倍于自有资本。

三、商业银行负债业务经营管理目标

(一)增强负债的稳定性

存款负债是商业银行负债业务的主体，增强负债的稳定性，主要是增强存款的稳定性。存款是客户的资金，何时存入，存入多少，何时提取，提取多少，完全取决于存款人的意愿，商业银行事先并不知道，因此存款对商业银行来说具有很大的不稳定性。这种不稳定性与商业银行保持存款稳定性的意愿相矛盾。尽管存款有不稳定的特点，存款此存彼取也是客观存在的，但存款和取款在数量和时间上的差异性，总会在银行保留一个余额。因此，商业银行要根据不同存款者的需求和自身的经营特色，制定切实可行的存款策略，采取积极措施，大量组织存款，保持存款的稳定增长，为资产业务的开展提供更多的资金，从而

提高商业银行的获利能力。

(二)保证负债的安全性

商业银行的负债是一种信用行为，只是资金使用权的暂时让渡，并不改变资金的所有权。因此，保证负债的安全，对存款者和吸收存款的商业银行来说都是关注的焦点。存款人关心的是存款能否按期兑现，商业银行关心的是如何强化经营管理、保证存款安全、不出现挤兑，这不仅是商业银行经营的要求，也是信用行为的基本要求。

(三)保持合理的负债结构

商业银行的负债管理除保持总量的稳定性外，还要注意结构的合理性。负债结构主要包括期限结构、客户结构和种类结构。在期限结构方面，要保持短期负债与长期负债合理搭配，不能一味地追求扩大长期负债，也不能试图为降低成本片面追求短期负债，两者要科学匹配，既要考虑保持资产稳定性的需求，积极筹集长期负债，保证其流动性，又要积极组织短期负债，有利于盈利性目标的实现。在客户结构方面，要研究客户的性质，按不同方式实施管理，保持大户存款人的比重，同时注意散户和小户，不能忽视他们的作用。保持客户结构的合理性，对稳定筹集资金有着重要的意义。种类结构旨在根据客户多样化的需求，注重负债品种的研究和开发，挖掘潜在的负债市场，这是开辟资金来源、提高经营稳定性、增强商业银行资金实力的重要途径。

(四)不断降低负债成本

实现利润最大化是商业银行经营目标的基本要求，这就要求商业银行必须加强成本管理。商业银行成本构成包括两部分，即利息支出和非利息支出。对商业银行来说，控制成本主要体现在利息支出上。利息支出与负债的规模是成正比的，利息越高对增加负债的吸引力就越强。因此，商业银行要想降低负债成本，不能简单地依靠压低利息支出，立足点应放在通过加强经济核算，改善经营管理，在合理的利差范围内，提高银行的盈利水平。在利息支出上主要关注两点：一是在相同利率条件下如何使负债更多，因为负债规模越大，利息支出的单位成本就越小；二是把对利息成本的预测和计算纳入整体经营中去，在成本预算的基础上，进行贷款定价，使存贷之间有一个合理的利差。银行负债构成流通中的货币量，流通中的货币量=现金+存款货币，如果贷款增加了，存款没有相应地增加，会导致社会上现金流量的增加。稳定银行负债对稳定社会货币流通量具有决定性的作用。

第二节　商业银行存款负债的管理

商业银行最重要的资金来源是吸收外来资金，其中主要是吸收存款，存款占其资金来源的 70%以上。存款为银行提供了大部分的资金来源，是银行业务发展的重要基础；存款的吸收，为银行各职能的实现如信用中介、支付中介和信用创造等创造了条件；存款是决定银行盈利水平的重要因素，同时，银行通过存款业务活动也为其与社会各界的沟通提供了渠道。

在我国，存款是金融机构主要的资金来源，储蓄存款在我国金融机构存款中所占的比重一直保持在 50%左右。

一、商业银行存款的种类和构成

(一)商业银行存款的种类

1. 传统型存款

(1) 活期存款(Demand Deposits)。活期存款是商业银行的传统存款业务，是一种不规定存取期限、储户可随时提取、银行有义务随时兑付的存款。这种存款主要用于交易和支付用途的款项，支用时需使用银行规定的支票等支付工具，因而又有支票存款之称，商业银行彼此之间也可开立这种账户。

从 2003 年 9 月 1 日起，我国开始将个人的储蓄账户与结算账户分开，为个人开立结算账户。这是我国银行业务的重大变革。

商业银行经营的活期存款流动性很大，存取频繁，手续复杂，并且要提供许多相应的服务，如存取、提现和转账等，成本较高。因此商业银行对这类存款余额一般不支付利息或者支付很低的利息，有的国家的银行法明文规定禁止对活期存款支付利息。由于存户可随时开出支票对第三者进行支付而不用事先通知银行，故活期存款是银行资金来源中最具有波动性和最不可预测的部分。

虽然活期存款的经营成本较高，相对于其他存款而言，银行需要提供较多的服务，但各国商业银行仍然十分重视这项业务，并千方百计地扩大活期存款。这是因为活期存款是商业银行重要的资金来源。通过吸收活期存款，银行不仅可以取得短期资金，用于短期贷款和投资，而且在此存彼取的过程中，会形成一个比较稳定的余额，用于中长期的贷款和投资。此外，经营活期存款还有利于密切银行与顾客之间的关系，从而可以扩大其他业务。同时，活期存款具有很强的派生能力，商业银行通过自身的资产业务就可以创造资金来源。

由于活期存款户存取自由，便于结算，有些银行除了提供有效服务外，还允许顾客在存款用完之后，在规定期限内“透支”，以争取更多的顾客。

(2) 定期存款(Time Deposits)。定期存款是相对于活期存款而言的，是一种由客户与银行事先约定期限，到期才能提取的存款。定期存款原则上不准提前支取，具有相对的稳定性，是商业银行获取中长期信贷资金的重要渠道。期限通常为 3 个月、6 个月和 1 年不等，也有 1 年以上的，3 年、5 年甚至更长的，利率也随着期限的长短而高低不等，但总是高于活期存款的利率。定期存款是货币所有者获取利息收入的重要金融资产，也是商业银行获取资金的重要渠道。

定期存款是商业银行所经营的一种重要存款，它占银行存款负债的比重也是相当高的，而且还有继续提高的趋势。因为定期存款存期固定而且比较长，从而为商业银行提供了稳定的资金来源，对商业银行长期放款与投资具有重要意义。定期存款要凭银行所签发的定期存单来提取，一般要到期才能提取存款，银行根据到期存单计算应付的本息。如果持有的存单到期，则可按存户的要求续存，或按约定自动转存。对于到期未提取的存单，按惯例，银行不对其过期的这段时间计付利息，在我国则按活期存款利率支付利息。未到预定期限而要求提前提取时，客户按银行制度的规定应提前一定的时间通知银行，并且只能得到活期存款的利息。

定期存单不能像支票一样转让流通，只是到期提取存款的凭证，是存款所有权及获取利息的权利证书。但定期存单可以作为质押品取得银行贷款。定期存款带有一定的投资性，是银行稳定的资金来源，定期存款所要求的存款准备金也低于活期存款，并且手续简便、安全。

(3) 储蓄存款(Savings Deposits)。储蓄存款主要是针对居民个人积蓄货币和取得利息收入而开办的一种存款业务。储蓄存款又可分为活期和定期两类，以定期为主。定期储蓄存款通常由银行发给储户存折，以作为存款和提取现金的凭证，一般不能据此签发支票，支用时只能提取现金或先转入存户的活期存款账户。由于储蓄存款可以稳定运用，因此银行支付的利率较高。储蓄存款的储户通常限于个人和非营利性组织。在美国，88%以上的储蓄存款是由个人和非营利性组织所持有的。近年来，也逐渐允许某些企业、公司开立储蓄账户，盈利公司的存款占存款总额的 10%，余下的为政府机构的存款基金。

存折储蓄是储蓄存款的传统形式，随着电子技术的应用，银行可计算每日的利息，并能够贷记存款日到期前的每日利息，即称为电脑储蓄账户。使用此账户时，银行通常发给储蓄户存款支票簿以代替存折，这样就可以通过电子自动出纳系统为电脑储蓄户办理收付业务了。

2. 创新型存款

存款创新是指银行根据客户的动机和需求，在原有存款种类的基础上，推出新的品种、新的类型，用以满足客户不同需求的举措。为加强银行的竞争能力、规避金融管制，商业银行对存款种类进行了创新。创新的存款类型很多，以下介绍几种主要的类型。

(1) 大额可转让定期存单(Negotiable Certificate of Deposit)。可转让定期存单是指资金按固定期限和固定利率存入银行并可在市场上买卖的存款凭证，是商业银行实行主动负债管理政策的主要的金融中介工具。

可转让定期存单是美国纽约花旗银行于 20 世纪 60 年代初期设计的。之所以要发行这种金融工具，主要是由于当时商业银行对活期存款不能支付利息，定期存款又有利率高限，致使许多客户减少了在银行存款账户的余额，而将资金转移到证券市场。同时，20 世纪 60

年代美国经济过度扩张，通货膨胀率较高，美联储采取抑制存款增长的货币政策，致使商业银行的存款大量外流。为了稳定和扩大存款，逃避最高利率限制与存款准备金的规定，纽约花旗银行率先发行了大额可转让定期存单。此后其他商业银行也陆续开办了这项业务。在一般情况下，大额可转让定期存单有国内发行的和国外发行的两种。目前，大额可转让定期存单已成为商业银行的一项主要的资金来源。

可转让定期存单的特点有：存单面额固定(10 万美元至 100 万美元)；不记名；利率有固定的，也有浮动的；存款期为 3 个月、6 个月、9 个月和 12 个月以上的不等，也有存期仅为 7 天的；存单可以流通转让，有比较活跃的二级市场，比较好地体现了流动性和盈利性。

商业银行在发行可转让大额定期存单取得成功后，又开始发行小额存单，期限为 6 个月到 8 年不等。它属于一种浮动利率定期存单，其利率每周都变化，一般与 6 个月期的国库券利率相当。20 世纪 80 年代中期，西方国家商业银行为了扩大可转让定期存单的吸引力，对存单进行了改革，即把长期存单的收益性和短期存单的流动性结合起来。

(2) 可转让支付命令账户(Negotiable Order of Withdrawal Account，NOWA)。可转让支付命令账户实际上是一种不使用支票的支票账户。它以支付命令书取代了支票。通过此账户，商业银行既可以提供支付上的便利，又可以支付利息，从而吸引了储户，扩大了存款。

开立这种存款账户，储户可以随时开出支付命令书，或直接提现，或直接向第三者支付，其存款余额可取得利息收入，因此满足了支付上的便利要求，同时也满足了收益上的要求。

20 世纪 70 年代，美国商业银行的存款利率受到管制，不准储蓄账户使用支票。为了规避这一限制，以争取更多的客户，1970 年，马萨诸塞州的储蓄贷款协会创办了一种新的储蓄存款账户——可转让支付命令账户。这种账户的存款人可以随时从该账户开出“可转让支付命令”用来向第三者付款，存款人能获得利息。该账户免除了客户此前既要开立活期存款账户又要开立储蓄账户的麻烦。这种账户最初由储蓄银行创办，后来所有的金融机构都获准可开办此项业务。该账户一般都限定个人和非营利性团体才可开立。

(3) 超级可转让支付命令账户(Super NOWA)。1983 年，超级可转让支付命令账户出现了，这是一种有最低存款余额限制并且利率较高的可转让支付命令存款账户。它像一般支票账户一样，可以无限制地发出支付命令，要按月收取手续费；银行按存款余额支付比可转让支付命令账户利率要高的利率，但要求客户保持一个最低余额，如果存款余额低于最低限额，银行则只按可转让支付命令账户同样的利率来支付利息。它与可转让支付命令账户、电话转账账户一样，都划为转账账户，因此也要交纳存款准备金。

可转让支付命令账户与超级可转让支付命令账户实质上是相同的，差别仅在存款最低余额的限制。

(4) 货币市场存款账户(Money Market Deposit Account，MMDA)。货币市场账户 1982 年产生于美国的货币市场基金会，其性质介于活期存款与储蓄存款之间。和支票存款不同

的是，商业银行不必为其保留法定准备金，但其每月可签发的支票数量是有限的。货币市场账户是银行为个人与合伙企业开办的存款账户，其利率按公布的每日货币市场工具的平均利率为基础随时进行计算来确定每天的复利。货币市场账户一般有最低金额的限制(2500美元)，10 万美元的存款额可得到联邦存款保险公司的保险；新增存款不受时间的限制，但客户提取存款时，要提前七天通知银行；向第三者支付时，不论是开出支票，还是电话通知，每月不能超过 6 次；提款或转账时没有最低限额要求，但若账面余额低于 2500 美元的最低限额，银行只按可转让支付命令账户的利率计付。此账户的存款者可以定期收到一份结算单，上面记载着所得利息、存款余额、提款或转账支付的数额等。

货币市场存款账户的开办成本比超级可转让支付命令账户低，因它不属于转账账户，所以，存款准备要求也不同于普通和超级可转让支付命令账户。由于货币市场存款账户可以支付较高的利息，从而扩大了商业银行对存款的吸引力，使一大部分流向货币市场互助基金的存款得到了弥补。

目前，货币市场账户与可转让支付命令账户得到了普遍的使用，并已逐步代替了个人储蓄账户。从未来的发展来看，这类账户将最终代替个人储蓄存款账户。

(5) 自动转账服务账户(Automatic Transfer Service Account，ATSA)。自动转账服务账户，与电话转账服务相类似，客户可以在银行开立两个账户，一个是储蓄存款账户，一个是活期存款账户，并同时保证在活期存款账户上的余额在 1 美元或以上。存款客户平时将款项存在储蓄存款账户上，而当客户开出支票准备提现或转账时，银行自动将必要的数额从储蓄存款账户转到活期存款账户上以进行付款。

因此，自动转账服务账户结合了储蓄存款账户和活期存款账户的优点，可以保证客户在未使用支票支付款项之前从储蓄存款账户获得相应的利息。当然，使用该账户的客户需要向银行支付一定的服务费。

(6) 协定账户(Agreement Account，AA)。协定账户是自动转账账户的创新发展，是指按照约定，存款可以在活期存款账户、可转让支付命令账户(或储蓄账户)、货币市场互助基金存款账户之间自动转账的存款种类。

(7) 个人退休金账户(Individual Retirement Account，IRA)。个人退休金账户是专为工资收入者开办的退休金储蓄存款账户，所有拥有工资收入的个人都可以开立。这种账户的优势在于其利息所得可以免税，且银行给付的利率较高。

(8) 股金提款单账户(Share Draft Account，SDA)。股金提款单账户是专为划转股金收入而创立的一种储蓄存款账户。存款人将股金收益划入该存款账户，存款人可以随时开出类似支票的提款单来进行转账支付或提现。该账户未作支付和提现时，可视作储蓄存款账户，并取得相应的利息收入。

(二)存款稳定性与存款利率

1. 存款稳定性

银行通常注重稳定性强的存款，即核心存款(指对市场利率变动和外部经济因素变化反应不敏感的存款)，包括交易存款账户和定期存款账户。扩大核心存款的比重会降低银行经营的市场风险。

与核心存款相对应的是易变性存款(指那些对市场利率变动和外部经济因素变化敏感的存款)。银行易变性存款的增加会扩大银行的市场风险。

因此，在核心存款与易变性存款之间，商业银行应扩大核心存款的比例。

2. 存款利率

存款利率与存款需求有时是相互矛盾的。其一，存款是维持银行经营的核心，存款规模反映了银行的资金实力；其二，存款构成银行经营成本的主要部分。因此，银行需要权衡存款需要量与存款利率之间的关系。

(1) 存款利率与存款期限有关，存款的期限越长，利率也就越高。

(2) 存款利率取决于银行的经营目标。

二、影响商业银行存款的因素

影响银行存款的主要因素可以分为外部和内部两大类。

(一)外部因素

(1) 经济发展水平和经济周期。经济和货币信用发达的国家和地区，社会存款来源渠道多、存量大、未来增长潜力大，商业银行可调动的资金量大，生存发展的空间广阔；经济欠发达、信用关系简单的国家和地区，社会积累较少，存款来源有限，商业银行很难获得维持生存发展所需要的存款规模，未来的发展空间狭小。在经济周期的不同阶段，银行受制于宏观经济的发展状况，吸收存款的难易程度也有很大的差别。在经济高涨时期，有效需求猛增，社会资金充裕，银行存款规模会大幅增长；在萧条时期，有效需求不足，社会资金匮乏，银行存款增幅下降甚至存量下降。

(2) 银行同业的竞争。任何一个国家和地区，在一定时点上，可动用的社会存款量总是一定的，过多的银行等金融机构追逐有限的资金来源，必然会影响到银行的存款规模。

(3) 中央银行的货币政策。中央银行货币政策的变动，会直接或间接地影响整个社会的存款水平，从而影响商业银行存款业务的发展。

(4) 金融法规。为了协调经济发展，维护金融秩序，各个国家都制定有专门的法律法规以规范商业银行的行为。当一个国家或地区政府制定的政策有利于商业银行发展时，银行

存款的增长就快；反之，银行存款的增长就慢。

(5) 人们的储蓄习惯和收入、支出预期。由于生活环境、文化背景、社会制度等方面的差异，人们的储蓄习惯和支出预期各不相同，这些因素必然反映到人们的存款态度上，从供给方面影响银行的存款水平。

(二)内部因素

(1) 存款计划与实施。银行应在详细调查市场的基础上制订出切实可行的存款计划。首先应做到机构网点布局合理，然后配置好得力的人员，在此基础上合理分配存款增加任务，并根据进展情况及时加以调整。

(2) 存款利率。存款利率代表存款人的存款收益，提高利率能提高存款人的存款积极性，从而扩大银行的存款规模。但是，由于竞争的存在，一个银行提高存款利率必然会激起其他银行争相效仿，最终的结果很可能是该银行不但没有提高存款的市场占有率，反而提高了整个银行业的利率成本。

(3) 银行服务。服务项目、服务质量、营业时间等都是商业银行增强存款吸收能力的重要方法。

(4) 银行的实力和信誉。在其他条件相同的情况下，存款人更愿意把钱存入实力雄厚、信誉卓著的大银行。

(5) 银行的社会联系。良好的社会联系是银行吸收存款的无形资产。银行员工的行为、银行的形象等都可以成为影响银行存款业务的重要因素。另外，银行通过向企业提供存款、贷款、结算等服务，可以增强与企业的联系，从而稳定并扩大企业存款。

三、商业银行存款业务管理

存款的多与少，是一家银行规模和竞争实力的标志。尤其是在发展中国家，吸收存款成为商业银行筹集资金最主要的渠道。

(一)存款规模的控制

无论是企业存款还是储蓄存款，在总量上都客观存在一个正常状态下的合适的量。一国存款的供给总量主要取决于该国国民经济发展的总体水平，存款总量的增减也取决于多方面的主客观因素的变化。

从全社会的储蓄存款供应总量来看，在利率一定的情况下，储蓄存款受制于居民的货币收入水平和消费支出结构，同时取决于商品的供给状况和市场的物价水平、金融市场的发达状况和金融资产种类、社会保障制度的完善程度、文化水平和历史传统等因素。

而一国企业存款的额度变动，则主要取决于国家的经济景气状况、社会生产力发展水平、国家金融政策、企业的经营管理水平、银行服务的质量等一系列因素。

从银行经营管理的角度看，怎样的存款规模最为合适呢？首先，某一家银行的存款需求量，并非多多益善，而应限制在其贷款与投资的可利用程度以及管理存款的成本与费用负担的承受能力范围内，否则，就属于不适度的存款增长，反而会给银行的经营带来困难。因此，银行对存款规模的控制，要以存款资金在多大程度上被实际运用于满足贷款和投资等资产的需求量为评判标准。其次，存款的结构要能适应银行资产业务结构的需要，既适当地降低成本，又能满足客户要求多样化服务的需求。再次，要进行边际成本与边际收益的比较，如果边际成本小于边际收益，则说明吸收存款还可以增加银行的收益，不然会失去获利机会；如果边际成本大于边际收益，再增加存款就会给银行带来损失。

(二)存款的营销组织工作

银行吸收存款的过程也是银行提供服务产品的过程。由于银行向市场所提供的产品具有无形性、同质性的特点，它不能依靠有形的感官来发现，只能依赖银行的宣传与营销活动来吸引客户。可见，银行的产品创新只能是在原有产品本质特征的基础上进行，一家银行向社会提供新的金融产品与另一家银行提供的产品有相似之处，客户之所以选择某一家银行的产品，主要取决于该银行的规模、信誉、服务效率与质量、产品的内在吸引力等。现代银行业十分重视营销工作，许多银行都把竞争的重点放在营销工作上。

通常来说，商业银行的存款营销应当包括下述内容。首先，调查市场，发现客户的市场需求。其次，细分市场，开发产品。一般来说，将存款市场分为私人客户市场与机构客户市场，然后即可根据不同的需求，设计出具有一定特色的存款产品。再次，合理的定价与促销。银行产品的定价，应当使银行与客户同时受益。因此，银行存款工具的定价，就是要在满足客户存款服务要求与确保银行利益之间寻求一个均衡点。

存款的促销是要通过一些特定的促销方式，试图打破客户以往购买金融产品的习惯，吸引客户进入银行的存款市场。商业银行可以采取人员促销、广告促销、公共关系促销以及营业推广等方式促进存款工具的销售。

(三)存款保险问题

存款保险制度是指为了保护中小存款人的利益，维护金融体系的安全与稳定，由吸收存款的金融机构，定期按照一定比例向存款保险机构缴纳保险费用，当该机构出现非常风险时，由存款保险机构按一定比例赔付存款人，并对有问题的金融机构进行处置的制度。

存款保险制度起源于 20 世纪 30 年代的美国，20 世纪 60 年代以后，特别是 20 世纪 80 年代末期一系列的金融危机过后，欧洲、美洲、亚洲的大部分国家和地区，逐渐认识到存款保险制度的重要性，先后建立了存款保险制度。目前，全球已有 72 个国家或地区建立了存款保险体系。

各国存款保险制度的管理体制存在一定的差异，从出资方式来看大体可分为三种类型：一是由官方出资创建并管理；二是由官方和银行界共同创建并管理；三是非官方的行业存

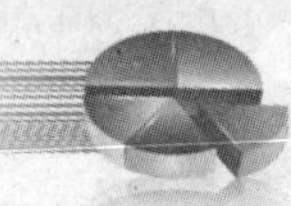

款保险体系。在是否参加保险上，又分为自愿加入和强制加入两种。在保险范围上，一般要考虑存款持有人、货币单位、地域分布及数量多少等因素。不过，对于个人(包括非居民存款)和非营利组织的存款，是必须纳入存款保险范围的。

各国存款保险机构存在一定程度的差异，但从实践来看，其作用无疑是十分明显的：①设立的目的都是为了保护存款者的利益，尤其是要保护那些小额储蓄持有者的利益；②设立存款保险机构，有利于发挥金融监管当局的监管作用；③存款保险制度还有利于整个金融体系的稳定。

但是，存款保险制度也有负面效应。保险制度的存在，尤其是一个设计不佳的存款保险体系，会引发道德风险、逆向选择和代理问题，使存款人忽视对存款银行风险的关心，而银行也可能将存款保险制度视为一个依赖因素，从而进行一些风险更大的业务来弥补较高的存款成本。正是基于这样的原因，有一些国家至今仍反对建立存款保险制度，还有一些国家则对存款保护的范围和规模予以限制。

目前，为了使负面效应降至最小限度，存款保险制度正朝着以存款的风险程度特点为基础来构建和运作的方向发展，把“共同保险”和“差别保险”的概念纳入存款保险制度框架正是这一发展方向的具体体现。

第三节　商业银行非存款负债的管理

商业银行的非存款业务被称为“主动型负债”。非存款业务是商业银行以各种方式从资金市场上获得资金，影响其不稳定的因素较多，从而加大了商业银行的经营成本以及经营资产的风险。各种非存款资金的借入，对于商业银行的业务经营具有重要作用。

一、非存款负债的影响因素

(一)银行对非存款负债的需求量

银行在吸收非存款负债之前，应当根据贷款与投资、存款供应量的缺口情况，测算出对非存款负债的需求量，以此作为组织非存款负债的数量依据。

例如，某银行在未来10天内，有新的合格客户贷款需求量为5000万元，另一家使用贷款承诺业务的客户要提用贷款3000万元，同时银行准备投资国债2500万元。目前银行存款余额为7000万元，预计未来10天内可吸收存款2800万元，那么，该银行未来10天的资金缺口为

资金缺口(非存款负债量)=当前与预计资金需求量−当前与预计存款量

=(5000+3000+2500)−(7000+2800)

=700(万元)

也就是说，该银行在未来的 10 天内，除了存款之外，还要在金融市场上借入 700 万元的资金，否则，客户的资金需求得不到满足。

(二)比较借入资金的成本

银行在借入负债时，必须对借入负债的市场利率的变动趋势进行预测，从而了解各种资金的利率结构及利率水平。一般而言，在借入负债中，同业拆借融资方便迅速，但资金来源成本较高；从中央银行借款利率较低但限制条件较多；发行大额存单与商业票据的利率成本具有相对的比较优势，期限较同业拆借更长，但发行费较高，要筹集短期资金不适合用此方法；在欧洲货币市场上借款，利率能反映资金的供求关系，但利率波动比较频繁，需要银行随时跟踪与预测。

总体来说，非存款负债的成本较存款成本波动要大一些，因此，需要银行统筹兼顾，做出正确决策。

(三)筹资风险

商业银行在筹集非存款负债时，可能会面临的风险主要包括利率变动风险以及因实力差而借不到资金的风险。从利率风险来看，除了中央银行的贴现率由中央银行决定并影响市场利率之外，其他的利率都由市场决定。利率的波动性较大，给商业银行带来了利率风险。就中小银行而言，因其自身实力与信誉的原因，可能会得不到其他银行的贷款，或者借款的成本会很高，这就导致这些银行的未来盈利受损。

(四)筹资期限取决于贷款与投资的期限

商业银行在筹集非存款负债时，要以将来资金运用的期限为基础，决定银行需要筹集多长期限的负债。如果银行出现紧急资金短缺，可通过同业拆借、央行借款、回购协议等渠道筹集资金；如果为增加贷款与投资的资金需要，可发行大额存单与商业票据，或者采取措施吸收存款。

(五)央行货币政策与法律法规的限制

中央银行是一国货币政策的制定者，它担负着宏观调控的职责。货币政策的松紧，决定着商业银行借款的数量、条件、期限、利率浮动的幅度、是否缴纳及缴纳多大比例的准备金等的不同。这些因素都影响着银行的成本与风险。

二、短期非存款业务的管理

一般来说，按照期限长短，商业银行的非存款资金被划分为短期借入资金和长期借入资金。

短期非存款业务，是指期限在一年以内的各种银行借款，主要用来保持正常资金周转、满足资金流动性的需要。短期借入款是商业银行一种持久地增加资金来源的手段。短期借款使银行可以保持较高比例的流动性，但是其成本高、收益低。

(一)短期非存款业务的种类

1. 同业拆借(同业借款)

同业拆借是指商业银行与其他金融机构间的临时性借款，用于银行资金周转、弥补暂时头寸短缺。同业拆借的期限一般较短，被称为“日拆”，通常是通过银行间的资金拆借系统完成的。同业拆借包括两种基本形式：一是同业拆进(拆入)，二是同业拆出。其中，同业拆进是银行负债的重要形式。

同业拆借是银行的一项传统业务，在这种业务中，借入资金的银行主要是用以解决本身临时资金周转的需要，一般均为短期。银行同业拆借要涉及存款准备金、超额存款准备金等问题。商业银行为了最大限度地获得利润，一般都尽可能使存款准备金保持在适当的范围内。如何保持适当的数量，中央银行资金市场为商业银行有效管理存款准备金提供了条件。商业银行在中央银行准备金账户上的存款若超过法定准备金数额，就形成了超额储备，即头寸盈余，又称中央银行资金。与此同时，可能有些银行头寸短缺，即在中央银行的存款降到法定储备金以下。为了实现资金的平衡，支持资金的正常周转，头寸不足的银行就需要从头寸盈余的银行临时拆入资金，而头寸盈余的银行也愿意将暂时盈余的资金拆借出去，以获得利息收入。

(1) 转贴现借款。贴现是票据持有者将未到期的票据交给银行，银行按票据面额扣除利息后付现款给票据持有人的行为。贴现既是一种票据买卖和资产转移，同时也是银行的一种短期放款。当银行资金紧张、周转发生困难时，便可将已经贴现但仍未到期的票据交给其他商业银行或贴现机构，要求给予转贴现，以取得资金的融通。转贴现期限一律从贴现之日起到票据到期日止，按实际天数计算；利率可以由双方协定，也可以贴现率为基础，参照再贴现率来确定。转贴现可以使银行随时收回资金，既能应付意外事件，也能充分使用资金。但转贴现数额需要根据银行自身的承受能力来确定。

(2) 转抵押。转抵押也是银行同业之间的借款方式之一，信贷资金主要在银行体系内部发生转移，对整个社会的货币供应量影响不大。但是作为抵押贷款，转抵押也需要按照抵押贷款的要求去做，以保证信贷资金的合理运行，从而维护社会信用体系的健康发展。

同业拆借一般无须抵押品，当它变成循环借款时或时间稍长时，才要求抵押。商业银行在资金紧张、周转发生困难时，也通过抵押的方式向其他同业银行取得资金。抵押的资产，大部分是客户的抵押资产(包括动产和不动产)，银行将其转抵押给其他银行，这种转抵押的手续较复杂，技术性也很强。此外，银行也将所持有的票据、债券、股票等金融资产作为质押品，向其他银行取得借款。

总体来说，同业借款属于短期资金融通，期限短则一日，长的为几日、几星期、几个月。我国有关法律规定：银行间拆借期限最长不得超过 4 个月，资金的用途也只能是解决调度头寸过程中的临时资金困难，不能用于弥补信贷缺口、长期贷款与投资等；利率由市场资金供求决定。

2. 向中央银行借款

商业银行融通资金的另一条途径，就是向中央银行借款，主要通过再贴现、直接信用借款、再抵押借款来解决。

1) 再贷款

再贷款是指商业银行从中央银行获得贷款，这是一种信用贷款。

我国央行再贷款主要针对国有商业银行发放。包括以下三种类型。

(1) 年度性贷款：期限为 1 年，最长不会超过 2 年。

(2) 季节性贷款：期限为 2 个月，最长不超过 4 个月。

(3) 日拆性贷款：期限一般为 10 天，最长不超过 20 天。

2) 再贴现

再贴现是指商业银行把已经贴现但尚未到期的票据交给中央银行，要求中央银行给予再贴现。这是市场经济条件下，商业银行向中央银行取得资金的最主要途径。同时，再贴现率作为基准利率，也是中央银行的主要货币政策工具之一。

商业银行将借款人已贴现的但还没有到期的商业票据转让给中央银行，并向中央银行贴付相应的利息，这样商业银行可提前取得资金融通。中央银行办理再贴现业务时，要根据货币政策给予适当控制，适时调整再贴现率和再贴现额度。当执行紧缩货币政策时，中央银行可通过提高再贴现率和收缩再贴现额的办法，使商业银行贴现受到限制，提高成本，从而对经济进行调控；当执行扩张政策时，就可通过降低贴现率和扩大再贴现额来影响商业银行的贴现规模。

3) 抵押(质押)贷款

抵押贷款是商业银行用自己的合格票据、银行承兑汇票、政府公债等有价证券作为抵押品向中央银行取得资金。这种资金融通方式较贴现更简便、更灵活。

3. 回购业务

回购业务也称证券回购或回购协议，是指银行在出售有价证券时与购买金融资产 R 一方签订协议，约定在一定期限后按协议价格购回所售证券。因此相当于银行以所售证券为抵押，获取贷款。有价证券卖出与买入之间的价格差可视为贷款利息。大多数回购协议以政府债券为交易对象。

回购协议期限短的为一个营业日，长的达几个月，多数为几天。回购协议的实际交易通常有两种方式：一种是交易双方同意按相同的价格出售与再购回证券，再购回时，其金

额为本金加双方约定的利息额；另一种是再回购价格高于原出售价格，其差额就是合同收益额。

商业银行利用回购协议借款有许多优点，它是调整准备金头寸的重要方法，是一整套渗透到货币市场各个领域的一种重要的金融工具。银行办理以政府债券为交易对象的再购回协议，可以不提缴存款准备金，从而提高了资金的利用效率，相当于减少了借款成本。而银行用筹集来的资金发放利率较高的贷款或投资，可以获得较高的利差。

但是，回购协议也存在着违约风险，即回购方到期无力回购债券，购买方只好保留债券，它将面临利率上升、债券价格下跌的风险。因此，购买回购协议的商业银行要采取一定的措施来防范信用风险。例如，根据借款者的信用等级，要求借款者缴纳一定比例的保证金；同时根据市场价格的变动随时调整回购协议的价格，或者调整保证金的数量。

4. 出售大额可转让定期存单

大额可转让定期存单是由美国花旗银行于 1961 年首创的一种银行融资信用工具。此存单一经出现，即获得成功，且发展非常迅速。在美国，大额可转让定期存单按发行者的不同，可分为：①国内存单，由美国银行在美国本土发行；②欧洲美元定期存单，由美国本土以外的银行发行的美元面值存单；③扬基存单，是在美国的外国银行的分支机构发行的定期存单；④储蓄定期存单，由美国储蓄贷款协会和其他银行储蓄机构出售的定期存单。

大额可转让定期存单面额大，通常以百万美元为单位；存期以短期为主，从 7 天到一两年都有，主要集中在 1～6 个月；存单以无记名方式发行，到期之前，可以在二级市场上转让，流动性强；80%的存单为固定利率，一年按 360 天计算。

商业银行发行大额可转让定期存单，不需要缴纳存款准备金；存单有固定的到期日，到期之前不会被提取，因而稳定性强。但大额可转让定期存单多属于利率敏感性负债，需要银行使用利率保值技术，以防范利率风险。

5. 发行商业票据

商业票据是美国的大公司为筹集资金而发行的短期融资票据，期限为三四天至 9 个月不等。但美国的联邦法规定，商业银行不能直接发行商业票据，于是商业银行就通过其附属的公司发行票据，然后再将资金贷给银行使用。

6. 其他短期非存款业务

(1) 从国际金融市场借款。商业银行可以通过从国际金融市场借款来弥补资金上的不足。一般来讲，国际金融市场由短期资金市场(期限为 1 年以下)、中期资金市场(期限为 1～5 年)和长期债券市场(期限为 5 年以上)三部分组成。目前，世界上最具规模、最具影响的国际金融市场是欧洲货币市场。欧洲货币市场形成于 20 世纪 50 年代，是欧洲美元与其他欧洲货币进行借贷活动的场所。

欧洲货币市场上借贷数量最多的是欧洲美元，是美国以外的银行出售的美元面值的存款。初期大多数欧洲美元存款采用固定利率，1970 年以后，期限从 1 年到 20 年的浮动利率定期存款与浮动利率票据进入市场。大多数美元存单的期限为 6 个月，也有隔夜拆借，其利率与伦敦银行同业拆借利率一致。

(2) 结算过程中的短期资金占用。商业银行在办理各种结算业务的过程中，会形成一些短期资金占用，这是银行短期资金来源的重要途径之一。这部分资金具有波动大、不稳定，且短期内就会被提取或者使用等特点，因而不能作为银行稳定的资金来源使用。

(二)短期借款的管理要点

由于短期借款与存款相比具有在时间上和金额上相对比较集中的特点，从而为银行有计划地加以控制提供了方便。而且由于短期借款的期限较短，所以一般只用于调剂头寸，解决银行周转困难和临时性的资金不足，其稳定余额的部分也可以被长期占用。为此，商业银行在确定短期借款的决策时，要把握好以下原则。

1. 确定合适的借款时机

首先，根据银行在某段时间内的短期资金需求量，确定借入资金的数量。如果在某一时期，银行资产的平均期限较短，有相当能力应付流动性风险，且当时市场利率较高，就没有必要利用和扩大短期借款；若情况相反，则必须注重短期借款的运用。其次，根据一定时期金融市场的资金供求状况与利率变动来选择借款时机，即在市场利率较低时适当多借入一些资金；反之，则少借或不借。最后，要充分重视中央银行货币政策的变化，以控制短期借款的程度。如当中央银行采取紧缩的货币政策时，不但再贷款和再贴现的成本会提高，同时其他短期借款的成本也会相应提高，此时需适当控制借款；反之，则可考虑多借入一些款项。

2. 根据成本与风险确定借款的规模

短期借款是商业银行实现流动性、盈利性目标所必需的，然而并非短期借款越多对银行经营就越有利，因为借入资金有时比吸收存款付出的代价更高。如果利用短期借款付出的代价超过因扩大资产规模而获取的利润，则不应继续增加借款规模，而应通过调整资产结构的办法来保持流动性，或者通过进一步挖掘存款潜力的办法来扩大资金来源。商业银行在资产负债管理中，必须全面权衡流动性、安全性、盈利性三者间的利害关系，测算出一个适度的短期借款规模。

3. 确定合理的借款结构

商业银行的短期借款渠道很多，安排好各种短期借款在借款总额中的比重，是商业银行重要的负债组织策略。从资金来源的成本结构来看，一般应尽可能地多利用低息借款，少利用高息借款，以降低负债成本；如果资产预期效益较高，又难以争取到低息借款时，则可适当借入高息的资金，但盈利仍应放在第一位；比较国内外借款成本，如果从国际金融市场的借款较国内便宜，可适当增加国际金融市场借款的比例；充分考虑中央银行的货币政策取向，根据央行再贴现率的变动灵活调整借款比例。

根据上述原则，商业银行在短期借款的具体操作上，应注意借款的到期时间和金额分散化，主动把握借款期限和金额，以减少流动性需要过于集中的压力，并尽量把借款到期时间和金额与存款的增长规律相协调，在存款不能满足资金需求的情况下，才考虑借入资金，把借款控制在自身承受能力允许的范围内，不能超负荷经营；正确统计借款到期的期限和业务额，以便做到事先筹措资金，满足短期借款流动性的需要。

三、长期非存款业务的管理

长期非存款业务也称商业银行中长期借款业务，主要通过发行金融债券借入资金，既满足商业银行的中长期资金需求，又有利于商业银行拓宽负债渠道，促进资金来源的多样化，并有助于增强商业银行负债的稳定性。商业银行的长期借款一般采用金融债券的形式。当今世界的金融债券是 20 世纪 70 年代以来西方商业银行业务综合化、多样化发展和金融业务证券化的产物，它意味着商业银行负债的多样化发展已成必然趋势，同时也体现了商业银行资产负债管理的许多新特点。

(一)商业银行长期债券的特征与意义

(1) 商业银行吸收存款与发行债券都是其重要的资金来源，但二者之间具有不同的特征。第一，筹资的目的不同。商业银行吸收存款为的是全面扩大银行资金来源的总量，并无特定的目的；而发行债券则着眼于增加长期资金来源和满足特定用途的资金需要。第二，筹资的机制不同。吸收存款是经常性的、无限额的，是否能吸收到存款在很大程度上取决于客户的存款意愿，银行处于被动的地位；而金融债券的发行则是阶段性的、有额度限制的，但发行的主动权掌握在银行手中，银行具有主动性，是主动负债。第三，银行对资金的利用程度不同。银行的定期存款虽然有期限的规定，但由于可以提前支取，银行要有一定的现金准备，而且还要缴纳存款准备金，资金的稳定性较低；而金融债券有明确的偿还期，一般不能提前还本付息，且不必缴纳法定准备金，在到期日之前，银行可以全部加以运用，从而提高了资金的利用效率。第四，筹资的效率不同。金融债券的利率一般要高于同期存款的利率，对客户的吸引力较强，因而其筹资效率在通常情况下要高于存款。第五，对于投资者来说，资产的流动性不同。一般存款通常情况下是不能转让的；而金融债券一般不记名，有广泛的二级市场可以流通转让，因而比存款具有更高的流动性。

(2) 金融债券的主要功能在于拓宽了银行的负债渠道，促进了银行负债来源的多元化，增强了负债的稳定性，提高了银行资金的利用效率，因此，金融债券的发行对银行负债经营的发展有较大的经济意义。

但与存款相比，银行发行债券也有一定的局限性。第一，金融债券发行的数量、利率、期限都要受到管理当局有关规定的严格限制，银行筹资的自主性不强。第二，金融的筹资成本较高。债券除利率较高之外，还要承担相应的发行费用，筹资成本较高，受银行成本负担能力的制约。第三，债券的流动性受市场发达程度的制约，在金融市场不够发达和完善的发展中国家，金融债券种类少，发行数量也远远小于发达国家。

(二)金融债券的主要种类

金融债券有资本性金融债券、一般性金融债券和国际金融债券之分。

1. 资本性金融债券

资本性金融债券是为补充银行资本而发行的债券，是介于银行存款负债与股本之间的债务。它对银行收益与资产分配的要求权优于普通股和优先股，仅次于银行存款客户与其他债权人。《巴塞尔协议》将资本性债券划分在附属资本中，主要包括资本债券与资本票据两种。

2. 一般性金融债券

一般性金融债券是为商业银行筹集用于长期贷款与投资的中长期资金。一般性金融债券有以下三种分类方式。

(1) 按债券是否有担保，可将债券划分为担保债券和信用债券。

(2) 按利率是否浮动，可将债券分为固定利率债券与浮动利率债券。

我国商业银行发行的金融债券以固定利率债券为主，今后浮动利率债券的发行将成为一种趋势。

(3) 按债券付息方式，可将债券划分为付息金融债券和一次性还本付息金融债券。

此外，金融债券还包括普通金融债券、累进利率金融债券和贴现金融债券等。

3. 国际金融债券

国际金融债券指的是在国际金融市场上发行的以外币表示面额的金融债券。从市场和货币的角度，国际金融债券主要包括外国金融债券、欧洲金融债券和环球金融债券。

外国金融债券是指债券发行银行通过银行或金融机构在外国发行的以该国货币为面值的金融债券。

欧洲金融债券是指一国政府、金融机构、工商企业或国际组织在国外债券市场上以第三国货币为面值发行的债券。例如，法国一家机构在英国债券市场上发行的美元面值的债券即是欧洲金融债券，欧洲金融债券的发行人、发行地以及面值货币分别属于三个不同的国家。欧洲金融债券以美元标价面值的较多。

环球金融债券是指发行银行为筹措一笔资金，在几个国家同时发行的债券。债券以一

种或几种货币标价，各债券的筹资条件和利息基本相同。

应当说，国际性债券发行的要求都非常高，以国家为发行主体是其主要的做法。

(三)发行金融债券的经营管理要点

(1) 商业银行发行金融债券要遵守金融管理当局的管理规定。金融债券的发行机构、发行数量、运用范围，都要按照法律的要求来实行。债券在发行前还要有评级机构的信用评估，以评价债券发行人的偿债能力。

(2) 合理计划债券的发行与使用工作，提高资金的使用效率与效益。债券发行数量与项目用款量应基本相等，不能发生闲置的现象；同时要搞好项目的可行性研究，进行收益成本比较，力求使项目效益高于债券成本。

(3) 注重防范利率风险与汇率风险。如预期利率有上升趋势，应采取固定利率的计息方式；反之，则采取浮动利率计息方式。在利率有下降趋势的情况下，应考虑缩短固定利率债券的偿还年限，或在发行合同中列入提前偿还条款，这样可以较高的利率偿还旧债，以较低利率发行新债。如果在国际市场上发行债券，原则上采用汇价具有下浮趋势的软货币作为票面货币。但在金融市场上，供求双方对未来市场利率与汇率变化趋势都有各自的预测，债券的发行是否成功，取决于双方力量的对比。汇价趋势看涨的硬货币债券销路比较好，支付的利率也较低；而以软货币计价的债券则销售困难，往往需要支付较高的利率。因此，发行债券的银行必须将利率与汇率因素综合起来考虑。

(4) 寻找最佳的发行时机。商业银行应选择市场资金供给大于需求、利率较低的时机发行债券。发行国内债券由于利率相对稳定，时机的选择主要取决于资金供给的充裕程度。

(5) 以客户为中心，以市场为导向，不断创新，满足投资者的需求。金融债券作为一种投资工具，能否被顺利地推销出去，除上述因素外，还取决于投资者的购买心理。因此，商业银行必须研究和了解投资者对购买金融债券的收益性、安全性、流动性和方便性的心理需求，以客户需求为中心，针对这些需求设计和创新债券品种，采取积极的营销措施，使金融债券真正成为银行的筹资工具和客户的投资工具。

(四)我国的金融债券发行

从金融债券的发行类型来看，我国商业银行的金融债券主要包括以下几种。

(1) 商业银行金融债券，是指依法在中国境内设立的金融机构法人在全国银行间债券市场发行的、按约定还本付息的有价证券。

(2) 商业银行次级债券，是指商业银行发行的，本金和利息的清偿顺序列于商业银行其他负债之后、先于商业银行股权资本的债券。

(3) 混合资本债券，是指商业银行为补充附属资本发行的，清偿顺序位于股权资本之前但列在一般债务和次级债务之后、期限在15年以上、发行之日起10年内不可赎回的债券。

从金融债券的发行空间来看，我国的金融债券，可分为国内发行和国外发行；从发行金融债券使用的货币类型来看，在国内发行的金融债券通常以人民币作为货币单位，在国外发行的金融债券通常以世界通用货币或所在发行地区及国家的货币为货币单位。

第四节　商业银行负债成本控制

商业银行负债的成本控制，一方面关系到银行的整体盈利，另一方面关系到银行在激烈的负债竞争中能否取胜。如何控制银行的营运资金成本是至关重要的，如果成本控制准确，银行就可以对各种可供选择的资金来源价格进行比较，从而确定合理的资产价格，以弥补资金成本和支付给股东所需的收益率。

一、商品银行成本的构成

商业银行的成本是指商业银行在从事业务经营活动过程中发生的与业务经营活动有关的各项支出。商业银行的业务种类较多，其成本的构成也比较复杂，银行在进行成本管理时，经常使用的主要有利息成本、营业成本、资金成本、可用资金成本和其他相关成本等。

(一)利息成本

利息成本是存款成本中最重要的成本，是指银行以货币形式直接支付给存款者或债券持有人、信贷中介人的报酬。

利息成本根据市场情况可以采用固定利率计算，也可以采用浮动利率计算，依期限的不同而不同。由于市场利率波动频繁，若以固定利率计息，在市场利率下降时，会增加银行的存款成本，使银行的收益受损；而在市场利率上升时，银行则会受益。以浮动利率计息的存款，则可降低银行存款的利率风险，但会给银行成本预测和管理带来困难。

(二)营业成本

营业成本是指花费在负债方面、除利息之外的一切开支，包括广告宣传费用、职员工资、设备折旧费用、办公费用及其他为存款客户提供服务所需的开支等。

这些成本有的与具体业务量有关，如为存款提供的转账结算、代收代付以及利用电子计算机的自动化服务等所需的开支；有的则与具体的业务量没有关系，也没有具体的受益者，如广告、宣传费用等。近年来，西方商业银行在面临巨大的竞争压力下，越来越重视利息之外或非利息报酬形式的服务，因此尽可能将服务成本和利息成本区分开来，以便更加灵活地开展竞争。目前我国由于没有实现完全的市场利率，利息成本实际上是由国家统一规定的，因而存款费用成本成为银行成本控制的重点。

存款类别不同，服务成本也不同。活期存款利息成本少，而服务成本高；大额可转让存单或定期存款，除花费一些广告促销费用之外，一般提供的服务相对少一些，但支出的利息较高。

(三)资金成本

资金成本是包括利息在内的花费在吸收负债上的一切开支，即利息成本和营业成本之和。它反映银行为取得负债而付出的代价。资金成本率是准确反映这一状况的指标。

资金成本率分为某一类负债或资金来源的资金成本和总资金成本两种，既可以用来比较银行不同年份的吸收负债成本，考察其发展趋势；也可以在银行同业，尤其是规模相同、条件相近的银行之间进行比较，从而明确其在目前的市场竞争中所处的地位。

(四)可用资金成本

可用资金成本是指银行存款中可以运用于贷款和投资上的那部分存款的成本。可用资金是银行总的资金来源中扣除应缴存的法定存款准备金和必要的储备金后的余额。将资金成本与可用资金数额相比得到可用资金成本率。这个比率既可以用于各种存款之间的对比，分析为得到各种可用资金所要付出的代价，也可以在总体上分析银行可用资金成本的历史变化情况及比较本行与其他银行可用资金成本的高低。可用资金成本概念对于银行选择盈利资产具有十分重要的意义。

为保证流动性和安全性，银行必须保留一部分现金准备，不能将吸纳的所有资金都用于贷款和投资。所以，实际用于贷款和投资的资金成本不仅应包括资金本身的成本，还包括与之对应的不能用于贷款和投资的资金的成本。

(五)其他相关成本

其他相关成本是指与增加存款成本有关而未包括在上述成本之内的成本。它主要有两种：风险成本和连锁反应成本。

1. 风险成本

风险成本是指因负债增加而引起的银行风险增加所必须付出的代价。

2. 连锁反应成本

连锁反应成本是指银行对新吸收负债增加服务和利息支出而引起的对银行原有负债所增加的开支。银行为争夺更多的存款，往往以增加利息和提供服务的方式来吸引顾客，但在对新存款客户支付更多利息和提供更多服务的同时，会使原有客户产生“攀比”心理，这就会加大银行的成本开支。

二、商业银行负债成本控制的方法

商业银行在经营管理活动中，往往由于各种原因，筹资成本会与目标成本不相符，导致成本差异。为了消除这种偏差，要对产生的成本差异进行分析，并采取相应措施予以矫正。

比较切合商业银行成本控制的方法主要有标准成本控制法、边际成本控制法和成本指标控制法等

(一)标准成本控制法

标准成本控制法是商业银行在建立成本控制标准的基础上对成本支出进行控制分析的方法。它具有事前估算成本、事中及事后计算分析成本的功能，包括标准成本的制定、成本差异的计算分析。

(1) 制定标准成本是商业银行成本控制过程的首要环节，商业银行的筹资标准成本是依据国家利率政策，通过对一定时期社会资金的总量和市场占有率以及资金结构的调查、分析而制定的用来评价实际筹资成本、衡量资金盈利能力的一种预计成本。

单位存款标准利率=利息支出标准总额/存款数量标准总额

(2) 成本差异的计算和分析。

存款利息支出差异形成的基本原因有两个：一是存款利率脱离标准；二是吸收的存款脱离标准。

前者按实际存款额计算称为利率差异；后者按标准利率计算称为数量差异。商业银行作为业绩考核评价的主要是利率差异。

存款利息支出差异=实际利息支出-标准利息支出

利率差异：实际存款额×(实际利率-标准利率)

数量差异：(实际存款额-标准存款额)×标准利率

(二)边际存款成本控制法

边际存款成本就是指银行在吸收的存款达到一定规模后，再新增一个单位的存款所要增加的经营成本。

银行在确定资产价格时，只有使新增资产的边际收益大于新增负债的边际成本时，银行才能获得适当的利润。每项负债都有不同的边际成本，其成本随着市场利率、管理费用和该负债用于补充现金资产的比例变化而变化。这些独立的成本加在一起就可以得出新增资金的加权边际成本。

边际成本也可以反映各种负债的相对成本，以确定新增负债的相对最低费用目标。当银行资金边际成本一定时，银行只能选择那些边际收益大于或等于边际成本的资产。

当利率频繁变动时，银行如果使用平均成本为存款定价就是不合时宜的，此时应当用边际成本的方法定价。

例：某银行用7%的存款利率吸收了25万元的新存款。银行估计，如果提供7.5%的利率，可筹集存款50万元；如果提供8%的利率，可筹集存款75万元；如果提供8.5%的利率，可筹集存款100万元；如果提供9%的 利率，可筹集存款125万元；如果该银行边际收益率为10%。请问，当存款额为多少时，银行可获得最大的利润？

首先计算边际成本：

边际成本(MC)=总成本的变动=(新利率×以新利率筹集的总资金)−(旧利率×以旧利率筹集的总资金)=7.5%×50−7%×25=3.75−1.75=2(新利率7.5%时的边际成本)=8%×75−7.5%×50= 6−3.75=2.25(新利率8%时的边际成本)=8.5%×100−8%×75=8.5−6=2.5(新利率7.5%时的边际成本)=9%×125−8.5%×100=11.25−8.5= 2.75(新利率9%时的边际成本)

其次计算边际成本率：

边际成本率=总成本变动额÷筹集的新增资金额
=2÷25=8%(新利率7.5%时的边际成本)
=2.25÷25=9%(新利率8%时的边际成本)
=2.5÷25=10%
=2÷25=8%(新利率7.5%时的边际成本)
=2.75÷25=11%(新利率9%时的边际成本)

再次计算投资新存款的边际收益：

总收益TR=存款额(2)×边际收益率(6)
总成本TC=存款额(2)×存款利率(1)

如表4-1所示为某银行边际成本计算表。

表4-1 某银行边际成本计算表

(1)	(2)	(3)	(4)	(5)=(4)÷(3)	(6)	(7)
存款利率/%	存款额/万元	新增资金额/万元	边际成本(MC)/万元	边际成本率/%	边际收益率/%	利润/万元(利润=TR−TC)
7.0	25					
7.5	50	25	2	8	10	5−3.75=1.25
8.0	75	25	2.25	9	10	7.5−6=1.5
8.5	100	25	2.5	10	10	10−8.5=1.5
9.0	125	25	2.75	11	10	12.5−11.5=1.25

从表4-1可以看出，当存款利率从7.0%上升到8.5%时，利润额不断上升，并上升至顶点，然后开始下降。虽然利率上升到9%，存款增加了25万，但边际成本率为11%，高于

收益率 1 个百分点。可见，在银行的投资收益率一定的情况下，银行吸收存款的最高利率不能超 8.5%，才是最佳选择。

3．成本指标控制法

成本指标控制法是商业银行依据确定的成本指标，控制实际成本的发生，以达到降低经营成本目的的一种传统的事后成本控制方法。该方法的主要特点是采取分析、考核等方式，通过与成本控制标准比较，对成本控制的业绩进行计量与评价，从而提出纠正偏差的行为措施，确保成本控制目标的实现。成本控制的指标很多，各商业银行的控制指标也不尽相同，主要的有经营成本率、费用率、成本降低率和业务量等。

第五节　案 例 研 究

一、案例研究 1：对我国商业银行负债结构分析

表 4-2、4-3 为 2003 年和 2009 年我国商业银行存款的构成，表 4-4、4-5 为 2003 年和 2009 年我国商业银行存款的负债结构，据此分析得出我国商业银行存款的构成情况的变化和负债情况的变化。

表 4-2　2003 年年末我国商业银行存款的构成

项　目	存款合计	活期存款	定期存款	储蓄存款	其他存款
存款/亿元(1)	188 103.2	64 314.2	20 940.4	94 633.2	8215.4
比例/%	100	34.19	11.13	50.31	4.37
国有银行存款/亿元(2)	118 161.1	37 797.0	10 038.3	66 850.4	3475.4
比例/%	100	31.99	8.50	56.57	2.94
国有银行存款(2)/(1)	62.81	58.77	47.9	47.94	42.3

表 4-3　2009 年末我国商业银行存款的构成

项　目	存款合计	活期存款	定期存款	储蓄存款	其他存款	项目
存款/亿元(1)	612 006.3	139 997.3	84 359.7	264 761.2	6014.0	116 874.1
比例/%	100	23	14	43	1	19
国有银行存款/亿元(2)	300 418.1	67 841.7	37 451.5	150 049.1		45 075.8

续表

项　目	存款合计	活期存款	定期存款	储蓄存款	其他存款	项目
比例(%)	100	23	12	50		15
国有银行存款(2)/(1)	49.1	48.5	44.4	56.7		38.6

以上统计数据可以看出我国商业银行存款构成的特征。

(1) 首先，商业银行负债经营的核心大都在存款上，我国的商业银行尤其如此。以下两表分别是 2003 年年末和 2009 年年末我国商业银行存款的构成。

① 我国商业银行的存款构成以储蓄存款为主，商业银行系统的统计和国有商业银行系统的统计相差不大，2009 年储蓄存款占存款的总额在 43%，比 2003 年年末有所下降；国有银行的储蓄存款占存款的总额在 50%，比 2003 年年末有所上升，说明国有商业银行资金来源是比较稳定的。

② 占存款比重第二位的是活期存款，2003 年年末为三分之一左右，2009 年年末下降到 23%，定期存款比重则由 2003 年年末的 11.1%提高到 2009 年年末的 14%，说明了我国商业银行的资金来源较 2003 年年末更为稳定。

③ 我国商业银行体系内部的存款垄断程度出现明显降低，国有商业银行的各种存款项目占总存款的比重均下降。尤其是储蓄存款由 2003 年年末的 56.57%下降到 2009 年年末的 50%，下降幅度较为明显。

(2) 存款、派生存款是银行的主要负债，约占资金来源的 80%以上，另外联行存款、同业存款、借入或拆入款项或发行债券等，也构成银行的负债。我国商业银行负债结构的变化。

表 4-4　2003 年年末我国商业银行负债构成

项　目	负债总额	各项存款	对中央银行负债	对特定存款机构负债	对其他金融机构负债	债　券	其他负债	国外负债
存款/亿元(1)	245 130.7	199 941.2	10 772.3	381.2	9914.4	55.2	20 276.6	3789.8
比例/%	100	81.6	4.4	0.2	4.0	0.0	8.3	1.5
国有银行存款/亿元(2)	149 727.7	127119.8	2610.7	197.6	5769.1	0.4	12 044.6	1985.5
比例(%)	100	84.9	1.8	0.1	3.9	0.0	8.0	1.3
国有银行存款(2)/(1)	61.1	63.6	24.2	51.8	58.2	0.7	59.4	52.4

表 4-5　2009 年年末我国商业银行负债构成

项　目	负债总额	各项存款	对中央银行负债	对特定存款机构负债	对其他金融机构负债	债　券	其他负债	国外负债
存款/亿元(1)	476 150.7	364 998.3	3355.05	20 514.84	37 053.92	3732.81	41 231.32	5264.5
比例/%	100	76.7	0.70	4.3	7.8	0.8	8.6	1.1
国有银行存款/亿元(2)	264 412.1	204 694.3	2843.16	6899.4	23 169.57	1379.47	24 298.84	1127.38
比例(%)	100	77.4	1.1	2.6	8.8	0.5	9.2	0.4
国有银行存款(2)/(1)	55.5	56.1	84.7	33.6	62.5	37.0	58.9	21.4

以上统计数据可以看出我国商业银行负债构成的特征。

(1) 各项存款是支撑商业银行资产运作的极为重要的来源，八成的资金来源于存款，也证明了我国商业银行的负债结构尚未从依赖被动负债转向主动负债，这种情况下，商业银行之间的竞争从某种意义上说就是存款的竞争，只有争取到存款，才能维持资产的运营。但 2009 年年末的存款所占比重比 2003 年年末下降，说明负债结构在发生变化。

(2) 国有银行对中央银行负债比重大幅上升，从 2003 年年末的 24.2%上升到 2009 年年末的 84.7%；但总体来说，2003 年年末的国有银行负债结构的垄断性特征，到 2009 年年末有所缓解。

(3) 商业银行资金来源渠道的单一和对存款的过度依赖并存，二者互为因果，资金来源渠道单一使商业银行的资金结构无法实现多元化，不利于商业银行提高抗风险能力，一旦存款发生流失，商业银行可能面临较大的流动性风险，同时，商业银行也无法根据资产结构的调整和客户资金需求的改变而主动调整负债结构。

(4) 近年来，由于我国银行市场竞争的加剧，国有商业银行垄断程度已明显降低，如以上数据中 2003 年年末国有商业银行拥有银行体系负债的份额 61.1%，2009 年年末这一比重为 55.5%，说明我国非国有银行体系在迅速壮大，这对我国银行业效率的提高是有利的。

二、案例研究 2：分析银行吸收存款最佳选择

根据表 4-6 边际成本与收益的比较，分析银行吸收存款的最佳选择。

表 4-6 边际成本与收益的比较

存款利率水平/%(1)	预计吸收的存款额/万元(2)	新增存款利息成本/%(3)=(2)×(1)	新增存款边际成本/%(4)	边际成本/%(5)=(4)/200	资产收益率/%(6)	收益率与边际成本率之差/%(7)=(6)−(5)	投资利润额/万元(8)=(2)×[(6)−(1)]
7.0	200	14	14	7.0	10.0	3.0	6
7.5	400	30	16	8.0	10.0	2.0	10
8.0	600	48	18	9.0	10.0	1.0	12
8.5	800	68	20	10.0	10.0	0	12
9.0	900	81	13	13.0	10.0	−3.0	9

由于银行资金的来源不可能是一种，而其风险又有所不同，在实际使用时，可采用平均边际成本率来反映银行新增资金来源的总体成本情况。

从表 4-3 可以看出，当存款利率从 7.5%上升到 8.5%时，投资净利润不断上升，并上升至顶点，然后开始下降。虽然利率上升到 9%，存款增加了 100 万元，但边际成本率为 13%，高于收益率 3 个百分点。可见，在银行的投资收益率一定的情况下，银行吸收存款的最高利率不超过 8.5%才是最佳选择。

存款边际成本管理为银行管理人员提供了有价值的管理方法。它描述了银行的成本与收益的变化过程，为银行提供了其存款扩张的量的界限。当银行的利润开始下降时，管理人员就需要寻找更低边际成本的新资金来源，或者进行具有更高边际收益的贷款与投资活动，也可将二者结合。

【复习思考】商业银行存款的种类和构成是什么？

习 题

一、名词解释

商业银行负债业务、被动型负债、主动型负债、大额可转让定期存单、活期存款、定期存款、储蓄存款、可转让支付命令账户、可用资金成本、资金成本、同业拆借、回购协议、转贴现、转抵押、核心存款

二、填空题

1. 商业银行的负债业务有________、________和其他负债。
2. 传统的三大存款种类是活期存款、________和________。
3. 储蓄存款可分为________和________。
4. 商业银行发放贷款办理贴现或投资业务衍生出来的存款叫作________。
5. 商业银行负债业务包括________、________，其中主动负债是指________。
6. 整存整取、零存整取、整存零取、存本取息称为________。

三、判断题

1. 通常把吸收存款称为被动型负债。 (　　)
2. 银行存款是商业银行唯一的资金来源。 (　　)
3. 商业银行负债的目的是维护银行资产的增长率和保持银行的流动性。 (　　)
4. 商业银行的存款负债是商业银行的被动型负债。 (　　)
5. 建立存款保险制度的目的是为了防止因银行破产而损害存款人的利益。 (　　)
6. 储蓄存款是商业银行最稳定的资金来源。 (　　)
7. 存款保险制度主要对企业大额存款提供保险。 (　　)
8. 国外银行对活期存款一般不支付利息。 (　　)
9. 定期存款的派生能力很强。 (　　)
10. CDs一般是记名的，期限不固定，面额较大。 (　　)
11. 存款的成本包括利息成本和服务成本。 (　　)
12. 在我国同业拆借最长不得超过4个月。 (　　)
13. 同业借款主要包括同业拆借、转抵押、再贴现。 (　　)
14. 从央行取得借款主要有两种方式：一是再贴现，二是再贷款。 (　　)
15. 影响存款总量变化的最主要因素是国家经济发展的水平。 (　　)
16. 如果某类存款对市场利率变动和外部经济因素变化反应敏感，说明该存款的稳定性强。 (　　)

四、单项选择题

1. 以下属于银行被动负债的是(　　)。

A. 客户存款　　B. 转贴现　　C. 再贷款　　D. 发行金融债券

2. 以下不属于传统的三大存款种类的是(　　)。

A. 活期存款　　B. 定期存款

C. 定活两便存款　　D. 储蓄存款

3. 影响存款总量的外部因素有(　　)。

A. 银行的实力　　B. 商业银行的服务质量

C. 商业银行的资产规模　　D. 金融市场的竞争程度

4. 以下不属于银行同业短期借款的有(　　)。

A. 同业拆借　　B. 再贴现　　C. 转贴现　　D. 证券回购协议

5. 商业银行向央行进行短期借入业务的是(　　)。

A. 同业拆借　　B. 证券回购协议　　C. 转贴现　　D. 再贴现

五、多项选择题

1. 下列各项是商业银行的主动型负债的是(　　)。

A. 吸收存款　　B. 发行金融债券

C. 签发银行票据　　D. 向中央银行借款

2. 同业拆借的原则包括(　　)。

A. 平等自愿互利　　B. 短期使用　　C. 按期偿还　　D. 利率固定

3. 金融债券发行的管理要点是(　　)。

A. 遵守金融管理规定　　B. 合理计划

C. 寻找最佳发行时机　　D. 注重防范利率、汇率风险

4. 银行间同业借款业务主要包括(　　)。

A. 同业拆借　　B. 再贴现　　C. 转贴现　　D. 证券回购协议

5. 影响存款总量的决定性因素是(　　)。

A. 一国经济发展水平　　B. 央行货币政策

C. 金融市场竞争　　D. 金融法规

六、简答题

1. 简述国外商业银行存款业务种类的创新。
2. 影响存款总量的因素有哪些？
3. “对商业银行来说存款越多越好”，你认为这话对吗，为什么？
4. 简述商业银行短期借入负债业务的用途。

第五章 商业银行的资产业务

本章精粹：

- 商业银行资产业务概述。
- 商业银行资产业务的创新。
- 现代商业银行资产负债结构管理的方式。
- 案例研究 1：银行应如何处理这笔存款。
- 案例研究 2：为什么要发展商业银行的个人资产业务。

“不差钱”的困惑：商业银行急寻资金出路

对于商业银行的经营部门而言，眼下最最痛苦的事情正是“不差钱”。2009 年，银行业普遍面临一定的盈利压力，从资金供给来看，存款增加较快，流动性宽裕；而目前信贷投放的力度已经很大，持续投入则面临一定的需求约束。

备付水平上升

近日，一位地方银监局人士称，历经 2009 年 1 月份票据融资井喷之后，辖内一些大型银行纷纷采取控制措施，包括控制票据贴现在全部贷款中的占比，转让收益较低的票据资产等。

被压缩的自然是不赚钱的资产。如果一家银行签发的银行承兑汇票、保证金存款和票据贴现余额三项指标同步大增，则持有低收益率的票据资产将面临一定的损失。

2009 年 3 月 5 日，某区域性股份制银行中层表示，据该行的一项分析显示，因为贴现利率与定期存款利率倒挂，仅 1 月份发生的票据直贴业务，该行每天损失利差就达 9 万元。

然而，控制或压缩票据后，银行资金运用的压力依然没有减轻。

压缩存量票据资产，通过转贴现中的利差收入，银行可以弥补因为直贴现业务形成的损失。但如果转贴现回笼的资金没有好的投向，而是存入超额存款准备金账户，赚取的月息仅为 0.6‰，银行损失的利差或将达到持有票据资产的两倍。此前，在压缩票据资产后，上述区域性股份制银行的备付金率(超额准备金率)一度逼近 10%。

目前，备付水平上升的情形是存在的，“规模大的商业银行，备付水平在 5%左右”。2009 年 3 月 6 日，一家中小上市银行高层表示，“备付金率的平衡点在 2.6%至 2.7%；低于 2.8%，市场资金就趋紧；高于 3%，市场资金就富裕了”。

目前，“各家银行都有大把的钱趴在账上，其中，大型银行的备付规模在千亿级”。2009 年 3 月 9 日，一位银行间市场人士透露，究其原因，一是银行的风险意识都很强，贷款更加谨慎；二是控制票据融资，资金更为宽裕；三是今年直接融资力度加大，大量的贷款被债券替代。

结构腾挪手段不多

“现在银行的存款成本至少要达到 2.2%至 2.3%。”前述中小上市银行高层分析指出，“不能只看到利率非常低的活期存款(利率 0.36%)，需要考虑整个存款结构，协议存款、次级债的成本，还有人员、机构和运营成本等。综合考虑，资金成本将达到 3%。”

面对如此之高的负债成本，资产摆布的难度更大。简单来说，选择拆放同业，7 天品种的利率为 0.96%，肯定亏损；存入央行，超额存款准备金利率仅为 0.72%，更加亏损。

“资产结构的摆布，可用手段并不多。”上述中小上市银行高层坦言，主要有四块资产——实质性贷款、票据、债券和同业资产(同业存款和拆借)；较为合理的结构为(实质性)贷款不超过 65%、票据 10%～15%、债券 10%～30%、同业资产 4%～5%。

然而，摆布上述四类资产并非易事。首先信贷资产遭遇的是需求约束。“类似铁路等重大项目，实际上都不缺钱，各家银行争着授信，现在是银行求着这些项目提款。但项目需要按照进度提款，提前提款，又变成银行的存款。”上述中小银行高层称。

“现在的信贷投放，更多的是主动供给。以大型银行为例，他们的议价能力较强，信贷更多的是由银行发起。”前述股份制银行资金部人士称，就贷款行业结构而言，从贷款供给和需求来讲，制造业并不是特别活跃：一方面，银行业的风险管控较为严格；另一方面，4万亿元投资首先表现为基建项目，对制造业的拉动则尚需时日。

在信贷投放遇到需求“瓶颈”之后，更多的银行资金涌入票据和债券市场，但这依然不能改变收益与成本倒挂的局面。

大型银行就是典型的例子，“国债收益率那么低，他们依然在买。”上述中小银行高层表示，票据贴现也是如此，转贴现利率在1.2%左右，正是因为大银行资金的介入。

在货币市场上，利率继续呈现下跌趋势，同业资产的收益也不乐观。2009年3月9日，招商银行资金交易部分析师称，7天质押式回购利率上周末收在0.9353%，较前一周周末下跌了1BP；质押式回购加权周平均利率为0.8349%，较前一周周末下跌了2BP。(全称Basis point　1 BP =0.01%)。

(资料来源：新浪财经，http://www.sina.com.cn.)

第一节　商业银行资产业务概述

一般情况下，商业银行首先要保留适量的现金资产(包括库存现金、在中央银行的存款及同业存款等)以应付客户提存，然后将其经营资金用于票据贴现、放款和证券投资等方面。

我国商业银行的资产类业务主要包括：现金资产、贷款类业务、票据类业务、证券投资、金融同业、其他资产业务等。

一、商业银行资产的含义及功能

商业银行的资产是指商业银行在一定时点上所拥有的债权。概括地讲，银行资产具有以下功能。

(一)银行的资产是商业银行获得收入的主要来源

银行的资产是商业银行获得收入的主要来源，但不是银行获得收入的唯一来源，因为银行的收入来源中还有很大一部分是来自于通过提供服务而获得的收入，比如银行汇兑、结算业务、代收代付业务等都可以为银行带来收入，而且这种收入在银行总收入中的比重越来越大。从整体来看，非资产业务获得的收入尽管发展较快，但资产运用所得却一直是银行收入的主要来源。

(二)资产的规模是衡量一家商业银行实力和地位的重要标志

商业银行的信用高低直接与其资产规模的大小有关，在国际上，对商业银行进行排序的一项重要指标就是银行的资产规模大小。

据金融信息提供商 SNL Financial 报道，2014 年世界最大的银行是中国工商银行，其总资产为 3.062 万亿美元。排名第二的是英国汇丰银行(HSBC)，其总资产为 2.723 万亿美元，其后是法国的农业信贷银行(Crèdit Agricole)，资产 2.615 万亿美元。

(资料来源：世纪经济报道. http://www.jrj.com，2009-03-10))

(三)资产质量是银行前景的重要预测指标

一家银行的资产分布情况、贷款的对象和期限都会影响银行的资产质量，对资产质量进行分析可以使人们对商业银行的经营前景做出科学的预测，从而促使银行进一步提高经营管理水平，以便为银行的股东增加利润。我国的商业银行业自 2002 年 1 月 1 日开始对贷款质量进行五级分类的工作，其中一个重要的原因在于督促商业银行加强对各行资产质量的管理，切实降低不良资产的比例，使银行更好地为我国的经济发展服务。

(四)资产管理不善是导致银行倒闭、破产的重要原因之一

由于银行资产管理在整个银行管理中处于非常重要的地位，银行资产管理不善，导致银行出现流动性危机，不能够及时足额地满足存款人提款的需要和融资人的融资要求，严重的话会导致银行倒闭。道理很简单，银行的资产大部分来自于社会公众的存款和其他负债，如果管理不善导致亏损，发生的损失首先是由资本金来补充，但由于银行的资本金一般比较少，若不能完全弥补亏损的话，银行就面临着倒闭的危险。

二、商业银行的资产业务构成

商业银行的资产业务即运用资金的业务。商业银行的资产按照流动性的大小可分为以下几项。

(一)现金资产

现金资产是指银行随时可以用来应付支付需要的资产，是银行资产中最富有流动性的部分，是商业银行的一级储备。

1. 准备金

为了保证金融安全和稳定，央行规定商业银行要把吸收的存款按一定比例存到央行备用和急用，这叫法定准备金，法定准备金一般情况下是不准动用的。商业银行多存于央行高于法定准备金金额的部分叫作超额准备金。此外，商业银行还要有一定现金作为日常使用资金，就如我们平常口袋都要装点现金备用一样，央行存款和商业银行自备款两者又统称为准备金。超额准备金和库存现金构成商业银行的备付金，备付金可以用来应付提款、发放贷款、发放债券等。

2. 收款过程中的现金

收款过程中的现金指在清算过程中，已记入商业银行的负债，但实际上是商业银行还未收到的那部分资金。

3. 同业存款

同业存款即小银行为获得支付清算、外汇交易、证券购买等方面的服务在大银行(即代理行的)存款。

(二)贷款业务

贷款业务是商业银行的主要业务，除了赚取贷款利息外，在某些方面还负有扶持经济发展的责任。改革开放以来，特别是我国加入 WTO 以后，经济发展迅猛，尤其是个体经营者、民营企业等非公有制经济得到了快速发展。贷款业务的要素包括以下几个方面。

(1) 期限标准：分为短期(1 年以内)、中期(1～5 年)、长期贷款(5 年以上)。

(2) 贷款对象标准：分为工商业贷款、不动产贷款、消费者贷款、同业贷款和其他贷款。

(3) 保障条件标准：分为抵押贷款、质押贷款、担保贷款、信用贷款、票据贴现贷款。

(4) 管理方法：备用信贷、循环信贷。

(5) 风险程度：正常、关注、次级、可疑、损失。

(三)证券投资业务

商业银行的投资业务是指银行购买有价证券的活动。投资是商业银行的一项重要的资产业务，是银行收入的主要来源之一。

商业银行的投资业务，按照对象的不同，可分为国内证券投资和国际证券投资。国内证券投资大体可分为三种类型，即政府证券投资、地方政府证券投资和公司证券投资。

国家政府发行的证券，按照销售方式的不同，可以分为两种：一种是公开销售的证券，另一种是不公开销售的证券。

商业银行购买的政府证券，包括国库券、中长期债券两种。

(1) 国库券。国库券是政府短期债券，期限在一年以下。

(2) 中长期债券。中长期债券是国家为了基建投资的资金需要而发行的一种债券，其利率一般较高，期限也较长，是商业银行较好的投资对象。

三、我国商业银行的资产业务

商业银行的资产结构实际上体现了商业银行各资产作为独立的利润中心对商业银行总体利润和风险的最优贡献度。

(1) 资产总额增速下降，市场格局继续分化。

随着股份制商业银行、城市商业银行、农村商业银行及外资银行法人机构数量的增加及跨区域经营的稳步推进，中小商业银行资产规模扩张迅速快于大型商业银行，致使大型商业银行资产份额相应提升，如表 5-1 所示。

表 5-1　2012 年上市商业银行资产总额及其变化　　单位：亿元、%、个百分点

银行机构	规模			增加额			增速		
	2012 年	2011 年	2010 年	2012 年	2011 年	变动	2012 年	2011 年	变动
工商银行	175 422	154 769	134 586	20653	20183	470	13.34	15	−1.66
农业银行	132 443	116 776	103 374	15667	13402	2265	13.42	12.96	0.46
中国银行	126 806	118 301	104 599	8505	13702	−5197	7.19	13.1	−5.91
建设银行	139 728	122 818	108 103	16910	14715	2195	13.77	13.61	0.16
交通银行	52 734	46 112	39 516	6622	6596	26	14.36	16.69	−2.33
国有控股商业银行小计	627 133	558 776	490 178	68357	68598	−241	12.23	13.99	−1.76
招商银行	34 082	27 950	24 025	6132	3925	2207	21.94	16.34	5.60
中信银行	29 599	27 659	20 813	1940	6846	−4906	7.02	32.89	−25.87
光大银行	22 793	17 333	14 840	5460	2493	2967	31.50	16.8	14.70
民生银行	32 120	22 291	18 237	9829	4054	5775	44.09	22.23	21.86
浦发银行	31 457	26 847	21 914	4610	4933	−323	17.17	22.51	−5.34
兴业银行	32 510	24 088	18 497	8422	5591	2831	34.96	30.23	4.73
华夏银行	14 889	12 441	10 402	2448	2039	409	19.67	19.6	0.07
平安银行	16 065	12 582	7 272	3483	2606	877	27.69	35.84	−8.15
全国性中小股份制商业银行小计	213 515	171 191	136 000	42324	32487	9837	24.72	23.88	0.84
北京银行	11 200	9 565	7 332	1635	2233	−598	17.09	30.46	−13.37
南京银行	3 438	2 818	2 215	620	603	17	22.00	27.22	−5.22

续表

银行机构	规模			增加额			增速		
	2012年	2011年	2010年	2012年	2011年	变动	2012年	2011年	变动
宁波银行	3735	2605	2633	1130	−28	1158	43.39	−1.06	44.45
城市商业银行小计	18 373	14 988	12 180	3385	2808	577	22.58	23.05	−0.47
16家银行合计	859 021	744 955	638 358	114 066	103 893	10 173	15.31	16.27	−0.96

(资料来源：各银行年报。)

截至2012年年底，银行业金融机构总资产为133.6万亿元，比年初增加20.3万亿元，增长17.9%，增速上年下降0.92个百分点。从机构类型看，资产规模较大的依次为：大型商业银行、股份制商业银行、农村中小金融机构和邮政储蓄银行，占银行业金融机构资产的份额分别为44.9%、17.6%和15.6%。

股份制商业银行超越城市商业银行，成为资产增速最快的群体，大型商业银行增速最慢。其结果是，大型商业银行所占的比重不断萎缩，行业集中度进一步下降。

(2) “三类资产”(贷款及垫款、证券投资类资产、现金类资产)占总资产的比重全面下降，买入返售金融资产所占比重提高。

① 贷款增速及占总资产比重下降。

② 证券投资类资产增速提高，但占比下降。

③ 现金类资产增速与占比双降。

(3) 制造业贷款和个人在社会融资总量的比重呈现阶段性上升的趋势并未改变，但总体有下降的趋势。

表5-2 2012年上市商业银行资产业务市场格局变化

单位：%

银行机构	资产总额市场占比		贷款市场占比		证券投资类市场占比		现金类资产市场占比	
	2012年	2011年	2012年	2011年	2012年	2011年	2012年	2011年
工商银行	20.42	20.78	20.23	20.41	25.03	27.22	20.06	19.65
农业银行	15.42	15.68	14.78	14.75	17.47	18.26	16.08	16.71
中国银行	14.76	15.88	15.78	16.62	13.54	13.91	15.16	16.02
建设银行	16.27	16.49	17.27	17.02	17.56	19.05	17.02	16.95
交通银行	6.14	6.18	6.77	6.71	5.38	5.55	5.53	5.32
国有控股商业银行小计	73.01	75.01	74.83	75.51	78.98	83.99	73.85	74.65
招商银行	3.97	3.75	4.38	4.30	3.18	3.19	4.21	3.01

续表

银行机构	资产总额市场占比		贷款市场占比		证券投资类市场占比		现金类资产市场占比	
	2012年	2011年	2012年	2011年	2012年	2011年	2012年	2011年
中信银行	3.45	3.71	3.82	3.76	2.45	1.74	3.72	4.79
光大银行	2.65	2.33	2.35	2.33	2.93	1.12	1.86	2.13
民生银行	3.74	2.99	3.18	3.16	1.48	1.47	3.67	3.61
浦发银行	3.66	3.61	3.55	3.49	2.99	2.23	4.13	4.05
兴业银行	3.78	3.23	2.82	2.58	2.41	1.80	3.11	2.34
华夏银行	1.73	1.67	1.65	1.59	1.12	0.90	1.76	1.75
平安银行	1.88	1.69	1.66	1.63	1.77	1.41	1.75	1.28
全国性中小股份制商业银行小计	24.86	22.98	23.41	22.84	18.33	13.86	24.21	22.96
北京银行	1.30	1.28	1.14	1.06	1.53	1.31	1.16	1.53
南京银行	0.40	0.38	0.29	0.27	0.56	0.51	0.34	0.34
宁波银行	0.43	0.35	0.33	0.32	0.60	0.33	0.44	0.52
城市商业银行小计	2.13	2.01	1.76	1.65	2.69	2.15	1.94	2.39
16家银行合计	100.00	100.00	100.00	100.00	100.00	100.00	100.00	100.00

(资料来源：各银行年报。)

表5-3 2012年上市商业银行贷款及垫款总额及其变化 单位：亿元、%、个百分点

银行机构	贷款及垫款总额		贷款及垫款增速		贷款及垫款在资产总额中占比		
	余额	新增额	2012年	2011年	2012年	2011年	变化
工商银行	88 037	10 148	13.03	14.70	50.19	50.33	−0.14
农业银行	64 334	8047	14.30	13.56	48.57	48.20	0.37
中国银行	68 647	5219	8.23	12.05	54.14	53.62	0.52
建设银行	75 123	10 159	15.64	14.59	53.76	52.89	0.87
交通银行	29 473	3855	15.05	14.52	55.89	55.56	0.33
国有控股商业银行小计	325 614	37 428	12.99	13.84	51.92	51.57	0.35
招商银行	19 045	2634	16.05	14.64	55.88	58.72	−2.84
中信银行	16 629	2289	15.96	13.43	56.18	51.85	4.33
光大银行	10 232	1328	14.91	14.23	44.89	51.37	−6.48
民生银行	13 846	1794	14.89	13.96	43.11	54.07	−10.96
浦发银行	15 446	2132	16.01	16.13	49.10	49.59	−0.49
兴业银行	12 292	2459	25.01	15.10	37.81	40.82	−3.01
华夏银行	7202	1087	17.78	15.84	48.37	49.15	−0.78

续表

银行机构	贷款及垫款总额		贷款及垫款增速		贷款及垫款在资产总额中占比		
	余额	新增额	2012 年	2011 年	2012 年	2011 年	变化
平安银行	7208	1002	16.14	14.96	44.87	49.32	-4.45
全国性中小股份制商业银行小计	101 900	14 725	16.89	14.68	47.72	50.92	-3.20
北京银行	4967	911	22.46	21.18	44.35	42.40	1.95
南京银行	1253	225	21.89	22.53	36.45	36.48	-0.03
宁波银行	1456	229	18.66	20.77	38.98	47.10	-8.12
城市商业银行小计	7676	1365	21.63	21.32	41.78	42.11	-0.33
16 家银行合计	435 190	53 518	14.02	14.15	50.66	51.23	-0.57

(资料来源：各银行年报。)

表 5-4　2012 年上市商业银行证券投资类资产增速和占比　　单位：亿元、%、个百分点

银行机构	2012 年						2011 年			
	余额	余额增长	增速	增速变化	占比	占比变化	余额	增速	占比	占比变化
工商银行	40 839	1680	4.29	−0.63	23.28	−2.02	39159	4.92	25.30	−2.43
农业银行	28 514	2233	8.50	4.52	21.53	−0.98	26281	3.98	22.51	−1.94
中国银行	22 105	2097	10.48	13.13	17.43	0.52	20008	−2.65	16.91	−2.74
建设银行	28 666	1248	4.55	10.17	20.52	−1.80	27418	−5.62	22.32	−4.55
交通银行	8784	792	9.92	11.16	16.66	−0.67	7992	−1.24	17.33	−3.15
国有控股商业银行小计	128 908	8050	6.66	6.19	20.56	−1.07	120858	0.47	21.63	−2.91
招商银行	5178	594	12.96	−4.04	15.19	−1.21	4584	17.00	16.40	0.09
中信银行	4005	1495	59.54	66.20	13.53	4.46	2510	−6.66	9.07	−3.85
光大银行	4783	3172	196.89	210.88	20.98	11.69	1611	−13.99	9.29	−3.33
民生银行	2422	308	14.55	−2.37	7.54	−1.94	2114	16.92	9.48	−0.43
浦发银行	4882	1671	52.04	24.32	15.52	3.56	3211	27.72	11.96	0.49
兴业银行	3942	1356	52.42	48.31	12.12	1.38	2586	4.11	10.74	−2.69
华夏银行	1834	536	41.28	−7.74	12.32	1.89	1298	49.02	10.43	2.06
平安银行	2881	857	42.34	9.31	17.93	1.84	2024	33.03	16.09	0.78

续表

银行机构	2012年						2011年			
	余额	余额增长	增速	增速变化	占比	占比变化	余额	增速	占比	占比变化
全国性中小股份制商业银行小计	29 927	9989	50.09	37.79	14.02	2.37	19 938	12.30	11.65	−1.05
北京银行	2494	606	32.09	16.90	22.27	2.53	1888	15.19	19.74	−2.61
南京银行	913	190	26.29	15.57	26.56	0.90	723	10.72	25.66	−3.83
宁波银行	983	501	103.90	61.30	26.31	7.81	482	42.60	18.50	5.65
城市商业银行小计	4390	1297	41.93	24.33	23.89	3.25	3093	17.60	20.64	−0.96
16家银行合计	163 224	19 335	13.44	11.19	29.00	−0.32	143 889	2.25	19.32	−2.64

(资料来源：各银行年报。)

表5-5　2012年上市商业银行现金类资产增速和占比　单位：亿元、%、个百分点

银行机构	2012年						2011年			
	余额	余额增长	增速	增速变化	占比	占比变化	余额	增速	占比	占比变化
工商银行	35 869	5073	16.47	−8.37	20.45	0.55	30 796	24.84	19.90	1.57
农业银行	28 753	2564	9.79	−11.44	21.71	−0.72	26 189	21.23	22.43	1.53
中国银行	27 099	1993	7.94	−5.66	21.37	0.15	25 106	13.60	21.22	0.09
建设银行	30 440	3875	14.59	−23.32	21.78	0.15	26 565	37.91	21.63	3.81
交通银行	9 892	1556	18.66	14.97	18.76	0.68	8336	33.63	18.08	2.29
国有控股商业银行小计	132 053	15 061	12.87	−11.76	21.06	0.12	116 992	24.63	20.94	1.79
招商银行	75 823	2810	59.62	14.11	22.07	5.21	4713	45.51	16.86	3.38
中信银行	6648	−881	−11.71	−134.26	22.46	−4.76	7529	122.55	27.22	10.97
光大银行	3325	−14	−0.42	−40.13	14.59	−4.67	3339	39.71	19.26	3.15
民生银行	6566	915	16.19	−27.86	20.44	−4.91	5651	44.05	25.35	3.84
浦发银行	7389	1041	16.39	−58.58	23.49	−0.16	6348	74.97	23.65	7.09
兴业银行	5563	1903	51.99	40.57	17.11	1.92	3660	11.42	15.19	−2.57

续表

银行机构	2012年						2011年			
	余额	余额增长	增速	增速变化	占比	占比变化	余额	增速	占比	占比变化
华夏银行	3146	405	14.76	−69.32	21.13	−0.90	2741	84.08	22.03	7.71
平安银行	3136	1131	56.43	−2.55	19.52	3.58	2005	58.98	15.94	4.24
全国性中小股份制商业银行小计	43296	7310	20.31	−37.25	20.28	−0.74	35986	57.56	21.02	4.71
北京银行	2078	−324	−13.48	−78.45	18.56	−6.55	2402	64.97	25.11	5.25
南京银行	597	60	11.19	−79.91	17.37	−1.69	537	91.10	19.06	6.37
宁波银行	787	−18	−2.22	−105.50	21.07	−9.83	805	103.28	30.90	15.88
城市商业银行小计	3462	−282	−7.52	−83.05	18.84	−6.14	3744	75.53	24.98	7.47
16家银行合计	178811	22087	14.09	−17.78	20.82	−0.22	156722	31.87	21.04	2.52

（资料来源：各银行年报。）

表 5-6　2012 年上市商业银行行业贷款集中度及变化　　单位：亿元、%、个百分点

银行机构	前五大行业贷款占比		前五大行业排序	制造业贷款占比	
	2012	升降		2012	升降
工商银行	73.58	−0.62	制造业、交通运输、仓储和邮政业、批发和零售业、电力、燃气及水的生产和供应业、房地产业	23.82	2.32
农业银行	71.97	−1.49	制造业、交通运输、仓储和邮政业、批发和零售业、电力、燃气及水的生产和供应业、房地产业	29.75	0.41
中国银行	82.64	0.76	制造业、商业及服务业、运输业及物流业、房地产业、电力、燃气及水的生产和供应业	29.77	0.58
建设银行	70.2	−1.68	制造业、交通运输、仓储和邮政业、电力、燃气及水的生产和供应业、房地产业、租赁及商业服务业	24.95	0.38

续表

银行机构	前五大行业贷款占比		前五大行业排序	制造业贷款占比	
	2012	升降		2012	升降
交通银行	74.6	2.13	制造业、批发及零售、交通运输、仓储和邮政业、服务业、房地产业	29.99	4.42
国有控股商业银行小计	74.53	−0.6		27.18	1.26
招商银行	79.62	−0.58	制造业、批发和零售业、交通运输、仓储和邮政业、房地产业、电力、燃气及水的生产和供应业	51.72	0.74
中信银行	73.6	4.31	制造业、批发和零售业、交通运输、仓储和邮政业、房地产开发业、建筑业	28.46	1.43
光大银行	78.37	1.72	制造业、批发和零售业、房地产业、交通运输、仓储和邮政业、租赁和商务服务业	32.1	3.12
民生银行	71.71	1.27	制造业、房地产业、租赁和商务服务业、批发零售业、采矿业	22.65	0.58
浦发银行	72.87	0.29	制造业、批发和零售业、贸易、餐饮业、房地产业、交通运输、仓储和邮电通信业、社会服务业	30	1.23
兴业银行	73.97	1.17	制造业、批发和零售业、房地产业、租赁和商务服务业、交通运输、仓储和邮政业	28.66	3.79
华夏银行	78.78	1.69	制造业、批发零售业、房地产业、租赁和商务服务业、建筑	32.71	1.79
平安银行	88.05	1.19	制造业(轻工业)、商业、社会服务业、科技、文化、卫生业、房地产业、建筑业	33.35	0.86

(资料来源：各银行年报。)

表5-7　2012年上市商业银行个人贷款余额及其变化情况　单位：亿元、%、个百分点

银行机构	余　额	新增额	增　速			占　比		
			2012年	2011年	变化	2012年	2011年	变化
工商银行	22871	2722	13.51	21.93	-8.42	25.98	25.57	0.41
农业银行	17080	2774	19.39	25.02	-5.63	26.55	25.42	1.13
中国银行	18843	2668	16.49	14.21	2.28	27.45	25.5	1.95

续表

银行机构	余　额	新增额	增　速			占　比		
			2012年	2011年	变化	2012年	2011年	变化
建设银行	20511	3672	21.81	23.01	−1.2	27.3	25.92	1.38
交通银行	6015	922	18.11	21.87	−3.76	20.41	19.88	0.53
国有控股商业银行小计	85320	12758	17.58	20.94	−3.36	26.2	25.1	1.1
招商银行	6868	1156	20.23	15.16	5.07	36.06	34.81	1.25
中信银行	3346	665	24.78	23.99	0.79	20.12	18.7	1.42
光大银行	3115	780	33.41	20.49	12.92	30.44	26.22	4.22
民生银行	4656	1015	27.87	30.41	−2.54	33.63	30.21	3.42
浦发银行	2770	157	6.02	19.92	−13.9	17.94	19.63	−1.69
兴业银行	2999	393	15.06	15.82	−0.76	24.4	26.5	−2.1
华夏银行	1007	257	34.29	24.79	9.5	13.98	12.26	1.72
平安银行	2258	606	36.68	15.74	20.94	31.33	22.4	8.93
全国性中小股份制商业银行小计	27019	5029	22.86	20.16	2.7	26.52	24.93	1.59
北京银行	900	233	34.99	49.89	−14.9	18.12	16.44	1.68
南京银行	196	28	16.67	34.4	17.73	15.64	16.34	−0.7
宁波银行	356	58	19.58	12.88	6.7	24.45	24.29	0.16
城市商业银行小计	1452	319	28.22	35.9	−7.68	18.92	17.95	0.97
16家银行合计	113791	18105	18.92	20.92	-2	26.15	24.94	1.21

(资料来源：各银行年报。)

第二节　商业银行资产业务的创新

创新是效率的源泉、发展的动力、进步的引擎，一个社会和经济的活力在很大程度上取决于其创新的能力。商业银行面临的是愈来愈严峻的竞争环境，通过金融创新提供差异化的产品和服务，逐渐成为商业银行得以保持长期竞争优势并在残酷的竞争中获胜的一个必要条件。

一、资产业务创新的表现

(一)贷款结构的变化

长期贷款业务，尤其是消费贷款业务一直被商业银行认为是不宜开展的业务。但是，

自 20 世纪 80 年代以后，商业银行不断扩展长期贷款业务，在期限和投向上都有了极大的改变。以美国商业银行为例，以不动产贷款为主的长期贷款已经占到商业银行资产总额的30%以上；在消费贷款领域，各个阶层的消费者在购买住宅、汽车、大型家电、在修缮房屋以及留学的时候，都可以向商业银行申请一次性偿还或分期偿还的消费贷款。消费信贷方式已经成为不少商业银行的主要资产项目。

(二)贷款证券化

贷款证券化作为商业银行贷款业务与国债、证券市场紧密结合的产物，是商业银行贷款业务创新的一个重要表现，它极大地增强了商业银行资产的流动性和变现能力。

(三)与市场利率密切联系的贷款形式不断出现

在实际业务的操作过程中，商业银行的贷款利率是与市场利率紧密联系并随之变动的贷款形式，有助于商业银行转移其资产因市场利率大幅度波动所引起的价格风险，是商业银行贷款业务的一项重要创新。其具体形式有：浮动利率贷款、可变利率抵押贷款、可调整抵押贷款等。这些贷款种类的出现，使贷款形式更加灵活，利率也更能适应市场变化。

(四)商业银行贷款业务表外化

为了规避风险，或为了逃避管制，还可能是为了迎合市场客户所需，商业银行的贷款业务有逐渐“表外化”的倾向。其具体业务有：回购协议、贷款额度、周转性贷款承诺、循环贷款协议、票据发行便利等。

二、资产证券化

资产证券化是 20 世纪 70 年代产生于美国的一项重大金融创新，是世界金融业务的发展趋势之一。资产证券化又称二级证券化，是指将已经存在的信贷资产集中起来并重新分割成若干单位的证券，辅以信用增级，并出售给市场上的投资者，从而使此项资产在原持有者的资产负债表中消失。

(一)资产证券化的概念及种类

资产证券化是指将缺乏流动性的资产转换为在金融市场上可以自由买卖的证券行为，使其具有流动性。资产证券化的基础资产主要是贷款、应收账款等具有可预计的未来现金流的资产。

资产证券化将是未来金融发展的重点，根据欧美等发达国家的经验，资产证券化是降低银行信贷风险的重要手段，其特征如下。

(1) 资产证券化是一种结构化的过程，将贷款、应收账款重组组合、打包并以证券的形式出售。

(2) 资产证券化可实现再融资和将资产移出表外的目的。

(3) 资产证券化可提高资产的流动性，将原先难以兑现的资产转换为可流动的证券。

资产证券化的基础资产的品种繁多，包括各类贷款、应收账款、商业票据、版税收入、租赁费、公用事业收费、证券等各类能产生可预期的稳定现金流的资产。依据不同的资产类别，资产证券化可分为不同的种类，如住房抵押贷款证券化、汽车贷款证券化、信用卡账款证券化、商业票据证券化，等等。

由于迄今为止，住房抵押贷款证券化要占到整个资产证券化市场的绝大部分，因此习惯上将资产证券化(Asset Backed Securitization， ABS)分为住房抵押贷款证券化(Mortgage Backed Securitization， MBS)和除此之外的资产证券化(狭义的 ABS)。

(二)资产证券化的本质及工具

资产证券化的本质在于，通过其特有的信用增级措施，使得原本信用等级较低的资产照样可以进入高档证券市场，利用该市场信用等级高、债券安全性和流动性高、债券利率低的特点，大幅度降低发行债券筹集资金的成本。

资产证券化的工具被称为资产担保证券(Asset Backed Security，ABS)。ABS 是以住房抵押贷款、应收账款等资产为担保的金融产品。这类证券最早出现的是住房抵押担保证券，后来品种逐渐丰富，出现了汽车贷款担保证券、信用卡应收款担保证券、商业抵押贷款证券、贸易和租赁应收款证券、批量贷款证券等。

(三)资产证券化的作用

1) 资产证券化有利于商业银行的资本管理，提高资本充足率

资本充足率是资本净额除以总的风险资产之后得出的，即：资本充足率=资本/风险加权资产

资产证券化和资产出售可以把风险权重较高的贷款和其他资产转化为现金，降低资产方的风险水平和加权风险资产总额，从而降低对资本的要求，相应提高资本充足率。

根据银监会对银行资产风险权重的规定，一般贷款的风险权重为 100%，而证券化之后回收现金的风险权重为 0，这样计算出来的分母变小，资本充足率自然会提高。

银行可以将信贷资产进行证券化而非持有到期，主动灵活地调整风险资产规模，以最小的成本增强资产流动性，提高资本充足率。

2) 资产证券化有助于商业银行优化资产负债结构，提高资产流动性

资产证券化为资产负债管理提供了有效的手段，通过证券化的真实出售和破产隔离功能，商业银行可以将不具有流动性的中长期贷款剥离于资产负债表之外，及时获取高流动性的现金资产，从而有效缓解流动性风险压力。

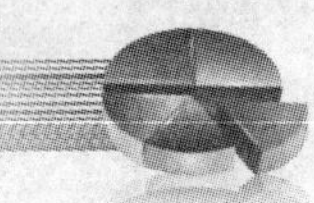

3) 资产证券化有利于化解不良资产，降低不良贷款率

通过资产证券化将不良资产成批量、快速地转换为可转让的资本市场产品，重新盘活部分资产的流动性，将银行资产潜在的风险转移、分散，是化解不良资产的有效途径。

4) 资产证券化有利于商业银行增强赢利能力，改善收入结构

资产证券化的推出将给商业银行扩大收益、调整收入结构提供机会。在资产证券化过程中，原贷款银行在出售基础资产的同时可以获得手续费、管理费等收入，还可以为其他银行资产证券化提供担保及发行服务赚取收益。

(四)资产证券化的程序

一般来说，一个完整的资产证券化融资过程的主要参与者有：发起人、投资者、特设信托机构、承销商、投资银行、信用增级机构或担保机构、资信评级机构、托管人及律师等。通常来讲，资产证券化的基本运作程序主要有以下几个步骤。

1. 重组现金流，构造证券化资产

发起人(一般是发放贷款的金融机构，也可以称为原始权益人)根据自身的资产证券化融资要求，确定资产证券化的目标，对自己拥有的能够产生未来现金收入流的信贷资产进行清理、估算和考核，根据历史经验数据对整个组合的现金流的平均水平有一个基本判断，决定借款人信用、抵押担保贷款的抵押价值等并将应收和可预见的现金流资产进行组合。对现金流的重组可按贷款的期限结构、本金和利息的重新安排或风险的重新分配等进行，根据证券化目标确定资产数，最后将这些资产汇集形成一个资产池。

银行资产中适合于证券化的资产如下。

(1) 住房抵押贷款。

(2) 信誉良好企业或信用评级较高的流动资金贷款。

(3) 风险较低的中长期项目贷款。

(4) 部分不良资产。

2. 组建特设信托机构，实现真实出售，达到破产隔离

特设信托机构是一个以资产证券化为唯一目的的、独立的信托实体，有时也可以由发起人设立。注册后的特设信托机构的活动受法律的严格限制，其资本化程度很低，资金全部来源于发行证券的收入。特设信托机构是实现资产转化成证券的“介质”，是实现破产隔离的重要手段。

特设信托机构成立后，发起人即将资产池中的资产出售给特设信托机构。上述交易必须以真实出售的方式进行，即出售后的资产在发起人破产时不作为法定财产参与清算，资产池不列入清算范围，将证券化资产与发起人的其他资产完全隔离，从而达到破产隔离的目的。破产隔离使得资产池的质量与发起人自身的信用水平分离开来，投资者就不会再受

发起人信用风险的影响。

3. 完善交易结构，进行信用增级

为完善资产证券化的交易结构，特设信托机构要完成与发起人指定的资产池服务公司签订贷款服务合同、与发起人一起确定托管银行并签订托管合同、与银行达成必要时提供流动性支持的周转协议、与券商达成承销协议等一系列程序。同时，特设信托机构对证券化资产进行一定的风险分析后，就必须对一定的资产集合进行风险结构的重组，并通过额外的现金流来源对可预见的损失进行弥补，以降低可预见的信用风险，提高资产支持证券的信用等级。

信用增级的途径包括如下几个方面。

(1) 构造资产支持证券的结构，即将原始权益人的资产出售给信用等级高的SPV。

特殊目的机构(Special Purpose Vehicle)，简称SPV。在证券行业，SPV是指接受发起人的资产组合，并发行以此为支持的证券的特殊实体。

(2) 划分优先和次级票据。

(3) 进行金融担保。

4. 资产证券化的信用评级

资产支持证券的评级为投资者提供了证券选择的依据，因而构成了资产证券化的又一重要环节。评级由国际资本市场上广大投资者承认的独立私营评级机构进行，评级考虑因素不包括由利率变动等因素导致的市场风险，而主要考虑资产的信用风险。

被评级的资产必须与发起人的信用风险相分离。由于出售的资产都经过了信用增级，一般的资产支持证券的信用级别会高于发起人的信用级别。通过信用评级大幅度地提高了交易的信用透明度，从而可以增强投资者的信心。

5. 安排证券销售，向发起人支付

在信用提高和评级结果向投资者公布之后，由承销商负责向投资者销售资产支持证券，销售的方式可以采用包销或代销。特设信托机构从承销商处获取证券发行收入后，按约定的购买价格，把发行收入的大部分支付给发起人。至此，发起人的筹资目的已经达到。

6. 挂牌上市交易及到期支付

资产支持证券发行完毕到证券交易所申请挂牌上市后，即实现了金融机构的信贷资产流动性的目的，但资产证券化的工作并没有全部完成。发起人要指定一个资产池管理公司或亲自对资产池进行管理，负责收取、记录由资产池产生的现金收入，并将这些款项全部存入托管行的收款专户。

托管行按约定建立积累金，交给特设信托机构，由其对积累金进行资产管理，以便到期时对投资者还本付息。待资产支持证券到期后，还要向聘用的各类机构支付专业服务费。

由资产池产生的收入在还本付息、支付各项服务费之后，若有剩余，按协议的规定在发起人和特设信托机构之间进行分配。至此，整个资产证券化过程即告结束。

(五)资产证券化的条件

并非所有的资产都可以证券化。根据目前已经成功实现证券化交易的例子来看，可以证券化的理想资产应该具备如下特征：能够在未来产生可以预测的、稳定的现金流；持续一定时期的低违约率、低损失率的历史记录；本息的偿付分摊于整个资产的存活期间；金融资产的债务人有着广泛的地域和人口统计分布；金融资产的抵押物有较高的变现价值；原资产持有人持有该资产已经有一定的时间，并且有着良好的信用记录；金融资产具有标准化、高质量的合同条款。

第三节 现代商业银行资产负债结构管理的方式

随着现代金融管理技术的快速更新发展，无论从方法上还是从内容上，现代银行资产管理和负债管理都与以往有了较大的不同，通过大量地运用现代资产及风险管理技术，使银行经营具有越来越强的抵御风险的能力。

伴随着商业银行资产负债管理理论的发展，出现了多种银行资产负债的管理方法。各种管理方法都有其产生的历史背景与一定的适应性，当然也都存在一定的缺陷。下面就介绍一些主要的管理方法。

一、资金汇集法

资金汇集法又称资金总库法或资金水池法。这种方法的指导思想是把银行各种负债集合成为一个资金总库，然后按照流动性需要分配到各种资产中去，如图 5-1 所示。

这种方法的起源可以追溯到商业银行的创建初期，广泛运用是在 20 世纪的经济大萧条时期。其基本内容是：不考虑银行各种资金来源的性质，不论是活期存款、定期存款、借入资金还是银行资本金，均把它们汇集起来，按照银行的需要进行分配。分配时，依照先确定资产的流动性与盈利性状况，再按银行对资金需求的轻重缓急进行分配的基本程序进行，而没有固定各项资产分配的比例。

在运用此方法时，商业银行首先要确定其流动性和盈利性标准，制定标准的主要依据是管理人员的经验和判断以及银行的相关数据，然后按先后次序，把资金分配到最能满足预定的流动性和盈利性需要的资产上去。

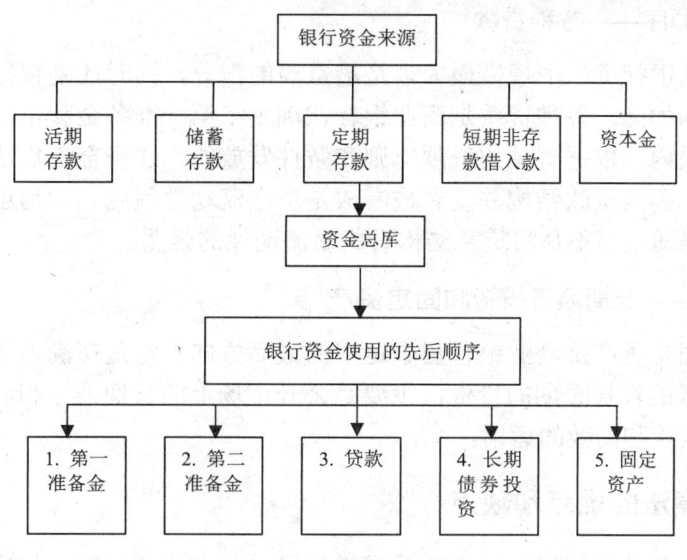

图 5-1　资金汇集法

(一)资金汇集法的操作程序

商业银行主要的资金来源有：活期存款、储蓄存款、定期存款、短期非存款借入款、资本金。其资金运用主要是：第一准备金、第二准备金、各种贷款、长期债券投资和固定资产等。

1. 第一优先顺序——第一准备金

第一准备金一般归在资产栏目中的“现金项目”上，包括商业银行库存现金、存放在中央银行及其他金融机构的存款、应收现金等。这部分准备金主要是用于应付银行日常营业提款和支票清算等，是商业银行资产流动性最强的部分。虽然它在资产负债表上没有明显的体现，但由于银行经营的特殊性，各国政府或货币当局常以法律的形式要求第一准备金必须达到一定的比例，所以这部分是商业银行资金分配的第一个优先顺序。

2. 第二优先顺序——第二准备金

这部分资产是指非现金的流动资产，一般可迅速地转换成现金，并且有一定的收益。它既可以补充第一准备金的不足，又能兼顾银行资金运用的盈利性。这部分准备金主要由国库券、政府机构债券、银行承兑票据、活期贷款等构成，其规模受存贷款变化的程度和额度等多种因素的影响。第二准备金同第一准备金共同保证银行资金的流动性，它也不反映在资产负债表中。

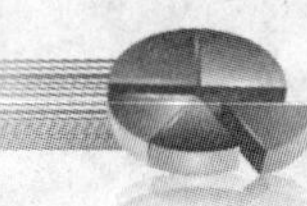

3. 第三优先顺序——各种贷款

这部分资产是银行资产中规模最大也是最重要的部分，同时还是银行取得盈利的主要项目，在我国尤为如此。各种贷款是商业银行在满足了第一准备金和第二准备金后，在可能的资金实力范围内，依据有关的贷款原则和条件发放的。在资金汇集法的运用中，不需要分析贷款结构，因为贷款结构并没有被看成是资金流动性问题。因为银行将资金使用的顺序作为流动性强弱，而不是将贷款结构看成是流动性的强弱。

4. 最后部分——长期债务投资和固定资产

有价证券和固定资产是商业银行资金运用的最后方向。它是在满足了贷款需要后，以剩余资金部分进行的较长时期的投资，主要是公开市场上的长期证券和利润丰厚的产业，这是银行资金更直接和高效的运用。

(二)资金汇集法的优点和缺点

资金汇集法为商业银行进行资金的分配提供了一些有用的规则，如应该建立商业银行的第一准备金第二准备金，以使银行的流动性得到保证；应该按照资金来源的规模安排银行的资金运用规模等。这种方法简单易行，操作成本低。

但是，资金汇集法也有其局限性，它不考虑资金来源，在运用资金时，应在保证资产流动性的前提下再考虑其盈利性。其缺陷主要体现在如下几点。

(1) 没有摆脱单一资产管理的影响，也未揭示资金分配本身与负债来源间的内在联系。

(2) 资金分配不能适应变化的流动性和盈利性的要求。当负债方的资金来源结构发生变化时，资金分配方却没有相应地变化。

(3) 片面地注意银行的资金流动性而在一定程度上忽视了资金的高收益能力。

(4) 过分强调流动性要求，但又没有提供判断资金流动性的具体标准，如没有规定第一准备金或第二准备金应占多大比例。

(5) 忽视了各类贷款所提供的资金流动性。同时对资金与负债二者在提供同期性和季节性的资金流动性上的相互影响没有给予足够的重视。

二、资金转换法

商业银行在配置资金时，应使现有各种资金来源的流通速度或周转率与相应的资产期限相适应，即银行的资产与负债的偿还期应保持高度的对称关系。

资金转换法也称资金分配法。它是针对资金集中法的缺陷提出的，出现在 20 世纪 40 年代，主要是根据资产管理思想，提出商业银行应如何安排资金组合的运作策略。其基本内容是：商业银行在把现有的各项资金分配到各类资产上时，应使各种资金来源的流通速度或周转率与相应的资产期限相适应，即银行资产与负债的偿还期应保持高度的对称关系。

那些具有较低周转率或相对稳定的资金来源应分配到相对长期、收益较高的资产上；而周转率较高的不稳定性存款则主要应分配到短期的、流动性较高的资产项目上。如活期存款有较高的周转率和准备金比率，其偿还期可以视为零，储蓄存款是生活待用款项，存取灵活，从对称原则出发，应主要分配到作为一级准备的现金资产和作为二级准备的短期证券资产上，少部分用于贷款。定期存款稳定性较高，则主要运用于贷款和中长期证券投资的盈利性资产。资本金特别是股本一般不要求法定准备金，且不存在到期偿付的要求，因此这部分资金主要用来购置建筑物和设施。如图 5-2 所示为资金分配法示意图。

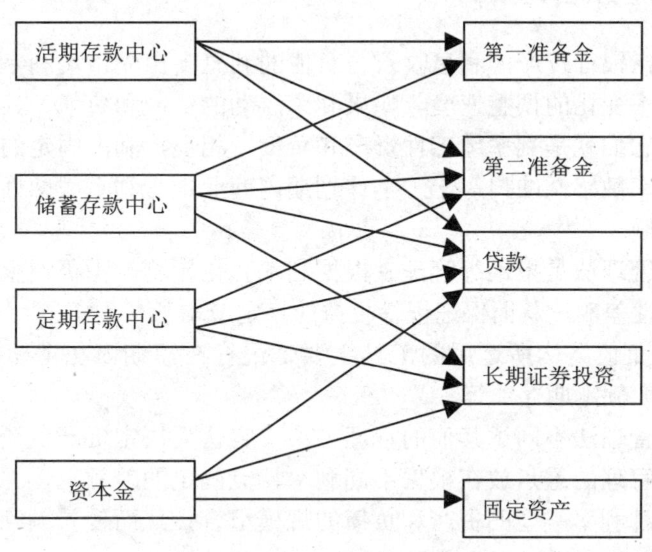

图 5-2　资金分配法示意图

这种方法的优点是：它承认银行不同的资金来源有着不同的流动性要求，并且根据资金来源的性质来确定其在银行资金运用中的数量分配，有利于商业银行减少投放于流动性资产的数量，有利于银行增加盈利，并使银行能够兼顾流动性和盈利性的双重要求。

资金分配法的不足之处体现在如下几方面。

(1) 以资金来源的流转速度作为安排资产结构的依据，忽视了银行资金来源的实际变动情况，可能会由于高估银行的流动性要求而减少银行的盈利。

(2) 认为银行的资金来源与资金运用是相互独立的。而事实上，银行的资金来源与资金运用均有随着经济的增长而增长的趋势，并且在通常情况下，银行的资金运用比资金来源的增长速度更快，两者难以实现严格的对应关系。

(3) 与资金汇集法一样，只重视存款支付对资金流动性的要求，而忽视了银行为满足贷款的增长需求也应该保持相应的流动性。

三、经验法

经验法是指银行经营者凭借以往的经验和知识，以简单常识配合各种预测模式从事银行资产负债管理的一种方式。它是早期银行常用的方法，但因其过于简陋，只能适用于小型银行。

四、资产负债差额管理法

利率敏感性是指银行资产的利息收入与负债的利息支出受市场利率变化的影响大小，以及它们对市场利率变化的调整速度。如果利率浮动的资产和负债，其利率随市场利率的变化而变化，那么它们就是利率敏感性资产和负债；相反，利率固定的资产与负债就不是利率敏感性的。利率敏感性缺口等于一个计划期内商业银行利率敏感性资产与利率敏感性负债之间的货币差额。

资产负债差额管理法是指银行管理者根据利率变化预测，积极调整资产负债结构，扩大或缩小利率敏感性差额，从而保证银行收益的稳定或增长。

银行调整资产负债结构所运用的工具主要是银行在短期内在主动控制权的资产和负债，如回购协议、大额定期存单等。

资产负债差额管理法不同于其他的管理方法，它认为决定资产负债内在联系的关键因素是利率，主张把管理的重点放在根据不同利率特点确定的差额上，并根据利率周期的变化，及时地调整各种利率类型的资产和负债的规模组合，从而使差额管理具有更大的灵活性和应变力。它的缺陷在于以下几方面。

(1) 在确定利率敏感性资产和负债的时间标准问题时，银行选取多长时间作为规定利率敏感性的标准，这在银行实际业务经营中很难确定。

(2) 银行能否准确预测利率变化的方向、大小及时间。

(3) 银行能否灵活地调整资产负债结构，这受许多因素(如市场、制度因素等)的限制。①资源的限制，如小的区域性银行，其资金来源有限，因而不具备灵活调节的条件。②调节差额必须有足够的时间，如果利率周期短，那么银行就无法改变差额。

第四节 案例研究

一、案例研究 1：银行应如何处理这笔存款

(一)案例展示

协议存款是商业银行根据中国人民银行或中国银行业监督管理委员会的规定，针对部

分特殊性质的中资资金如保险资金、社保资金、养老保险基金等开办的存款期限较长、起存金额较大、利率、期限、结息付息方式、违约处罚标准等由双方商定的人民币存款品种。

监管当局规定，社保资金是大额资金存入银行，存款利率可以双方协商，这种存款被称为银行协议存款。保险公司将大额存款存入银行时会提出较高的收益要求。

假设某保险公司提出存入 1 亿元的 4.2%的存款利息要求。银行应该接受这笔存款吗？

(二)案例分析

1 亿元的资金确实具有极大的诱惑力，但是，银行必须考虑的是，4.2%的利率带来的贷款业务利率是多少。4.2%的资金成本加上经营中的 1.5%的资金管理费用支出，实际业务成本率是 4.2%+1.5%=5.7%。如果银行只能发放 5.58%的贷款，那么整个经营活动是亏损的。因此，银行应该放弃这笔存款。

二、案例研究 2：为什么要发展商业银行的个人资产业务

(一)案例展示

为什么要发展商业银行的个人资产业务？

国内银行一直以来都以存贷利差作为收入的主要来源，尤其是对公业务是银行贷款收入的主要组成部分。但是随着直接融资市场的发展，优质公司客户的资金来源渠道越来越广泛，贷款占其融资的比重越来越低，加上激烈的同业竞争，银行对公业务市场趋于饱和。而个人资产业务凭借其较高的收益率、广泛的客户群体、较低的风险水平和较好的产品关联性，引起了国内金融同业甚至外资银行的普遍关注，成为商业银行新的战略选择。

我国的经济增长方式正在从投资拉动型向需求推动型转变，扩大内需成为我国的重要经济政策之一。而发展银行的个人贷款业务适应了政策的需要，同时也适应了当前人们消费观念的转变。利用银行贷款实现提前消费已经成为人们普遍接受的观念，住房按揭、汽车贷款等银行产品让许多人提前圆了安家置业的梦想。在此基础上，通过经济链条的传导，也带动了相关产业的发展，因此个人贷款促进了消费需求的增长。

公司类贷款单笔规模大，利息收入可观，但从银行的角度来说，贷款集中度过高，一旦企业还款能力发生变化，则资金安全会受到严重威胁；并且，当前资本市场日益成熟完善，企业融资渠道不断丰富，实力较强的企业开始采取直接融资的手段。所有这些因素都使银行对公贷款业务趋于饱和。而相对来说，个人信贷客户数量大、资源丰富，单笔贷款金额小、风险程度低，资金使用频率高、周转快，客户议价能力相对弱、个人对债务承担无限责任、银行受法律保护程度强，资金使用方式简单，发生损失的概率低。加之个人征信系统的全面启动，社会信用意识增强，更有助于银行解决信息不对称问题和筛选客户，因此，个人资产业务成为商业银行青睐的对象。

当前个人贷款均执行基准利率，并且对于资金运用渠道广泛、资金相对稀缺的部分地区还有条件执行上浮利率，因此银行在个人贷款的定价方面一直占据着先决地位。从资产质量上来看，经过十几年的发展，国内个人贷款不良率一直保持较低水平，整体资产质量明显优于公司类贷款。对各类信贷产品的风险分析结果显示，个人贷款属于中低风险产品，而且个人贷款业务往往对其他存款、结算等个人业务具有带动作用，综合效益和附加效益明显。同时，个人消费贷款期限较短，有利于增强资产的流动性，更符合监管部门要求的短期资产流动性比例的监管标准。

国际发达银行在发展历程中经过长期实践和战略调整，目前已将个人资产业务作为其主要的利润增长点，个人资产业务在总资产业务中占有主要份额。花旗银行在 20 世纪 70 年代以后，由对公贷款转移到对私贷款，以带动消费信贷。现在，花旗银行贷款利润的 70%来自对消费者的个人贷款。

(二)案例分析

无论是从银行业发展运营的规律看，还是参照当今国际先进同业的具体操作实践，个人资产业务由于其风险小，风险资本权重低，正成为银行业界竞相追逐的主流业务。在我国银行业，个人资产业务在各种因素的推动下也已徐徐起航，发展呈燎原之势。个人资产业务有以下优势。

(1) 个人资产业务潜力巨大。

(2) 个人资产业务是商业银行自身发展的必然选择。

(3) 个人资产业务盈利能力强、资产质量良好、资产流动性强。

(4) 个人资产业务是国际发达商业银行的利润增长点。

【复习思考】商业银行的资产业务构成是什么？

习　　题

一、名词解释

资产证券化、缺口管理法、法定准备金、资金汇集法、资金转换法、经验法

二、填空题

1. 我国商业银行的资产类业务主要包括________、________、________、________、________和其他资产业务。
2. 银行资产负债的管理办法有________、________、________和________。
3. ________、________和________属于现金资产。
4. 商业银行购买的政府债券包括________和________两种。

5. 贷款业务的要素包括________、________、________、________和________。
6. 贷款期限标准分为________、________和________。
7. 贷款对象标准分为________、________、________、________和________。
8. 贷款保障条件分为________、________、________、________和________。
9. 贷款管理方法分为________和________。
10. 贷款风险程度分为________、________、________、________和________。

三、判断题

1. 商业银行的资产是指商业银行在一定时点上所拥有的债权。（　）
2. 银行的资产是商业银行获得收入的唯一来源。（　）
3. 资产的规模是衡量一家商业银行实力和地位的重要标志。（　）
4. 商业银行的信用高低直接与其资产规模的大小有关。（　）
5. 资产证券化是将流动性很强的资产转换为在金融市场可以买卖的证券行为。（　）
6. 资产质量是银行前景的重要预测指标。（　）
7. 资产管理不善，可能导致银行倒闭。（　）

四、简答题

1. 资产证券化的本质和作用是什么？
2. 商业银行的资产具有哪些功能？
3. 资金汇集法的优点和缺点有哪些？

五、分析题

1. 以下表 5-8 为中国建设银行的资产结构情况。

表 5-8　2008 年 6 月 30 日的中国建设银行资产结构

单位：百万元

资产项目	金　额	占比/%
1．现金及存放中央银行的款项	1 082 864	15.3430
2．托收款项	119 535	1.6937
3．客户贷款及垫款	3 406 631	48.2682
4．交易性投资	76 495	1.0839
5．投资性证券	2 156 255	30.5518
6．衍生金融资产	27 821	0.3942
7．对子公司的投资	4193	0.0594
8．递延税项资产	2671	0.0378

续表

资产项目	金　额	占比/%
9．物业及设备	58 129	0.8236
10．托收子公司款项	46 845	0.6637
11．其他资产	76 267	1.0806
总资产	7 057 706	

试分析该银行的资产结构的特点。

2. 分析该银行资产业务发展快速增长的原因。

第六章

现金资产管理

本章精粹：

- 现金资产概述。
- 商业银行现金头寸的计算与预测。
- 商业银行现金资产的管理。
- 案例研究 1：商业银行头寸资金的调度。
- 案例研究 2：在途资金的处理。
- 案例研究 3：银行管理者应当如何处理未来银行资金头寸余缺状况。

银行的头寸把握

从资产管理方面看，银行首先要考虑的是如何满足监管部门的法定准备金要求及为满足各种支付需求而须留有的充裕的现金准备，也就是如何对银行现金进行头寸管理。

在世界上很多国家的银行法规中，法定准备金是必须明确的内容。美国是最早(1863 年)推行这一制度的国家，而且也是管理规定最为完善的国家。法定准备金所要求的是银行的现金储备额与普通存款的比例。

现金资产是非盈利性的资产，没有利息收入，从经营的观点出发，银行一般都尽可能地把它降低到法定的最低标准，尽可能少地保留现金。因为如果银行把腾出的资金用于别的投资，即可获得利润收入，因此过量的现金准备具有较高的机会成本，并且随着投资利率水平的上升，机会成本也随之增加，当然，银行现金准备过少，又存在着很大的风险，会造成交易障碍。每一银行应该保持多少现金，取决于银行的存款规模和结构。

如果商业银行库存现金过量，管理人员会及时将超出的部分缴存中央银行的存款准备金账户中，让央行去调度给那些缺头寸的银行。但是，中央银行对缴存现金的规格标准是有要求的，如必须要成捆，一般是一把 100 张同种券别。十把为一捆捆扎。

对于外币小币种，一般小型银行存款数量很小，很难成把，因此只能放在库房里。这部分资金银行不能用于投资，还要支付存款人的利息。为了应付流动性，同时又为了不亏本，小型银行会将客户存入本银行的存款转存入本银行在较大规模银行开立的存款账户中，以获得利息，抵销库存现金利息支出成本。

超额准备金、库存现金、在同行存款都是商业银行可以运用的资金。

第一节　现金资产概述

现金资产是指商业银行随时可以用来应付现金需要的资产，是银行资产业务中最富流动性的部分，因而被称为一级准备。现金资产是维护商业银行支付能力的第一道防线。现金资产基本上是无收益的，因而银行在经营中总是力图在缴足准备金、确保银行流动性的前提下减少现金资产的持有。商业银行的现金资产包括准备金、同业存款和托收未达款。

商业银行经营的对象是货币，其资金来源的性质和业务经营的特点决定了商业银行必须保持合理的流动性，以应付存款提取及贷款的需求。直接满足流动性需求的现金资产管理是商业银行资产管理最基本的组成部分。

一、现金资产的含义

所谓现金资产，通常是指那些与现金等同，随时可以用于流动性支付的银行资产。现金资产具有流动性和低盈利性的特征。因此，在对现金资产进行管理时要在确保负债和资产的安全性、流动性需要的前提下，尽量减少现金资产的占用量，从而最大限度地降低机会成本，扩大盈利性资产在总资产中的比重。

我们知道，银行是通过筹集存款和借入款，并发放贷款获取利差收入的。银行能不能把持有的资金全部投资出去以换取收益呢？回答当然是否定的。因为存款人有随时到银行提取存款或汇款而无须事先通知银行的权利，这种权利受法律保护。银行必须留有足够的现金以满足存款人随时提取存款和汇款的需要，这就是银行流动性的第一层含义。另外，一家资金实力足够强的银行，当客户向银行方提出贷款申请，并符合银行的贷款申请标准时，银行能够随时向客户提供贷款，这是银行流动性的第二层含义。对银行来讲，满足存款人和借款人的需求并不是一件容易的事情，因为它们总希望尽可能多地将手头的资金投资出去，而不是放在金库里。

从流动性的角度考虑，银行应该尽可能多地持有现金资产，因为如果持有现金资产的数量过低，存款人无法提取存款或拖延了提款时间，会动摇客户对银行的信心，严重的会引发挤兑，甚至导致银行倒闭。但是，从盈利性的角度考虑，现金资产是非盈利或微利的资产，持有量过多会造成银行资金成本增加，投资收益减少。因此，银行管理现金资产的原则是在满足央行管理要求(存款准备金制度)的情况下，应尽量减少现金资产的持有量。那么，一家正常营运的银行持有多少现金资产才是合适的，才能协调好银行“安全性、流动性、盈利性”之间的关系呢？

如表6-1所示是简化的商业银行资产负债表，观察表6-1可见，银行资产项目分为现金、贷款、证券投资和固定资产四个部分。表6-1中所指的现金并不是通俗意义上的“实物现金”或钞票，而是特指银行所持有的现金资产，包括库存现金(钞票)、在中央银行的存款、在其他金融机构的存款和在途资金。银行可以随时动用现金资产满足客户提取存款和申请贷款的需求，现金资产是银行资产中最具流动性的资产。

表6-1　简化的商业银行资产负债表结构　　单位：万元

资　产	金　额	负　债	金　额
现金	5500	存款	
库存现金	200	交易账户存款	10 000
在中央银行的存款	1700	非交易账户存款	50 000
在其他金融机构的存款	2800	同业存款	
在途资金	800	借入款	6000

续表

资　产	金　额	负　债	金　额
贷款	27 000	其他负债	3000
证券投资	37 500	负债合计	69 000
固定资产	5000	权益资本	6000
资产合计	75 000	负债、股东权益合计	75 000

二、商业银行现金资产的构成

现金资产是维护商业银行支付能力的第一道防线，也称为一级储备。商业银行的现金资产从构成上来看，主要包括以下三种类型。

(一)准备金

准备金是指商业银行为满足日常提款要求和支付清算需要而保留的流动性最高的资产。它由商业银行的库存现金和存放在中央银行的准备金两部分组成，其中后者占主要部分。

1. 库存现金

库存现金即留存在商业银行金库中的现钞和硬币。其主要作用是应付客户提款和银行本身的日常开支。由于库存现金不带来收益，故库存现金数量要适度，其数量应随银行所在地区、客户习惯、季度以及银行本身工作效率的状况而确定。

2. 在中央银行的准备金

在中央银行的准备金是商业银行为了满足法定准备金要求和支付清算需要，必须在中央银行存入适当的存款。为了保证商业银行能满足日常的提款要求和支付清算需要，避免其陷入流动性危机，各国都实行法定准备金制度，要求银行根据法定存款准备金率(准备金与存款的比率)保持最低准备金。

除了法定准备金外，许多国家还规定，商业银行必须在中央银行开立普通存款账户，并经常存有一定的余额，主要用来满足商业银行的日常支付和清算需要。

(二)同业存款

同业存款是指由于银行同业间的业务往来需要而形成的，包括存放在国内商业银行、国内其他存款机构和国外银行的存款余额。这部分资金的占用，为的是维系同这些银行之间的业务往来关系，包括汇兑、兑换、借贷和委托代理等。

(三)托收未达款

托收未达款是指已签发支票送交中央银行或其他银行，但相关账户尚未贷记的部分。因为票据清算过程需要一定的时间，当商业银行收到客户交来的票据时，不能立即获得资金，只能记入资产负债表的托收未达款资产项目，待收到资金后，再把它转入准备金存款账户。

三、现金资产管理的意义

银行的库存现金越多、流动性越强，则盈利性越差。要保证在必要流动性的前提下实现更多的盈利，就需将库存现金压缩到最低程度。为此，银行必须在分析影响库存现金数量变动的各种因素的情况下，准确测算库存现金的需要量，及时调节存量，并加强各项管理措施，确保库存现金的安全。商业银行对中央银行的法定存款准备金要求必须无条件服从。因此对法定存款准备金的管理，主要是准确计算其需要量和及时上缴应缴纳的准备金。超额准备金是商业银行在中央银行存款账户上超过法定存款准备金的那部分存款，是商业银行最重要的可用头寸，是用来进行贷款、投资、清偿债务和提取业务周转金的准备资产。对超额准备金的管理重点，就是要在准确测算其需要量的前提下，适当控制其规模，以尽量减少持有超额准备金的机会成本，增加银行的盈利收入。商业银行对同业存款的管理，要准确地预测其需要量，使之能保持一个适度的量。因为同业存款过多，会使银行付出一定的机会成本；而同业存款过少，又会影响委托他行代理业务的展开，甚至影响本行在同业中的信誉等。

第二节　商业银行现金头寸的计算与预测

商业银行现金头寸分为基础头寸和可用头寸。资金的头寸预测主要是预测存贷款的变化趋势。

一、资金头寸及其构成

商业银行的资金头寸是指商业银行能够运用的资金。它包括时点头寸和时期头寸两种。时点头寸是指银行在某一时点上的可用资金；时期头寸则是指银行在某一时期的可用资金。商业银行的头寸根据其层次可划分为基础头寸和可用头寸。

(一)基础头寸

基础头寸是指商业银行的库存现金与在中央银行的超额准备金之和。在基础头寸中，

库存现金和超额准备金是可以相互转化的，商业银行从其在中央银行的存款准备金中提取现金，就增加库存现金，同时减少超额准备金；相反，商业银行将库存现金存入中央银行准备金账户，就会减少库存现金而增加超额准备金。但在经营管理中，这两者的运动状态又有所不同：库存现金是为客户提现保持的备付金，它将在银行与客户之间流通；而在中央银行的超额准备金是为有往来的金融机构保持的清算资金，它将在金融机构之间流通。此外，这两者运用的成本、安全性也不一样。

(二)可用头寸

可用头寸是指商业银行可以动用的全部资金，它包括基础头寸和银行存放同业的存款。法定存款准备金的减少和其他现金资产的增加，表明可用头寸增加；相反，法定存款准备金的增加和其他现金资产的减少，则意味着可用头寸减少。银行的可用头寸实际上包括以下两个方面的内容。

(1) 支付准备金(备付金)：用于应付客户提存和满足债权债务清偿需要的头寸。

(2) 可贷头寸：是指商业银行可以用来发放贷款和进行新的投资的资金，它是形成银行盈利资产的基础。

可贷头寸=全部可用头寸-规定限额的支付准备金

可用头寸=基础头寸+存放同业存款

二、资金头寸的预测

商业银行现金资产管理的核心任务是保证银行经营过程中的适度流动性，也就是说，银行一方面要保证其现金资产能够满足正常的和非正常的现金支出需要，另一方面，又要追求利润的最大化。为此，需要银行管理者准确地计算和预测资金头寸，为流动性管理提供依据。对银行资金头寸的预测，事实上就是对银行流动性需要量的预测。流动性风险管理是银行每天都要进行的日常管理；而积极的流动性风险管理，首先要求银行准确地预测未来一定时期内的资金头寸需要量或流动性需要量。

(一)引起资金头寸变动的因素

在影响商业银行流动性变化的众多业务中，存贷款业务的变化是影响银行流动性的主要因素。银行资金头寸或流动性准备的变化，归根结底取决于银行存贷款资金运动的变化。任何存款的支出和贷款的增加，都会减少银行的资金头寸；反之，存款的增加和贷款的减少则会增加银行的资金头寸。如表 6-2 所示列出了引起资金头寸变动的因素。

表 6-2　引起资金头寸变动的因素

资金来源(增加头寸)	资金运用(减少头寸)
贷款利息和本金	新发放的贷款
变现债券和到期债券	购买债券
存款增加	存款减少
其他负债增加	其他负债减少
发行新股	收购股份

(二)核心存款线和长期贷款趋势线

存款按其变化规律分为三类：第一类是一定会提取的存款，如到期不能自动转存的定期存款和金融债券，这类存款因为有契约，所以无须预测；第二类是可能会提取的存款，如定活两便存款、零存整取存款以及到期可以自动转存的存款等，这类存款有可能提取，但又不能肯定；第三类是随时可能提取的存款，如活期存款。存款预测的对象主要是第二类和第三类，我们称之为易变性存款。

1. 核心存款线

(1) 易变性存款(Volatile Deposit)，是指商业银行在 1 年以内随时可能被提走的存款。易变性存款包括季节性存款和脆弱性存款两部分。前者的存款的存取有明显的季节性规律，而后者是对利率等外部因素十分敏感的游资，一旦经济环境发生对银行不利的变化，或者受特殊原因或为应付难以预测的经营往来，该类存款就会大量地流失。

对于易变性存款，商业银行必须保持充足的存款周转金，以应付存款人的提取。

(2) 稳定性存款(Stable Deposit)，是“易变性存款”的对称，指商业银行在一定时期内不会被提取的存款。以积累财富以备远期消费为目的储蓄存款、追求资金安全的保管性定期存款、有特定用途的专项存款等品种，通常在约定期限内一般不会提前支取，属于稳定性较强的存款。小额存户对银行的忠诚度越高，其存款通常也较为稳定。

稳定性存款是商业银行可以长期利用的资金，银行不必为应付存款人的随时提取而保持充足的存款周转金。

把存款的最低点连接起来，就形成了核心存款线，核心存款线以上的曲线为易变性存款线或季节性存款曲线，这部分存款容易被提取，从而引起现金需求上升。

核心存款稳定性较强，正常情况下没有流动性需求。银行存款的流动性需求通过易变性存款线来反映。虽然这一曲线只是大致反映存款的变化，但可以为存款周转金的需要量决策提供重要的依据。如图 6-1 所示为存款变化趋势。

2. 长期贷款趋势线

长期贷款趋势线由贷款需求的最高点连接而成，它表示商业银行贷款需要量的变化趋势。而波动线则在趋势线以下，表示不同时间点上贷款需要量变化的幅度和期限。在一定时期内低于上限的贷款数，是商业银行为满足季节性和周期性变化需要而应持有的可贷头寸。如图6-2所示为贷款变化趋势。

除以上分别对存款和贷款的变化趋势进行的预测之外，商业银行还应当综合存款和贷款的变化，进行综合预测。在一定时期，某一商业银行所需要的资金头寸量，是贷款增量和存款增量之差，可用公式表示为

资金头寸需要量=预计的贷款增量+应缴存款准备金增量-预计的存款增量

如果计算的结果为正数，表明银行的贷款规模呈上升趋势，银行需要补充资金头寸，若存款供给量不能相应地增加，就需要从其他渠道借款筹资；如果计算的结果为负数，则情况恰好相反，表明银行还有剩余的资金头寸，可以通过其他渠道把富余的头寸转化为盈利性资产。

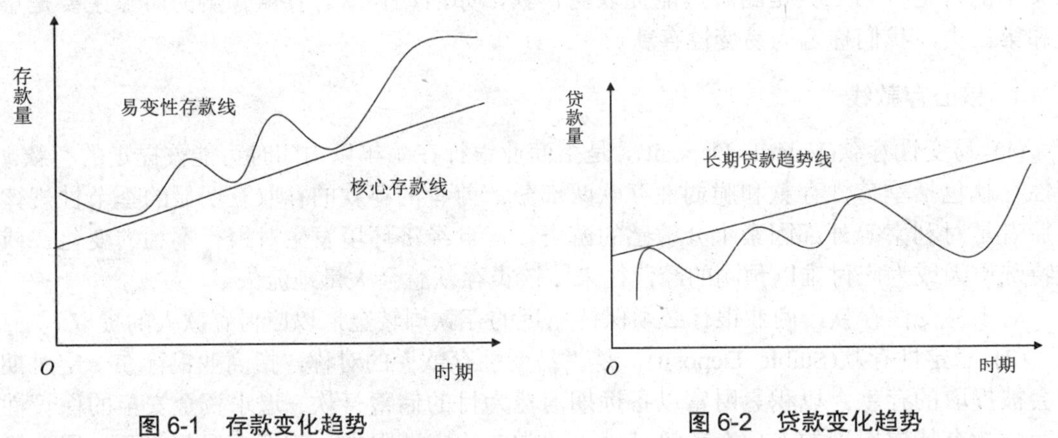

图6-1　存款变化趋势　　图6-2　贷款变化趋势

商业银行在进行中长期头寸预测时，除了主要考虑存贷款的变化趋势外，还应结合考虑其他资金来源和运用的变化趋势，只有这样，才能使头寸预测更加全面和准确。预测的公式为：

时期资金头寸量=时点的可贷头寸+存款增量+各种应收债权+新增借入资金-贷款增量-法定准备金增量-各种应付债务+内部资金来源与运用差额

测算结果如果是正数，表明预测期末头寸剩余，在时点可贷头寸为正的情况下，可增加对盈利性资产的投放额度；若时点可贷头寸为零或负数，则表明预测期末资金匮乏，即使时点可贷头寸为正，也不可过多地安排期限较长的资金投放。

三、资金头寸的调度

商业银行的头寸调度，是指在正确预测资金头寸变化趋势的基础上，及时灵活地调节头寸余缺，以保证在资金短缺时，能以最低的成本和最快的速度调入所需的资金头寸；反之，在资金头寸富余时，能及时调出头寸，并保证调出资金的收入能高于筹资成本，从而获取较高的收益。

(一)资金头寸调度的原因

商业银行经营管理的核心是头寸调度，这样说的原因如下。

(1) 头寸调度是银行扩大业务、增强实力的基本手段。

(2) 头寸调度是维护和提高银行信誉的保证。

(3) 头寸调度是避免和减少银行经营风险的重要手段。

(4) 头寸调度是商业银行提高经营效益的重要途径。

(二)资金头寸调度的渠道

头寸调度包括调进和调出两方面，无论是哪一方面，都需要有相应的渠道。商业银行头寸调度的主要渠道有以下几个方面。

(1) 同业拆借。

(2) 短期证券回购及商业票据交易。

(3) 总行与分支行之间的资金调度。

(4) 通过中央银行融通资金。

(5) 出售中长期证券。

(6) 出售贷款和固定资产。

第三节　商业银行现金资产的管理

商业银行必须正确计算和预测现金头寸，为其流动性管理提供可靠的依据。在遵从总量适度原则、适时调节原则和安全保障原则的前提下，商业银行要对库存现金、在中央银行的存款、存放同业的存款和在途资金分别进行管理。

一、商业银行现金资产管理的原则

现金资产是商业银行流动性最强的资产，持有一定数量的现金资产，主要目的在于满

足银行经营过程中的流动性需要。

银行现金资产管理的任务，就是要在保证经营过程中流动性需要的前提下，将持有现金资产的机会成本降到最低程度，作为银行经营安全性和盈利性的杠杆，服务于银行整体经营状况最优化的目标。为此，银行在现金资产的管理中，应当坚持总量适度原则、适时调节原则和安全保障原则。

(1) 现金资产管理的总量适度原则是指银行现金资产的总量必须保持在一个适当的规模上。这个适当的规模是指由银行现金资产的功能和特点决定的，在保证银行经营过程的流动性需要的前提下，银行为保持现金资产所付出的机会成本最低时的现金资产数量。总量适度原则是商业银行现金资产管理最重要的原则。

(2) 现金资产的适时调节原则是指银行要根据业务过程中的现金流量变化，及时地调节资金短缺头寸，确保现金资产的规模适度。

(3) 商业银行现金资产主要由其在中央银行和同业银行的存款及库存现金构成。其中，库存现金是商业银行业务经营过程中必要的支付周转金，它分布于银行的各个营业网点。银行在现金资产特别是库存现金的管理中，必须健全安全保卫制度，严格业务操作规程，确保资金的安全无损。

二、商业银行头寸资金的调度

在遵从总量适度原则、适时调节原则和安全保障原则的前提下，商业银行对在中央银行的存款、库存现金、存放同业的存款和在途资金分别进行管理。

(一)存款准备金的管理

商业银行的现金资产包括存放在中央银行的法定准备金、业务备付金和其他款项。法定准备金，通常被称为“存款准备金”。商业银行在中央银行开立存款账户，并在账户中保持足够的余额是为了满足央行法定存款准备金制度和日常结算资金清算的双重需要。早期的法定存款准备金账户是独立管理的，现在我国的商业银行法定存款准备金账户和超额存款准备金账户合并，同业拆借、回购协议、再贷款等也通过这个账户实现，商业银行从中央银行账户中提取现金和缴存现金亦通过这个账户进行。备付金也叫作超额准备金，是商业银行日常业务活动中可以自由支配的支付准备金，主要用于客户提存和满足债权债务清偿。

商业银行在央行存款账户中的存款，主要由法定存款准备金和超额存款准备金两部分构成。

1. 法定存款准备金的作用

商业银行法定存款准备金管理体系要求所有的商业银行必须按央行公布的法定存款准备金率足额缴纳法定存款准备金。存款准备金管理制度是中央银行调节社会信用规模、控制银行贷款规模的重要手段。准备金本来是为了保证支付的，但它却带来了一个意想不到的“副产品”，就是赋予了央行创造货币的职能，可以影响金融机构的信贷扩张能力，从而间接调控货币供应量。法定存款准备金现已成为中央银行货币政策的重要工具，是传统的三大货币政策工具之一。如果商业银行押金交得比以前多了，那么银行可以用于自己往外贷款的资金就减少了。举例来说，如果存款准备金率为 7%，就意味着金融机构每吸收 100 万元存款，要向央行缴存 7 万元的存款准备金，可以用于发放贷款的资金仅为 93 万元。倘若将存款准备金率提高到 7.5%，那么金融机构的可贷资金将减少到 92.5 万元。

从整个国家的范围来看，所有商业银行吸收的存款规模庞大，总额常以万亿计。在这样的基数下，法定存款准备金率每个百分点的变动都会引起法定准备金成百上千亿元的变动。从 2012 年 5 月 18 日起，中国人民银行下调存款类金融机构人民币存款准备金率 0.5 个百分点。其中，大型金融机构存款准备金率由 20.50%降至 20.00%，中小金融机构存款准备金率由 17.00%降至 16.50%。这是继 2012 年 2 月 24 日大型金融机构存款准备金率由 21.00%降至 20.50%，中小金融机构存款准备金率由 17.50%降至 17.00%之后的第二次调整。如表 6-3 所示为我国人民币存款准备金率调整一览表。

表 6-3　我国人民币法定存款准备金率调整一览表

存款准备金率历次调整一览表				
次　数	时　间	调整前/%	调整后/%	调整幅度/百分点
45	2012 年 5 月 18 日	(大型金融机构)20.50	20.00	−0.5
		(中小金融机构)17.00	16.50	−0.5
44	2012 年 2 月 24 日	(大型金融机构)21.00	20.50	−0.5
		(中小金融机构)17.50	17.00	−0.5
43	2011 年 12 月 5 日	(大型金融机构)21.50	21.00	−0.5
		(中小金融机构)18.00	17.50	−0.5
42	2011 年 6 月 20 日	(大型金融机构)21.00	21.50	0.5
		(中小金融机构)17.50	18.00	0.5
41	2011 年 5 月 18 日	(大型金融机构)20.50	21.00	0.5
		(中小金融机构)17.00	17.50	0.5
40	2011 年 4 月 21 日	(大型金融机构)20.00	20.50	0.5
		(中小金融机构)16.50	17.00	0.5
39	2011 年 3 月 25 日	(大型金融机构)19.50	20.00	0.5
		(中小金融机构)16.00	16.50	0.5
38	2011 年 2 月 24 日	(大型金融机构)19.00	19.50	0.5
		(中小金融机构)15.50	16.00	0.5

续表

存款准备金率历次调整一览表

次 数	时 间	调整前/%	调整后/%	调整幅度/百分点
37	2011年1月20日	(大型金融机构)18.50	19.00	0.5
		(中小金融机构)15.00	15.50	0.5
36	2010年12月20日	(大型金融机构)18.00	18.50	0.5
		(中小金融机构)14.50	15.00	0.5
35	2010年11月29日	(大型金融机构)17.50	18.00	0.5
		(中小金融机构)14.00	14.50	0.5
34	2010年11月16日	(大型金融机构)17.00	17.50	0.5
		(中小金融机构)13.50	14.00	0.5
33	2010年5月10日	(大型金融机构)16.50	17.00	0.5
		(中小金融机构)13.50	不调整	—
32	2010年2月25日	(大型金融机构)16.00	16.50	0.5
		(中小金融机构)13.50	不调整	—
31	2010年1月18日	(大型金融机构)15.50	16.00	0.5
		(中小金融机构)13.50	不调整	—
30	2008年12月25日	(大型金融机构)16.00	15.50	−0.5
		(中小金融机构)14.00	13.50	−0.5
29	2008年12月05日	(大型金融机构)17.00	16.00	−1
		(中小金融机构)16.00	14.00	−2
28	2008年10月15日	(大型金融机构)17.50	17.00	−0.5
		(中小金融机构)16.50	16.00	−0.5
27	2008年09月25日	(大型金融机构)17.50	17.50	—
		(中小金融机构)17.50	16.50	−1
26	2008年06月07日	16.50	17.50	1
25	2008年05月20日	16	16.50	0.50
24	2008年04月25日	15.50	16	0.50
23	2008年03月18日	15	15.50	0.50
22	2008年01月25日	14.50	15	0.50
21	2007年12月25日	13.50	14.50	1
20	2007年11月26日	13	13.50	0.50
19	2007年10月25日	12.50	13	0.50
18	2007年09月25日	12	12.50	0.50

续表

存款准备金率历次调整一览表

次　数	时　间	调整前/%	调整后/%	调整幅度/百分点
17	2007 年 08 月 15 日	11.50	12	0.50
16	2007 年 06 月 05 日	11	11.50	0.50
15	2007 年 05 月 15 日	10.50	11	0.50
14	2007 年 04 月 16 日	10	10.50	0.50
13	2007 年 02 月 25 日	9.50	10	0.50
12	2007 年 01 月 15 日	9	9.50	0.50
11	2006 年 11 月 15 日	8.50	9	0.50
10	2006 年 08 月 15 日	8	8.50	0.50
9	2006 年 07 月 5 日	7.50	8	0.50
8	2004 年 04 月 25 日	7	7.50	0.50
7	2003 年 09 月 21 日	6	7	1
6	1999 年 11 月 21 日	8	6	−2
5	1998 年 03 月 21 日	13	8	−5
4	1988 年 09 月	12	13	1
3	1987 年	10	12	2
2	1985 年	央行将法定存款准备金率统一调整为 10%	—	—
1	1984 年	央行按存款种类规定法定存款准备金率，企业存款 20%，农村存款 25%，储蓄存款 40%		

注：大型金融机构指工商银行、农业银行、中国银行、建设银行、交通银行和邮政储蓄银行。

2. 超额准备金的计算

超额准备金是指商业银行在中央银行存款账户上的实际准备金超过法定准备金的部分。商业银行在其经营活动中，须对其吸收的存款持有若干准备金,其数量首先受法定准备率的限制。其次,商业银行等金融机构在追求利润的同时，还必须考虑其资产流动性、风险性等，因而所持有的实际准备金一般会与法定准备金存在一定差额，由此产生超额准备金。超额准备金增加，往往意味银行潜在放款能力增强，若这一部分货币资金不予运用，则意味利息的损失。同时银行为了预防意外的大额提现等现象发生，又不能使超额准备金为零，这就成为银行经营管理中的一大难题，也是一门艺术。

例如：如果央行规定交易账户法定存款准备金率为 10%，非交易账户存款准备金比率为 1%，根据表 6-4 商业银行 A 资产负债简表(1)中所示的数据计算银行 A 超额存款准备金数额和应缴纳的法定存款准备金数额。

交易账户的存款余额 10 000 万元，应缴法定存款准备金 1000 万元。

非交易账户存款余额 50 000 万元，应缴法定存款准备金 500 万元。

银行应上缴的法定存款准备金是 1500 万元。表 6-4 中银行 A 在中央银行的存款是 1700 万元，那么该银行的超额存款准备金数额是 200 万元。

表 6-4　商业银行 A 资产负债简表(1)　　单位：万元

资　产	金　额	负　债	金　额
现金		存款	
库存现金		交易账户存款	10 000
在中央银行存款	1700	非交易账户存款	50 000
在其他金融机构存款			
在途资金			

交易账户法定存款准备金：10 000×10%=1000(万元)

非交易账户法定存款准备金：50 000×1%=500(万元)

应缴法定存款准备金合计：1000+500=1500(万元)

超额存款准备金：1700−1500=200(万元)

3. 法定存款准备金的计算

法定存款准备金的计算为

商业银行上缴法定存款准备金数量=商业银行基础存款×央行规定的存款准备金率

商业银行基础存款的计量方法是银行计算法定存款准备金的基础。世界各国金融管理当局对基础存款和存款准备金率有不同的规定。典型的国家是美国，对不同的存款种类(比如交易账户存款、非交易账户存款)规定了不同的存款准备金率。我国采取较简单的基础存款计算方法，所有类别的存款采用一个存款准备金率。通过下面的例子，我们可以对此有进一步了解。

例如：以表 6-5 商业 A 银行资产负债简表(2)所示的数据为基础，假设某日银行 A 的客户向其他银行转账支付 1000 万元，支票转账资金通过央行清算系统划转到其他银行。A 银行应如何操作？

解答：由于存款流出，银行 A 在中央银行的存款准备金余额减少到 700 万元，低于上例中计算的法定存款准备金 1500 万元。而央行存款准备金是每旬一调整，该银行需要立即向央行的存款专户中补存一定数量(800 万元)的存款，才能达到央行规定的要求，否则会受到央行的处罚。

应缴法定存款准备金合计=1000+500=1500(万元)

央行存款专户现有存款准备金=1700−1000=700(万元)

应补缴法定存款准备金=1500−700=800(万元)

由于存款客户提取存款和贷款客户动用贷款的行为有很大的随机性，银行对存款准备金账户中存款数量的测算是非常困难的。目前，银行采取大额存款提取“预约制度”，要求客户有提取大额存款或支付计划时，必须提前一天通知银行，以便商业银行提前做好各项资金安排。

表 6-5　商业银行 A 资产负债简表(2)　　单位：万元

资　产	金　额	负　债	金　额
现金		存　款	
库存现金		交易账户存款	10 000
在中央银行存款	700	非交易账户存款	50 000
在其他金融机构存款			
在途资金			

(二)同业存款的管理

1. 同业存款的目的

除了库存现金和在中央银行的存款外，大多数商业银行还在其他金融机构保持一定数量的活期存款，即同业存款。那些较大的银行一般都是双重角色，一方面它作为其他银行的代理行而接受其他银行的存放同业款；另一方面，它又是被代理行，将一部分资金以活期存款的形式存放在代理行。这就形成了银行之间的代理业务。银行之间开展代理业务，需要花费一定的成本，商业银行在其代理行保持一定数量的活期存款，主要目的就是为了支付代理行代办业务的手续费。

2. 同业存款需要量的测算

商业银行在同业的存款余额需要量，主要取决于以下几个因素：①使用代理行的服务数量和项目。如果使用代理行服务的数量和项目较多，同业存款的需要量也较多；反之，如果使用代理行服务的数量和项目较少，同业存款的需要量也就较少。②代理行的收费标准。收费标准越高，同业存款的需要量就越大。③可投资余额的收益率。如果同业存款中可投资余额的收益率较高，同业存款的需要量就少一些；否则，同行存款的需要量就多一些。

(三)库存现金的管理

银行库存现金集中反映了银行经营的资产流动性和盈利性状况。库存现金越多，流动性越强，盈利性就越差。为了保证在必要的流动性前提下实现更多的盈利，就需要把库存现金压缩到最低程度。为此，银行必须在分析影响库存现金数量变动的各种因素的情况下，准确测算库存现金的需要量，及时调节库存现金的存量。同时，应加强各项管理措施，确保库存现金的安全。当然，如果商业银行金库中的库存现金过多，可以转存到中央银行或同业其他金融机构。

1. 库存现金的测算方法

银行在金库中保持多少数量的现金资产是适度的呢？不同的银行由于所处的地域不同、客户群体不同、业务季节不同，客户提取现金的需要量也会有所不同。商业银行可以通过历史数据预测客户的习惯，预测现金持有量，从而在满足流动性要求的同时满足盈利性的要求。

商业银行测算库存现金持有量基于如下三个方面的信息：①历史同期库存现金规模；②季节性变化规律；③银行业务的发展速度。举例来说，储蓄业务的现金收支一般具有以下规律：一是在营业过程中，客户取款的概率在正常情况下基本相等；二是在多数情况下，上午客户取款的平均数一般大于下午；三是在一般情况下，每个月出现现金净收入和净支出的日期基本固定不变。解决压低库存现金的技术性问题，要在压缩现金库存所需增加的成本和所能提高的效益之间进行最优选择。

商业银行通过科学预测现金库存需求量，制定库存现金指标，并与管理人员的业绩挂钩，从而达到降低现金数量目标。一个好的现金管理制度在约束金库管理员行为、规范操作、有效降低库存现金量等方面的作用非常明显。

2. 制定管理制度

从经营的角度来讲，银行的库存现金显然是最为安全的资产。但事实上，库存现金也有其特有的风险。这种风险主要来自于被盗和自然灾害的损失，也来自于业务人员清点的差错，还可能来自于银行内部不法分子的贪污。因此，银行在加强库存现金适度性管理的同时，还应当严格库房的安全管理，在现金清点、包装、入库、安全保卫、出库等环节，采取严密的责任制度等，确保库存现金不受损失。

现金管理风险是商业银行最主要的经营管理风险，属于操作风险。银行防范风险的主要措施包括：①双人管理制度。商业银行的所有现金操作必须有两人以上协作完成。②网点安全防范体系。现金存放地配备保安人员，现金操作环境配备防抢防盗设备，连接公安部门报警系统等。③交接制度。为了防止现金在交接环节出现问题，银行制定了严格的进出库制度、库款交接制度。④查库制度。银行金库每日早晨出库、晚上进库，进出的库箱多则数十个，少则十几个。为了保证现金数量的准确性，银行采取突击、随机查库制度。库房管理主任、更高一级的管理人员会不定期突击检查库房，核实库房登记与现金实物的数量。⑤运钞制度。在公众场合，银行的运钞车常常成为犯罪分子袭击的对象。运钞车需要经常更换路线，并配备有足够防范能力的警卫。

3. 提高管理水平

要切实管好库存现金，使库存现金规模经常保持在一个适度的规模上，还需要银行内部加强管理，提高管理水平。应将库存现金状况与有关人员的经济利益挂钩，还应实现现金出纳业务的规范化操作。

(四)在途货币资金的管理

在途货币资金是指企业与所属单位或上下级之间汇、解款项，在月终尚未到达，处于在途的资金。例如，A 公司 12 月 31 日给 B 公司汇款 100 万元，A 公司已将付款申请提交银行，而由于银行资金交换需要时间，这笔款在 12 月 31 日并未到达 B 公司，这就属于在途资金。

1. 在途货币资金假账形态

在途货币资金假账形态主要表现为情况不真实、不合理。其表现为为了虚列销售收入，虚增在途资金或收到存款或收到在途货币资金不作转账处理，挪作他用或者贪污。

2. 在途货币资金的审查

(1) 确定在途货币资金的真实性。一般审查汇出单位的汇款通知书，确定是否确实存在这笔款项、金额是否正确等。

(2) 审查在途货币资金到达后，是否及时入账，有无长期不入账而挪作他用的情况。

第四节 案例研究

一、案例研究 1：商业银行头寸资金的调度

(一)案例展示

某股份制商业银行 A 分行行长在星期二上午审阅星期一营业终了轧出的“头寸表”时，发现该行在中央银行的超额准备金仅有 270 万元。这时，他马上找来计划科长询问头寸短缺情况。计划科长认为，目前头寸短缺的原因主要是因为春节将至，客户提存增加，导致该行在中央银行的存款急剧下降。更严峻的是，昨日同业清算表明，A 分行应支付中国农

业银行 B 分行的清算逆差高达 760 万元。考虑到今天开门后提现的可能，已与 B 分行协商推延 3 天支付。现在正着手筹措资金，但用哪种方式还没有确定，正准备向行长请示。

行长听取汇报后，当即与计划科长商议如何在目前头寸短缺的情况下，迅速弥补资金缺口。经分析，系统内申请资金调剂、同业拆借、向资金市场借款和向中央银行借款是弥补资金缺口的可行途径。

当天下午，计划科长按选定目标开始筹资。首先是向上级行申请调入资金，得到的答复是：由于其他分行欠缴应汇差资金，该收的资金未收到，目前没有能力进行资金调剂。次日上午，计划科又向本市略有结余资金的中国建设银行请求同业拆借，得到的答复是：几天后有数笔大额存款到期，目前结余资金不能动用。次日下午，计划科经办人员又从资金市场获悉，要求拆入的银行为数众多，有意向拆出者甚少，于是，从这一渠道获取资金的希望也落空；第三日上午，计划科经办人员带着最后的希望来到中央银行申请借款，在讲明是因为需要支付将被罚款的同业清算资金后，中央银行立即同意借款 800 万元，为期 5 日。在熬过这几天艰苦的日子后，A 分行的决策人员都觉得，在头寸调度时，依靠中央银行这条渠道上最为可靠的。

10 天之后，基层营业机构报来几家企业申请生产周转贷款 820 万元的计划，计划科立即着手安排资金。在本行可用资金不足的情况下，直接向中央银行申请借款 800 万元。但这次中央银行的答复是目前再贷款“窗口”对其关闭。令商业银行感到不解的是，为什么仅隔 10 天，同样是 800 万元的贷款申请，遭遇却大相径庭？同时，现在又该采取哪些措施来解燃眉之急呢?

其实，这是因为中央银行的再贷款“窗口”通常为商业银行提供两种产品，一是日拆性借款，二是季节性借款。日拆性借款期限较短，一般只有几天，资金来源主要是各家商业银行在中央银行的存款余额，借款也不会使流通中的货币量增加。季节性借款是中央银行为满足社会季节性的信用需求，向流通中提供的短期性货币借款，一般为几个月，资金来源主要是中央银行提供的基础货币，这种借款会引起流通中货币的数倍扩张，所以中央银行对其审查比较严格。

(二)案例分析

这一案例表明：第一，A 分行现金资产出现了紧张而使其正常的业务开展出现了困难，说明现金资产的重要性；第二，A 分行在资金调度的安排上必须符合规定，案例中 A 分行第一次申请的是日拆性借款，所以得到了满足。但第二次申请借款是为了投放生产周转贷款，而生产贷款属于季节性信用需求，若中央银行同意借款，就等于给流通中提供了新的基础货币，这与当时年底中央银行收缩信用规模的信贷政策不相符，所以遭到了拒绝。

二、案例研究 2：在途资金的处理

(一)案例展示

假设浙江城市商业银行持有大量的承兑汇票，其中 1000 万元汇票 9 月 1 日到期。城市商业银行在 8 月 27 日会向开出票据的承兑银行江苏中国银行(400 万元)、吉林工商银行(600 万元)提出承兑“提示”。其中江苏中国银行 8 月 28 日接到“提示”后，9 月 1 日处理业务，9 月 1 日下午把资金划出，9 月 2 日浙江城市商业银行收到这笔款项。吉林工商银行接到“提示”后，9 月 1 日处理，承兑的汇票资金 9 月 4 日才能划入浙江银行。

(二)案例分析

整个过程耗费时间一般为 3 天左右。浙江城市商业银行 9 月 1 日后将未收到的 1000 万元资金列入在途资金。

三、案例研究 3：银行管理者应当如何处理未来银行资金头寸余缺状况

(一)案例展示

表 6-6 是某银行资金头寸需要量的预测表。银行根据国民经济发展的有关信息，估计未来一年中每个月的存贷款变化情况和应缴准备金变化情况，在此基础上，预测每个月的头寸(流动性)需要。

表 6-6　某银行资金头寸需要量预测

月份	存款总额/万元	存款的变化/百分点	所需准备金的变化/%	贷款总额/万元	贷款的变化/百分点	头寸剩余(+)或不足(−)/%
12	593			351		
1	587	−6.0	−0.42	356	+5.0	−10.58
2	589	+2.0	+0.14	359	+3.0	−1.14
3	586	−3.0	−0.21	356	−3.0	+0.21
4	591	+5.0	+0.35	365	+9.0	−4.35
5	606	+15.0	+1.05	357	−8.0	+21.95
6	620	+14.0	+0.98	345	−12.0	+25.02
7	615	−5.0	−0.35	330	−15.0	+10.35
8	616	+1.0	+0.07	341	+11.0	−10.07
9	655	+39.0	+2.73	341	+0.0	+36.27
10	635	−20.0	−1.4	361	+20.0	−38.6
11	638	+3.0	+0.21	375	+14.0	−11.21
12	643	−5.0	−0.35	386	+11.0	−6.35

注：表中的存款准备金率是按 7%计算的。

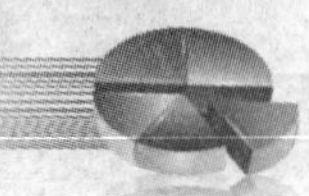

从表中可见，该银行在 1 月份预计存款要下降，而贷款要上升，这一个月银行会出现现金支出大于现金收入，即出现流动性缺口 1058 万元。而在 5、6、7 三个月贷款下降较多，使得这几个月出现了较大金额的剩余头寸。从 10 月份开始，银行贷款的现金支出又大量增加，出现支出大于收入的情况，头寸又出现不足，流动性缺口分别达 3860 万元、1121 万元和 635 万元。

(二)案例分析

银行管理者应当采取措施，积极地调度头寸。当头寸过剩时，应设法将资金运用出去；而当头寸不足时，应从金融市场上筹措新的资金来满足流动性的需要。商业银行资金头寸或流动性准备的变化，归根结底取决于银行存贷款资金运动的变化。因此，商业银行对头寸的预测，主要是预测存贷款增减数量和幅度，以正确判断未来头寸的余缺情况，进而采取相应的措施进行头寸调度。

习　题

一、名词解释

现金资产、支付准备金、可贷头寸、易变性存款线、稳定性存款线、商业银行头寸、基础头寸、可用头寸、超额准备金、存款准备金

二、填空题

1. 商业银行的现金资产主要包括________、________和________。
2. 商业银行的头寸有________和________之分。
3. 基础头寸包括在中央银行的________和________。
4. 可用头寸包括________和________。
5. 存款按其变化规律分为三类：第一类是________、第二类是________、第三类是________。
6. 可用头寸除包括基础头寸外，还包括________、________、________。
7. 影响营业日当日头寸变动的因素主要有________、________同城票据交换清算、调整缴存款、到期借出借入款项、贷款变动等。
8. 现金资产管理的原则包括总量适度________、________。
9. 库存现金需要量匡算应考虑________、________和________三个因素。
10. 影响超额准备金需要量的主要因素包括________、________和其他因素。

三、判断题

1. 现金资产是维护商业银行支付能力的第一道防线。（　）
2. 库存现金和超额准备金不能相互转化。（　）
3. 商业银行现金资产管理的核心任务是保证银行经营过程中的适度流动性。（　）
4. 对银行头寸的预测，就是对银行流动性需要量的预测。（　）
5. 存贷款业务的变化是影响银行流动性的主要因素。（　）
6. 商业银行的基础头寸指的是在央行及同业的存款和库存现金。（　）
7. 当同业存款减少时，可用头寸也减少。（　）
8. 收大于付的银行通过轧差清算可增加可用头寸。（　）
9. 我国同业拆借期限分为 7 天以内和 4 个月以内两种。（　）

四、单项选择题

1. （　）属于银行可用头寸但不属于基础头寸。
   A. 在央行的清算存款　　B. 到期同业往来
   C. 库存现金　　D. 以上均不是
2. 商业银行头寸调度最主要的渠道是（　）。
   A. 同业拆借　　B. 短期证券回购
   C. 通过央行融资　　D. 出售贷款等资产
3. （　）不是商业银行现金管理的原则。
   A. 总量适度原则　　B. 适时调节原则
   C. 安全保障原则　　D. 收支平衡原则

五、多项选择题

1. （　）是商业银行的基础头寸。
   A. 在央行的清算存款　　B. 系统内上存下拨资金
   C. 到期同业往来　　D. 库存现金
2. （　）是影响银行当日头寸变动的主要因素。
   A. 现金收付　　B. 联行汇差
   C. 同城票据交换清算　　D. 调整缴存
3. （　）是商业银行头寸调度的主要渠道。
   A. 同业拆借　　B. 证券回购协议
   C. 出售信贷资产　　D. 通过央行融资
4. （　）是影响库存现金的主要因素。
   A. 现金收支规律　　B. 营业网点多少
   C. 后勤保障条件　　D. 商业银行内部管理

六、简答题

1. 现金资产管理的意义有哪些?
2. 资金头寸调度的原因有哪些?
3. 资金头寸调度的渠道有哪几方面?
4. 商业银行现金资产管理的原则有哪些?
5. 商业银行现金资产由哪些构成?其主要作用是什么?
6. 如何预测商业银行的资金头寸?
7. 影响商业银行超额准备金需要量的因素有哪些?银行如何调节超额准备金?

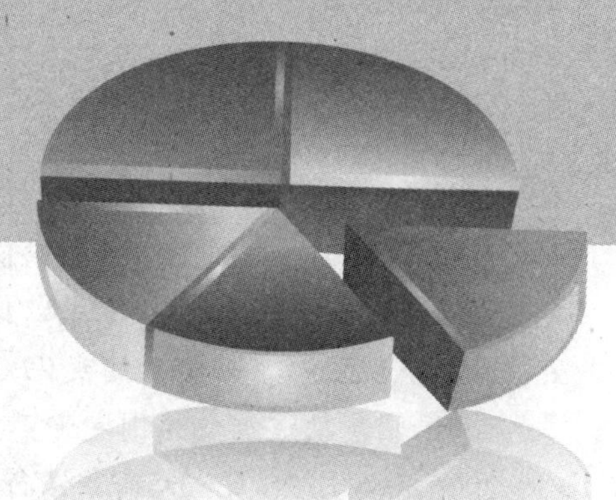

第七章

商业银行贷款业务

本章精粹：

- 商业银行贷款资产业务概述。
- 工商企业贷款。
- 消费贷款。
- 案例研究 1：财务报表分析。
- 案例研究 2：伪造客户资料骗取银行贷款案例的分析。
- 案例研究 3：这笔贷款的主要问题是什么。

案例导入 我国商业银行贷款发放方式发生新的改变

近年来，随着国际国内经济金融形势的变化，商业银行的经营信贷环境发生了较大的变化，主要表现为：全球经济金融一体化、全球化；银行业务多样化、综合化、网络化、不断创新化；金融业竞争白热化；银行业并购资产规模大型化；银行面临的经营风险新型化、多样化；行为法制化；体制股份化等。我国商业银行在新的经营环境下，贷款发放方式发生了改变。传统的贷款方式以信用贷款、银行单独贷款为主，现在逐渐以担保贷款为主，且还出现了以下一些新的变化。

1. 银团贷款逐渐成为固定资产大数额贷款的发放形式

2006 年 8 月 28 日，大商业银行结成联盟，中国首个银团贷款组织——中国银行业协会银团贷款与交易专业委员会成立。该组织规定，单一企业或单一项目融资总额超过 30 亿元人民币或等值外币的中长期贷款，优先通过银团贷款形式提供。2007 年 11 月 27 日，全国第一个跨区域中小银行银团联合会成立，22 家中小银行参与其中，通过银团模式向大客户贷款不仅能改变多家银行向同一客户多头授信和过度竞争的局面，而且能共御风险、资源共享、多方共赢。

2. 票据贴现贷款占流动资金贷款的比率逐渐增加

中国货币政策执行报告统计资料显示，票据贴现已逐渐成为借款企业获得流动资金贷款的一种主要形式。至 2007 年第一季度，企业签发商业汇票余额达 23 377 亿元，贴现余额达 17 640 亿元。

3. 中小企业贷款出现了供应链金融的融资模式

供应链金融是银行围绕某核心企业，从原材料采购，到制成中间及最终产品，最后由销售网络把产品送到消费者手中这一供应链链条，将供应商、制造商、分销商、零售商直到最终用户连成一个整体，全方位地为链条上的 N 个企业提供融资服务，通过相关企业的职能分工与合作，实现整个供应链的不断增值。供应链金融改变了过去银行等金融机构对单一企业主体的授信模式，它不仅能提升供应链的竞争能力，可以促进整个供应链的持续稳定发展，而且能保证信贷资金的流动与安全。

在各类资产业务中，贷款是最重要的资产业务，是商业银行取得利润的主要途径，也是其参与社会经济活动、影响社会生产的根本途径。商业银行吸收的存款除了留存部分准备金以外，全部可以用来贷款和投资。

(资料来源：http://www.docin.com/p-868081777.html)

第一节　商业银行贷款资产业务概述

商业银行贷款在企业所有的融资渠道中所占的比重是最高的。企业对融资的需求不同，对融资渠道的选择也就不同。如果需要一种风险低、成本小的资金，银行贷款是最合适的选择。建立良好的银企关系，合理利用银行贷款，是中小企业解决资金困难、取得经营成功的重要手段。

一、贷款的概念和种类

贷款业务是商业银行将一定量的资金，按照相应的规则，为获得利润而向借款人提供资金使用的借贷行为。这种借贷行为由贷款的对象、条件、用途、期限、利率和方式等因素构成。贷款是商业银行最重要的资产业务，要占其全部资产业务的60%左右。

从银行经营管理的角度出发，我们可以对贷款进行不同角度的分类，这些不同的分类方法，对银行来说，其业务经营与管理的方法是不同的，对银行的意义自然也就不同。

(一)根据贷款期限划分

根据贷款期限划分，商业银行贷款可以分为通知贷款、透支贷款与定期贷款。

1. 通知贷款

通知贷款也就是活期贷款，即贷款时不确定期限，银行可以随时通知客户归还的贷款。银行要收回贷款时，必须提前3～5天或者一周通知客户。

这种贷款期限短、流动性较高，对银行来说，具有较强的灵活性，即当银行的资金头寸宽余时，资金可以放在企业使用，获得收益；当银行的资金紧张时，可以随时通知企业偿还贷款。

2. 透支贷款

透支贷款又称活存透支，即活期存款客户账户上的资金用完时，在规定的额度内，银行允许客户可以继续签发支票，向银行暂时借用资金。透支实际上是一种临时融资的贷款，但它在办理贷款的程序、手续、归还贷款以及贷款利息的计算等方面不同于一般贷款。

3. 定期贷款

定期贷款是指具有固定偿还期限的贷款。定期贷款因其具有明确的还款期限，一般不能提前收回。按照偿还期限的长短，定期贷款可分为短期贷款、中期贷款和长期贷款。

(1) 短期贷款，是指借款的一种，与之相对应的是长期贷款。短期贷款是指为满足企业

维持正常的生产经营对流动资金的短期需要或为抵偿某项债务而发放的贷款。短期贷款按发放对象可分为工业流动资金贷款、商业流动资金贷款、农业流动资金贷款、建筑企业流动资金贷款、外贸企业流动资金贷款。此类贷款适用范围广，借贷频繁，需求时间性强。

(2) 中期贷款，是指贷款期限在 1 年以上 5 年(含 5 年)以下的贷款。技术改造贷款属于中期贷款，由于贷款期限不得超过 5 年，审批时要侧重如下几方面：借款人用于技术改造的自有资金是否达到了规定的比例，并已存入贷款银行；改造老企业是否采用新技术，旨在提高生产能力或产品质量等；是否符合花钱少、见效快、效益显著的标准；是否有还款来源及相应保障；是否具备生产条件和建设条件等。

(3) 长期贷款，是指贷款期限在 5 年(不含 5 年)以上的贷款。基本建设等大型项目贷款和消费贷款等都属于长期贷款。

中长期贷款数额多，期限长，周转速度慢，收益相对也较高，同时也蕴含着较大的信用风险和流动性风险。因此，必须根据借款人和借款项目两方面的调查情况决策贷款。多数的中长期贷款采用分期偿还本息，可以按月、季，或者按半年、一年偿还一次贷款。

按贷款期限划分贷款种类，按照资金的流动性和资金的流转速度来安排贷款的期限，有利于银行的计划管理，从而保持银行的流动性。

(二)根据贷款保障方式划分

根据贷款保障方式划分，商业银行贷款可以分为信用贷款、担保贷款和票据贴现。

1. 信用贷款

信用贷款是指银行完全凭借客户的信誉而无须提供抵押物或第三者保证而发放的贷款。这种贷款从理论上讲风险较大，银行要收取较高的利息，且一般只向银行熟悉的大公司借款人或资信良好的借款人提供，对借款人的条件要求较高。

由于借款人所处的经营环境和购销条件的不断变化，加上信用贷款债权的实现没有现实的保障，因而信用贷款风险较大；银行要对借款人进行严格的信用评估，对其贷款用途严格监督；银行要收取比其他贷款方式高的贷款利率，且只向熟悉的大公司借款人或资信良好的高效益的借款人发放。

2. 担保贷款

担保贷款是指具有一定的财产或信用做还款保证的贷款。担保贷款又分为保证贷款、抵押贷款和质押贷款。

(1) 保证贷款是指银行、借款人和第三方签订一个保证协议，第三方作为保证人承诺在借款人不能偿还贷款时，按约定承担一般保证责任或连带责任而发放的贷款。

(2) 抵押贷款是指以借款人或第三方的财产作为抵押物而发放的贷款。债务人不履行债务时，债权人有权依照法律的规定以该财产折价或者以拍卖、变卖该财产的价款优先受偿。

可以抵押的财产主要有房屋、机器、土地等。

(3) 质押贷款是指以借款人或第三方的动产或权利作为质押物发放的贷款。债务人不履行债务时，债权人有权依照法律的规定以该动产折价或者以拍卖、变卖该动产的价款优先受偿。可以质押的动产和权利主要有合格的商业票据、可转让股份和商标权、专利权等。

担保贷款由于有财产或第三者承诺作为还款的保证，所以，贷款风险相对较小，但担保贷款手续复杂，且需要花费抵押物的评估、保管以及核保等费用，贷款成本比较高。

3. 票据贴现

票据贴现是指贷款人以购买借款人未到期商业票据的方式发放的贷款。它是在商业信用的基础上产生的一种融资行为，也称贴现贷款。这种贷款具有期限短、流动性强、安全性高和效益性好等优点。票据贴现实行预扣利息，票据到期后由银行向票据载明的承兑人收取票款。现阶段商业汇票中的银行承兑汇票很受贴现银行的欢迎，因为银行承兑汇票的付款承诺人是银行，贷款回收有可靠的保证。

未到期票据贴现付款额的计算公式为

$$贴现付款额=票据面额\times[1-年贴现率\times(未到期天数\div360)]$$

票据贴现可以使一部分闲散资金拥有者互相利用，共获利益。对银行来说，贴现银行可获得如下利益：利息收益较多；资金收回较快；资金收回较安全等。对于贴现企业，通过贴现可以取得短期融资。

按贷款的保障程度划分贷款，为分析贷款的风险提供依据，有利于银行根据贷款的风险程度管理贷款，从而提高贷款的安全性。

(三)根据贷款人对贷款的自主权划分

根据贷款人对贷款的自主权划分，商业银行贷款可分为自营贷款、委托贷款和特定贷款。

1. 自营贷款

自营贷款是指商业银行用合法方式筹集的资金自主发放的贷款，其风险由贷款人承担，并由贷款人收回本金和利息。商业银行作为独立的经济实体，不仅要依靠自己通过合法手段筹措的资金经营贷款，并且要自担风险、自负盈亏，贷款本息要自己收回。现阶段的自营贷款，商业银行发放的数量最多、范围最广。

2. 委托贷款

委托贷款是指由政府部门、企事业单位及个人等委托人提供资金，由贷款人(受托人)根据委托人确定的贷款对象、用途、金额、期限、利率等代为发放、监督使用并协助收回的贷款。贷款人(受托人)只收取手续费，不承担贷款风险。在委托贷款中，贷款人(受托人)没有贷款的自主权。

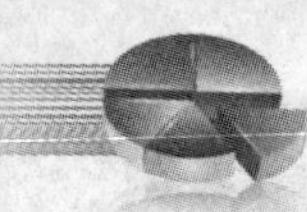

3. 特定贷款

特定贷款是指经国务院批准并对贷款可能造成的损失采取相应补救措施、责成国有独资商业银行发放的贷款。《中华人民共和国商业银行法》第四十一条第二款规定："经国务院批准的特定贷款项目，国有独资银行应当发放贷款。因贷款可能造成的损失，由国务院采取相应的补救措施。"

特定贷款的基本特点是：一是贷款必须是国务院批准，贷款的用途、期限、利率也是由国务院规定的；二是对贷款可能造成的损失，国家采取相应的措施给予补偿，如对贷款采取减息、挂账、财政补贴的方式补偿等；三是贷款只能由国家独资的商业银行发放，其他金融机构不得发放。

(四)根据贷款的风险程度和借款人的还款能力划分

根据贷款的风险程度和借款人的还款能力划分，商业银行的贷款可以分为正常类贷款、关注类贷款、次级类贷款、可疑类贷款和损失类贷款。

过去，我国以流动性管理为基础，以还款期限作为贷款类别的划分标准，将已发放出去的贷款划分为正常贷款、一般逾期贷款、呆滞贷款和呆账贷款。实践证明，这种贷款分类是一种事后反映，不能真实全面地考查贷款的真实风险。自1998年起，我们借鉴外国的先进经验，以风险管理为基础，将借款人的偿债能力作为划分贷款类别标准的核心因素。中央银行与商业银行对贷款进行质量评估时，将贷款分为正常类贷款、关注类贷款、次级类贷款、可疑类贷款和损失类贷款五类，后三类合称为不良贷款。

1. 正常类贷款

正常类贷款是指借款人能够严格履行合同，没有足够的理由怀疑贷款本息不能按时足额偿还。即目前还不存在影响贷款本息偿还的消极因素，没有理由怀疑借款人的偿债能力。借款人的第一还款来源充足，第二还款来源有效。为了对这部分资产进行严密监控和细致管理，银行对此类贷款也应细分为多个档次。

2. 关注类贷款

关注类贷款是指借款人目前有能力足额偿还贷款本息，但存在一些可能对贷款偿还产生不利影响的因素，如果这些因素继续下去，借款人的偿债能力会受到影响。即存在"潜在缺陷"，是关注类贷款的显著特征。例如，借款人的销售收入、经营利润在下降；借款人的一些关键财务指标低于行业平均水平或有较大下降；借款人的经营管理有较严重的问题；贷款的抵押品、质押品的质量在下降；银行对贷款缺乏有效的监督；等等。

3. 次级类贷款

次级类贷款是指借款人的还款能力出现了明显的问题，依靠其正常的经营收入已无法保证足额偿还贷款本息，需要通过处分资产或对外融资乃至执行抵押、质押、保证等来还款。即使执行了担保，也可能会造成一定的损失，即具有“明显缺陷”的贷款才能划分为次级类贷款。这些缺陷主要是：借款人出现了支付困难，并难以按市场条件获得新的资金；借款人不能偿还其他债务人的债务；借款人采用隐瞒事实等不正当手段套取贷款等。

4. 可疑类贷款

可疑类贷款是指借款人无法足额偿还贷款本息，即使执行了担保，也肯定要造成较大的损失，或借款人目前正处于资产重组等重大事件过程中，存在一些不确定性因素，不能准确划分贷款类别。有“明显缺陷”并有一部分或大部分损失是可疑类贷款的关键特征。例如，借款人处于停产、半停产状态；借款人已经资不抵债；银行已诉诸法律来收回贷款；贷款经过了重组仍然不能正常归还贷款本息等。

5. 损失类贷款

损失类贷款是指在采取了所有可能的措施和一切必要的法律程序之后，贷款本息仍无法收回，或只能收回极少部分，贷款的大部分或全部都要损失。该类贷款的基本特征是：借款人无力偿还贷款，抵押品价值低于贷款额，回收贷款的成本远大于收回的价值；借款人已彻底停止经营活动；中长期贷款项目停止时间长，复工无望等。

(五)其他分类方式

按信贷资金的来源划分，商业银行的贷款可分为自营贷款和委托贷款；按贷款的偿还方式划分，可分为一次性偿还的贷款和分期偿还的贷款；按贷款的具体用途划分，可以分为固定资金贷款和流动资金贷款；按贷款发放的对象划分，可分为企业贷款和个人贷款；按行业划分为，可分工业贷款、农业贷款、科技贷款和消费贷款等。

二、贷款条件

贷款条件是银行要求借款企业申请贷款时必须具备的借款人资格的规定和申请贷款资格的规定。根据《贷款通则》的要求，借款人申请贷款必须具备下列条件。

1. 借款人应具备的资格

在我国，借款人应当是经过工商机关核准登记的企(事)业法人、其他经济组织、个体工商户或具有中华人民共和国国籍的具有完全民事行为能力的自然人，即只有这四类人具备独立承担民事责任的能力，其他任何人都不具备借款人的资格。但是上述几类对非自然人的借款人的分支机构的贷款行为，可以通过授权的代理机构完成。对借款人的资格界定十分重要，必须严格审查借款人的资格，防止不具备借款人资格的人或组织申请和取得贷款。

2. 借款人应当具备的基本条件

(1) 产品有市场，生产经营有效益。借款人生产的产品可以转换为商品，生产出来不积压，就能盘活资金，使贷款人的贷款归还有保证。生产经营有效益，表明贷款人的贷款投入后，可以产生更大的效益，创造价值，最终借款人可以按期归还贷款的本息。

如果产品无市场，卖不出去，生产经营没有效益，贷款投入后，还贷就无法保证。这一基本条件也符合长期以来坚持的贷款择优发放的原则。所以，银行向借款人发放贷款前，首先要看其产品是否有销路而不致使贷款发生沉淀，只有生产经营有效益，贷款本息按期归还才有保证。

(2) 不挤占、挪用信贷资金，恪守信用。借款人借款的用途与贷款人的贷款收回有很大关系。如果借款人把所借款项按规定的用途使用，则借款人的生产就会日益兴旺，就会创造出较高的经济效益，一部分可供清偿贷款本息，一部分成为借款人自身的盈利。只有不挤占、挪用信贷资金，并按规定用途使用贷款，才能保证贷款人的贷款创造更大的效益，实现信贷资金的正常周转。恪守信用是指借款人能够按借款合同期限归还贷款本息，保证信贷资金安全，这一条件对贷款人来讲非常重要，因为借款人如果信用不好，贷款将会非常危险。

3. 借款人应当符合的要求

借款人除了具备借款人的资格、符合借款的基本条件外，还应当符合以下要求。

(1) 有按期还本付息的能力。原应付贷款的利息和到期贷款已经清偿，没有清偿的，已经作了贷款人认可的偿还计划。这一要求的实质是贷款人必须有还本付息的能力，资信状况良好。这一规定是最重要的，这实质上是对借款人资信状况的检查和衡量，只有符合这样的条件，其他条件才能予以考虑。

(2) 除自然人和不需要经工商部门核准登记的事业单位法人外，借款人应当经过工商部门办理年检手续。因为只有经过工商部门年检并办理年检手续，银行才能核实其近期的发展变化，才能保证其出具的有关申请贷款资料的真实性和其法人资格的真实合法性。

(3) 已经开立基本账户或一般存款账户。根据中国人民银行的规定，基本账户是存款人办理日常转账结算和现金收付的账户。存款人的工资奖金等现金的支出，只能通过本账户办理。一般存款账户，是存款人在基本账户以外的银行借款转存为基本账户的、存款人不在同一地点的附属非独立核算单位开立的账户。存款人可以通过本账户办理转账结算和现金缴存，但不能办理现金支取。要求借款人开立基本账户或一般存款账户，是因为这两个账户能够基本反映借款人的资金情况。特别是基本账户，它是借款人必须开立的账户，是按会计科目的归属设定的。开立基本账户的借款人必须有一定的资金，并独立核算。借款人开立基本账户和一般存款账户，有利于借款人随时掌握其资金动态，便于结算和划拨资金。

(4) 除国务院的规定外，有限责任公司和股份有限公司对外股本权益性投资累计额未超过其净资产总额的 50%。因为贷款的发放和使用是为了支持借款人的生产经营，应当以真实的商品交易为基础。如果对外股本权益投资累计额过高，可能造成泡沫经济的隐患，也将会使借款人自身的资金使用不当，过度依赖贷款人的贷款经营，加大信贷资金的风险。

(5) 借款人的资产负债率符合贷款人的要求。资产负债率越高，说明负债占资产的比重越大；自有资本占资产的比重越小，证明贷款人实力不够雄厚，贷款风险越大。因此，借款人的资产负债率低，贷款才相对安全。这一条件主要是为了防止借款人过分依赖贷款人的贷款，不增加资本金，对盈利分配不当。同时要求借款人的资产负债率保持一个合理的比例，也就是要求借款人的资产能够良性循环，负债合理分布，避免出现比例严重失调和贷款无法归还的情况。

(6) 申请中长期贷款的，新建项目的企业法人所有者权益与所需要总投资的比例不得低于国家规定的投资项目的资本金比例。国家规定一个投资项目的资本金比例，是符合现阶段我国借款人的实际情况的，对于严格控制固定资产投资贷款，逐步改善借款人的资产负债结构和改变借款人过度依靠贷款人信贷的状况是十分必要的。

三、贷款程序

对于任何一笔贷款，都必须遵循以下几方面的工作程序。

1. 贷款申请

借款人需要贷款，应向主办银行或其他银行经办机构提出申请。借款人应当填写包括借款金额、贷款用途、偿还能力及还款方式等主要内容的“借款申请书”，并提供以下资料。

(1) 借款人及保证人的基本情况。

(2) 财政部门或会计(审计)事务所核准的上年度财务报告，以及申请借款前一期的财务报告。

(3) 原有不合理占用的贷款的纠正情况。

(4) 抵押物、质押物清单、有处分权人的同意抵押、质押的证明及保证人同意保证的有关证明文件。

(5) 项目建议书和可行性报告。

(6) 贷款人认为需要提供的其他有关资料。

2. 对借款人的信用等级评估

应当根据借款人的领导者素质、经济实力、资金结构、履约情况、经营效益和发展前景等因素，评定借款人的信用等级。评级可由贷款人独立进行、内部掌握，也可由有关部门批准的评估机构进行。

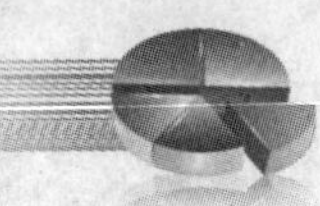

3. 贷款调查

贷款人受理借款人申请后，应当对借款人的信用等级以及借款的合法性、安全性、盈利性等情况进行调查，核实抵押物、质押物、保证人的情况，从而测定贷款的风险度。

4. 贷款审批

贷款人应当建立审贷分离、分级审批的贷款管理制度。审查人员应当对调查人员提供的资料进行核实、评定，复测贷款风险等，提出意见，按规定的权限报批。

5. 签订借款合同

所有贷款应当由贷款人与借款人签订借款合同。借款合同应当约定借款种类、借款用途、金额、利率、借款期限、还款方式，以及借贷双方的权利义务、违约责任和双方认为需要约定的其他事项。

保证贷款应当由保证人与贷款人签订保证合同，或保证人在贷款合同上载明与贷款人协商一致的保证条款，加盖保证人的法人公章，个人贷款需加签名，并由保证人的法定代表人或其授权代理人签署姓名。

抵押贷款、质押贷款应当由抵押人、出质人与贷款人签订抵押合同、质押合同，需要办理登记的，应依法办理登记。

6. 贷款发放

贷款人要按借款合同的规定按期发放贷款。贷款人不按合同约定按期发放贷款的，应偿付违约金。借款人不按合同约定用款的，也应偿付违约金。

7. 贷后检查

贷款发放后，贷款人应当对借款人执行借款合同的情况及借款人的经营情况进行追踪调查和检查。

8. 贷款归还

借款人应当按照借款合同的规定按时足额归还贷款本息。银行须在短期贷款到期日的 10 天之前、中长期贷款到期日的 1 个月之前，向借款人发送还本付息通知单。借款人应当及时筹备资金，按期还本付息。

贷款到期，由于客观原因导致借款人不能如期还本付息的，应在上述期限内向银行提交书面展期申请，如果银行同意展期，应办理展期手续。每笔贷款只能展期一次。短期贷款展期期限最长不得超过原贷款期限，中期贷款展期期限最长不得超过原贷款期限的一半，长期贷款展期期限最长不得超过 3 年。贷款展期后，如新的期限加上原贷款期限达到新的利率期限档次，则从展期之日起，按新期限档次利率计息。如果银行不同意展期，或展期以后仍不能到期还款，即列为逾期贷款，银行对其应进行专户管理，并加大催收力度。对已经形成银行损失的贷款，可依据法律法规，按规定程序予以冲销。

贷款人对逾期的贷款要及时发出催收通知单，做好逾期贷款本息的催收工作。贷款人对不能按借款合同约定期限归还的贷款，应当按规定加罚利息；对不能归还或者不能落实还本付息事宜的贷款，应当督促归还或者依法起诉。

借款人提前归还贷款，应当与贷款人协商。借款人事前未征得贷款人的同意，在约定的还款日之前，提前将款项划汇到贷款人账户上用作还款，应视为违约行为。提前还款会给贷款人带来不利影响，特别是在市场利率降低时，无论贷款人是否能将资金再安排出去，都会造成收益上的损失。因此在借款合同中，有时规定如果借款人提前还款，要按一定的比例数额向贷款人支付补偿金。

贷款过程结束以后，要对贷款进行评价，以总结经验，吸取教训。

第二节　工商企业贷款

工商企业贷款是商业银行各类贷款中最早出现的贷款形式。为了保证资金安全，早期的商业银行只发放与贸易相关的工商企业短期流动资金贷款。随着世界经济的发展，工商企业和其他行业机构对资金的需求逐渐增加，商业银行受投资收益的吸引，贷款投向逐渐覆盖社会经济生活的各个方面，贷款品种也在适应市场需求的金融创新活动中越来越丰富。但是直到今天，工商企业贷款仍然是商业银行最主要的贷款品种。

一、对企业借款人进行信用等级评估

与其他贷款品种不同的是，工商企业贷款具有单笔贷款金额大和贷款风险大的特点，因此，商业银行在管理和运营过程中形成了对工商企业贷款特殊的业务管理方法和风险防范的方法，如信用评级、风险度测定和撰写贷款调查报告等。

(一)信用等级评估

1. 了解企业借款人历史信用状况

银行可以采用自己的评级标准和评定办法对借款人进行企业信用等级的评定，也可以参考第三方评级机构对借款人信用等级的评定，了解贷款人的历史信用记录和履行信用的状况，力争不与有不良信用记录的借款人打交道。

2. 对企业进行实地调查

银行信贷人员整理获得的信息资料后，还需要到借款人企业实地调查，核实资料信息的真实性。

3. 完成贷款企业调查报告

贷款企业调查报告应包括如下内容。

(1) 反映借款人企业的要求。

(2) 贷前调查过程的详细记录。

(3) 借款人企业的基本情况。

(4) 借款人企业债务结构分析。

(5) 借款人经营状况和行业趋势分析。

(6) 借款人企业财务指标分析。

(7) 担保分析。

(8) 贷款调查结论。

(二)"6C"原则和"5W"原则

商业银行普遍采用的借款人信用等级评估的原则是"6C"原则和"5W"原则。

1. "6C"信用评级原则

"6C"信用评级原则主要用于银行对借款人信用等级的评估，包括以下六个要素。

(1) 品德(Character)。银行通过公共征信体系或利用专业征信方法了解借款人的历史信用记录和履行信用的状况。银行家们信奉"过去的事情一定会再次发生"这一规律，不与有不良信用记录的借款人打交道。

(2) 能力(Capacity)。这里的能力是指企业管理者的经营管理能力，如企业管理者的素质、企业家的专业能力、商务能力、市场预测能力等，从而判断企业发展的潜力。

(3) 资本(Capital)。资本主要考察企业的资本数量和结构。因为企业资本代表着企业的清偿能力、企业的市场竞争力和实力。

(4) 担保(Collateral)。担保是在借款人无力偿还贷款本息时，银行贷款资金免于遭受损失的重要保证。因此，贷款银行一般都会要求借款人向贷款银行提供贷款担保。

(5) 经营状况(Condition Business)。经营状况是指贷款银行利用多项财务指标，对借款企业的财务指标进行分析，得出对借款企业偿债能力、经营状况和盈利能力的评价。

(6) 发展前景(Continuity)。发展前景是指通过对企业产品技术含量、专利项目、市场份额、成本等方面的分析，预测企业未来的发展趋势。

根据上面的"6C"原则，可以演化出如表 7-1 所示的中国工商银行企业信用等级评估计分表。

这个原则在 2006 年以前曾被广泛使用。其特点是，注重财务指标分析，对企业信用等级的评估更加依赖于企业的历史和现状。随着中国经济高速发展，小企业、微小企业、高新企业和个人贷款市场需求持续增加，这种对贷款人信用评级的模式遭到质疑。银行中出现了更重视借款人综合素质、企业发展前景或者单笔交易现金流量的信用评级方法。另外也出现了单独评定单笔贷款还款风险的评级方法。这些都被认为是银行贷款业务的创新之举。

表 7-1　中国工商银行企业信用等级评估计分表

项目		标准	分值	标准	分值	标准	分值	标准	分值	标准	分值
领导素质	资历(管理者学历、经验)	优	2	中	1	差	0				
	业绩(历史情况、成就)	优	2	中	1	差	0				
	信誉(履约、信用历史)	优	2	中	1	差	0				
	能力(管理水平、专长)	优	2	中	1	差	0				
经济实力	净资产(最低额)/万元	1000	8	500	6	100	4	0	2	<0	0
	固定资产净值+在建工程+长期投资/万元	1000	7	500	5	100	3	0	1		
资金结构	资产负债率(最高值)/%	50	8	60	6	75	4	90	2	>90	0
	流动比率(最低值)/%	100	8	120	6	90	4	60	2	<60	0
	速动比率(最低值)/%	60	8	50	6	30	4	10	2	<10	0
	债务股权比率(最高值)/%	30	6	50	4	70	2	100	1	>100	0
经济效益	应收账款周转率(最高值)/天	30	7	50	5	70	3	90	1	>90	0
	存货周转率(最高值)/天	90	8	150	6	210	4	270	2	>270	0
	销售利润率(最高值)/%	60	10	7	7	4	4	2	2	<2	0
	产权利润率/%	30	10	14	7	8	4	1	2	<1	0
发展前景	主要产品寿命周期	长	4	中		短					
	新产品开发率/%	>60	4	>40	3	>20	2	>0	1		
	产品销售预期(与上年相比)	增长	1	持平	0.5	下降	0				
	出口创汇预期(与去年相比)	增长	0. 5	持平	0.2	下降	0				
	市场占有率(与去年相比)	增长	0. 5	持平	0.2	下降	0				

例如：2006 年 11 月，中国交通银行宣布，交行在对高新技术企业进行信用评估时不采取传统的“6C”标准。企业可以凭借自己的知识产权向交通银行申请贷款，贷款的最高限额为 1000 万元。

2.“5W”信用评级原则

“5W”信用评级原则主要用于在审查贷款时，审贷人员需要考虑的因素，内容包括上报的贷款是否符合金融政策、内部贷款政策，信贷人员是否履行调查职责等。

(1) Who，即贷款人是什么人。贷款人是否有贷款资格，是否符合国家政策规定，是否符合行内贷款政策规定的贷款人资格的要求。

(2) Why，即为什么贷款。贷款人贷款的动机、贷款资金的用途。企业贷款资金是否用于企业的日常经营管理当中，是否在国家规定的贷款用途的范围内。个人贷款是否为家庭的正常开支的需要。

(3) What，即抵押物是什么。担保品能否在借款企业无力偿还贷款时，保证银行贷款资金免受损失。

(4) When，即何时归还贷款。贷款期限应该与贷款资金投资项目在资金需求时间上保持一致。期限过短，借款人无力偿还贷款；期限过长，借款人可能会挪用贷款资金，同样会导致贷款不能按时归还。

(5) How，即用什么来归还银行贷款。还款来源是借款企业按时归还银行贷款的重要保证。

3. 信用评分模型

2006年以后，商业银行普遍采用信用评分模型。

信用评分模型是近年来兴起的一种为了保障银行和其他金融部门的金融安全而设立的一种关于人身金融权限的划定模型。

信用评分模型是信贷管理中先进的技术手段，是商业银行授信业务最核心的管理技术之一，在市场营销、风险管理、客户关系管理等各个方面都发挥着十分重要的作用。而随着在现代社会和公司中贷款，信用卡的作用日渐突出，信用评分模型的发展前景不可估量。

信用评分模型运用先进的数据挖掘技术和统计分析方法，根据客户的信用历史资料，利用一定的信用评分模型，得到不同等级的信用分数，根据客户的信用分数，来决定客户所可以持有的金额权限，从而保证还款等业务的安全性。信用评分模型能为信贷管理人员提供大量具有高度预测力的信息，帮助管理人员制定行之有效的管理策略，以较高的精度有效地开拓市场、管理风险、挖掘收益，实现信贷业务的高效益。

二、借款人信用评级中的财务因素分析

(一)借款人企业财务报表分析

贷款银行对借款人提供的资产负债表、损益表和现金流量表进行分析，通过企业资产负债表掌握该企业的财务状况，通过企业的损益表掌握该企业在一定时期内的经营成本、费用和盈亏状况，通过现金流量表把握该企业在一定时期内资产、负债和资本变化的情况。贷款银行主要通过以下几类财务指标分析企业的还款能力和银行贷款的风险度。

1. 资产项目分析

(1) 应收账款。应收账款是企业偿还短期债务的主要来源，是企业资产项目中流动性仅次于现金的资产，是企业流动资产的重要组成部分，是企业偿还债务的主要物质基础之一。

(2) 存货。存货是指企业购入的原材料、在产品、半成品和产成品，是企业流动资产的

重要组成部分，是企业偿还债务的主要物质基础之一。

(3) 固定资产。固定资产是企业资本的一部分，可用于债务的最后清偿。

(4) 投资。投资是指企业购买的债券代表企业的债权和股权，也可以给企业带来收益。

2. 负债及资本项目分析

(1) 负债。企业负债包括长期负债和短期负债。对企业短期负债分析主要是了解企业资产负债表中负债项目有没有漏记和过期，如果漏记会影响贷款银行对企业偿债能力的判断，高估企业的债务偿还能力；如果过期会被罚款。对企业长期负债分析主要是了解企业长期债务到期后，企业的还款计划，借以判断企业偿还银行贷款的能力。

(2) 资本。企业资本的大小反映企业财力实力雄厚与否，反映企业承受风险能力的大小。

3. 损益表项目分析

企业会计准则规定损益表是指反映企业在一定时期(月份、季度、年度)的经营成果及其分配情况的会计报表，其主要内容是列示企业在一定时期内所取得的收入，所发生的费用支出和所获得的利润。它是一个动态报表。对该表进行审查分析，可以初步确定报表资料是否真实、正确，所得税计算有无错误，并从中找出检查的重点和检查线索。

4. 现金流量表分析

企业的现金流量表是指反映企业在一定会计期间内现金和现金等价物流入和流出信息的动态会计报表。它对资产负债表和利润表起着动态补充作用，并能提供其他报表难以传递的会计信息。

对现金流量表的分析，既要掌握该表的结构及特点，分析其内部构成，又要结合损益表和资产负债表进行综合分析，以求全面、客观地评价企业的财务状况和经营业绩。因此，现金流量表的分析可从以下几方面着手。

(1) 分析企业资产的流动性，评价企业财务的适应性。

(2) 分析企业的收益能力，评价企业的直接效益。

(3) 分析企业的财务风险，评价企业的抗风险能力。

(二)财务比率分析

财务比率分析是指将财务报表中的相关项目进行对比，以此来揭示企业财务状况的一种方法。常用的财务比率可分为以下五大类。

1. 短期偿债能力分析

短期偿债能力是指企业以流动资产偿还流动负债的能力，它反映了企业偿付日常到期债务的能力。

分析短期偿债能力的主要指标，有流动比率和速动比率。

1) 流动比率

流动比率是流动资产对流动负债的比率，用来衡量企业流动资产在短期债务到期以前，可以变为现金用于偿还负债的能力。

流动资产，是指企业可以在一年或者超过一年的一个营业周期内变现或者运用的资产，主要包括货币资金、短期投资、应收票据、应收账款和存货等。

流动负债，也叫短期负债，是指将在一年或者超过一年的一个营业周期内偿还的债务，包括短期借款、应付票据、应付账款、预收账款、应付股利、应交税金、其他暂收应付款项、预提费用和一年内到期的长期借款等。

流动比率=流动资产/流动负债×100%

流动比率越高，企业资产的流动性越大，但是，比率太大表明流动资产占用较多，会影响经营资金周转效率和获利能力。一般认为流动比率一般在 1.5～2.5 之间比较合适。

2) 速动比率

速动比率是指速动资产对流动负债的比率。它是衡量企业流动资产中可以立即变现用于偿还流动负债的能力。速动资产是指流动资产中可以立即变现的那部分资产，如现金、有价证券、应收账款及预付账款。

速动比率=速动资产/流动负债=(流动资产−存货)/流动负债×100%

2. 长期偿债能力分析

长期偿债能力是指企业偿还长期负债的能力，企业的长期负债主要有长期借款、应付长期债券、长期应付款等。分析长期偿债能力的指标有资产负债率、已获利息倍数、长期债务对权益比率等。

1) 资产负债比率

资产负债率也叫举债经营比率，是负债总额除以资产总额的百分比，反映在总资产中有多大比例是通过举债来筹资的，也可以衡量企业清算时保护债权人利益的程度。

资产负债率=(负债总额/资产总额)×100%

公式中的负债总额包括长期负债和短期负债。资产总额是扣除累计折旧后的净额。

资产负债比率越高表明企业负债程度越高，债权人承担的风险也就越大。

2) 已获利息倍数=利税前利润/利息=(净利润+利息+所得税)/利息

已获利息倍数越大，长期偿债能力越强。

3) 长期债务对权益比率=长期负债/所有者权益×100%

长期债务对权益比率越低，说明保障程度越高。

3. 营运能力比率

营运能力是指企业的经营运行能力，即企业运用各项资产以赚取利润的能力。企业营运能力的财务分析比率有：存货周转率、应收账款周转率、资产周转率等。这些比率揭示了企业资金运营周转的情况，反映了企业对经济资源管理、运用的效率高低。企业资产周转越快，流动性越高，企业的偿债能力越强，资产获取利润的速度就越快。

1)　存货周转率=销货成本/平均存货×100%

存货周转率越高，反映企业存货流动性越好，企业的偿债能力也就越强。

2)　应收账款周转率=销售收入净额/平均应收账款×100%

应收账款周转率越高说明企业收账速度越快，从而企业资产的流动性也就越好。

应收账款周转天数(平均收账期)=360/应收账款周转率

应收账款周转天数越长说明企业应收账款回收速度越慢。

3)　资产周转率=销售收入净额/平均总资产×100%

周转率指标越高，说明企业经营效率越高。但数量只能说明一个方面的问题，进行具体分析时还应注意资产项目的组成结构，如各种类型存货的相互搭配以及存货的质量等。

4．盈利能力比率

盈利能力比率是指企业正常经营赚取利润的能力，是企业生存发展的基础，反映企业盈利能力的指标很多，通常使用的主要有销售净利率、销售毛利率、资产净利率、资产回报率、每股收益率。

1)　销售净利率

销售净利率是指净利与销售收入的百分比，其计算公式为

$$销售净利率=(净利\div销售收入)\times100\%$$

该指标反映每一元销售收入带来的净利润的多少，表示销售收入的收益水平。销售净利润率越高表明企业获利能力越强。

2)　销售毛利率

销售毛利率是毛利占销售收入的百分比，其中毛利是指销售收入与销售成本的差。其计算公式如下：

$$销售毛利率=[(销售收入-销售成本)\div销售收入]\times100\%$$

毛利率是企业销售净利率的最初基础，没有足够大的毛利率便不能盈利,销售毛利率越高表明企业获利能力越强。

3)　资产净利率

资产净利率是企业净利与平均资产总额的百分比，需要通过与同行业其他企业的水平相比较才能得出结论。

$$平均资产总额=(期初资产总额+期末资产总额)\div2$$

资产净利计算公式为：

$$资产净利率=(净利润-优先股股息)\div平均资产总额\times100\%$$

该指标越高，表明资产的利用效率越高，说明企业在增收节支和节约资金使用等方面

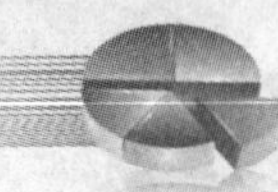

取得了良好的效果。

4) 资产回报率=税前利润/平均总资产×100%

资产回报率要通过与同行业其他企业的水平相比较才能得出结论。

5) 每股收益率=权益回报率=(净利润-优先股股息)/平均普通股股权×100%

此数值要通过与同行业其他企业的水平相比较才能得出结论。

三、贷款风险度测评

现代商业银行一般采用量化计分方法对借款人企业进行信用评级，分析表 7-1 给出的“中国工商银行企业信用等级评估计分表”，银行贷款管理人员根据贷款调查获得的数据，将借款人的情况与表 7-1 中列举的项目对比，得出借款人企业的信用等级评估分。借款企业得分对应于不同的信用等级，比如，90 分以上的信用等级为 AAA 级，80～89 分的信用等级为 AA 级，70～79 分的信用等级为 A 级，60～69 分的信用等级为 BBB 级，50～59 分的信用等级为 BB 级，50 分以下的信用等级为 B 级。

四、借款合同

借款合同是借款人向贷款人借款，借款人承诺到期返还借款并向贷款人支付利息的合同。

中国各家商业银行提供的借款合同格式并不统一，但是一家管理标准化的现代银行的各分支机构使用的借款合同格式是一致的，而且总行还会严格规定各分支机构不能随意更改合同内容。借款合同是贷款银行与借款人之间签署的资金借贷交易的合约，是基本的法律文书。自签订借款合同之时起，借款人与贷款银行之间的借贷关系即成立，受国家法律保护，借款人和贷款银行都必须严格遵守合同约定的条款并履行各自的义务。为了保证借款合同条款的缜密性，商业银行还严格规定了可以草拟合同的部门。以下是一份标准的保证担保借款合同，供参考。

保证担保借款合同

(　　)银借合同字第____________号

经中国××银行________________(下称贷款方)与________________(下称借款方)和________________(下称担保方)充分协商签订本合同，共同遵守。

第一条：自____________年______月______日起，由贷款方向借款方提供__________(种类)贷款(大)________________________元，用于______________________，还款期限至____________年________月________日止，利率按月息__________‰计算。如遇国家贷款利率调整，按调整后的新利率和计息方法计算。

具体用款、还款计划如下。

分期借款计划				分期还款计划	
日　期	金额(大写)	利　率	用　途	日　期	本金(大写)

第二条：贷款方应在符合国家信贷政策、计划的前提下，按期、按额向借款方提供贷款。否则，应按违约数额和延期天数付给借款方违约金。违约金数额的计算，与逾期贷款的罚息相同。

第三条：借款方愿遵守贷款方的有关贷款办法规定，并按合同规定的用途使用贷款。否则，贷款方有权停止发放贷款，收回或提前收回已发放的贷款。对违约部分，按规定加收__________%的利息。

第四条：借款方应按期偿还贷款本息。__________、__________、__________愿作为借款方对合同载明的全部贷款正当使用和按期还款的保证人。对借款方转移贷款用途等违反合同的行为，保证人承担连带责任；借款方不按期归还贷款本息时，由保证人承担代偿责任。保证人相互间负连带保证责任。

第五条：贷款方有权检查、监督贷款的使用情况；了解借款方的计划执行、经营管理、财务活动、物资库存等情况。借款方对上述情况应完整如实地提供。对借款方违反借款合同的行为，贷款方有权按有关规定给予信贷制裁。

贷款方按规定收回或提前收回贷款时，可直接从借款方存款账户中扣收。

第六条：贷款到期，由借款方及保证人负责偿还贷款本息。借款方及保证人到期不能归还，又未与贷款方签订延期协议的，从逾期之日起，贷款方加收________%的利息，并可以从借款方及保证人的存款账户中直接扣收逾期贷款本息。

第七条：借款方及保证人发生财产不足以清偿多个债权人的债务时，借款方、保证人愿以其财产(包括应收款项)优先偿还所欠贷款方的贷款本息。

第八条：凡借、贷及保证人各方发生纠纷，由各方协商解决；协商不成的，可按下列第________种方式解决。

一、提交________仲裁委员会仲裁。

二、向贷款方所在地人民法院起诉。

第九条：其他。

____

____。

第十条：合同未尽事宜，按国家有关法律规定和银行有关贷款规定办理。

第十一条：合同经各方签章后生效。

本合同一式__________份，借、贷、保证人各执一份。

借款方：　　　　　　　　　　　　贷款方：
借款单位：　　　　　　　　　　　贷款单位：
(公章或合同专用章)　　　　　　　(公章或合同专用章)
法定代表人：　　　　(签章)　　负责人：　　　　　　(签章)
经办人：　　　　　　(签章)　　经办人：　　　　　　(签章)
开户银行及账号：

借款方保证担保人(1)
保证担保人：　　　　　　(公章或合同专用章)
法定代表人：　　　　　　(签章)
经办人：　　　　　　　　(签章)
开户银行及账号：

借款方保证担保人(2)
保证担保人：　　　　　　(公章或合同专用章)
法定代表人：　　　　　　(签章)
经办人：　　　　　　　　(签章)
开户银行及账号：

借款方保证担保人(3)
保证担保人：　　　　　　(公章或合同专用章)
法定代表人：　　　　　　(签章)
经办人：　　　　　　　　(签章)
开户银行及账号：

签约日期：________年______月______日
签约地点：________________

在填写合同时必须注意：一是空格部分必须“划掉”，不留事后更改的机会；二是填写字体要用大写，防止用小写产生歧义；三是图章和签字必须在银行工作人员的注视下由责任人亲自签署。如果出现代签现象，法院会判定合同无效，损失由银行自行承担。

五、贷款审批

银行贷款不是由一名员工或一个管理部门独立完成的。银行发放一笔贷款要经过下面几个步骤：一是信贷员接受客户申请，对企业借款人进行初步的信用评级；二是贷款审批人员接受信贷员的申请，再次评估企业信用，拒绝信用等级低的贷款申请；三是由风险管

理委员会委员做出最后裁决。

为避免贷款操作风险，银行实施严格的“审贷分离、分级审批”制度。审贷分离是指贷款审查人与直接贷款人分离。审查人员与办理贷款的信贷员形成相互制约的关系，防止银行职员发放关系贷款、人情贷款。对特殊需要的贷款，审查人员可以直接参与或独立对借款企业进行调查，一般情况下严禁审查人员与借款企业直接接触，以保持贷款审批的独立性和客观性。

分级审批是指商业银行根据贷款的风险类别和单笔贷款金额的不同，将贷款的审批权限分为两级或者三级，金额大的贷款由各个审批机构逐级完成。其目的在于通过不同角度的观察和分析，判断贷款的风险，从而降低贷款违约率。

比如，按揭贷款审批授权与工商企业贷款审批授权即有较大的差别。一般批量住房按揭贷款是由银行贷款受理人员直接受理，直接审批发放的，即一级审批制度；对于二手住房按揭贷款，由于涉及贷款真实性、抵押落实情况等问题，需采取二级审批制度。对企业流动资金贷款，采取二级(支行、分行)审批制度，但是对于金额较大(5000 万元以上)的贷款，则实行三级(支行、分行、总行)审批制度。

六、贷款发放

1. 审查贷款合同要素、签约

《贷款通则》规定，借款人与贷款人签订借款合同时，必须包括的交易要素有对象、用途、金额、利率、期限和还款方式，且必须载明借贷双方的权利和义务、违约责任以及双方约定的其他事项。

如果是保证贷款，保证人还要与贷款银行签订“保证合同”。其合同要素包括：保证人与贷款银行协商的保证条款，加盖保证人的法人公章，由保证人的法人代表或授权代理人签字。

如果是抵押贷款、质押贷款，出质人应与贷款银行签订“抵押合同”或“质押合同”。抵物或质押物需要登记的，要依法办理登记手续。

2. 按照合同的规定按期发放贷款

贷款银行必须按照合同的规定按期发放贷款。贷款合同是一个双重的约束，贷款人不按合同规定按期发放贷款，或借款人不按合同约定用款的，均应偿付违约金。签署贷款合同后，无论发生什么情况，贷款银行必须按时、足额地发放贷款，否则就属于违约。

七、贷后检查

贷后检查是指贷款发放后，贷款人需要对借款人执行贷款合同的情况和借款人的经营状况进行跟踪。贷后检查是商业银行确保贷款资金能够被正确使用，保证借款人到期正常

归还贷款本息的重要措施。各家银行在贷款管理办法中对贷后检查工作均进行了详细的规定。贷后检查工作主要由发放贷款的信贷员完成。

八、贷款回收

贷款回收是指借款人遵照借款合同的约定按期足额归还贷款本息。一般银行在贷款到期前会提前与借款人联系，通知借款人按时归还贷款。如果借款人不能按规定的期限及时归还贷款，就会被记入银行的黑名单。一般银行的做法如下。

(1) 短期贷款到期一周以前，中长期贷款到期一个月以前，向客户出具贷款到期通知单或进行口头通知，请借款人做好还款资金的筹集工作。

(2) 对于逾期贷款，要发出“逾期贷款通知单”，并加收罚息。一般约定在“逾期通知单”送达的规定时间，银行可以处置抵押、质押物或向保证人追索。

九、贷款资料管理

贷款资料管理没有被列入《贷款通则》中贷款发放的八个步骤中，但它也是贷款管理的一个重要环节。贷款资料管理是指贷款银行针对贷款逐笔建立资料档案，其目的有如下两个。

(1) 完整的贷款资料是对借款人按时归还贷款本息的约束，也是当贷款违约时挽回贷款资金损失的法律依据。

(2) 积累信用基础资料信息，为建立准确的贷款信用评级和定价模型提供基础数据。贷款资料的内容包括：企业报送的贷款申请资料、各种证明材料、贷款发放中形成的各种资料(如申请书、借款合同、贷款调查报告、贷款审批意见)、贷款检查记录和贷款归还记录等。

第三节　消费贷款

消费贷款在其漫长的发展历程中，受到了西方各国政府的种种限制，只有在美国得到了较好的发展。19 世纪末，“内战”结束后，美国经济发展进入了城市化、工业化的轨道，跨地区消费交易额大大增加，在一些城市出现了自发性的民间分期付款和消费信贷的现象。为了保护消费者的利益，美国各州政府制定了“小额信贷法”，并设立了面向消费者的金融机构——消费者金融公司。

20 世纪 30 年代初期，美国经济平稳发展，为了鼓励消费信贷，出现了获得美国法律特许权的、为消费者提供信贷的信用合作社。为了推动汽车消费，出现了汽车销售金融公司。这种方式最后推广到家电和耐用消费品行业。20 世纪 30 年代中期，美国经济大萧条，社会需求不足，商业银行急于为资金寻找出路，开始涉足个人消费信贷业务。20 世纪 30 年代后期，美国经济复苏，消费信贷业务得到了快速发展。从那时至今，美国消费信贷规模和种类均位于世界的前列。

我国商业银行的消费贷款业务是伴随着经济改革和居民消费需求的提高而产生和发展起来的一项金融业务。它的产生和发展既较好地满足了社会各阶层居民日益增长的消费信贷需求，又有力地支持了国家扩大内需的政策，同时也促进和带动了银行业自身业务的发展。到目前为止，我国个人贷款业务的发展经历了起步、发展和规范三个阶段。

一、消费信贷的产生和发展

(一)住房制度的改革促进了个人住房贷款的产生和发展

20 世纪 80 年代中期，随着我国住房制度改革、城市住宅商品化进程加快和金融体系的变革，为适应居民个人住房消费需求，中国建设银行率先在国内开办了个人住房贷款业务，随之各商业银行相继在全国范围内全面开办该业务，迄今为止已有二十多年的历史。目前，各商业银行的个人住房贷款规模不断扩大，由单一的个人购买房改房贷款，发展到开办消费性的个人住房类贷款，品种齐全，便于选择。既有针对购买房改房、经济适用住房的住房贷款，也有针对购买商品房的住房贷款；既有向在住房一级市场上购买住房的自然人发放的住房贷款，也有向在住房二级市场购买二手房的自然人发放的二手房(再交易)住房贷款；既有委托性个人住房贷款，也有自营性个人住房贷款，以及两者结合的组合贷款；既有人民币个人住房贷款，也有外币个人住房贷款；还有“转按”、“加按”等个人住房贷款的衍生品种。个人住房贷款在多层次、全方位地满足客户不同需求的同时，也为各商业银行带来了较好的经济效益，为房地产业健康发展和国民经济增长发挥了积极的作用。

(二)国内消费需求的增长推动了个人消费信贷的蓬勃发展

20 世纪 90 年代末期，我国经济保持了高速稳定的增长，但国内需求不足对我国经济发展产生了不利的影响。为此，国家相继推出了一系列积极的财政政策及货币政策，以刺激国内消费和投资需求，从而推动经济发展。中国人民银行也通过窗口指导和政策引导来启动国内的消费信贷市场，引导商业银行开拓消费信贷业务。1999 年 2 月，中国人民银行颁布了《关于开展个人消费信贷的指导意见》。之后，各商业银行为了有力地支持国家扩大内需的政策，较好地满足社会各阶层居民日益增长的消费信贷需求，积极适应市场变化，不断地加大消费信贷业务发展力度。个人消费信贷业务得到快速发展，逐步形成了以个人住房贷款和个人汽车贷款为主，其他个人综合消费贷款、个人经营性贷款和个人教育贷款等几十个品种共同发展的、较为完善的个人贷款产品系列。

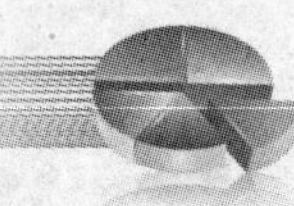

(三)商业银行股份制改革推动了消费贷款的规范发展

近年来，随着各商业银行股份制改革的进一步深化，银行按照建立现代金融企业制度的要求，着力完善公司法人治理结构，逐步健全内控制度，转换经营机制，建立相关监测与考评机制，从而有力地推动了个人贷款业务的规范发展。消费贷款业务在服务水准、贷款品种结构、规模和信贷风险控制等方面得到了逐步完善和提高。为了提高业务效率、减少贷款环节，有的商业银行设立客户贷款服务中心或金融超市，实行一站式全程服务，为个人贷款提供了极大的便利，也为我国消费信贷业务的规范发展创造了良好的内部环境。从消费信贷的发展规律来看，无论是消费需求、消费规模，还是信贷品种，都具有非常大的发展潜力和发展空间。加上居民收入增加，社会保障体系健全，居民消费能力提高，个人信贷消费的人群比例稳步上升，商业银行拓展和创新消费信贷的方式也随之增多。此外，消费信贷相应配套措施的逐步完善和个人信用体系的逐步建立，有助于我国商业银行改善资产的单一化和传统化，提高金融资本的运作效率，促进银行业经营效益的提高和经营规模的有效扩大，也进一步推动我国个人贷款业务的规范发展。

二、消费贷款的种类

消费贷款是指商业银行直接发放或者通过商品零售商发放给个人或家庭的，用于购买汽车、住宅、大宗消费品或支付医疗费用、教育费用等开支的贷款。消费贷款的业务特点是贷款对象为自然人或家庭，贷款用途是为了满足个人日常生活消费的目的。如果个人向银行申请贷款是为满足经营目的的，贷款用途不属于消费用途，就不能归类于消费贷款。

我们按照贷款用途的不同，可以将消费贷款进行如下分类。

(一)住房按揭贷款

住房按揭贷款是一种个人住房抵押贷款业务，它指的是购房者已向房地产开发商或其他售房者支付了所购房产的首期款，剩余款项由银行发放按揭贷款并由银行直接付给开发商或其他售房者，购房者在按揭期间将所购房产或其他财产抵押给银行，并按月向银行还本付息。

按揭贷款的期限、额度和利率的相关规定如下。

(1) 按揭贷款的期限较长，一般在 5～30 年。借款人的年龄加上贷款年限一般要求男性贷款到期时不超过 65 岁，女性不超过 60 岁。

(2) 按揭贷款额度一般不超过购房者拟购房价的 80%。

(3) 按揭贷款利率、罚息根据人民银行的有关规定执行。

(4) 按揭的房产一般为新房，若为二级市场的二手房，须产权明晰且未列入政府近期的拆迁计划。

(二)汽车按揭贷款

汽车按揭贷款是指家庭或个人向银行申请的，用于购买新车或二手车的贷款。汽车按揭贷款的业务特点是借款人需要向银行提供实物作为贷款担保，贷款金额较小(一般为家庭年收入的 2～3 倍)，贷款期限较短(一般为 3～5 年)，可以采用按揭还款方式或分期还款方式。值得注意的是，汽车按揭贷款资产质量一般较低，并不受银行的欢迎。

(三)大宗消费品贷款

大宗消费品贷款是指银行发放给个人或家庭的，用于购买住宅、汽车之外的其他消费品的贷款。此项贷款的业务特点是贷款用途灵活多样，贷款可通过商家发放，采取分期付款方式，期限一般小于 1 年。迄今为止，公众对此类贷款并不熟悉。此项贷款可以给银行带来丰厚的收益，故备受银行的重视。

(四)助学贷款

助学贷款是我国政府为了资助家庭经济困难的学生完成学业而发放的政策性扶持贷款。助学贷款的业务特点是信用贷款，额度较小(单次发放的贷款最高额度不高于一个学年的学费)，期限较长(期限为 4 年或更长)，分期发放，政府贴息。由于没有完善的信用体系，助学贷款的违约率较高。

(五)信用卡贷款

信用卡是最为普及的一种银行贷款。信用卡贷款是一种小额循环授信贷款，是信用贷款，有固定的免息期，罚息远远高于一般贷款的利息。银行业务收入来自于逾期罚息和商户刷卡佣金。信用卡贷款的日趋方便必须借助于电子银行设施的日趋完善。目前，电子银行设施主要包括自动柜员机(ATM)和销售终端(POS)。

个人消费贷款还包括家庭装修贷款和出国留学贷款等。

三、消费贷款的业务特点

我们从商业银行贷款业务的利率、期限、还款方式和信用评级方法四个方面讨论消费贷款的业务特点。

(一)利率

通常认为消费贷款是“黏性”利率贷款。与企业贷款利率不同，消费贷款利率在西方国家一般不随市场利率的变化而变化。在我国，除了住房按揭贷款的利率外，其他品种的消费贷款利率与企业贷款的利率并无区别。

住房按揭贷款作为银行最主要的消费贷款品种，由于与百姓的基本生活息息相关，因此其利率有别于其他消费贷款的利率。中国人民银行对此作了如下规定。

(1) 住房按揭利率低于同期限其他贷款的利率。

(2) 如果市场利率变动，住房按揭贷款利率的调整在中国人民银行公布调整利率之日的次年 1 月 1 日开始进行。由于市场竞争激烈，2006 年中国各家商业银行纷纷推出个人住房贷款固定利率合约，在这种合约中，银行面临着利率风险。

(二)期限

消费贷款的期限结构复杂，从信用卡 48 天期限到住房按揭贷款 30 年期限不等。这个特点与企业贷款期限一般为 1～5 年形成了鲜明的对比。这一特点也揭示了消费贷款的多变性，其业务管理也相对复杂。

(三)还款方式

消费贷款的还款方式主要包括一次性还本付息、分期付款和按揭。从总体上看，消费贷款的还款方式几乎覆盖商业银行可以提供的各种贷款的还款方式。实质上每一种消费贷款品种都是与一种还款方式固定搭配的。比如：按揭还款方式只适用于住房按揭贷款，免息按月还款方式只适用于信用卡。这些固定搭配并没有特定的理由，是人们在长期的金融活动中形成的惯例，不能互换。

(四)信用评级

银行消费贷款信用评级方法与企业贷款信用评级方法之间有很大差别。在消费贷款中，银行对借款人的信用评级更多地采取“大数法则”，即将客户分类，重视特定客户群体的信用评级。比如商业银行认为，借款人的学历水平和家庭收入因素在消费者贷款中起着重要的作用，家庭收入越高的借款人可能会申请较高额度的贷款，银行也会批准这样的较高额度的贷款。家庭主要成员接受教育的时间越长，可能会申请更高额度的贷款，这类家庭申请贷款是为了获得更高的生活标准而非生活急需。银行并不会对收入的具体数字感兴趣，而是对家庭收入处于社会中的哪个阶层更加看重。

比如，为了争夺个人贷款市场客户，针对政府机关公务员消费稳定、信誉高的特点，交通银行在 2004 年推出了政府机关公务员信用贷款。公务员凭借工作证、收入证明和职务证明，就可以获得 5 万～20 万元不等的贷款。

四、住房按揭贷款的业务要点

什么是住房按揭贷款？按揭是一种法律术语，特指借款人将资产抵押给银行，获得银

行贷款的借款方式。在我国，大家约定俗成地认为按揭贷款特指个人或家庭在购买具有稳定价值的资产时，将购买的资产(如汽车、住房)抵押给银行，资产所有权转移给银行，借款人保留使用权，以特定的还款方式，在较长的时期内归还银行贷款本息的一种特定的贷款方式。目前，我国的商业银行只发放住房按揭贷款和汽车按揭贷款。

(一)贷款发放资金线路

将住房按揭贷款资金线路特别拿出来讨论的原因是，银行发放给借款人的按揭贷款并不能由借款人支配，而是由银行经过借款人的银行账户直接将贷款划入房地产商的银行账户中。银行这样做的原因是为了严格控制资金的去向。中国人民银行也在按揭贷款的资金流问题上作了严格的规定。

(二)贷款的信用结构

在住房按揭贷款中，购房人将购得的房屋抵押给银行作为债务保证，从银行获得贷款资金。但是，房地产市场是一个价格波动较大的市场，涨跌幅度可能会高达200%。比如，1997年受亚洲金融危机的影响，香港商品房价格两年内跌至金融危机发生前的40%。上海、杭州地区的房价从2000年到2003年的涨幅高达200%。为了防范市场价格波动，银行采取了以下一些措施，防范可能出现的市场风险。

1. 首付款

首付款是指借款人在获得银行住房按揭贷款之前，需要用自有资金支付购房款中固定比例的款项。比如，如果购买一套价值50万元的住房，银行不会向借款人发放50万元的贷款，而是要求借款人至少先向房地产商支付一定比例的首付款，这个比例一般大于20%。也就是说，如果银行要求借款人支付20%的首付款作为贷款的先决条件，那么购买50万元的住房，借款人至少要先行支付10万元，银行才会提供最多40万元的贷款。如果银行认为未来房地产市场的预期价格将会下跌，则贷款银行要求的首付款比率将会更高。

商业银行收取首付款的动机如下。

(1) 了解借款人的经济实力。对于无力支付首付款的购房者，银行会怀疑他的偿债能力。

(2) 防止房地产市场价格下跌。当市场房价下跌，致使借款人需要向银行支付的按揭款总额大于直接以市场价格购买住房需要支付的款项时，借款人会放弃归还银行贷款本息。比如上面讨论的例子中，如果借款人还需要向贷款银行支付按揭款本息总额35万元，由于房地产市场价格下跌，而直接向房地产商购买同样大小的住房只需付34万元，则借款人会放弃归还贷款，而选择直接从市场中购买住房。因此，银行要求的首付款比例越高，银行面临的风险就越小。

2. 房屋抵押

借款人向银行申请住房按揭贷款时，要将所买的住房抵押给银行，银行作为房屋抵押权人有对房屋进行处分的权利。这种债权债务关系必须到政府规定的房管部门办理房屋抵押手续。

3. 回购担保

当借款人无力归还银行贷款时，银行处置房屋要花费大量的人力和物力。

为了避免处置住房的成本开支，贷款银行会与房地产销售商签订“回购协议”，要求在借款人违约时，房地产公司有义务回收住房。银行这样做的另一个目的在于防范房地产商将“烂尾”风险转嫁给银行。

(三)申请及申请表

借款人向银行申请住房按揭贷款时，需要向银行提交贷款申请表。借款人应详细填写消费贷款申请表，申请表如表 7-2 所示，同时要递交已经生效的购房买卖合同、身份证明、收入证明等相关资料。填写申请表是为下一步的信用评级提供基础资料。

表 7-2　消费贷款申请表

填表日期：　年　月　日

本贷款是由______向城市商业银行______年______月______日提交的贷款申请。
申请人住址：______ 居住的城市：______ 邮编：______
贷款目的：______
住房贷款请填写如下内容。 房屋状况：1．期房 2．新房 3．二手房 期望贷款期限：______ 购买商品房的总金额：______ 已经付款的成数：______ 房地产公司(出售人)：______ 房屋坐落的详细位置和层次：______
借款人详细情况请填写如下内容。 身份证号：______ 身份证发放地：______ 出生年月：______ 出生地：______ 目前居住地址：______ 目前居住地居住时间：______ 来本地之前的居住地：______ 居住的时间：______ 家庭电话：______ 工作单位电话：______ 抚养的人数：______ 目前的工作单位：______ 目前工作年限：______ 年收入：______ 其他资金来源：______ 其他来源年收入：______

配偶情况。
身份证号：________ 身份证发放地：________
出生年月：________ 出生地：________
目前居住地址：________ 目前居住地居住时间：________
来本地之前的居住地：________ 居住的时间：________
家庭电话：________ 工作单位电话：________
目前的工作单位：________ 目前工作年限：________
年收入：________ 其他资金来源：________
其他来源年收入：________

(四)借款人信用评级

接受借款人的贷款申请后，银行要对借款人进行信用评级。消费贷款的信用评级方法有别于企业借款人的信用评级方法。

1. 信用评级要素

银行在对个人或家庭借款人进行信用评级时，主要应考虑如下因素。

(1) 品质。分析借款人的品质是消费贷款信用评级中的主要因素，银行必须确定借款人是否具有良好的道德责任感。为了做到这一点，银行要与全国和地方的个人信用数据库管理部门建立良好的联系，通过掌握借款人的信用历史，确定借款人的品质。经验丰富的信贷员会更重视与客户面谈，帮助客户填写申请书，从中发现客户在信用方面的瑕疵。

(2) 工作和居住稳定性。我国的大部分商业银行愿意将贷款发放给有本地身份证或在本地工作多年的借款人。因为家族所在地会给借款人保持自己的信用声誉以一定的约束，如果出现风险，家族的力量也有助于银行挽回资金损失。对于非本地身份证且在本地工作只有几个月或 1～2 年的借款人，除非有抵押物，否则较难获得银行的贷款。

(3) 收入水平。个人或者家庭的收入水平和收入的稳定性是银行判断借款人偿债能力的关键因素。商业银行更愿意将贷款发放给国家公务员、医生、教师这样收入稳定的人员，虽然他们的收入水平可能并不高。

(4) 存款余额。偿债能力的另一个间接的衡量标准。这个指标是一个备受争议的指标，银行可能会质疑，为什么在有较多存款的情况下，借款人还要贷款。但是无论如何，存款数量在一定程度上表明，在贷款出现问题时，该家庭有较强的清偿债务的能力。

(5) 不动产情况。家庭及个人持有不动产的数量，往往是银行判断借款人还款保证的主要因素。从不动产的数量可以判断家庭的收入能力和理财能力。

(6) 债务金字塔结构。债务金字塔是指借款人从一家银行借入贷款归还另外一家银行的贷款。银行往往会放弃这样的客户。这样的客户大多数对自己调度“资金”的能力过于有信心，可能会超过偿债能力消费或投资，一旦出现资金链断裂，银行也会被卷入债务危机中。

2. 信用评级方法

住房按揭信用评级方法，采用借款人个体评级与客户群整体评级相结合的方法。客户群整体评级法的基本理论是银行可以通过观察大量曾发放的个人和企业贷款来确定优良贷款和不良贷款的参数和综合评分。常见的商业银行消费贷款信用评分标准如表 7-3 所示。商业银行采用计算机信用评级系统。利用计算机系统评级的优点在于可以使用机器代替人工处理大批量的申请单，从而降低经营成本，同时也可以避免因信贷员没有经验而造成的风险隐患。

这种模型也被用于商品房、汽车的首次抵押贷款，甚至企业贷款的信用评级中。

表 7-3　银行消费贷款信用评级的评分标准

外在及内在因素	分　数
1. 客户职业或工作	
专家及企业主管	10
熟练工人	8
职员	7
学生	5
非熟练工人	4
兼职工作人员	2
2. 住房性质	
自有住房	6
租用住房和公寓	4
住在亲友家	2
3. 信用等级	
优秀	10
一般	5
无记录	2
差	0
4. 目前工作时间	
一年以上	2
一年以下	1
5. 现在住址居住时间	
一年以上	2
一年以下	1

续表

外在及内在因素	分　数
6. 住所是否装电话	
是	2
否	0
7. 客户需要抚养的人数	
1 人	4
2 人	4
3 人	3
3 人以上	2
8. 持有银行的账户	
支票及储蓄账户	4
储蓄账户	3
支票账户	2
无	0

假如银行统计出历史客户的评分在 1～43 分的范围内，评分小于 28 分的不良贷款率为 10%。银行就将 28 分作为分界点，给出以下的贷款标准以确定信用评分和最高贷款额度的对应关系，如表 7-4 所示。

表 7-4　信用评分和最高贷款额度对应关系

被评价客户分数	银行最高贷款额度
低于 28 分	拒绝贷款
29～35 分	六成
36～40 分	七成
41～43 分	八成

(五)还款方式

住房按揭贷款有独特的还款方式，即按揭还款方式。银行提供的按揭还款方式主要有两种：等额本息还款法和等额本金还款法。通俗地说，等额本息是先还利息，再还本金；等额本金是先还本金，再还利息。等额本息和等额本金两种还款方式各有优劣，不能单纯地说哪种还款方式就一定比较好。

所谓等额本息，就是将按揭贷款的本金总额与利息总额相加，然后平均分摊到还款期限的每个月中。作为还款人，每个月还款金额固定，但每月还款额中的本金比重逐月递增、

利息比重逐月递减。银行目前办理得最多的还款方式就是等额本息还款方式。

等额本息这种还款方式每月还款额相同，便于购房者根据还款额来计划每月支出，方便购房者理财；前期本金归还少，利息归还较多，购房者全期利息支出较等额本金还款法多。这种方式适合月收入比较稳定、额外支出较少的家庭，以及买房自住、经济条件不允许前期投入过大的人群。

等额本金是指第一个月还款的数额最大，随后逐月递减，最后一个月的还款金额最少。这种还款方式将本金分摊到每个月内，同时付清上一还款日至本次还款日之间的利息。

等额本金还款法，每期归还的本金数额相同，购房者全期利息支出较等额本金还款法少；前几期支付的本金额较大，对于交首付后手头剩余资金较少的客户，前期供款压力较大。月收入较高或有提前还款计划的人群，选择等额本金还款法更为合算。

第四节 案 例 研 究

一、案例研究 1：财务报表分析

(一)案例展示

从华能国际财务报表表 7-5～表 7-8 中分析该公司的获利能力及在同行业中的水平。

表 7-5 2001—2003 年资产负债简表 单位：万元

项 目	年 度		
	2003-12-31	2002-12-31	2001-12-31
1. 应收账款余额	235 683	188 908	125 494
2. 存货余额	80 816	94 072	73 946
3. 流动资产合计	830 287	770 282	1 078 438
4. 固定资产合计	3 840 088	4 021 516	3 342 351
5. 资产总计	5 327 696	4 809 875	4 722 970
6. 应付账款	65 310	47 160	36 504
7. 流动负债合计	824 657	875 944	1 004 212
8. 长期负债合计	915 360	918 480	957 576
9. 负债总计	1 740 017	1 811 074	1 961 788
10. 股本	602 767	600 027	600 000
11. 未分配利润	1 398 153	948 870	81 6085
12. 股东权益总计	3 478 710	2 916 947	2 712 556

表 7-6　2001—2003 年利润分配简表　　单位：万元

项　目	年　度		
	2003-12-31	2002-12-31	2001-12-31
1. 主营业务收入	2 347 964	1 872 534	1 581 665
2. 主营业务成本	1 569 019	1 252 862	1 033 392
3. 主营业务利润	774 411	615 860	545 743
4. 其他业务利润	3057	1682	−52
5. 管理费用	44 154	32 718	17 583
6. 财务费用	55 963	56 271	84 277
7. 营业利润	677 350	528 551	443 828
8. 利润总额	677 408	521 207	442 251
9. 净利润	545 714	408 235	363 606
10. 未分配利润	1 398 153	948 870	816 085

表 7-7　2001—2003 年现金流量简表　　单位：万元

项　目	年　度		
	2003-12-31	2002-12-31	2001-12-31
1. 经营活动现金流入	2 727 752	2 165 385	1 874 132
2. 经营活动现金流出	1 712 054	1 384 899	1 162 717
3. 经营活动现金流量净额	1 015 698	780 486	711 414
4. 投资活动现金流入	149 463	572 870	313 316
5. 投资活动现金流出	670 038	462 981	808 990
6. 投资活动现金流量净额	−520 575	109 888	−495 673
7. 筹资活动现金流入	221 286	17 337	551 415
8. 筹资活动现金流出	603 866	824 765	748 680
9. 筹资活动现金流量净额	−382 580	−807 427	−197 264
10. 现金及等价物增加额	112 604	82 746	18 476

表 7-8　2001—2003 财务比率分析表　　单位：%

指　标	2003-12-31	2002-12-31	2001-12-31
流动性比率			
流动比率	1.01	0.88	1.07
速动比率	0.91	0.77	1
长期偿债能力			
资产负债率	0.33	0.38	0.42
债务对权益比率	0.26	0.31	0.35
利息保障倍数	12.5	9.09	5.26

续表

指　标	2003-12-31	2002-12-31	2001-12-31
运营能力			
应收账款周转率	9.96	9.91	12.6
存货周转率	19.41	13.32	13.97
总资产周转率	0.46	0.39	0.34
获利能力			
资产收益率/%	12.71	8.56	9.35
权益回报率/%	15.87	10.11	12.31
销售毛利率	28.85	27.83	27.96
销售净利率	23.24	21.8	22.99
净资产收益率	18.56	14	15.71

(二)案例分析

1. 财务报表各项目分析

以时间距离最近的 2003 年度的报表数据为分析基础。

1)　资产分析

(1)　首先公司资产总额达到近 533 亿元，规模很大，比 2002 年增加了约 11%，2002 年比 2001 年增加约 2%，这与该公司 2003 年的一系列收购活动有关，从中也可以看出企业加快了扩张的步伐。

其中绝大部分的资产为固定资产，这与该行业的特征有关：从会计报表可以看出，固定资产当中发电设施的比重相当高，约占固定资产的 92.67%。

(2)　应收账款余额较大，却没有提取坏账准备，不符合谨慎性原则。

2)　负债与权益分析

华能国际在流动负债方面 2003 年年底比 2002 年年底有显著下降，这主要是由于其偿还了部分到期借款。

华能国际的长期借款主要到期日集中在 2004 年和 2006 年以后，在这两年左右公司的还款压力较大，需要筹集大量的资金，需要保持较高的流动性，以应付到期债务。这就要求公司对于资金的筹措做好安排。

3)　收入与费用分析

(1)　华能国际的主要收入来自于通过各个地方或省电力公司为最终用户生产和输送电力而收取的扣除增值税后的电费收入。它根据每月月底按照实际上网电量或售电量的记录在向各电力公司控制与拥有的电网输电之时发出账单并确认收入结算电价。因此，电价的高低直接影响到华能国际的收入情况。随着我国电力体制改革的全面展开，电价由原来的计划价格逐步向“厂网分开，竞价上网”过渡，电力行业的垄断地位也将被打破，因此再想获得垄断利润就很难了。国内电力行业目前形成了电监会、五大发电集团和两大电网的新格局，五大发电集团将原来的国家电力公司的发电资产划分成了五份，在各个地区平均持有，现在在全国每个地区五大集团所占有的市场份额均在 20%左右。华能国际作为五大国有发电集团旗舰公司之一，正在通过不断地收购母公司所属电厂，增大发电量，抢占市场份额，从而形成规模优势。

(2) 华能国际属于外商投资企业，享受国家的优惠税收政策，因此而带来的税收收益约为 4 亿元。

(3) 华能国际 2003 年比 2002 年收入和成本有了大幅度的增加，这主要是由于前面所提及的收购的几家电厂纳入了华能国际的合并范围所引起的。但是从纵向分析来看，虽然收入比去年增加了 26%，但主营业务成本增加了 25%，主营业务税金及附加增加了 27.34%，管理费用增加了 35%，均高于收入的增长率，这说明华能国际的成本仍然存在下降的空间。

2. 比率分析

1) 流动性比率

流动性比率是最常用的财务指标，它用于测量企业偿还短期债务的能力。

其计算公式为

流动性比率=流动资产/流动负债

一般来说，流动性比率越高，企业偿还短期债务的能力越强。

速动比率是指速动资产对流动负债的比率。它是衡量企业流动资产中可以立即变现用于偿还流动负债的能力。

其计算公式为

速动比率=(流动资产−存货−预付账款−待摊费用)/流动负债总额×100%

公司 2001—2003 年间的流动比率先降后升，但与绝对标准 2∶1 尚有很大差距，与行业平均水平约 1.35 也有差距，值得警惕。特别是 2004 年是华能还款的一个小高峰，到期的借款比较多，必须要预先做好准备。公司速动比率与流动比率发展趋势相似，并且 2003 年的数值为 0.91，接近于 1，与行业标准相差不多，表明存货较少，这与电力行业的特征有着密切的关系。

2) 资产管理比率

资产管理比率是用来衡量公司在资产管理方面效率的财务比率，即用于衡量公司资产周转状况的指标。

其计算公式为：

存货周转率=销货成本/平均存货

应收账款周转率=年销售收入/年平均应收账款余额

总资产周转率=年销售收入/资产总额

公司资产管理比率数值 2002 年比 2001 年略有下降，2003 年度最高。其中，存货周转率 2003 年度超过行业平均水平，说明管理存货能力增强，物料流转加快，库存不多。应收账款周转率远高于行业平均水平，说明资金回收速度快，销售运行流畅。公司 2003 年资产总值增长较快，销售收入净额增长也很快，所以资产周转率呈快速上升趋势，在行业中处于领先水平，说明公司的资产使用效率很高，规模的扩张带来了更高的规模收益，呈良性发展。

3) 资产负债比率

资产负债率也叫举债经营比率，是负债总额除以资产总额的百分比，反映在总资产中有多大比例是通过举债来筹资的，也可以衡量企业清算时保护债权人利益的程度。

$$资产负债率=(负债总额/资产总额)\times 100\%$$

公式中的负债总额包括长期负债和短期负债。资产总额是扣除累计折旧后的净额。

资产负债比率越高表明企业负债程度越高，债权人承担的风险也就越大。

4) 盈利能力比率

盈利能力比率是指企业正常经营赚取利润的能力，是企业生存发展的基础，反映企业盈利能力的指标很多，通常使用的主要有销售净利率、销售毛利率、资产净利率、资产回报率、每股收益率。

(1) 销售净利率。

销售净利率是指净利与销售收入的百分比，其计算公式为：

$$销售净利率=(净利\div 销售收入)\times 100\%$$

该指标反映每一元销售收入带来的净利润的多少，表示销售收入的收益水平。销售净利润率越高表明企业获利能力越强。

(2) 销售毛利率。

销售毛利率是毛利占销售收入的百分比，其中毛利是指销售收入与销售成本的差。其计算公式如下：

$$销售毛利率=[(销售收入-销售成本)\div 销售收入]\times 100\%$$

毛利率是企业销售净利率的最初基础，没有足够大的毛利率便不能盈利，销售毛利率越高表明企业获利能力越强。

(3) 资产净利率。

资产净利率是企业净利与平均资产总额的百分比，需要通过与同行业其他企业的水平相比较才能得出结论。

$$平均资产总额=(期初资产总额+期末资产总)\div 2$$

资产净利计算公式为：

$$资产净利率=[(净利润-优先股股息)\div 平均资产总额]\times 100\%$$

该指标越高，表明资产的利用效率越高，说明企业在增收节支和节约资金使用等方面取得了良好的效果。

(4) 每股收益。

每股收益=权益回报率=(净利润-优先股股息)/平均普通股股权

此数值要通过与同行业其他企业的水平相比较才能得出结论。

公司获利能力指标数值基本上均高于行业平均水平，处于领先地位，特别是资产收益率有相当大的领先优势。各项指标显示在 2002 年比 2001 年略有下降，这可能与煤炭等资源的大幅度涨价有关。而 2003 的年有了大幅度的增长，这说明公司 2003 年的并购等一系列举措获得了良好的效果和收益。

二、案例研究 2：伪造客户资料骗取银行贷款案例的分析

(一)案例展示

2013 年 3 月，石家庄的张先生准备通过按揭的方式购买住房。当他向银行申请按揭贷款时，却被告之他已在华夏银行办理了 30 余万元的按揭贷款，并且已有逾期 9 年未还的不良记录，银行对他的贷款要求给予回绝。后经了解查实，某开发商通过不法手段获得了张先生的身份证复印件，并伪造了张先生的贷款资料，在石家庄华夏银行某支行骗取了近 30 万元的贷款。张先生无辜地背上了近 30 万元的债务，感到十分气愤。目前，他正积极准备诉诸法律，为自己讨回公道。

(二)案例分析

此案是一起明显的诈骗银行贷款案件。石家庄华夏银行某支行在办理按揭贷款过程中，严重违规操作，不认真审核贷款人的资料，不与贷款申请人本人见面，仅凭开发商提供的伪造的贷款人书面资料就发放贷款，不仅使自身受到了损失，而且也给张先生带来了严重的伤害。本案中，石家庄华夏银行某支行在为诈骗分子行骗打开方便之门的同时，自己也成了受害者。

(1) 银行要精心选择合作对象。当前，贷款市场竞争十分激烈，贷款企业良莠不齐。我们在选择贷款合作对象时，一定要擦亮眼睛，精心挑选，选择那些资信好、信誉高的企业进行合作，不能为了争夺市场、抢占客户而盲目地与他人合作，否则最终遭受损失的只能是自己。

(2) 违规违章操作必然要承担风险。违规违章与风险是一对孪生兄弟，只要违规违章，风险就会伴随。因此，不论我们办理何种业务，都要遵守操作规程，严格按照操作规程办理业务，这样就可以远离风险，避免遭受损失。

(3) 加强业务学习，提高自身素质。实际工作中，员工对每笔业务的风险环节和风险点并不是十分熟悉，也不知道如何控制业务风险，这也是风险得不到控制的重要原因。商业银行总行下发的《业务操作指南》，对每笔业务的风险环节、风险点都做了系统描述和提示，

同时，也给出了具体控制措施。对此，我们要认真学习，切实把握业务的风险所在，掌握控制风险的方法，杜绝和减少案件事故的发生。

三、案例研究 3：这笔贷款的主要问题是什么

(一)案例展示

2003 年 6 月，某行对亨利贸易公司发放贷款 450 万元，期限为 6 个月，由 AAA 级企业启明贸易公司担保。贷款到期后，由于亨利贸易公司管理不善，企业经营处于停顿状态，无力偿还到期贷款。该行即对担保单位进行催收，被启明贸易公司拒绝之后，该行对担保单位依法提起诉讼，由于败诉造成贷款债权悬空。

(二)案例分析

造成败诉的原因是贷款担保不具真实性。原来，担保单位在签订担保合同时，仅同意担保 200 万元，为解决担保金额不足的问题，在寻找新的担保单位或足额担保十分困难的情况下，亨利贸易公司隐瞒银行和担保单位双方，擅自将担保合同金额更改为 1200 万元(大写金额则在贰百万元前加上壹仟)。而该行信贷员违反操作规程，未到担保企业核对贷款保证，仅凭“担保企业为 AAA 级，且双方企业均与该行有多年的信贷关系，以往也有过类似的担保，担保应没有问题”的主观臆断，就出具了“经过核保，该笔贷款保证金额充足，风险较低”的贷前调查意见，造成贷款决策失误，致使担保单位以借款企业与银行联合欺诈为由庭审胜诉，该行贷款债权因而悬空。

【复习思考】贷款程序是什么？

习　　题

一、名词解释

贷款业务、通知贷款、透支贷款、定期贷款、信用贷款、担保贷款、票据贴现、自营贷款、委托贷款、特定贷款、消费贷款、财务比率分析、工商企业贷款、住房按揭贷款、回购担保

二、填空题

1. 按贷款期限划分，可将商业银行的贷款分为_______、_______和定期贷款。
2. 按贷款的保障性划分，可将商业银行的贷款分为_______、_______和票据贴现。
3. 按贷款人对贷款的自主权划分，商业银行贷款可分为_______、_______和_______。

4. 借款人应具备的基本条件是________、________。

5. 商业银行应当按照________、________的贷款管理制度进行贷款的审批。

6. 所谓商业银行的贷款“三查”制度指的是________、________和贷后检查。

7. 国际通行的商业银行对借款人信用分析的基本内容是“6C”原则，即________、________、________、________、________和________。

8. 信用分析中的财务报表分析的财务报表指的是________、________、________和________。

9. 财务比率分析有________、________、________和________。

10. 银行认定借款人资料的真实性和合法性，这一环节应属于________阶段。

三、判断题

1. 单利法计算时利息并不计入本金生利。（　）

2. 反映借款人经营管理水平和盈利能力大小及发展前景的财务报表是资产负债表。（　）

3. 在办理质押贷款时，银行不必占有质押物。（　）

4. 一般情况下，流动比率越高，反映借款人偿还短期债务的能力越差。（　）

5. 担保作为第二还款来源，可以确保贷款本息按时足额偿还。（　）

6. 在办理保证贷款中，当借款人违约或无力还款时，由保证人按约定履行债务或承担相应的责任。（　）

四、多项选择题

1. (　　)属于担保贷款。

A. 信用贷款　B. 保证贷款　C. 抵押贷款　D. 质押贷款

2. 按贷款的经营方式划分可将贷款分为(　　)。

A. 自营贷款　B. 委托贷款　C. 信用贷款　D. 担保贷款

3. 银行对贷款企业贷前调查的内容包括(　　)。

A. 法人代表品行　B. 借款合法性　C. 借款安全性　D. 借款盈利性

4. 按贷款的保障性划分贷款可分为(　　)。

A. 委托贷款　B. 信用贷款　C. 票据贴现贷款　D. 担保贷款

5. 贷款审查的基本内容包括(　　)。

A. 原因　B. 额度　C. 期限　D. 用途

五、简答题

1. 简述贷款的程序。

2. 消费贷款的特点有哪些？

六、分析题

一家房地产公司分两期开发某一楼盘。一期多层已经封顶并已经预售 80%的住房。企业申请贷款 3000 万元，理由是 3000 万元用于第一期工程住房的配套设施建设。这样的企业能正常归还贷款吗？银行应该贷款吗？

第八章

商业银行证券资产管理

本章精粹：

- 证券投资业务概述。
- 商业银行的证券投资分析。
- 案例研究 1：成也资本，败也资本。
- 案例研究 2：金融衍生产品。

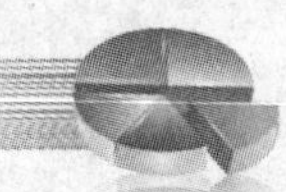

案例导入 雷曼兄弟破产的启示

雷曼兄弟的破产引发了全球性的金融恐慌，前美联储主席格林斯潘甚至因此预言：美国将遇百年危机！在各国央行纷纷采取措施努力减少这场金融危机给本国带来的负面影响，各国股市也因此狂泻不止之时，一个很严肃的问题摆在我们面前：究竟谁是这场浩劫的元凶呢？

有学者指出，雷曼兄弟的破产宣告了一个时代的结束，人们必须从金融衍生品的疯狂炒作中警醒，把资源重新配置到制造业等实体经济上来，只有实体经济稳步发展，金融安全才能得到保证。

这样的观点似乎很有道理，自次贷危机以来，包括贝尔斯登和雷曼兄弟在内的几乎所有金融机构的破产无不与其衍生品有瓜葛，而且最终点燃炸药包的那根导火索也恰恰就是衍生品。看来，衍生品是罪责难逃了。其实，关于衍生品是否危及金融安全的争论自衍生品诞生的第一天起就从来没有停止过。那么，这场由次贷引发的金融危机真是衍生品之过吗？

次贷危机最显著的特征是金融机构的住房抵押贷款损失，而损失的“业务根源”是住房贷款的定价出了问题：当金融机构无法确定整个贷款期房地产在各个时点的各种可能价值的时候，当然也就无从知晓期房贷款价格与抵押物价值之间究竟是一种什么样的关系。在这种情况下发放住房贷款，无异于盲人摸象。一旦抵押物在某个时点上发生价值崩溃，贷款也就自然泥牛入河了。那么，究竟是什么原因使得华尔街的金融精英们在这样一个简单的道理面前无所作为呢？

为了求解其详，我们不妨先把目光转移到华尔街的固定收益证券交易上来。固定收益证券交易被认为是华尔街最成熟的交易之一，不仅给金融机构带来了丰厚的利润，而且也从未发生过类似次贷这样的危机，很重要的一个原因就是，金融机构的宽客们(注：从事金融产品交易与定价的计量分析师)早已熟练掌握了一套技巧，能够在证券交易之初就准确测算未来各个时点的证券价格和市场预期的折现率与波动率，并由此准确计算交易证券的当前价值。著名金融学家布莱克、德尔曼和托伊建立的 BDT 模型就是其中较为成熟有效的方法之一，而它之所以能够做到这一点，很大程度上得益于一种金融衍生品的帮助，这种衍生品就是证券期权。期权的市场交易价格可以使我们准确地判断出市场对于某项资产波动率的预期，而这些宝贵的波动率恰恰是给资产定价的重要基础，有了它，宽客们当然就有办法对自己的交易对象进行定价了。

反观次贷市场，由于市场上没有一种广泛的关于房地产的期权在交易，因此金融机构的分析师们无法掌握未来房地产价格波动的市场预期值，这就使得他们计算贷款价格的草稿纸上少了一个重要的方程，而他们又无法用 n-1 个方程算出 n 个未知量的唯一解来，这种情况下给住房贷款定价可不就是盲人摸象吗？

如此看来，次贷危机的根源不是衍生品太多了，而是太少，是交易得太不充分了。试想，如果美国的金融市场上确实存在一种充分交易的房地产期权的话，房贷定价还会像现在这样盲目吗？所以说，把次贷危机的罪责推到衍生品身上的观点是没有科学根据的，也是不负责任的。

当然，我们说华尔街的精英们玩了一把盲人摸象，并不是说这些人真的到了“做事不讲道理”的地步，实际上，次贷本身是符合金融机构一贯推崇的资产组合原理的。根据资产组合原理，多样化的风险资产可以降低风险水平。这种观点在投行圈中已经盛行了至少40年，然而次贷危机从实践的层面上证明这是错的！真正的风险降低的最基本要素有两个：一是风险对冲，二是准确定价。很显然，贝尔斯登也好，雷曼兄弟也罢，他们都未能从这两个基本点出发，所以最终只能用自己的逝去之身警示后人了。

把视线再转回到国内，中国的金融管理者和金融机构可以从次贷危机中学会哪些东西呢？首先，金融安全与衍生品并不矛盾，相反，衍生品的交易深度与广度越充分，金融安全也越有保障。然而中国的现实却是，除了有限的几种期货外，我们根本就没有一个可以称得上市场的金融衍生品市场，这种弊端必将在抵御危机的后期显现出来；其次，多样化投资不能有效降低风险。雷曼兄弟一垮台，国内好几家银行都跟着病倒，因为持有人家的债权，或者有住房贷款衍生出的其他产品。我虽然不知道当初中国的银行购买这些债券或产品的动机是什么，但如果是受了资产组合思想的影响的话，我真心希望这些银行能够从此改变原有的风险管理模式，把最新的成果运用到经营中。

雷曼兄弟的破产的确宣告了一个时代的结束——一个停留在传统资产组合思想管理投资的时代，一个没有衍生品协助定价就贸然投资的时代。当然，我们也会面临一个新时代开启的机遇，问题是我们能够抓住这个机遇吗？

(资料来源：田立. 该死的资产组合理论. http://www.news hexun.com/，2008-9-20.)

第一节　证券投资业务概述

商业银行证券投资业务是商业银行除贷款业务外的一项重要的资产业务，它不仅为银行带来了可观的收益，也提高了商业银行资产的流动性和规避经营风险的能力。我们应该深刻了解商业银行的证券投资业务，熟悉商业银行的证券投资策略，掌握商业银行证券投资分析的方法。

一、证券投资的概念及特征

证券是各种权益凭证的总称。它有广义和狭义之分，广义的证券包括商品证券、货币证券、资本证券和其他证券；狭义的证券仅指资本证券。

证券投资是商业银行为了获取一定的收益而承担一定的风险，将资金用于购买有价证券的行为。作为投资工具，债券的主要投资特征如下。

(一)安全性高

由于债券发行时就约定了到期后可以支付的本金和利息，故其收益稳定、安全性高。特别是国债，其本金及利息的给付是由政府作担保的，几乎没有什么风险，是具有较高安全性的一种投资方式。

(二)收益高于银行存款

在我国，债券的利率高于银行存款的利率。投资于债券，投资者一方面可以获得稳定的、高于银行存款的利息收入；另一方面可以利用债券价格的变动，买卖债券，赚取价差。

(三)流动性强

上市债券具有较好的流动性。当债券持有人急需资金时，可以在交易市场随时卖出，而且随着金融市场的进一步开放，债券的流动性将会不断加强。

二、证券投资的功能及对象

证券投资具有分散风险、获取稳定的收益、保持流动性、合理避税的主要功能。

各国银行法对银行证券投资行为都制定了程度不同的限制性条款，尤其是对银行证券投资的对象，各国采取了不同的政策。但总的来说，银行证券投资对象包括四大类，即政府债券、金融债券、企业债券和股票等。

(一)政府债券

1. 中央政府债券

中央政府债券(又称国家债券)是指由中央政府的财政部发行的借款凭证。国家债券是银行证券投资的主要种类，原因有以下几点：一是安全性高；二是流动性强；三是抵押代用率高。

国家债券按期限长短可以分为短期和中长期国家债券，短期国家债券通常称为国库券，中长期国家债券通常称为公债。

(1) 国库券。国库券是以贴息方式发行的短期政府债券。所谓贴息方式发行是指债券票面不标明收益率，而是按低于票面的价格出售给投资者，到期由财政部按面值收回债券，销售和收回的价格差异即为投资者的收益。

国库券发行的期限在 1 年以下，一般有 1 个月、3 个月、6 个月、9 个月、12 个月等不同期限。所筹资金主要用于中央财政预算平衡后的临时性开支。由于国库券期限短、风险低、流动性高，是商业银行证券投资最主要的组成部分。

(2) 中长期国债。中长期国债是政府发行的中长期债务凭证，1～10 年的为中期国债，10 年以上的为长期国债，所筹资金用于平衡中央财政预算赤字。中长期债券一般在票面标明价格和收益率，购买时按票面价格支付款项，财政部定期付息，到期归还本金。中长期债券由于期限长，收益率比国库券高。

2. 政府机构证券

政府机构证券是指除中央财政部门以外其他政府机构所发行的债券。政府机构债券通常以中长期债券为主，流动性不如国库券，但它的收益率比较高。它虽然不是政府的直接债务，但通常也受到政府担保，因此债券信誉比较高，风险比较低。

3. 地方政府债券

地方政府债券是由地方政府发行的，所筹资金多用于地方基础设施建设和公益事业发展。地方政府债券的发行和流通市场不如国家债券活跃，除了一些信用较高的地方政府发行的债券可以在全国范围内发行并流通外，大部分都集中在本地，流动性不强。地方政府债券通常按面值出售，由于投资地方政府债券可以免缴投资收益的中央所得税和地方所得税，因此地方政府债券的税后收益率比较高。在西方国家，商业银行成为地方政府债券的大买主。

(二)公司债券

公司债券是企业对外筹集资金而发行的一种债务凭证。由于公司债券与政府债券相比税后收益率比较低，风险又比较高，所以，公司债券在二级市场上的流动性不如政府债券。为了保障商业银行投资的安全，许多国家在银行法中规定，仅允许商业银行购买信用等级在投资级别以上的公司债券。一旦公司债券信用等级降到可投资级别以下，银行要及时调整持有的债券品种，减少损失。

(三)股票

股票是股份公司发行的证明股东在公司中投资入股并能据此获得股息的所有权证书，它表明投资者拥有公司一定份额的资产和权利。由于工商企业股票的风险比较大，因而大多数西方国家在法律上都禁止商业银行投资工商企业股票，只有德国、奥地利、瑞士等少数国家允许。但是随着政府管制的放松和商业银行业务综合化的发展，股票作为商业银行的投资对象已成为必然的趋势。

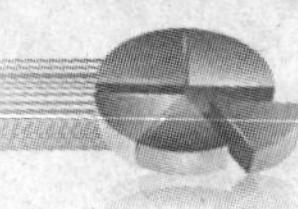

(四)银行承兑票据

银行承兑票据是银行对从事进出口等业务的客户提供的一种信用担保，银行承诺在任何条件下都会偿付其客户的债务，并从被担保者那里收取一定的费用。由银行承兑的票据是一种安全的投资工具，有较大的市场规模，信誉好的银行承兑票据还可以申请获得中央银行的贴现。银行承兑票据的交易可以增加银行的流动性资产并获得投资收益。

(五)创新的金融工具

20 世纪 70 年代以来，由于金融创新的加快，金融衍生工具的交易也成为银行投资的新选择，包括远期交易、货币互换、金融期货与期权等。这些金融衍生工具的交易量在有些西方发达国家的银行已超过原生金融工具的交易规模。它们为银行开辟了新的投资渠道，也为银行增加了新的投资风险。

按照我国《商业银行法》的规定，商业银行的证券投资仅限于信用可靠、安全性、流动性强的政府债券(如国库券)和金融债券，禁止投资企业债券和股票。按照规定，我国商业银行不得从事以下五种投资：不得从事信托投资；不得从事证券经营业务；不得投资于非自用不动产；不得向非银行机构投资；不得向企业投资，但国家另有规定的除外。这就为今后业务的拓展和扩大经营范围留有了余地。

三、证券投资的风险及其防范

(一)信用风险

信用风险也称违约风险，指债务人到期不能偿还本息的可能性。由于银行投资主要集中在政府证券上，这类证券多以财政税收作为偿付本息的保障，故违约风险不高。银行证券投资中还有一部分是公司债和外国债券，这部分债券存在着真实违约的可能性。在市场经济发达的国家里，银行在进行投资分析时，除了直接了解和调查债务人的信用状况外，更多的是依据社会上权威信用评级机构对债券所进行的评级分类，来评定其经营风险的大小，调整其经营组合以此对证券进行选择和投资决策。如表 8-1 所示为债券评级标准及划分依据。

表 8-1　债券评级标准及划分依据

穆　迪	标准普尔	费　奇	金融世界	评级标准
投资等级				
Aaa	AAA	AAA	A^+	质量最高，风险最小
Aa	AA	AA	A	质量高，财务状况比上面略弱

续表

穆　迪	标准普尔	费　奇	金融世界	评级标准
投资等级				
A	A	A		财务能力较强，易受经济条件变化的影响
Baa	BBB	BBB	B^+	中间等级，当期财务状况较强，缺乏优异的投资特征
投机等级				评级标准
Ba	BB	BB	B	具有投机特征，当期尚能支付利息，但未来不确定
B	B	B	C^+	较高投机性，对本利的偿还不确定
Caa－	CCC	CCC	$C\cdots D^+$	高度投机，违约可能性很大
Ca	CC	DDD	D	已经违约

各国对信用风险的规避方法主要有：金融监管部门鼓励银行购买投资级证券，有些国家甚至不允许银行购买投机级证券，以保障银行投资组合的质量。

(二)通货膨胀风险

通货膨胀风险是指由于通货膨胀而使货币购买力下降的风险。通货膨胀期间，投资者的实际利率应该是票面利率扣除通货膨胀率。若债券利率为10%，通货膨胀率为8%，则实际的收益率只有2%。购买力风险是债券投资中最常出现的一种风险。

通货膨胀风险的规避方法是：对于购买力风险，最好的规避方法就是分散投资，以分散风险，使购买力下降带来的风险能为某些收益较高的投资收益所弥补。通常采用的方法是将一部分资金投资于收益较高的投资品种上，如股票、期货等，但随之带来的风险也增加。

(三)变现能力风险

变现能力风险是指投资者在短期内无法以合理的价格卖掉债券的风险。如果投资者遇到一个更好的投资机会，他想出售现有债券，但短期内却找不到愿意出合理价格的买主，要把价格降得很低或者要等待很长时间才能找到买主，那么，他不是遭受降价的损失，就是丧失新的投资机会。

变现能力风险的规避方法是：针对变现能力风险，投资者应尽量选择交易活跃的债券，如国债等，以便于得到其他人的认同，对信用评级低的债券最好不要购买。在投资债券之前也应准备一定的现金以备不时之需，毕竟债券的中途转让不会给债券持有人带来好的回报。

(四)经营风险

经营风险是指发行债券单位的管理与决策人员在其经营管理过程中发生失误，导致资产减少而使债券投资者遭受损失。

经营风险的规避方法是：为了防范经营风险，选择债券时一定要对公司进行调查，通过对其报表进行分析，了解其盈利能力和偿债能力、信誉等。由于国债的投资风险极小，而公司债券与政府债券相比其利率较高但投资风险较大，所以，债券持有人需要在收益和风险之间做出权衡。

(五)违约风险

违约风险是指发行债券的公司不能按时支付债券利息或偿还本金，而给债券投资者带来的损失。

违约风险的规避方法是：违约风险一般是由于发行债券的公司经营状况不佳或信誉不高带来的风险，所以在选择债券时，一定要仔细了解公司的情况，包括公司的经营状况和公司对以往债券的偿付情况，尽量避免投资经营状况不佳或信誉不好的公司债券。在持有债券期间，应尽可能对公司经营状况进行了解，以便及时做出债券交易的选择。同时，由于国债的投资风险较低，保守的投资者应尽量选择投资风险低的国债。

(六)再投资风险

再投资风险是指购买短期债券，而没有购买长期债券，会有再投资风险。例如，长期债券利率为 14%，短期债券利率为 13%，为减少利率风险而购买短期债券。但在短期债券到期收回现金时，如果利率降低到 10%，就不容易找到高于 10%的投资机会，还不如当期投资于长期债券，仍可以获得 14%的收益，所以再投资风险也是一个利率风险问题。

再投资风险的规避方法是：对于再投资风险，应采取的防范措施是分散债券的期限，长短期配合，如果利率上升，短期投资可迅速找到高收益投资机会；若利率下降，长期债券却能保持高收益。也就是说，要分散投资，以分散风险，并使一些风险能够相互抵消。总之，不要把所有的鸡蛋放在同一个篮子里。

第二节　商业银行的证券投资分析

影响证券投资的因素非常复杂，有宏观因素和微观因素。宏观因素包括经济因素和政治因素。经济因素包括经济周期、利率、货币供应量等方面；政治因素有政府出台的一些法规和政策。微观因素有公司的资本结构、财务状况、经营管理水平、盈利能力、竞争实力等。如果投资者对政治经济以及公司经营管理情况和问题一无所知或知之甚少，那么，其投资活动就将面临极大的风险。西方国家商业银行证券投资的对象通常有债券、股票等，但对股票投资一般都有限制。我国商业银行证券投资的对象是政府债券和政策性金融债券，我国法律禁止商业银行投资股票业务。

一、证券投资的收益性分析

对于债券投资而言，主要是以获取利息为主，还可以根据市场行情的高低，相机买卖，以赚取市场价差。证券市场越成熟，证券发行公司的经营管理和经营效益状况对证券价格的影响及对投资者的收益影响就越大。

(一)影响证券价格的因素

1. 影响证券价格的宏观因素

影响证券价格的宏观因素很多，一般说来包括如下几项。

(1) 国民生产总值。它反映了一国经济的基本形势，一般来说，国民生产总值增长率越高，说明该国经济发展越快，企业的利润水平上升，证券行情看好。

(2) 通货膨胀。它对证券价格的影响是错综复杂的，一方面，它使企业的账面利润有所上升，使证券价格有上升的趋势；另一方面，过高的通胀会造成对企业未来经济状况恶化及政府紧缩政策的预期，造成股价下降。

(3) 经济周期。它对证券价格尤其是股价影响明显，一般在经济复苏和高涨阶段，股价上升，在经济衰退阶段，股价则下跌，而且，股价变动往往先于经济周期波动，因而是经济的“晴雨表”。

(4) 市场利率水平。它与证券价格密切相关，一般利率水平上升，证券价格下挫；而利率水平下跌，证券价格上涨。

(5) 各种非经济因素。例如政权的更迭、国家领导人的更替、战争、内乱等，这些因素是通过影响经济因素来间接影响证券价格的。

另外，还有许多影响证券行情的宏观经济因素，如国家证券方面的税收、汇率、贸易赤字、财政赤字、新证券的发行量等。

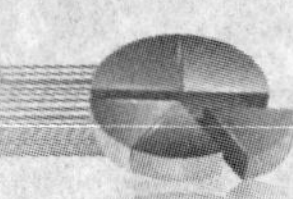

2. 影响证券价格的微观因素

微观因素不对整个证券市场发生直接影响，仅仅作用于单一证券或某一类证券。股票的微观分析着重分析发行公司的盈利状况和潜力、资产规模和结构、负债结构、企业组织情况、管理效率、领导人能力、股利分配政策等因素，从而考虑该股票投资的安全性和预期可能的收益状况。对于商业银行来说，微观分析对保证证券投资的长期安全、稳定盈利有着极其重要的意义。

另外，对证券的基本分析还包括对证券内在价值的估计，这种估计是建立在预期股利收入贴现基础之上的。

(二)影响债券投资收益的因素

1. 债券的票面利率

债券的票面利率越高，债券的利息收入就越高，债券收益也就越高。债券的票面利率取决于债券发行时的市场利率、债券期限、发行者的信用水平、债券的流动性水平等因素。发行时市场利率越高，票面利率就越高；债券期限越长，票面利率就越高；发行者的信用水平越高，票面利率就越低；债券的流动性越高，票面利率就越低。

2. 市场利率与债券价格

债券的利率在发行时就是确定的，一般比市场利率略高。当市场利率降低时，加大了债券与市场的利率差，债券的收益相对提升，人们购买债券的积极性提高，引起债券价格上涨；当市场利率提高时，减少了债券与市场的利率差，债券的收益相对降低，人们购买债券的积极性降低，引起债券价格下跌。

3. 债券的投资成本

债券投资的成本大致有购买成本、交易成本和税收成本三部分。购买成本是投资人买入债券所支付的金额(购买债券的数量与债券价格的乘积，即本金)。交易成本包括经纪人佣金、成交手续费和过户手续费等。目前国债的利息收入是免税的，但企业债的利息收入还需要缴税，机构投资人还需要缴纳营业税，税收也是影响债券实际投资收益的重要因素。债券的投资成本越高，其投资收益也就越低。因此债券投资成本是投资者在比较选择债券时所必须考虑的因素，也是在计算债券的实际收益率时必须扣除的。

4. 市场供求、货币政策和财政政策

市场供求、货币政策和财政政策会对债券价格产生影响，从而影响到投资者购买债券的成本，因此市场供求、货币政策和财政政策也是我们考虑投资收益时所不可忽略的因素。

债券的投资收益虽然受到诸多因素的影响，但是债券本质上是一种固定收益的金融工具，其价格变动不会像股票一样出现太大的波动，因此其收益是相对固定的，投资风险也较小，适合于想获取固定收入的投资者。

二、证券投资收益率

商业银行进行证券投资的最主要目的就是为了获得收益。证券投资收益的高低，主要通过证券投资收益率来反映，它是投资收益额与投资额的比率。证券投资的收益由两部分组成：一部分是利息收益，如债息、股息红利等；另一部分是资本得利，即证券市场价格变动所带来的收益。

债券的利息收益在债券发行时就已确定，除了保值贴补债券和浮动利率债券以外，债券的利息收入不会改变，投资者在购买债券前就可得知。债券投资的资本利得是指债券买入价与卖出价或买入价与到期偿还额之间的差额。同股票的资本利得一样，债券的资本利得可正可负，当卖出价或偿还额高于买入价时，资本利得为正，这就是资本收益；当卖出价或偿还额低于买入价时，资本利得为负，此时可称为资本损失。投资者可以在债券到期时将持有的债券兑现或是利用债券市场价格的变动低买高卖从中取得资本收益，当然，也有可能遭受资本损失。

证券投资收益的计算方法有两种：一是单利法，二是复利法。西方各国银行多采用复利计算法，我国银行则采用单利计算法。

(一)债券收益率的衡量指标

债券收益率的衡量指标有票面收益率、直接收益率、持有期收益率、到期收益率和贴现债券收益率等，这些收益率分别反映了投资者在不同买卖价格和持有年限情况下的实际收益水平。

1. 票面收益率

票面收益率又称名义收益率或票息率，指债券票面上注明或发行时规定的利率，即年利息收入与债券面额之比率。投资者如果将按面额发行的债券持有至期满，则所获得的投资收益率与票面收益率应该是一致的。

票面收益率= (利息/票面额)×100%

票面收益率只适用于投资者按票面金额买入债券持有直至期满并按票面金额偿还本金这种情况，它没有反映债券发行价格可能与票面金额不一致的情形，也没有考虑投资者中途卖出债券的可能性。

例如，一张面值 100 元的 1994 年国债，期限两年，票面利率为 13%，到期利随本清。这样，债券的名义收益率就是 13%。但由于债券的市场价格随着时间的推移会经常发生变化，受通货膨胀等因素的影响，其实际收益率往往与名义收益率有很大的差异，通常情况下是实际收益率低于名义收益率。

持有期间收益率=(出售价格-购入价格+持有期间总利息)/(购入价格×持有期间)×100%

2. 直接收益率

直接收益率也称债券即期收益率、当前收益率、本期收益率，指的是债券的年利息收入与买入债券的实际价格之比率。由于买入时间不同，债券的买入价格可以是发行价格，也可以是流通市场上的当期交易价格，它可能等于债券面额，也可能高于或低于债券面额。

本期收益率反映了投资者的投资成本所赢得的实际利息收益率，这对那些每年从债券投资中获取一定现金利息收入的投资者来说很有意义。本期收益率也有不足之处，它是一个静态指标，和票面收益率一样，不能全面地反映投资者的实际收益，因为它忽略了资本损益，既没有计算投资者买入价格与持有债券期满按面额偿还本金之间的差额，也没有反映买入价格与到期前出售或赎回价格之间的差额。

例如：某债券面额为 1000 元，票面利率为 5%，投资者以 950 元的价格从市场购得，则投资者可获得的直接收益率为：1000×5%/950×100%，其收益率是 5.26%。在本例中，投资者以低于债券面额的价格购得债券，所以其实际的收益率高于票面利率。(不考虑其他成本，以下同)

直接收益率=票面金额×票面利率/实际买入价格×100%

3. 持有期收益率

持有期收益率是指买入债券后只持有一段时间，并在债券到期前将其出售而得到的收益率，它考虑到了持有债券期间的利息收入和资本损益。

例如：一个债券面额 1000 元，期限为 5 年，票面利率为 10%。以 950 的发行价向社会公开发行，这个投资者认购后持有至第三年年末以 990 的价格卖出，问债券持有期的收益率是多少。

债券持有期间的收益率=(卖出价格-买入价格+持有期间的利息)/(买入价格×持有年限)×100%=(990-950+1000×10%×3)/(950×3)=11.93%

持有期收益率比较充分地反映了实际收益率。但是，由于出售价格只有在投资者实际出售债券时才能确定，是一个事后的衡量指标，在事前进行投资决策时只能主观预测出售价格，因此，这个指标在作为投资决策的参考时，具有很强的主观性。

(二)股票投资收益率的衡量指标

1. 股票收益的来源及影响因素

股票收益是指投资者从购入股票开始到出售股票为止的整个持有期间的收入，由股利和资本利得两方面组成。股票收益主要取决于股份公司的经营业绩和股票市场的价格变化，但与投资者的经验与技巧也有一定关系。

2. 股票收益率的计算

股票的收益率来源于股息或红利、市场买卖价差和股票增值三个方面。

实际收益以股息(或红利)和市场价差为主，股票增值来源于企业历年分配结余和伴随物价上涨使企业原有资产升值的部分。

1) 股票价格

由于投资者的身份不同，人们对银行利率影响投资价格的看法也不同。一般个人投资者往往用同期银行存款利率去评价股价的高低并决定是否投资。

如果经测算，银行存款所获利息可以高于或等于股票投资所获股息，那么，投资者选择银行存款，因为存款的偿还性和风险性大大低于股票。而银行进行证券投资则要看贷款利率，如果贷款利率大大高于证券投资，银行则可能放弃或减少证券投资的数量。

例如：已知银行现行一年期放款利率为 14%，某公司股票年红利水平为 15%，则该股票的价格为(15%×100)/14%=107 元。

如果银行利率(贷款利率)调整为 16%，则该股票的价格为(15%×100)/16%=93 元。

如果利率(贷款利率)降低到 11%，则该股票的价格为(15%×100)/11%=136 元。如此时股票价格超过 136 元，银行则应放弃购买；如低于 136 元，则将有利可图。

2) 市盈率

市盈率是指某种股票市价与该种股票上年每股税后利润(红利)的比率。这是银行确定是否投资的一个重要参考指标。

市盈率=股票每股市价/每股税后利润

股票市盈率是个倍数，其高低对投资者的影响不同。市盈率高，倍数大，意味着股票的实际收益较低，不适宜长期投资。但市盈率高又反映了投资者对该股票投资的前景抱有信心，并愿意为此而付出更多的资金，意味着该股票的市场价格将呈进一步上涨趋势，短期投资可望获取较大收益。但市盈率过高，则意味着投资风险的进一步加大，以稳健经营为特征的银行不宜购买。

3) 股票收益率

银行从事证券投资的目的是为了保持银行经营的流动性和盈利性。因此，除了保留一部分信誉可靠的国债做长期投资外，银行也十分重视股票短期价格的涨落变化，力求通过机会和时间的选择，低买高卖，赚取投资差收益。

股票收益率是指收益占投资的比例，一般以百分比表示。其计算公式为

收益率=(股息+卖出价格−买进价格)/买进价格×100%

例如：一位获得收入收益的投资者，花 8000 元买进 1000 股某公司股票，一年中分得股息 800 元(每股 0.8 元)，则

$$收益率=\frac{800+0-0}{8000}\times100\%=10\%$$

一位获得资本得利的投资者，一年中经过多次买进、卖出，买进共 30 000 元，卖出共

45 000元，则

$$收益率=\frac{0+45\,000-30\,000}{30\,000}\times 100\%=50\%$$

一位投资者系收入收益与资本得利兼得者，他花6000元买进某公司股票1000股，一年内分得股息400元(每股0.4元)，一年后以每股8.5元卖出，共卖得8500元，则

$$收益率=\frac{400+8500-6000}{6000}\times 100\%=48\%$$

任何一项投资，投资者最为关心的就是收益率，收益率越高获利越多，收益率越低获利越少。投资者正是通过收益率的对比，来选择最有利的投资方式的。

第三节　案例研究

一、案例研究1：成也资本，败也资本

(一)案例展示

荣智健人生的第一桶金来自资本运营。从入股爱卡电子到创办提供电子计算机软件辅助服务的加州自动设计公司，通过股权增值和企业上市，他也从1978年的百万身家迅速飙升到了1984年的4亿元身家。6年的时间，财富增值百倍，资本的魔力无法抵挡。

当1986年荣智健加入中信香港公司出任副董事长兼总经理后，显赫的家世和人格魅力带来的丰厚人脉、“红筹”和“窗口”所带来的特殊平台、骨子里对资本运营的偏爱，各种因素开始在荣智健的骨子里一起发酵，一场在资本市场的搏杀大幕无法阻挡地掀开：以23亿港元收购国泰航空公司12.5%的股份、以5亿港元收购了港龙航空46.3%的股权并将其纳入港龙、并购泰富发展和恒昌、买壳上市、说服大股东做MBO……在一系列让人眼花缭乱的并购活动和资本运营中，中信泰富和荣智健齐齐达到了顶峰。

2009年4月8日，荣智健辞去中信泰富公司董事长职务。导致这一结果的直接原因是自2008年10月以来备受关注的中信泰富巨额亏损事件。

荣智健是著名“红色资本家”荣毅仁唯一的儿子，曾连续3年稳坐福布斯中国内地富豪排行榜三甲的位置。此次事件将成为荣智健商业生涯的一个重要转折点。

1. 回放——中信泰富炒汇巨亏事件

在香港，荣智健掌管的中信泰富被戏称为紫筹股。之所以有这个奇怪的称谓，是因为中信泰富连年业绩优良，被视为蓝筹股，而同时由于荣智健背靠中信集团，又被看作红筹公司，红色配上蓝色，自然就是紫色。但恰恰是这个被认为最安全的公司，在2008年末爆出了惊天亏损的新闻。

2. 不对等条约——亏损可无限大

2007 年中信泰富为其在澳大利亚的铁矿石项目与包括渣打银行、花旗银行等在内的 13 家银行，共签下 24 款外汇累计期权合约，其中澳元合约占最大比重。为了对冲外汇波动风险，从 2008 年起，中信泰富开始购买澳元的外汇累计期权合约，也就是做了一笔外汇衍生品的投资。

根据合约规定，每份澳元合约都有最高利润上限，当达到这一利润水平时，合约自动终止。所以在澳元兑美元汇率高于 0.87 时，中信泰富可以赚取差价，但如果该汇率低于 0.87，就不会自动终止协议，中信泰富必须不断以高汇率接盘，理论上亏损可以无限大。

3. 澳元持续贬值——中信泰富严重亏损

2008 年，一向强势的澳元兑美元的汇率出现大幅跳水、持续贬值，导致中信泰富在衍生品上出现巨额亏损。

2008 年 9 月初，中信泰富似乎察觉到合约的风险所在，于是中止部分合约，实时损失 8 亿港元。而按照当时澳元兑美元的汇率计算，中信泰富手上尚未中止的合约，账面损失高达 147 亿港元。

2008 年 10 月 20 日，中信泰富对外披露了巨亏消息，随后中信泰富主席荣智健向母公司中信集团求救。有市场人士质疑，中信泰富董事会提前知道这一消息，涉嫌虚假陈述或者串谋欺诈。这一指控已经超出了香港证监会的权限范畴，随后香港警方介入调查并在 2009 年 4 月 3 日向中信泰富发出搜查令。

2009 年 4 月 8 日，因感觉“对社会影响很大”，荣智健决定“退位让贤”。中信泰富董事会同时任命中信集团副董事长常振明接任其职。

4. 影响——荣辱即在转瞬间

荣智健这位驰骋沙场多年的巨贾，由于豪赌澳元导致中信泰富 155 亿港元的巨额浮亏而引咎“下课”。虽然荣智健仍然是公司的董事之一，但毫无疑问，此次事件将成为荣智健商业生涯中的一个重要转折点。

除去丑闻的关系，从股权结构上看，荣智健的辞职也显得正常。在去年 10 月中信泰富衍生品巨亏披露后，荣智健向母公司求救，中信集团随后给予中信泰富 15 亿美元的流动性借款，并在去年 11 月 12 日披露了一项救援计划，通过认购中信泰富发行的可转债的方式，注资 116 亿港元救助中信泰富。

按照这一计划，中信集团持有的中信泰富股份从 29.438%增加到 57.558%，而荣智健持有的股份比例从 19.078%减少到 11.475%。

30 年弹指一挥间。如果没有当初的大胆冒险，或许就没有荣智健的第一笔财富累积。但也正是因为大胆豪赌澳元杠杆式外汇买卖合约失败，才使得荣智健陷入资本的旋涡，从而从中信泰富“逊位”。可是成功了呢，或许荣智健和他的荣氏家族会将中信泰富带到一个新的高度。

成也资本，败也资本。不过，无论如何，荣智健这样一个曾经的标志性的人物，从他所亲手创立的中信泰富退场了，很多人都在揣测他此时的心境。有一段文字，我想也许能让我们接近那个转身的背影：“他应当不是眷恋这个位置，而是搁置不下一个跨国财团的兴衰与一位华人企业家的挫败伤感。那标志性的满头白发，透视出了近半个世纪的商海浮影，荣与辱，即在转瞬之间。”

(资料来源：http://www.sina.com.cn，2009-04-28.)

(二)原因分析

147亿港元亏损，并非是荣智健下台的真正原因。事实上，去年所有做远程期货对冲的国企几乎都出现了重大损失，可我们却未见哪个国有企业董事长引咎辞职了。

让荣智健最终下台的，不是147亿港元损失的本身，而是造成147亿港元损失的原因，以及损失发生之后荣氏的一些处理方式激怒了投资者。众多投资者的舆论影响经过香港、内地等传媒的辐射之后，在整个华语世界形成了极为强大的舆论压力，致使荣智健必须以辞职的方式为此负责。

舆论对于中信泰富的指责主要集中在:中信泰富未能及时披露股价敏感资讯。种种迹象显示中信泰富早在2008年9月初就已察觉澳元衍生品交易存在巨亏风险，但直到六周后的10月20日才对投资者和公众披露。一方面，这种做法显然违反了香港联合交易所有关企业必须即时公布股价敏感信息的规定；而另一方面，更重要的是，如果中信泰富在正确的时间进行了这笔澳元杠杆式外汇合同信息披露，则对投资者造成的损失可能远远低于147亿港元，因为一旦合约信息被披露，随着澳元汇率最近几个月的大幅下挫，中信泰富将迫于投资者压力对澳元头寸作平仓处理，也就适时止了损。中信泰富未能进行这些应尽的义务，使得投资者的损失进一步扩大化。此种丑闻的暴露，很自然地让投资者猜测，这其中很可能存在违规，甚至涉嫌内幕交易，一旦上升到违法以及商业道德层面，使得一个人的操守遭到质疑时，其在投资者心中的信任度会大打折扣。而在一个成熟的资本市场，在上市公司出现重大丑闻，给股东造成巨额损失的情况下，该公司的董事会负责人和实际控制人的去留显然不应成为悬念。

二、案例研究2：金融衍生产品

1. 金融衍生品是否值得投资

金融衍生产品操作不当，可能给一个企业带来灭顶之灾。但这并不意味着我们就不要发展金融衍生产品。其实，衍生产品本身没有错，自20世纪60年代以来，金融衍生产品不断问世，给世界创造了巨额的财富，也推动了各国经济及世界经济的迅速发展。美国是世界经济的火车头，也是金融衍生产品最发达的市场。这说明了以衍生产品为代表的虚拟经济对实体经济的贡献。

2. 如何规避金融衍生品的投资风险

由于衍生产品的高杠杆特征，其风险也是巨大的。所以，加强对衍生产品投资的监管是非常必要的。中信泰富投资的外汇杠杆合同被认为是投机性很强的高风险产品，一定程度上也存在职员违规投资问题，存在监管缺失。

【复习思考】证券投资风险有哪些?

【知识拓展 1】我国信用评级行业的发展历程

中国信用评级业诞生于 20 世纪 80 年代末，在经历了 20 多年的发展之后，据不完全统计，现有信用评级公司约 100 家，其中规模较大的评级公司为 5 家，分别是中诚信、联合资信、大公国际、上海远东和上海新世纪。

我国信用评级行业的发展大致可以分为五个阶段。

第一阶段: 从 1987 年至 1989 年是信用评级行业的初创时期，人民银行系统组建了 20 多家评估机构，各地专业银行的咨询公司、调查信息部等咨询机构也开展了信用评级工作。

第二阶段: 从 1989 年到 1990 年，人民银行和专业银行设立的评估公司一律撤销，信用评级业务交由信誉评级委员会办理。

第三阶段: 1990 年至 1992 年，信用评级事业进入了一个以组建信誉评级委员会为基本模式开展业务的新阶段。

第四阶段: 1992 年到 1996 年，资信评估业进入探索和调整阶段。1993 年国务院发文提出，企业债券必须进行信用评级，并要求 1 亿元以上的企业债券要经过全国性的评级机构评估。在此阶段，我国建立起了自己的评级指标体系和方法，各地、各大中型城市几乎都有自己的资信评估部门。

第五阶段: 1997 年到现在，这是评估机构酝酿并迅速发展的阶段。1997 年中国人民银行发布的 547 号文件，确定了中国诚信证券评估有限公司等 9 家机构具备企业债券资信的评级资格，并明确规定企业债券发行主体在发债前，必须经人民银行总行认可的企业债券信用评级机构进行信用评级。人民银行各地的分行要求各商业银行对贷款 1 亿元以上的企业，除银行审贷部门评级外，同时应由人行分行指定的独立评级公司进行信用评级。目前各商业银行的信贷部门都兼有资信评估的职能。人民银行分行已陆续认定信用评级机构对贷款企业进行一般资信评级与跟踪评级。商业银行的贷款证评级正在成为资信评级公司的重要业务。目前已有一些规模较大的评级公司着手对银行、证券公司等机构进行自主评级。

我国评级业务主要包括以下几类。

第一类是市场化类业务，主要包括对企业债券、可转换公司债券、少量金融机构(拟发行或已发行债券、信托基金等)的信用评级，主要评级机构为中诚信国际信用评级公司、大

公国际资信评估有限公司、联合资信评估有限公司等。

第二类是区域垄断性业务，主要是对信贷登记企业评级。开展这类业务的地区主要是上海、福州、深圳、厦门、宁波、江苏、武汉、海南、天津等。目前进行该类业务评级的机构主要是中诚信国际信用评级公司(分支机构)、上海远东资信评估有限公司、上海新世纪投资者服务公司、联合资信评估有限公司(分支机构)等公司。在信用体系建设中开展高科技企业、中小企业评级的地区主要有北京、山西等地，目前这些地区开展该类业务评级的机构主要是联合资信评估有限公司、大公国际资信评估有限公司等。

我国国内评级机构与国际著名评级公司的合作也不断加深。1999 年 7 月 30 日，大公国际资信评估有限公司与穆迪投资者服务公司签署合作协议，宣告双方正式建立战略伙伴关系。同年 8 月，中国诚信证券评估有限公司与惠誉国际信用评级公司共同组建了我国第一家中外合资信用评级机构。

【知识拓展 2】我国五大信用评级机构

1. 东方金诚国际信用评估有限公司

东方金诚国际信用评估有限公司是经财政部批准由中国东方资产管理公司以资本金投资控股的全国性、专业化信用评级机构。公司先后获批中国证监会、中国人民银行和国家发改委三个国家政府部门认定的证券市场及银行间债券市场两大债券市场国内全部债务工具类信用评级资质，以及各地人民银行批准的信贷市场评级资质。公司注册资本 1.25 亿元人民币，在全国各地设立了 26 家分公司，并全资控股一家专业数据公司——北京东方金诚数据咨询有限公司，是中国境内经营资本实力最雄厚的信用评级机构之一，是五家机构中唯一的国有控股评级公司，实际控制人为财政部。

2. 中诚信

中诚信分为中诚信国际信用评级有限公司和中诚信证券评估有限公司，共同具有国家发改委、证监会和人民银行的资质。作为中国本土评级事业的开拓者，中国诚信(中诚信国际前身)自 1992 年成立以来，一直引领着我国信用评级行业的发展，创新开发了数十项信用评级业务，包括企业债券评级、短期融资券评级、中期票据评级、可转换债券评级、信贷企业评级、保险公司评级、信托产品评级、货币市场基金评级、资产证券化评级、公司治理评级等。近年来中诚信国际在信用评级业务方面完成了数项开创性评级业务和技术，新的评级业务和技术创新极大推动了中国评级市场的发展，提高了中国信用评级业的技术水平。中诚信国际是国家发展与改革委员会认可的企业债券评级机构，也是中国人民银行认可的银行间债券市场信用评级机构。

3. 联合

联合资信分为联合资信评估有限公司和联合信用评级有限公司，共同具有国家发改委、证监会和人民银行的资质。联合资信总部设在北京，注册资本 3000 万元。股东为联合信用管理有限公司和惠誉信用评级有限公司，前者是一家国有控股的全国性专业化信用信息服务机构；后者是一家全球知名的国际信用评级机构。

4. 大公国际资信评估有限公司

大公国际资信评估有限公司(简称“大公”)是中国信用评级与风险分析研究的专业机构，是面向全球的中国信用信息与决策解决方案的主要服务商。1994 年经中国人民银行和国家经贸委批准成立。作为中国信用评级行业和市场最具影响的创建者，大公具有中国政府特许经营的全部资质，是中国认可为所有发行债券的企业进行信用等级评估的权威机构。

5. 上海新世纪资信评估投资服务有限公司

上海新世纪资信评估投资服务有限公司是专业从事债券评级、企业资信评估、企业征信、财产征信、企业信用管理咨询等信用服务的中介机构。公司成立于 1992 年 7 月，主要股东有中国金融教育发展基金会、上海财经大学、申能(集团)公司等。

习　题

一、名词解释

证券投资、中央政府债券、公司债券、股票、票面收益率、本期收益率

二、判断题

1. 证券投资主体是指进入证券市场进行证券买卖的各类投资者。 (　　)

2. 有价证券即股票，是具有一定票面金额、代表财产所有权，并借以取得一定收入的一种证书。 (　　)

3. 股东只负有限连带清偿责任，即股东仅以其所持股份为限对公司承担责任。 (　　)

4. 普通股票是股票中最普遍的一种形式，是股份公司最重要的股份，是构成公司资本的基础。 (　　)

5. 优先股票的优越性只有在公司获利不多的情况下，才能充分显示出来，对保护优先股票的股东具有实际意义。 (　　)

6. 国债产生的直接原因是因为政府支出的需要。 (　　)

7. 以不特定多数投资者为对象而广泛募集的债券是公募债券。 (　　)

8. 证券中介机构是指为证券市场参与者如发行者、投资者等提供相关服务的专职机构。

9. 私募发行的对象一般是机构投资者，如保险公司、投资基金等。 (　　)

10. 证券发行市场又称证券初级市场、一级市场由发行者、投资者和证券中介机构组成。 (　　)

11. 一般来说，期限长的债券票面利率高于期限短的债券，信用级别低的债券利率高于信用级别高的债券。 (　　)

12. 证券交易，主要是指投资者通过经纪人在证券交易所买卖股票的交易。 (　　)

13. 竞价成交机制使证券市场成为最接近充分竞争和高效、公开、公平的市场，也使市场成交价成为最合理公正的价格。 ( )

14. 过户是股票交易的最后一个环节。 ( )

15. 债券投资收益的资本损益指债券买入价与卖出价或偿还额之间的差额，当债券卖出价大于买入价时，为资本收益；当债券卖出价小于买入价时，为资本损失。 ( )

16. 证券投资的风险主要体现在未来收益的不确定性上，即实际收益与投资者预期收益的背离。 ( )

17. 收益与风险的关系表现在一般情况下，风险较大的证券，收益率也较高；收益率较低的证券，其风险也较小。 ( )

18. 收益的不确定性即为投资的风险，风险的大小与投资时间的长短成反比。 ( )

19. 所谓证券投资是指个人或法人对有价证券的购买行为，这种行为会使投资者在证券持有期内获得与其所承担的风险相称的收益。 ( )

20. 股票的市场价值一定大于股票的票面价值。 ( )

21. 股票价格指数是反映股票市场价格平均水平和变动趋势的指标，是灵敏反映社会经济形势的指示器。 ( )

22. 资产证券化就是将贷款或应收账款转换为可转让工具的过程。 ( )

三、单项选择题

1. 很多情况下人们往往把能够带来报酬的支出行为称为( )。

A. 支出　B. 储蓄　C. 投资　D. 消费

2. 证券投资通过投资于证券将资金转移到企业部门，因此通常又被称为( )。

A. 间接投资　B. 直接投资　C. 实物投资　D. 以上都不正确

3. 直接投融资的中介机构是( )。

A. 商业银行　B. 信托投资公司

C. 投资咨询公司　D. 证券经营机构

4. 进入证券市场进行证券买卖的各类投资者即是证券投资的( )。

A. 主体　B. 客体　C. 工具　D. 对象

5. 以下被称为“金边债券”的是( )。

A. 国债　B. 市政债券　C. 金融债券　D. 公司债券

6. 不面向公众投资者，而是向与发行人有特定关系的投资者发行的债券是( )。

A. 公募债券　B. 私募债券　C. 记名债券　D. 无记名债券

7. 证券公司和客户之间是( )的法律关系。

A. 委托代理关系　B. 抵押关系

C. 信托关系　D. 无任何法律关系

8. 债券投资中，通常投资者在投资前就可确定的是( )。

A. 债券年利息 B. 资本利得 C. 债券收益率 D. 债券风险

9. 年利息收入与债券面额的比率是( )。

A. 直接收益率 B. 到期收益率 C. 票面收益率 D. 到期收益率

10. 以下不属于股票收益来源的是( )。

A. 现金股息 B. 股票股息 C. 资本利得 D. 利息收入

11. 某投资者以 10 元一股的价格买入某公司的股票，持有一年分得的现金股息为 0.5 元，则该投资者的股利收益率是( )。

A. 4% B. 5% C. 6% D. 7%

四、多项选择题

1. 投资的特点有( )。

A. 投资是现在投入一定价值量的经济活动 B. 投资具有时间性

C. 投资的目的在于得到报酬 D. 投资具有风险性

2. 证券投资在投资活动中占有突出的地位，其作用表现在( )促进经济增长等方面。

A. 使社会的闲散货币转化为投资资金 B. 使储蓄转化为投资

C. 促进资金合理流动 D. 促进资源有效配置

3. 间接投资的优点有( )。

A. 积少成多 B. 续短为长

C. 化分散为集中 D. 分散风险

4. 证券投资主体包括( )。

A. 个人 B. 政府 C. 企事业单位 D. 金融机构

5. 机构投资者的特点主要有( )。

A. 投资资金数量大 B. 建立的资产组合规模较大

C. 注重资产的安全性 D. 投资活动对市场影响较大

6. 参加证券投资的金融机构主要有( )。

A. 证券经营机构 B. 商业银行和信托投资公司

C. 保险公司 D. 证券投资基金

7. 普通股股东是公司的基本股东，享有多项权利，主要有( )。

A. 经营决策参与权 B. 盈余分配权

C. 剩余财产分配权 D. 优先认股权

8. 优先股票的特征有( )。

A. 领取固定股息 B. 按面额清偿

C. 无权参与经营决策 D. 无权分享公司利润增长的收益

9. 债券的特点是( )。

A. 期限性 B. 安全性 C. 收益性 D. 流动性

10. 债券按偿还期限可分为(   )。

A. 短期债券　B. 中期债券　C. 长期债券　D. 零息债券

11. 我国上海、深圳证券交易所均实行(   )。

A. 公司制　B. 注册制　C. 登记制　D. 会员制

12. 证券发行按有无发行中介可分为(   )。

A. 私募发行　B. 公募发行　C. 直接发行　D. 间接发行

13. 股票发行的目的主要有(   )。

A. 为新设立的股份公司而发行　B. 增资、扩大规模

C. 调整财务结构　D. 巩固公司经营权

14. 影响债券发行总额的因素主要有(   )等。

A. 发行者的资金需要　B. 发行者的资信状况

C. 发行者还本付息能力　D. 市场的承受能力

15. 会员制证券交易所的特征有(   )。

A. 有固定的交易场所

B. 交易者是会员证券公司

C. 交易对象是合乎一定标准的上市证券

D. 交易量集中、效率高

16. 证券上市对发行公司的意义表现在(   )。

A. 推动发行公司建立、规范治理结构

B. 提高发行公司的声誉和影响

C. 有利于发行公司进入资本快速、连续扩张的通道

D. 行情公布迅速、规范

17. 证券交易方式可以分为(   )。

A. 现货交易　B. 信用交易　C. 期货交易　D. 期权交易

18. 以下关于债券收益率与票面利率关系的说法，正确的是(   )。

A. 其他条件相同的情况下，债券的票面利率越高，其收益率越高

B. 其他条件相同的情况下，债券的票面利率越低，其收益率越高

C. 当债券发行价格高于债券面额时，债券收益率将低于票面利率

D. 当债券发行价格高于债券面额时，债券收益率将高于票面利率

19. 关于债券价格、到期收益率与票面收益率之间关系的描述正确的有(   )。

A. 票面利率<到期收益率，债券价格>票面价值

B. 票面利率<到期收益率，债券价格<票面价值

C. 票面利率>到期收益率，债券价格>票面价值

D. 票面利率>到期收益率，债券价格<票面价值

E. 票面利率=到期收益率，债券价格=票面价值

20. 以下关于信用风险的说法，正确的是(　　)。
A. 信用风险属于非系统风险
B. 信用风险是指证券发行人在证券到期时无法还本付息而使投资者遭受损失的风险
C. 信用风险是不可避免的
D. 普通股票由于没有还本要求，所以没有信用风险

21. 在货币政策各项工具中，会导致债券价格上升的是(　　)。
A. 央行提高存款准备金率
B. 央行降低存款准备金率
C. 央行降低再贴现率
D. 央行在公开市场上购入债券

22. 以下债券在国内金融市场发行时需要经过信用评级的是(　　)。
A. 中央政府债券　　B. 地方政府债券
C. 金融债券　　D. 公司债券

23. 股票具有价值，主要原因是(　　)。
A. 股票是现实资产所有权的证明
B. 股票能够为持有人带来股息
C. 股票能够为持有人带来资本利得
D. 股票是债权的凭证

24. 以下对股票价格有影响的因素是(　　)。
A. 发行公司经营发展状况　　B. 宏观经济发展状况
C. 一国政治态势　　D. 投资者心理因素

第九章

商业银行中间业务与表外业务

本章精粹：

- 商业银行的主要中间业务。
- 商业银行的主要表外业务。
- 现代商业银行表外业务创新。
- 案例研究 1：承兑汇票设“陷阱”。
- 案例研究 2：自助银行如何从“鸡肋”变成“香饽饽”。

案例导入 国际银行业中间业务的发展趋势

从古巴比伦的寺庙开始，在长达4000年漫长而曲折的演进历程中，银行业一刻也没有停止过变革与发展的主旋律。每一天，你的身边都可能有新诞生的银行，也可能有没落甚至退出历史舞台的银行，优胜劣汰，适者生存，银行业的发展同样遵循着自然界的更替规律。

在国际金融发展史上，商业银行中间业务的发展已有160多年的历史，尤其是近些年来，许多西方国家商业银行的中间业务收入不仅成为其经营收入的主要来源，而且大有赶超利息收入之势。

随着金融创新的加剧，商业银行中间业务的内涵和外延发生了重大变化，纵观国际银行业中间业务的转变，其发展趋势呈现以下三个特点。

一是经营范围广泛，品种繁多。西方国家商业银行经营的中间业务种类繁多，为满足客户各种需求，商业银行的经营品种日新月异，层出不穷。中间业务的范围除涵盖了传统的银行业务外，还涵盖了信托业务、投资银行业务、共同基金业务和保险业务等。商业银行既可以从事货币市场业务，也可以从事商业票据贴现及资本市场业务。

二是业务规模日趋扩大，收入水平不断上升。过去20年间，美国商业银行业的投资银行业务、资产服务、资产证券化、保险业务和其他运营性收入的增长使得非利息收入在营业净收入中的占比增加了15.4%。而且，大型商业银行的非利息收入在银行业总收入中的占比从82.9%增加到93.0%。目前，世界主要国家的非利息收入在银行全部收入中的比重一般都在20%以上，个别银行甚至高达70%，非利息收入已经成为决定银行整体收入状况的一个极其重要的因素。据统计，目前非利息收入在银行全部收入中的比重，美国和加拿大平均为45%，欧洲国家为44%，澳大利亚等亚太国家为28%。经济越发达，非利息收入所占的比重越高。

三是服务先进，科技化程度高。科技程度的提高为商业银行发展中间业务提供了强大的技术支持和创新基础，特别是近年来出现的可以在任何时候和任何地点以任何方式为客户提供个性化服务的网络银行，促进了中间业务的发展。一些拥有先进技术的国际性银行凭借其强大的支付系统在中间业务方面获得了巨额的服务费收入。

商业银行的业务从性质上讲主要有三大类：负债业务、资产业务及为客户提供金融服务的中间业务和表外业务。随着商业银行经济活动范围的日益扩大，要求信用服务形式更加多样化，这就使得中间业务和表外业务产生并迅速地发展起来。

(资料来源：商业银行中间业务精析. http://www.youa.baidu.com，2007-09-01.)

第一节　商业银行的主要中间业务

商业银行开展的中间业务和表外业务，是指商业银行不动用或很少动用自己的资金，而是利用其信誉、技术、人才、设施等方面的优势，以中间人的身份替客户办理收付和其他委托事项，并收取手续费的业务。这类业务主要是以接受客户委托或代理的方式开展，具有收入稳定、风险程度低等特点，它集中体现了商业银行的服务性功能。随着社会经济的不断发展，中间业务和表外业务的领域也正在不断拓展。

一、中间业务和表外业务的含义及两者间的区别

所谓中间业务是指商业银行不需使用信贷资金，利用自身特有的条件、优势向社会提供各种金融服务从中收取服务费用的业务。由于开展此类业务活动，既不会影响负债业务，也不会影响资产业务，因此称为中间业务。

所谓表外业务则是指那些虽未列入银行资产负债表内，但在一定条件下却可影响资产负债业务或者说可以转化为表内的业务。

实际上，中间业务也未在资产负债表中列出，从这个角度看，它也是一种表外业务，两者的区别主要在于银行从事中间业务时，仅以中间人或中介的身份单纯为客户提供金融服务。例如：替客户办理资金的转账、代收代付款项、代买代卖外汇、出租保管箱等。而银行在从事表外业务时，则不仅以中间人的身份为客户提供服务，而且在一定的条件下会参与其中，因而会导致资产负债业务即表内业务量的改变。因此有时候表外业务又称为或有资产和或有负债业务。不过中间业务与表外业务的界限有时很难区分清楚，因为二者之间存在相互交叉的现象。例如：当银行为客户提供票据承兑服务时，就不单纯是一种中间性的服务。因为这种业务同时还是银行利用自己的信用为客户提供付款担保，一旦票据到期，若因客户不具支付能力，银行便须承担付款责任。银行在办理此项业务时会考虑到这种风险，如要求客户事先将票款存入银行，或确认客户具有支付能力的条件下，才为其提供承兑服务。

银行表外业务是 20 世纪 80 年代以来西方国家银行业发展的重点。从发展规模来看，不少西方国家大型银行的表外业务量已大大超过其表内业务量；从收益来看，不少银行的表外业务收入远远超过其表内业务收入。这类业务我国刚刚引入不久，其风险很大，因此要对商业银行表外业务加强信息披露和财务风险监管。

二、商业银行主要中间业务的内容

纵观国际银行业的发展趋势，随着金融市场的发展和银行职能的不断转化，商业银行

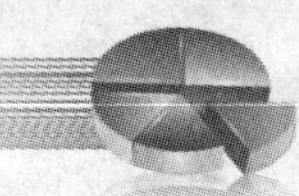

信用媒介的角色日益淡化，结算、代理、信托租赁等广阔的中间业务领域已经成为商业银行不愿放弃的“淘金阵地”。

(一)结算业务

结算业务是由商业银行的存款业务衍生出来的一种业务，是银行代客户清偿债权债务、收付款项的一种传统中间业务。具体地讲，就是各部门、各企事业单位以及个人之间发生商品交易、劳务供应和资金调拨等经济活动时，借助银行的结算工具来实现债权债务的货币收付行为，通称为银行结算。结算分为现金结算和转账结算两种形式。发生经济活动的双方，以现金方式来完成经济往来的货币收付行为称为现金结算；收付双方通过银行的账户间划转款项来实现收付的行为，称为非现金结算，也称转账结算。

1. 结算工具

结算工具就是商业银行用于结算的各种票据。目前可选择使用的票据结算工具主要包括银行汇票、商业汇票、银行本票和支票等。票据虽然本身无价值，但代表了某一项权利或利益，是能够证明某项权利的书面凭证。银行用于结算的票据必须具备六大要素，缺一不可。一是必须用文字载明权利和义务；二是票据所载权利必须是货币数量，并用货币支付；三是票据所载数量在票据成立时一经确定，不得更改；四是必须用文字标明是何种票据；五是票据均需无条件支付；六是必须注明发票地、付款地及发票日期。

由于各国的习惯与法律规定不同，票据的种类有所差异，通行的票据有汇票、本票和支票三大类。

1) 汇票

汇票是由发票人签发一定金额，委托付款人于指定到期日无条件付款给受款人或持票人的票据。承兑是指汇票付款人承诺在汇票到期日支付汇票金额的票据行为。汇票经受款人背书后可以转让，进入市场流通。其流通能力的大小，依赖于关系人信用程度的高低。汇票的关系人为出票人、付款人或承兑人和收款人。

商业银行在结算中使用的汇票，主要有银行汇票和银行承兑汇票。银行汇票是指由出票银行签发的，由签发银行在见票时，按照实际结算金额无条件支付给收款人或持票人的票据。银行承兑汇票是指经银行承兑后的汇票，包括银行承兑的商业汇票和银行承兑的银行汇票。前者是由售货商签发商业汇票，要求购货商请求其开户银行承兑，银行承兑后，即承担到期向持票人或收款人付款的责任；后者是由本地银行签发由外地银行作为付款人的汇票，持票人或收款人向付款银行要求承兑，到期向承兑银行请求付款。

2) 本票

本票是由发票人签发的载有一定金额，承诺于指定到期日由自己无条件支付给收款人或持票人的票据，本票的基本关系人只有发票人和受票人。

本票按发票人不同，划分为银行本票和商业本票。银行本票是银行签发的，承诺自己在见票时无条件支付确定金额给收款人或持票人的票据。银行本票具有款随人到、见票即付、视同现金、允许背书转让、信誉高等特点。商业本票是企业签发的承诺自己在见票时无条件支付确定金额给收款人或持票人的票据。商业本票是以商业信用为基础的票据。此外，本票还可依收款人不同分为记名本票和不记名本票；依付款日不同分为即期本票和远期本票；依有无保证分为保证本票和无保证本票；依有无利息分为无息本票和有息本票等。

3) 支票

支票是活期存款账户的存款人委托其开户银行，对收款人或持票人无条件支付一定金额的支付凭证。支票是一种委托式的支付凭证，具有三个关系人，即发票人、收款人和付款人。我国的支票一律记名，经中国人民银行批准的地区，转账支票允许背书转让。目前，各国商业银行中使用的支票种类较多，主要有记名支票、不记名支票、保付支票、划线支票、旅行支票等。支票具有以下特点：第一，支票为即期票据，各国票据法都不承认远期支票；第二，支票具有自付性质，即支票的债务人实质上是发票人，但付款人是银行，是银行替发票人付款；第三，支票具有支付手段，即为见票即付票据。按支付方式分，我国的支票可分为现金支票和转账支票，现金支票可以转账，转账支票不可支取现金。我国支票的提示付款期限为自出票日起 10 日内，超过提示付款期限提示付款的，开户银行不予受理，付款人不予付款。出票人签发空头支票、签章和预留银行签章不符的支票、支付密码错误的支票，银行予以退票，并按票面金额处以 5%但不低于 1000 元的罚款。持票人有权要求出票人支付支票金额 2%的赔偿金。对于屡次签发类似支票的出票人，银行应停止其签发支票。

2. 转账结算

商业银行的转账结算方式可分为同城结算和异地结算两种。每一种结算方式又有其具体的结算形式并通过相应的票据处理来实现。

1) 同城结算

同城结算是指在同一城镇各个客户之间的经济往来结算。就目前各国的情况来看，主要有以下几种结算方式。

(1) 支票结算。商业银行最主要或大量的同城结算方式是支票结算。支票结算就是顾客根据其在银行的存款和透支限额开出支票，委托银行从其账户中支付一定款项给收款人，从而实现资金调拨，了结债权债务关系的一种过程。

(2) 账单支票与划拨制度。这是两种不用开支票，通过直接记账而实现资金结算的方式。账单支票是由提供货物或服务的卖方，将账单交给付款人，付款人审查无误后，将账单的一联签字后退给收款人，收款人将账单送交开户银行通过票据交换所去收款。划拨制度与账单支票类似，区别在于在划拨制度下，账单由付款人直接提交给自己的开户银行，银行将账单金额借记付款人账户后通过票据交换所直接贷记收款人账户。

(3) 直接贷记转账和直接借记转账。这两种结算方式是在自动交换所的基础上发展起来的。与之不同之处在于，自动交换所交换的是记录软盘而不是支票。自动交换所通过计算机对记录软盘进行处理，实现不同银行间的资金清算。目前，自动交换所主要办理直接贷记转账和直接借记转账这两种业务。这两种方式均可节省费用并且迅速安全。

(4) 票据交换所自动转账系统。这是一种进行同城同业资金调拨的系统。参加这种系统的银行，将所有同业拆借、外汇买卖、汇划款项等有关数据输入到自动转账系统的终端机，这样在收付款银行发生交易时，交换所同时借记付款银行账户，贷记收款银行账户。这种结算方式进一步提高了结算速度，简化了手续并降低了费用。

2) 异地结算

异地结算是指不在同一城镇的各个客户之间的经济往来的结算。主要有以下几种方式。

(1) 汇兑结算。汇兑结算是由付款人委托银行将款项汇给外地某收款人的一种结算方式。银行接到付款人的汇款请求后即收下款项，然后通知收款人所在地自己的分行或代理行，向收款人支付一定数额的款项。汇兑结算一般涉及四个关系人，即汇款人、收款人、汇出行和汇入行。根据通知的方式不同，汇兑结算分电汇、信汇和票汇三种方式。

汇兑结算的优点在于手续简便、适用面广，有利于汇款人对异地间各种款项的往来结算，但由于中间缺乏银行的有效监督，往往容易造成交易过程中尾款的拖欠。因而，汇兑结算一般比较适合交易双方关系比较密切的情况。

(2) 托收结算。托收结算是指债权人或销售方为收取外地债务人或购货人的款项而向其开户行开出汇票，并委托银行代收款项的结算方式。一般涉及四个当事人，即委托人、托收行、代收行和付款人。委托人与托收行之间是委托代理关系，委办内容及双方责任范围均以托收申请书为凭；托收行与代收行之间也是委托代理关系。代收行根据托收行寄发的托收委托书办理，托收委托书和托收申请书的委办内容一致。托收行及代收行对托收的汇票能否付款不负责任，故卖方以托收方式收取货款要承担一定风险。

托收有跟单托收和光票托收之分。跟单托收是指委托人将附有货运单据的汇票送交托收行代收款项的托收方式。根据不同的交单方式，跟单托收可分为两种方式：一是付款交单，即代收行在付款人付清票款之后将货运单据交给付款人的一种方式；二是承兑交单，即代收行在付款人承兑汇票后，将货运单据交给付款人，付款人在汇票到期日履行付款义务的一种方式。其中承兑交单只适用于远期跟单汇票。光票托收是指委托人开立的汇票不附带货运单据，虽然有时汇票也附带发票等票据凭证，但只要不附带货运单据就属于光票托收。光票托收通常用于收取货款尾数、样品费、押金、进口索赔款及非贸易项目的款项等。光票托收的收款人在开立汇票以后，应做成空白背书，再由托收银行做成记名背书，并填制光票托收委托书，寄交代收银行，由代收银行代收票款。

(3) 信用证结算。信用证是银行根据申请人的要求和指示，向收款人开立的载有一定金额，在一定期限内凭规定的单据在指定地点付款的书面保证文件。信用证结算方式是指购货单位将款项预先交存银行，作为保证金，委托银行开出信用证，通知异地销货单位的开户银行通知销货单位，销货单位按照合同和信用证条款发货后，由销货单位开户银行代购货单位支付货款。

采用信用证结算，能够避免购货单位拖欠货款或不按合同付款的结算风险，尤其适用于销货方对购货方信誉不了解，或异地间特别是国际非经常性交易中的货款结算。但这种结算方式速度较慢，每笔交易占用资金的时间较长。

(4) 电子资金划拨系统。电子资金划拨系统(Electronic Funds Transfer System，EFTS)是电子计算机系统在银行结算中的实际运用。随着电子计算机等新技术投入并广泛运用于银行，电子计算机的大型化和网络化改变了商业银行异地资金结算的传统处理方式。通过EFTS系统，实现了资金划拨的自动化，使资金周转大大加快，业务费用大大降低。电子资金划拨系统是银行业务电子化的一个重要标志，代表了银行结算业务的发展方向。

(二)代理业务

1. 代理业务的概念与作用

代理业务是指商业银行接受客户的委托，代为办理客户指定的经济事务，提供金融服务并收取一定费用的业务，包括代理证券业务、代理保险业务、代理商业银行业务、代理中央银行业务、代理政策性银行业务和其他代理业务。

代理业务是典型的中间业务。银行充分利用自身的信誉、技能、信息等资源代客户行使监督管理权并提供各项金融服务。目前，私人银行业务日益成为我国商业银行拓展中间业务的竞争核心。

代理业务是商业银行作为金融中介机构的一项重要中间业务，在社会经济活动中起着不可或缺的重要作用。首先，代理业务的发展有利于深化社会分工，提高社会经济效益。其次，代理业务的发展有利于维护良好、稳定的经济秩序。再次，代理业务的推广，有利于推动经营行为的规范化。此外，通过代理业务，银行可以增加在社会上的影响力，为开展其他业务奠定一定的社会关系基础，从而增加银行的资金来源，为商业银行的发展提供了广阔的天地。

2. 代理业务的种类及内容

(1) 代收代付业务。代理业务中应用范围最广的就是代收代付业务，此类业务几乎涉及社会生活的每一家每一户。代收代付业务是指商业银行利用自身结算的便利，接受客户的委托代为办理指定款项收付的业务。如代发工资业务、代扣住房按揭消费贷款还款业务、代收交通违章罚款等。

代收代付业务的种类繁多，涉及范围广泛。归纳起来可以分为两大类：一是代缴费业务，就是银行代理收费单位向其用户收取费用的一种转账结算业务，如代收电话费、保险费、交通违章罚款、养路费等；二是代发薪资业务，就是银行受国家机关、行政事业单位及企业的委托，通过其在银行开立的活期储蓄账户，直接向职工发放工资的业务。

(2) 代理证券业务。代理证券业务就是指银行接受委托办理的代理发行、兑付、买卖各类有价证券的业务，同时还包括代办债券还本付息、代发红利、代理证券资金清算等业务。

有价证券主要包括国债、金融债券、公司债券、股票等。

银行开办的主要代理债券类业务包括银证通业务，代理发行、兑付、承销政府债券业务等。

(3) 代理保险业务。代理保险业务就是银行接受保险公司的委托代其办理保险业务，属于兼业代理。代理保险业务是目前我国银行保险发展的最为广泛的种类。

银行代理保险业务要符合中国保监会 2000 年颁布的《保险兼业代理管理暂行办法》的要求，符合兼业代理人的条件才可以进行兼业代理活动。

(4) 代理政策性银行业务。代理政策性银行业务是指商业银行接受政策性银行的委托，代为办理政策性银行因服务功能和网点设置等方面的限制而无法办理的业务，包括代理贷款项目管理等。

(5) 代理中央银行业务。代理中央银行业务是指根据政策法规应由中央银行承担，但是由于机构设置、专业优势等方面的原因，由中央银行指定或委托商业银行承担的业务，主要包括财政性存款代理业务、国库代理业务、发行库代理业务等。

(6) 代理商业银行业务。代理商业银行业务就是指商业银行之间相互代理业务，主要是指代理资金清算业务，如代理银行汇票业务等。

(三)信托与租赁业务

1. 信托业务

1) 信托的概念

信托是指委托人基于对受托人的信任，将其财产权委托给受托人，由受托人按委托人的意愿以自己的名义，争取受益人的利益或者为特定目的进行管理或者处分的行为。

2) 信托的当事人

(1) 委托人。委托人就是设定信托的人，一般就是信托财产的所有人。具有完全民事行为能力的自然人、法人或依法成立的其他组织都可以成为委托人。

(2) 受益人。受益人是在信托中享有信托受益权的人。受益人可以是自然人、法人或依法成立的其他组织。委托人可以是受益人，受托人也可以是受益人，但不能是唯一受益人(如英国规定受托人不得将信托财产出售给自己)。

(3) 受托人。受托人是信托中接受完成信托财产管理等事务的人，受托人必须是具有完全民事行为能力的自然人、法人。受托人接受信托，应当遵守相关规定，以实现委托人的最大利益为原则处理相关事宜，不得利用信托财产为自己谋取报酬之外的利益。

3) 信托业务的种类

(1) 个人信托业务。个人信托业务就是以个人作为委托人的信托业务。常用的形式有生前信托、身后信托等。

(2) 法人信托业务。法人信托业务又称“公司信托”、“团体信托”，是指信托机构办理的以法人机构作为委托人的信托业务。法人信托业务是信托机构的主要收入来源。比较具有代表性的法人信托业务有公司债信托、动产信托、雇员受益信托和商务管理信托等。

2. 租赁业务

1) 概念

租赁是指由物件所有者(出租人)按照合同规定，在一定期限内将物件出租给使用者(承租人)使用，承租人按期向出租人缴纳一定租金，并在租赁关系终止时将原租赁物返还给出租人的经济行为。

租赁一般包括租赁当事人、租赁物件、租赁期限和租赁费用等基本内容。

2) 特点

(1) 租赁当事人比较复杂。一般租赁活动只包括出租人和承租人，复杂的租赁交易除了出租人和承租人之外，还包括其他当事人。如融资租赁中的销售商、贷款人等。

(2) 租赁标的具有特殊性。在租赁行为中双方借贷的是物件，但实际买卖的是物件的使用权。一般租赁的标的物必须具有如下特点：一是租赁物必须是实物资产，无形资产不能作为租赁物；二是租赁物使用后必须仍然保持原有形态，其原有的使用价值不因一次使用而丧失。

(3) 租赁期限核算特殊。租赁期限受租赁物件使用寿命的影响，总租期不会超过租赁物件的使用寿命。

(4) 租赁费用计算特殊。确定租金必须考虑投资成本、目标利润与租赁物件的使用寿命之间的关系，供求关系不是影响租金的主要决定因素。

3) 种类

(1) 从会计处理的角度租赁业务分为融资租赁和经营性租赁。

融资租赁是指出租人按照签订的协议或合同，出资购置由承租人选定的设备，租给承租人长期使用，承租人按约定支付租金的租赁形式。融资租赁一般涉及三方当事人，即出租人、承租人和供货商，是现代租赁中最重要的一种形式。

经营性租赁又称管理租赁或服务性租赁，是一种不完全支付租赁，租赁设备的价值不是在一个租期内全部收回或大部分收回。出租人一般除了提供设备，还要提供相关的服务，如维修和保险等。一般租金比融资租赁的高。

(2) 从出资人的投资比例角度租赁分为单一投资租赁和杠杆租赁。

单一投资租赁是出租人一方独立提供全部租赁设备金额(100%投资)的租赁交易。这种租赁方式租赁关系比较简单，只需签订一个或两个合同。

杠杆租赁是一种融资性租赁，出租人一般只需要提供全部设备金额20%～40%的投资，其余部分资金则是以出租设备为抵押，从银行或其他金融机构贷款取得。它主要适用于资本密集设备的长期租赁业务，如飞机、输油管道、石油钻井平台、卫星系统的租赁等。

(3) 租赁从业务操作方式的角度分为直接租赁、转租赁和售后租赁等。

直接租赁又称自营租赁，是指出租人自筹资金自行购买租赁设备，或购买由承租人选定的设备，成为设备的物主所有人，然后直接出租给承租人的租赁方式。

转租赁是由出租人先从租赁公司租来设备，然后再出租给承租人的租赁方式。

售后租赁又称回租，是指承租人将自己的物件出卖给出租人，同时与出租人签订一份融资租赁合同，再将该物件从出租人那里租回的租赁形式。通常先签订买卖合同，再签订租赁合同。

第二节　商业银行的主要表外业务

表外业务，是指商业银行从事的，按通行的会计准则不列入资产负债表内，不影响其资产负债总额，但能影响银行当期损益，改变银行报酬率的经营活动。表外业务有狭义与广义之分。狭义的表外业务是指那些未列入资产负债表，但同表内资产业务与负债业务密切相关，并会在一定条件下转化为表内资产业务或负债业务的经营活动。通常把这些经营活动称为或有资产和或有负债，它们是有风险的经营活动，应当在会计报表的附注中予以揭示。广义的表外业务除了包括狭义的表外业务，还包括结算、代理、咨询等无风险的经营活动。按照巴塞尔委员会的要求，广义的表外业务可分为两类：一是或有债权类表外业务，即狭义的表外业务，包括贷款承诺、担保、金融衍生工具和投资银行业务；二是金融服务类表外业务，包括信托与咨询服务、支付与结算、代理人服务、进出口服务以及与贷款有关的服务等。通常所说的表外业务是指狭义的表外业务。

一、担保和承诺业务

担保和承诺业务是银行传统的中间业务，这类业务主要是银行在某一交易活动中以第三者的身份，应交易活动的双方中某一方的委托要求，为其现存债务进行担保，或是银行保证对委托人应履行的有关义务承担损失的赔偿责任。一般分为担保业务和承诺业务。

(一)担保业务

担保业务是银行应某一交易中一方的申请，允诺当申请人不能履约时由银行承担对另一方的全部义务的行为。换句话说，也就是银行在债务人没有履行或没有能力履行偿还义务时，由银行代为履行其义务。担保业务主要包括银行承兑汇票、备用信用证、保函等。

在银行承兑汇票业务中，汇票一经银行承兑，银行便成为汇票的主债务人，承担到期无条件付款的义务。但是，付款人如果按时付款，银行就不必承担付款责任。

在备用信用证业务中，只有当申请人不能偿还借款或不能履约时，银行才代为履行付款义务，一般情况下，银行只是起到担保债务人(申请人)信誉的作用，即备用信用证往往是备而不用。

银行保函业务也是向相关收益人进行担保，担保申请人能够按时履行其应承担的义务。

(二)承诺业务

银行承诺业务是指银行承诺客户在未来一定时期内，按照双方事先约定的条件，应客户的要求，随时提供不超过一定限额的贷款。银行承诺业务一般分为可撤销承诺和不可撤销承诺。

银行承诺是典型的含有期权性质的中间业务。客户拥有一个选择权，当其需要资金融通时，而此时市场利率高于贷款承诺中规定的利率，客户就可以选择银行履行贷款承诺；反之，则可以选择银行不履行贷款承诺。

对于银行来说，贷款承诺在贷款被正式提取之前属于中间业务，一旦履行，该笔业务就转化为资产业务。按中国人民银行的规章将银行承诺列为表外业务。

二、期货与期权业务

(一)金融期货

期货交易(Futures Transaction)是指交易双方在集中性的市场以公开竞价的方式所进行的期货合约的交易。而期货合约是指由交易双方订立的，约定在将来某个时期按事先约定的价格交割一定数量的某种商品的标准化合约。

1. 金融期货的特点

金融期货交易是指以各种金融工具及金融商品(如债券、外汇、股票指数等)作为标的物的期货交易方式。也就是说，金融期货交易是以脱离了实物形态的货币汇率、股票指数、利率等作为交易对象的期货交易方式。金融期货具有如下特点。

(1) 交易标的物的特定性。金融期货市场交易的对象是特定的金融产品，如利率、外汇、股票指数等，进行交易时，大多是按照约定的利率、汇率、指数等换算成货币单位以现金交割，而不是以实物交割。

(2) 风险性。由于金融期货的高收益性和高杠杆性，刺激了一大批投机者进入市场，从而使得金融期货成为一种风险极大的投资方式。

(3) 国际性。由于交易制度的改进和通信技术的提高，以美国为中心的国际金融市场已初步形成。世界上几大著名的交易所通过联网结算、建立“相互对冲”制度，形成了 24 小时不间断的全球性金融期货市场。

2. 金融期货的种类

按照交易对象的不同，金融期货可分为外汇期货、股票指数期货和利率期货。

(1) 外汇期货(Foreign Exchange Futures)。外汇期货是指买卖双方在将来某一日以约定的价格和数量进行两种货币交易的期货合约。

(2) 股票价格指数期货。股票价格指数是用以反映整个股票市场上各种股票市场价格的总体水平及其变动情况的指标。简称为股票指数。它是由证券交易所或金融服务机构编制的表明股票行市变动的一种供参考的指示数字。股票指数品种很多，著名的有：美国道琼斯指数、英国金融时报工业平均股票指数、日本的日经指数以及中国香港的恒生指数等。股票指数期货就是以股票市场的股票价格指数为标的物的期货，是由交易双方订立的、约定在将来某一特定时期按事先约定的价格进行股票指数交易的一种标准化合约。

(3) 利率期货(Interest Rate Futures)。利率期货是指交易双方在集中性的市场以公开竞价的方式所进行的利率期货合约的交易。利率期货合约的标的物是各种利率的载体。

利率期货按照交易标的物期限的长短可分为资金利率期货和资本利率期货。资金利率期货也称短期利率期货，是指交易标的物期限在一年之内的利率期货，主要有短期国库券期货、商业票据期货、港元利率期货、欧洲美元定期存款期货等；资本利率期货则是指标准化的长期带息证券期货，主要有中期国库券期货、长期国库券期货、市政公债指数期货以及房屋抵押债券期货等。美国财政部的中期国库券偿还期限在 1～10 年之间，通常以 5 年期和 10 年期较为常见。

(二)金融期权

期权(option)是一种能在未来某一特定时期以一定的价格买进或卖出一定数量的某种特定商品的权利。期权交易是以这种选择权为标的物的交易。金融期权是以金融商品或金融期货合约为标的物的期权交易方式。在金融期权交易中，期权购买者向期权出售者支付一定费用后，就获得了能在未来某个特定时间以特定的价格向期权出售者买进或卖出一定数量的某种金融商品或金融期货合约的权利。

1. 金融期权的特点

(1) 金融期权是一种权利交易，即买进或卖出金融商品或金融期货合约的权利。这种权利具有很强的时间性。它必须在合约规定的某一日或某一日之前行使，超过规定的有效期限，期权合约自动失效，购买者的权利也自动消失。

(2) 金融期权交易双方在权利与义务上具有不对等性。期权的买方具有选择执行权利与否的自由，而期权的卖方却必须根据买方的决定履行相应的义务，因此，交易双方的风险与收益也是不对称的。期权购买者所承担的最大风险就是期权费，在市场有利的情况下，可能获取的收益是无限的。对期权的卖方而言，买方的盈利即为卖方的损失；而买方的损失即为卖方的盈利，所以，卖方的盈利是有限的而亏损却可能是无限的。

(3) 金融期权具有以小搏大的特性，金融期权买方的损失仅限于他所支付的期权资，而他可能获得的盈利却是无限的。

2. 金融期权的种类

1) 按照交易标的物的不同分类

(1) 股权期权。它是指买卖双方以某种与股票有关的具体的基础资产作为标的物所达成的期权协议。股权期权主要有两种：一是股票期权(Stock Option)。它是以股票作为合约标的物的期权。二是股票指数期权(Stock Index Option)。它是以某种股票价格指数或某种股票价格指数期货合约为标的物的期权。

(2) 利率期权(Interest Rate Option)。它是指以各种利率产品或利率期货合约为标的物的期权。利率期权主要有三种：一是实际证券期权，是指在一定时期内按照一定的价格买进或卖出国库券、政府债券、政府票据等有价证券的权利。二是债券期货期权，是指在一定时期内按照一定的价格买进或卖出政府债券期货的权利。三是利率协定。利率协定是一种以减少利率波动的不利影响为目的而达成的期权协定。它有三种形式，即上限协定、下限协定和上下限协定。

(3) 外汇期权(Foreign Exchange Option)。它是指以某种外币或外汇期货作为标的物的期权。外汇期权产生于 1982 年，由美国费城证券交易所首先推出。目前，美国最著名的三个外汇期权市场分别是：费城证券交易所、芝加哥商品交易所的分部——指数与期权市场以及芝加哥期权交易所。

2) 按照金融期权买进和卖出的性质分类

(1) 看涨期权(Call Option)。看涨期权又称买方期权或多头期权，它赋予期权购买者在规定的时期内按约定的价格从期权卖方买入一定量的某种特定金融资产的权利。当市场价格上扬时，买方期权持有者就可以行使期权而获利；当市场价格下跌时，买方期权持有者既可以将期权销价出售，也可以放弃期权。

(2) 看跌期权(Put Option)。看跌期权又称卖方期权或空头期权，它赋予购买者在规定的时期内按约定的价格出售一定量的特定金融资产的权利。一般当金融资产价格下跌或预期下跌时，人们才可能购买看跌期权，以期在市价确实下跌时获利。

(3) 双重期权(Double Option)。双重期权又称双向期权，它赋予期权买方在规定的时期内按约定的价格买进一定数量某种金融商品的权利，同时也赋予买方在特定的时期内以相同的价格卖出一定数量的某种金融商品的权利。双重期权相当于期权的买方在同一成交价既买进看涨期权又买进看跌期权，在市价剧烈波动中，期权投资者可以两头获利，因此双重期权的权利金要高于前两种期权。

3) 按交易场所是否集中和期权合约是否标准化分类

(1) 场内期权(Exchange Traded Option)。场内期权又称“交易所交易期权”，是指在集中

性的金融期权市场进行交易的金融期权合约。它是标准化合约，其交易数量、约定价格、到期日等均由交易所统一规定，且交易地点也在特定的地点，如费城股票交易所、芝加哥商品交易所等。而且期权交易双方之间由清算所进行联系，清算所同时保证期权合约的执行，期权卖方还需缴纳保证金。

(2) 场外期权(Over the Counter Option)。场外期权又称“柜台式”期权，是指在非集中性的交易场所进行交易的金融期权合约。它是非标准化的合约，其交易数量、约定价格、到期日等均由交易双方自主议定，期权买方也无须缴纳保证金。而且场外期权交易没有担保，它的执行与否完全在于期权卖方是否履行合约规定的义务。

3. 期权交易对商业银行经营管理的意义

(1) 期权是商业银行获得收益的有力财务杠杆。商业银行可以充分利用自身在融资、信息收集、规模交易等方面的优势，运用适当的期权交易获得可观收益。

(2) 期权为商业银行管理头寸提供了一项进取型技术。商业银行可以通过出售期权对其日常经营的巨额债券、股权头寸进行积极管理，从而获得可观的权利金收入。

(3) 期权是商业银行进行风险管理的重要工具。期权可以使商业银行在降低风险管理成本的同时，在市场有利的条件下拥有获利可能性。尤其是在或有资产和或有负债的管理中，这点表现得尤为明显。

第三节　现代商业银行表外业务创新

随着全球经济一体化步伐的加快,金融业务表外化、证券化、国际化成为国际金融三大潮流，科学技术的进步为商业银行业务创新奠定了基础，金融监管的加强刺激了商业银行的业务创新活动，同业竞争的日趋激烈，迫使商业银行进行金融创新。开展表外业务不但能为商业银行带来丰厚收益，还可以提高商业银行的社会化服务水平，因此，大力发展表外业务是商业银行发展的必然选择。

一、传统型表外业务创新

传统型表外业务创新主要是传统型结算工具及结算支付系统的创新。

(一)结算支付工具创新

1. 银行卡

银行卡是商业银行发行的、用以代替支票来完成支付与清算的手段，是支票系统的创新，标志着传统的以支票为中心的支付与清算的飞跃。银行卡属商业银行的吸纳创新。现

代电子通信技术的支持和银行卡国际组织的推动，使银行卡发展日新月异，主要有以下几种。

(1) 借记卡。持卡人须在卡内存有货币，然后持卡人可以通过银行设置的自动取款机(ATM)进行自动转账、支付现金，也可以在设有 POS 终端的商户进行购物记账支付等。

(2) 贷记卡。贷记卡是指发卡银行给予持卡人一定的信用额度，持卡人可在信用额度内先消费，后还款的信用卡。贷记卡是真正意义上的信用卡，具有信用消费、转账结算、存取现金等功能。它具有以下特点：先消费后还款，享有免息缴款期(最长可达 56 天)，并设有最低还款额，客户出现透支可自主分期还款。

(3) 存储信用卡。存储信用卡是用于各种复杂交易，纳入计算机系统进行各种费用支付和清算的银行卡。特别是 20 世纪 70 年代末法国发明的 IC 卡，上面装有一个微电子芯片，能够记载大量持卡人的信息，因而具有许多功能，而且不易伪造。

2. 支票

支票是由出票人签发，要求商业银行向收款人支付款项的票据。支票的付款人是商业银行。支票的出票人还可以设定自己作为收票人。而今所施行的旅行支票和支票银行保付业务，分别是以个人作为收款人和出票人而开展支票结算业务的。

(二)结算支付系统创新

结算支付系统创新主要是将现代的电子通信技术应用于银行的结算支付管理中，其突出表现有以下内容。

(1) 票据交换所自动交换转账系统。同普通的交换所性质一样，同是办理银行间的资金清算机构，但自动交换所处理的已不是纸质的凭证，而是电子化货币，各会员银行通过同交换所微机联网，自动进行清算处理。

(2) 自动取款机(ATM)。自动取款机是银行为客户提供的既能满足存取款，又能进行支付的电子汇划支付系统。它已成为银行现代化的标志，可以 24 小时为客户提供服务，既提高了银行的服务功能，又节省了人力。

(3) 环球银行同业金融电讯协会系统。它是属于在参加的各商业银行所在地设有地区处理站口的、国家间的资金调拨清算创新。此系统具有标准化、规范化、效率高、费用低等特点，有自动储存信息、自动加押核押、以密码处理电文、自动将文件分类等功能。会员银行每发出电讯，都会得到系统收到与否的证实。在未收妥的证实中，均可收到未收妥的原因，它对提高国际银行间业务处理交换水平，推动国际银行业务的发展具有深远的意义。

(4) 电子银行。电子银行可以分为两大部分：一是网上银行、电话银行和手机银行；二是其他利用电子服务设备和网络，由客户通过自助服务方式完成金融交易的银行业务，包括自助银行、ATM 机、微信银行等。

电子通信技术一经应用于商业银行的支付清算业务，即可使银行的支付清算发展日新月异，创新不断。由于现代电子通信技术的安全、快速、方便，各商业银行都积极将之应用于各业务中，以提高自身服务功能和效率，增强竞争力。

二、新型表外业务创新

新型表外业务创新有以下几个突出的品种。

(一)票据发行便利

票据发行便利是指商业银行与借款人之间签订的一份协议，在协议期间内，由商业银行以包销借款人连续发行的短期票据方式向借款人提供资金。借款人发行的短期票据通常为 3 个月或 6 个月，也有 1 年的。如果借款人不能在市场上顺利出售这些票据，则要由银行购进未销售部分，或者向借款人提供等额的贷款。为了节省票据发行费用，一些在市场上信誉高的借款人发行的短期票据，一般不再让银行进行包销，于是市场上便出现了不需包销的票据发行。

票据发行便利的产生，对筹资者、投资者、包销银行来讲，都各取所得，受到普遍欢迎。对于筹资者来讲，可以通过循环发行短期票据，获取中长期资金，因只支付短期利率，无须支付中长期利率，可降低筹资成本，从而增强了借款人筹资的主动权。在协议有效期间内还可以按协议随时发行短期票据，筹资的灵活性大大提高，从而可以提高资金的使用效率，避免浪费。对于投资者来讲，通过购买短期票据，可以减少票据到期违约的不确定性风险。同时，短期票据的流动性强，需要资金时还可以在二级市场上进行出售。对于包销银行来讲，一般都选好客户，客户所发行的短期票据都可以在市场上顺利出售，而无须自身垫付资金，这样在不动用自身资金的情况下，便可以获得收入。这种便利票据的发行在市场上较为流行，大有取代银团贷款之势。

(二)远期利率协议

远期利率协议是一种远期合约，是指合约买卖双方商定将来一定时间内的协议利率，并规定以何种利率为参照利率，待将来清算日，按规定期限和金额，由一方或另一方支付协议利率和参照利率利息差额的贴现金额。到期时如果市场参照利率高于协议利率，则合同的卖方向买方支付利息差额的贴现额；如果市场参照利率低于协议利率，则合同的买方向卖方支付利息差额的贴现额。远期利率协议一般用于固定未来一段时间内的资金借贷成本，从而确保收益，所以在市场利率不稳定的情况下商业银行会积极参与。

由于远期利率协议交易在场外进行，因而比场内的期货交易灵活，既可节省成本费用，又可保护商业秘密。远期利率协议产生后，便得以广泛流行，交易品种也演变得越来越多、越来越复杂。

(三)金融互换

金融互换是指交易双方依据预先的约定，在未来的一段时期内，相互交换一系列现金流量的交易。互换交易交换的不是交换本金本身，而是不同债务的现金流。

金融互换可以给交易双方带来如下好处：一是可减少资金成本，消除或降低汇率风险；二是可增加资金取得的途径和资金运用收益；三是可调整财务结构，使资产和负债达到最佳配合，增加财务处理的弹性，对从事互换的商业银行来说，还可获得手续费收入。金融互换虽然历史较短，但品种创新却日新月异。除了传统的利率互换和货币互换外，一大批新的金融互换品种不断涌现。

(四)国债托管业务

国债是指一个国家的财政部门代表政府发行的国家公债，包括具有实物券面的有纸国债和没有实物券面的记账式国债。而所谓国债托管，是指国债投资人基于对国债托管机构的信任，将其所拥有的国债委托给托管人进行债权管理、实物券保管与权益监护的行为。商业银行开办国债托管业务，不仅可以方便客户，而且有利于争取国债资金最大限度地在体内循环，同时还可以收取国债托管服务费用。

(五)项目融资抵押代理行业务

项目融资抵押代理行业务，是指在项目融资业务中，商业银行接受项目贷款银行的委托，按照协议的规定，承担“抵押代理费”的角色和功能，对贷款银行在项目融资中设置的一系列抵押系统进行各种监管和账户操作的服务，是商业银行为客户提供的一种中间服务业务。

在项目融资抵押代理行业务中，委托方(贷款人)、抵押方(借款人)和代理方应签订“抵押代理协议”。抵押代理行根据“抵押代理协议”管理抵押资产，行使抵押权，履行代理义务，防范金融风险。

(六)理财业务

理财业务是商业银行利用自身所处的经济枢纽地位、先进的科技设备和营销理念，为社会公众提供咨询、委托、保管，组合最佳投资方案、存款结构方案，设计远期目标方案，帮助客户实现最佳投资回报率的综合性业务。

商业银行提供理财业务的优势在于：首先，商业银行可利用其较为前卫的营销理念为客户提供前瞻性非常强的咨询和选择综合目标方案设计服务；其次，商业银行可利用其先进的科技设备，为客户提供全面而适宜的组合存款方案和综合投资方案设计，为客户提供最佳投资渠道选择和融资渠道选择，帮助客户实现理想的投资回报。

(七)代编、审工程概算与预算

工程概算，通常是指初步设计概算，所以又称设计概算。工程概算是根据初步设计图纸和概算指标(或定额)、费用定额、价格资料等基础性资料编制技术经济文件。当委托人(建设单位或主管部门)与银行咨询业务部门协商，委托银行代编、审工程概算时，银行应根据工程的专业情况、复杂程度，确定是否有能力承担代编、审该项工程概算业务。在确定有能力承担该项业务后，与委托方就有关具体问题进行协商，达成一致意见后，签订委托协议书。委托协议应包括以下几项内容。

(1) 委托人与受托人的名称及委托业务内容。

(2) 委托人应提供的图纸及相关资料。

(3) 代编、审工程概算的具体要求及完成时间。

(4) 代编、审收费标准及付款办法。

(5) 违约责任。

工程预算的作用主要表现在它可作为施工单位和建设单位进行工程结算的依据，银行拨付工程价款的依据，施工单位编制计划、统计和计算完成投资的依据，加强企业经营核算和“两算”对比的依据。

商业银行开展代编、审工程预算业务，一般是接受建设单位、主管部门或者财政部门的委托，并与委托方协商，就代编、审工程预算的内容、要求、双方的权利义务、收费及付款办法、违约责任等问题签订委托协议书，以此作为开展工作的基本依据。

三、金融监管部门对商业银行表外业务的监管

进入20世纪90年代以后，银行利差收入逐步缩小,西方发达国家的商业银行把拓展表外业务和中间业务作为提高经营效益的重要举措。有关统计资料表明，1996—1998年，瑞士银行表外业务利润占总利润的60%～70%，德国银行1996年的表外业务利润占总利润的65%，日本商业银行20世纪90年代初表外业务以每年40%的速度递增。银行表外业务是20世纪80年代以来西方国家银行业发展的重点。从发展规模看，不少西方国家大银行的表外业务量已大大超过其表内业务量；从收益看，不少银行的表外业务收入远远超过其表内业务收入。这类业务我国刚刚引入，但其风险很大，因此要对商业银行表外业务加强信息披露和财务风险监管。

1. 表外业务的具体管理措施

这些措施主要包括：一是商业银行按金融监管部门的要求在报送的报表中增加表外项目。二是将商业银行对外担保纳入外债管理，对于融资性对外担保报经外汇管理局批准，其他非融资性担保也应事后向外汇局登记备案，对外授权应当确立在一级分行办理。三是商业银行禁止开立无贸易背景的信用证和承兑汇票，限制远期信用证开证规模，并且规定

商业银行总行和分行单笔开立远期信用证的最高额度，视不同期限采取不同的控制措施。四是要求 9 个月以上的远期信用证必须由开证申请人事前向外汇管理局备案，由开证银行事后向外汇管理局登记备案；365 天以上(不含 365 天)的远期信用证须报经外汇管理局批准。五是商业银行在受理开证时必须要求申请人缴纳不少于开证金额 20%的保证金，免保部分必须落实相关措施，要求商业银行建立完善的信用证和银行承兑业务的管理制度。

2. 实行商业银行表外业务报审和备案制度

由于表外业务的信用扩张功能会影响金融监管部门货币政策的效果，商业银行在推出新的表外业务工具之前，由金融监管部门对其市场功能进行评估，且须界定表外业务的范围，为此，新的表外业务工具必须事先报经金融监管部门审查和备案。

3. 制定商业银行表外业务信息报告统一标准

由于表外业务不在资产负债表中反映，金融监管部门无法从各商业银行提供的资产负债表中获取必要的信息，又由于商业银行的其他会计报表或统一报表在反映表外业务的口径和方式上也存在较大差异，因此，在制定商业银行信息披露制度时，报告的口径、报告的内容和报表的格式等均须作出统一规定，并制定出统一标准。

4. 统一商业银行表外业务会计准则

由于各商业银行表外业务会计核算不一致，使得金融监管部门获取的表外业务数据不准确，揭示的问题与现实情况存在较大的偏差，不利于作出正确的监管对策。统一表外业务会计准则就是要明确表外业务会计核算的对象、范围、成本、收益的计算标准以及会计报表的编制方法等。

5. 通过完善监管制度把表外业务纳入资本充足控制

金融监管部门应根据货币政策的需要并从金融安全出发，针对不同的表外业务工具制定不同的限制性要求，从而把表外业务监管纳入制度化轨道。这些限制性要求应具有可操作性和相对稳定性，以便于商业银行执行。把表外业务纳入资本充足控制是限制表外业务信用过度扩张的有效手段。《巴塞尔协议》解决了表外业务转化为表内业务的技术难题，为金融监管部门对商业银行的表外业务与表内业务实施统一的监管手段创造了条件。笔者主张，对国内商业银行表外业务的资本要求分两步走，第一步先要求商业银行按照《巴塞尔协议》规定的风险系数，将表外业务转化为等量的表内风险资产，按对表内风险资产的要求标准计提风险准备金；第二步要求对表外业务按照转化后的表内风险资产总量配置支持资本，满足《巴塞尔协议》对商业银行资本充足率的要求。

四、商业银行自觉规范表外业务的信息披露

正因为现行财务报表在信息内容的设置上存在对表外业务披露的缺陷，因此，强化商

业银行表外业务的监管和规范银行表外业务信息的披露，对于规范银行表外业务的经营和防范金融风险都有着重要的意义。表外业务信息的披露可以扩充财务报告所提供信息的容量，增强财务报告信息之间的相关性和可比性。对表外业务信息的规范披露和对重要的表外项目进行详细解释和说明，能够促使表内业务和表外业务的各种信息之间建立有机的联系，有助于提升商业银行财务报表的可理解性。

为了规范银行表外业务信息的披露，提高表外业务信息的质量，其信息披露应当遵循以下基本原则。

(1) 披露的表外业务信息必须是表内业务信息无法披露的信息，凡是能够或应该在表内披露的业务信息内容均应该采用表内业务信息披露的方法，而不能代之以表外业务信息披露。

(2) 表外业务信息的披露应该是对表内业务信息的进一步揭示和补充，而不能用来更正表内业务的信息。

(3) 表外业务信息的披露必须是与信息使用者决策相关的，并且是真实揭示所反映的经济事项。

(4) 表外业务信息的披露必须是重要的，能够足以改变或影响信息使用者的决策，它所带来的效用必须符合成本效益原则。

(5) 必须加强对表外业务信息的审计或检查，对于有法规、制度规定必须强制披露的表外业务信息，应当由注册会计师进行审计，而银行自主披露的表外业务信息，应当在可能的条件下进行适当的检查并及时披露。

第四节 案例研究

一、案例研究1：承兑汇票设“陷阱”

(一)案例展示

作为票据结算主体的银行承兑汇票，目前已占全国所有银行结算量的70%左右，银行票据市场已步入一个发展的快车道。但承兑汇票在实际运作过程中，引发了不少违法违规行为，设置了一个又一个“陷阱”。仅在2000年，全国公安机关立案侦查的伪造金融票据、违法票据的犯罪案件就达7 419起，涉案金额达52亿元。这不得不引起人们的高度警觉。

那么，犯罪分子是怎样利用承兑汇票频频设下“陷阱”的呢？

1. 票据调包

2001年7月5日，湖南株洲某公司因与珠海斗门某公司有一笔业务存在合作意向，双方约定采取承兑汇票结算方式。株洲公司将70万元现金存入株洲农行北都分理处，于当日办理了两张共计 70 万元的银行承兑汇票；并应对方公司要求，立即将两张承兑汇票的原件传真给对方。同时，接受对方邀请，立即动身前往珠海洽谈业务，没想到，这一去却是赴了“鸿门宴”。

当株洲公司的代表到达珠海后，受到对方的盛情款待，但是他们殊不知已掉进对方设置的陷阱。原来，对方在接收到汇票传真件后，已按照汇票的式样，模仿票据的笔迹、印章模式，利用高科技手段扫描“克隆”了两张汇票。在一看一递之间，真票被早已“克隆”好的票据调包，返回到他们手中的是日期、金额、号码、章戳、钢印都做得非常逼真的“克隆”汇票。珠海公司利用接待他们游玩的几天时间，持窃取的 70 万元的真正的银行承兑汇票到银行顺利兑付提现。待株洲客商因生意未谈成，回到原出票行退票时，被银行工作人员告知：两笔汇票已于 7 月 10 日在珠海市斗门县农行营业部兑付，并于 7 月 11 日通过电子汇兑系统划付，他们捏在手里的只是两张一文不值的废纸。

这样的“骗局”不时地在人们周围上演，而且呈愈演愈烈之势，仅株洲农行 2000 年就堵住票据诈骗案件 5 起，涉及金额 1897 万元。

2. 票据“克隆”

2000 年 12 月 21 日，一自称武汉某公司经理的张某来到原农行株洲市城中支行营业部申请承兑汇票贴现，并出具了湖北某工行开具的金额为 465 万元的承兑汇票。10 余分钟后，农行就收到出票行传来的银行承兑汇票传真件。农行经办人员及时向对方发出加急电报查询。次日早晨，“投递员”送来武汉回复的加急电报。尽管这一切与平常办理业务没什么两样，但农行在审查汇票时还是发现了疑点：票号中的横杠较短、暗记无荧光反应等。顿生疑窦的农行工作人员两次到邮电局查询，得到证实：电报系伪造。尔后，农行工作人员又悄悄地速到市工行营业部查证和鉴定，仪器鉴定的结果表明，该承兑汇票确系伪造。至此，一场精心策划的诈骗案露出了“庐山真面目”。公安机关后来查明，以湖北人张某为首的 3 人团伙是从广东某地制假团伙手中购入的伪造银行承兑汇票，其“克隆”的汇票几乎达到以假乱真的地步。从发传真到伪造电报，犯罪团伙非常清楚银行的操作流程。银行工作人员如在某一环节稍一疏忽，就会造成巨大损失。

3. 票据“圈钱”

资金掮客们往往采用票据“圈钱”。

有了票据，在他们的眼中，“天上掉馅饼”似乎已不再是神话。资金掮客利用非法手段从一家银行申请办理承兑汇票，然后到另一家银行进行贴现。套取银行资金后，进入股市操作；或进行上市企业收购，再到股市上套取资金，轻而易举地完成“圈钱”过程。其主要做法是：首先与别的企业联手，伪造交易合同；然后反复使用同一张增值税发票原件，或非法购买、借用别的企业贷款卡、财务专用章等资料，抑或是集团内部各公司之间对开增值税发票，骗取银行承兑汇票。这其中的“猫儿腻”很多：一是一些金融单位片面追求经济效益，盲目扩大业务，忽视安全防范，不严格按照查验手续和规定的程序办理，助长了犯罪分子铤而走险的侥幸心理；二是银行内部工作人员充当“家贼”，与犯罪分子串通一气，规避内部监管，违规办理承兑汇票；三是社会中介机构弄虚作假，一些社会中介机构(如会计师事务所、资产评估师事务所、公证处)滥用资信，违反职业道德和职业纪律，为了一己之利，出具虚假证照文件或材料，为犯罪活动提供了方便。

4. 票据逃债

在湖南株洲市一家欠贷达 1000 余万元的装饰材料加工企业，经常对外宣称无力支付银行利息。该企业在银行的账户也的确长时间没有销售货款回笼，但生产经营仍正常进行。怎么只见“怀孕”，不见“生仔”？银行工作人员深入到一些相关企业进行深入的调查后，发现背后的“蹊跷”：该企业产品在外地销售，全部采用承兑汇票结算方式，企业在收到银行承兑汇票后，再将汇票背书转让购进原材料；或转让给其他有关联的企业向银行申请贴现套取现金，从而逃避银行的收贷收息。经调查发现，该企业已在他行的账户上囤积了 100 万元存款。

(资料来源：http://www.blog.163.com/tangzhuoqi4548.)

(二)原因分析

一些逃债高手、金融“黑客”想出了利用承兑汇票这一不“显山露水”的怪招，不仅使银行对债权的管理失控，加剧企业的逃废债行为，损害社会信用，而且极容易引发企业间的债务纠纷，诱发新的经济案件。

据记者的调查，当前，在我国利用票据诈骗已向集团化、专业化发展，并且随着科学技术的发展，制假手段越来越高明，涉案金额也越来越大，诈骗的花样也越来越多。这一现象必须引起有关部门的高度重视，否则，后果将不堪设想。

(三)案例启示

银行承兑汇票是以商品交易为基础，由企业(出票人)签发并经银行承兑的商业汇票。银行在出票、验票、贴现、兑付等环节中一定要严格做好以下几个方面的工作。

1. 审核申请人条件，防止假票据

开具银行承兑汇票的申请人应符合银行流动资金贷款条件。

(1) 在商业银行(承兑银行)开立基本账户或一般存款账户。

(2) 与承兑银行具有真实的委托付款关系。

(3) 有商品交易合同或发票，对应该开具增值税发票的商品、劳务交易，能提供增值税发票。

(4) 经营情况稳定、资信状况良好，具有支付汇票金额的可靠资金来源。

2. 严格审核提供的资料，防止银行承兑汇票套取银行信贷资金

申请办理银行承兑汇票时一般要向开户银行提交下列资料：

(1) 银行承兑汇票申请书。

(2) 上年度以及本年最近一期的财务和会计报表复印件。

(3) 有商品交易合同或增值税发票。

(4) 交存一定比例的保证金，不足部分提供本行认可的担保。

(5) 采用保证方式时，提供保证人的财务报表及相关资料；采用抵、质押方式时，提供质押物、质押物权益证明。

(6) 承兑银行认为需要的其他有关资料。

3. 遵从有关法律规定

(1) 银行承兑汇票最长期限不得超过六个月。

(2) 承兑手续费按承兑金额的万分之五收取。

(3) 出票人应于汇票到期前将票款交存银行，未能足额交存票款的，银行对尚未支付的汇票金额按照每天万分之五计收罚息。

4. 严格遵守业务流程

(1) 申请人填写银行承兑汇票申请书。

(2) 商业银行对客户提交的资料进行审查。

(3) 交存保证金，并提供商业银行认可的担保。

(4) 向商业银行购买银行承兑汇票并签发。

(5) 汇票经商业银行承兑。

二、案例研究 2：自助银行如何从“鸡肋”变成“香饽饽”

(一)案例展示

近年来，自助银行已成为我国现代都市生活中不可或缺的消费模式，但同时，相对于建设成本，自助银行的投资回报率偏低问题也日益明显。相当多的自助银行就像是“鸡肋”，不建似乎不行，建了使用率又太低，银行的收入与投入相比不成比例。而在发达国家，自助银行已成为银行对个人小额业务的主流渠道，成为银行业重要的优质资产，成为银行业降低成本、提高竞争力的重要法宝，自助银行的服务成本仅为柜台的 1/4。

1. 我国自助银行的萌芽

我国银行自助银行设备的应用大致经历了三个阶段。1986 年至 1997 年，以穿墙式 ATM 为主，主要以提高银行服务质量为目的；1997 年至 1999 年，以在行式自助服务区为主，目的在于分流柜台工作压力；1999 年至今，以建设自助银行为主。其中第三阶段的前半期主

要是延长服务时间和延伸服务空间，后半期则主要用于扩大服务网点覆盖。从最早的提供简单自动取款服务、分流柜台工作压力，到现在的延伸服务和网点覆盖，自助服务的功能定位已经发生了相当大的变化。

2. 我国自助银行的现状

最近，一家市场监测机构采取杂志刊载问卷、在线调查、数据库定向问卷调查、信函问卷调查等多种形式，针对新型银行服务展开了调查。回收的近3万份有效问卷显示，被调查者中使用过自助银行业务的人占整体人群的68.1%；被访者在自助银行业务上使用最多的功能是ATM取款，使用过自助银行业务的人当中，经常使用该业务的人占到了75.3%，82.1%的使用者表示非常熟悉或者熟悉该业务的操作流程。虽然这项调查的回复问卷者不一定具有绝对的代表性，但是调查至少显示，在城市消费者中已有相当一批人对于自助银行不再陌生，并且已经进行了足够的尝试。现在的问题是，既然如此，自助银行业务为什么不能风行起来呢？如果我们跳出在银行业务之间进行比较的思维定式，可以将自助银行与电脑的普及应用相比较。显然电脑操作的复杂程度远高于自助银行操作，而电脑操作目前已经成为办公的主流模式，而且使用自助银行出现差错的概率事实上并不高，人们大概可以得出一个结论：以前被广为重视的介绍自助银行使用方法、提高交易安全性等问题目前已不再是推广自助银行服务的真正关键所在。业内已有专家指出，业务品种不够丰富，功能不够完备，不能充分满足个人零售业务需要，以及选址缺乏规划才是目前发展自助银行的最大问题。

(资料来源：金融时报，2005-6-3)

(二)原因分析

(1) 我国有关自助银行的各种设备，业务内容单一，无法或没有真正扩展银行业务的各类增值服务。如代缴费业务，小额贷款，基金、保险、彩票等产品的销售，更不用说个性化的理财服务了。

(2) 我国自助银行设备利用率低，业务增值空间小。因此，就形成了我国自助银行设备利用率低，再到业务增值空间小然后回到业务内容单一的恶性循环。据业内专家认为，现行的自助银行要改变现状，必须向现代自助银行发展，必须对现行的服务模式加以改进，彻底改变业务内容单一的通病。通过专用软件的使用，增加主动和被动咨询功能，增强业务推广能力，加强银行对客户的沟通和业务营销，吸引更多的中间业务，从而扩大自助银行的业务受理范围，提高自助银行的使用率和获利能力。我国银行业应该借鉴发达国家的经验，将自助银行真正办成一间服务个人客户的小型无人银行，成为银行柜面业务的全面延伸，甚至可以通过发布商业广告，销售体育比赛、音乐会门票等方式获得额外收益，改变目前自助银行获利能力不强的局面。

(3) 自助银行的选址、定位还相当缺乏规划，尚未真正以全面服务个人客户为出发点、以银行各类产品营销为落脚点进行规划，尚未与传统网点形成真正意义上的相互配合、优势互补，延伸服务和网点覆盖的效果还差强人意，还带有过多的分流柜台工作压力的痕迹。专家建议，根据个人零售业务以客户为导向的营销理念，充分考虑到不同消费者的消费需求，应发展新型的自助银行服务网点模式。可能的模式有以下几种。

① 社区模式：在居民区、厂矿企业、办公楼及其附近提供银行服务的分行模式，强化中间业务服务及营销，是一种“自助银行增强型”设计，即以自助设备为主，并不定时地配合必要的人工服务，以期同时达到高效率服务和业务推广的双重业务目标。

② 商业区模式：在商业区、闹市区提供快速现金服务的自助银行，强化快速取现服务和各种卡的发行，以自助银行或自助银行增强型为主。

③ 校园模式：在校园及其附近提供简单存取款服务，其交易特征为“频率高、单次交易额小”。

④ 店中行模式：在便利店、机场、加油站、商场、酒店等其他行业的营业厅内提供银行服务。这些营业场所也是银行客户较常光顾的场所，在这些场所提供银行服务显然给银行储户提供了最大的便利。

⑤ 顾问银行模式：又称 VIP 分行，是一种专门为其附近的 VIP 客户提供专业理财服务的网点，既要配置专用理财软件，又常常需要配置服务人员。与传统的网点不同，这些新型模式的网点具有更强的针对性，更贴近社会大众的生活，可以根据目标客户群的不同采用完全不同的风格设计，以满足目标客户群的需求，从而大大提高自助银行的使用率和经济效益。

(三)案例启示

我国的自助银行如何才能从“鸡肋”变成“香饽饽”呢？

参考发达国家银行业发展的轨迹，业内专家指出，我国目前正处在自助银行大发展的前夜。目前，除了银行，还有一些投资型公司跃跃欲试想开拓我国自助银行的运营服务市场。而且，目前广电运通、立德金融设备等国内企业正在快速崛起，已经能够提供包括软、硬件在内的自助银行整体解决方案，相关产品市场已不再是进口产品的一统天下，自助银行的建设成本进一步降低，人们可以预期我国自助银行从“鸡肋”变成“香饽饽”终将变为现实。

【复习思考】中间业务和表外业务的含义及两者间的区别是什么？

习　题

一、名词解释

中间业务、表外业务、结算业务、代理业务、信托业务、 租赁业务、 咨询业务、贷款承诺 、金融期货、金融期权、外汇期货、股票指数期货、利率期货、单一投资租赁、杠

杆租赁、外汇互换交易

二、填空题

1. 商业银行的主要中间业务有________、________、________、________和其他中间业务。
2. 我国现行的结算工具主要有________、________和________。
3. 商业银行的转账结算方式可分为________和________。
4. 同城结算主要有以下几种结算方式：________、________、________、________。
5. 异地结算主要有以下几种结算方式：________、________、________、________。
6. 代理业务的种类有________业务、________业务、________业务、________业务、________业务、________业务。
7. 信托业务有________业务和________业务。
8. ________和________是银行传统的中间业务。
9. 按照交易对象的不同，金融期货可分为________、________和________。
10. 按照交易标的物的不同，金融期货可分为________、________和________。
11. 按照金融期权买进和卖出的性质，金融期权可分为________、________和________。
12. 按交易场所是否集中和期权合约是否标准化，金融期权可分为________和________。
13. 从会计处理的角度租赁业务分为________和________。
14. 从出资人的投资比例角度租赁业务分为________和________。

三、判断题

1. 中间业务与表外业务的属性和范围相同。 (　)
2. 租赁业务实质上等于向承租人提供租赁设备百分之百的信贷。 (　)
3. 在代理业务中银行不为客户垫款，不参与收益分配，只收取手续费。 (　)
4. 在规定范围内，持信用卡可透支，实质上是发卡银行向客户提供的消费信贷。 (　)
5. 贷款承诺是典型的含有期权的表外业务。 (　)

四、简答题

1. 中间业务与表外业务的联系与区别。
2. 新型表外业务创新有哪些品种？
3. 传统表外业务创新有哪些品种？
4. 金融期货的特点有哪些？
5. 金融期货的种类有哪些？
6. 金融期权的特点有哪些？
7. 银行的结算工具和结算方式有哪些？

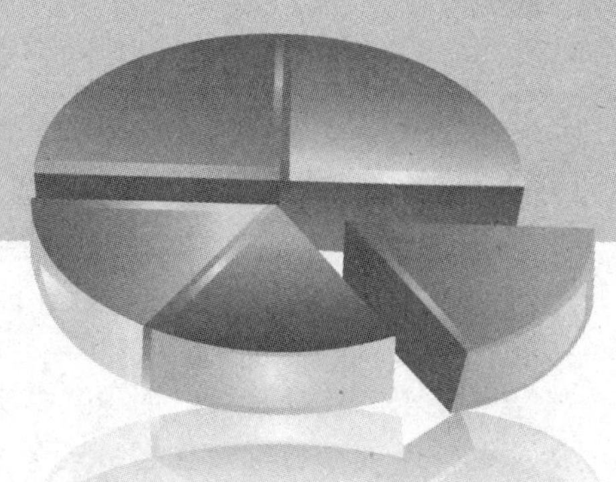

第十章 商业银行的国际业务

本章精粹：

- 国际业务概述。
- 国际资产和负债业务。
- 外汇交易业务。
- 国际结算业务。
- 案例研究 1：如何看待信用证的修改。
- 案例研究 2：银行间接套汇计算。

案例导入　中国银行近四成净利润来自海外机构

(新华网北京 2007 年 11 月 21 日电)中国银行副行长张燕玲 21 日接受新华社记者采访时表示，中行海外机构对集团净利润的贡献接近 40%，利润构成分别来自商业银行、投行、保险、投资等领域。

张燕玲说，近一年来，中行相继在韩国、印尼、越南、加拿大、巴西、俄罗斯、英国、荷兰等国拓展和延伸分支机构，同时成功收购了新加坡航空租赁公司，为集团多元化发展拓展了新的领域。

中行在伦敦时间 11 月 20 日举办中行英国子银行——中国银行(英国)有限公司开业庆典，中行伦敦分行继续保留，两家机构并行运营，伦敦分行主要从事批发业务，英国子银行全面从事个人金融和公司金融业务。

中行自 1917 年在香港设立分行起，在海外经营已有 90 年历史，拥有国内银行业中国际化程度最高的分布网络。截至 2007 年第三季度末，中行已在 28 个国家和地区设有 669 家海外分支机构，同时在我国港澳地区为发钞行，在国外各主要金融中心为一级清算行。

截至 2007 年 9 月 30 日，中行资产规模已突破 6 万亿元，资产总额达 60 155.82 亿元。按照国际会计准则，今年前 9 个月中行实现营业利润 749.76 亿元，同比增长 37.01%。

商业银行国际业务又称为国际银行业务。国际银行业务起源于国际贸易的发展。历史上，国际贸易融资和货币兑换是商业银行的主要国际业务，从商业银行国际业务发展进程看，第二次世界大战后，商业银行的国际业务只是为本国工商企业提供外汇买卖、国外汇款、进出口押汇等较为传统的服务。这些服务在本国范围内由银行的专业部门联系国外银行进行，不一定在国外设置代理机构。随着 20 世纪 80 年代各主要国家相继放松金融管制和经济全球化进程加快以及先进技术手段的应用，商业银行的国际业务比重越来越大，某些大银行的国际业务甚至超过了国内业务，成为其利润收入的主要来源。近年来，随着市场国际化和经济全球化的发展，一方面，银行间的集中和垄断进一步发展，使这些银行垄断组织为了寻求利润，纷纷扩大国际业务的范围，开拓海外市场；另一方面，随着资本流动和经济交流的活跃，商业银行的主要客户尤其是跨国公司越来越需要银行向他们提供更加方便、快捷的国际业务，原先传统的服务已经不适应形势的发展需要。于是，发达国家规模较大的银行纷纷在国外设立附属机构，致力于开拓国际市场，商业银行业务的国际化已经成为商业银行发展的必然趋势。

(资料来源：中国经济网，http://www.ce.cn.)

第一节　国际业务概述

随着现代信息技术日新月异的发展，国际经济一体化的潮流日益凸显。商业银行纷纷开拓和发展国际业务。实践证明，国际业务给商业银行带来了一个新的、巨大的收益源泉，同时也给商业银行提供了分散风险、提高安全性的机制和途径。

一、国际业务的概念

商业银行的国际业务就是指其业务在经营范围上由国内延伸到国外，即银行业务国际化。银行到海外建立分支机构，其经营范围由国内发展到国外，也是从封闭走向开放的过程。

从广义上讲，银行国际业务不仅是指商业银行在国外设立分支机构，还包括一切有关跨越国界的资金融通业务活动。这包括两层含义：一是指跨国银行在国外的业务活动，另一个是指本国银行在国内所从事的有关国际业务。

商业银行国际业务的产生是为适应国际贸易发展的需求，国际贸易融资是银行传统的国际业务。长期以来，银行国际业务发展进程缓慢。20 世纪初期，仅有为数不多的美国和英国的商业银行在国外设立分支机构。直到第二次世界大战以后，尤其是 20 世纪六七十年代以来，商业银行的国际业务才有了飞速发展。银行由原来被动的发展局面转变为主动地在国际范围内寻求发展。商业银行国际业务的发展，与世界经济和贸易的增长、国际经济关系的日益紧密以及交通运输业、邮电通信业务等的发展密切相关。

二、商业银行国际业务的组织结构

商业银行国际业务的开展依赖于有关机构或关系的建立，最主要的是依赖于商业银行在海外开设的各种分支机构。银行在海外设置分支机构的目的是为了深入到他国的经济之中，更好地帮助本国企业占领市场，同时也是为了银行自身占领市场。银行从事的主要业务决定了其海外机构的类别，同时，东道国的经济开放程度、金融管制情况以及银行本身的信用级别等情况，也使同一家银行在不同国家设置的分支机构有所差别。

(一)代表处

代表处是一种比较初级的海外分支形式，是商业银行在国外设立分支机构、经营国际业务的第一步。代表处往往不是一个业务经营机构，它只是业务会谈和进行联络的场所，因此代表处的人员很少，一般只有几个人。

代表处的主要任务是：①代表总行与东道国银行界、工商界和政界相联系；②办理总行与当地客户的往来业务，宣传总行的各种金融咨询服务业务，为总行招揽生意；③向客

户解释母国政府的商业政策；④对顾客进行信用分析，搜集东道国的政治经济信息，进行国情分析，并为总行分析各种风险提供背景资料。

(二)代理行

代理行是指与跨国银行建立长期、固定的业务代理关系的当地银行。在无法设立分支机构的情况下，这种形式有利于跨国银行有效地处理相关的国际金融业务。一般来说，较大的跨国银行在国外都有这样的代理行。

代理行是一个营业性机构，但只可以做有限的业务。它可以进行商业和工业贷款，安排贸易融资，开立信用证，承兑、托收和贴现汇票，从事外汇买卖业务等。它不能够从东道国的居民中吸收存款，只可以从母行或附属银行借款。代理机构的基本任务是为本国顾客提供贸易融资、为其总行经营外汇交易和充当本国政府的财政代理人。代理机构的开设无须太多的单独资本，可以在不能设置分行的地方开业，因而其开业成本和营运成本比较低，管理费用也不多。

(三)分行

分行是总行派出在国外的部门齐全的分支机构。从业务上来讲，分行是总行的一个组成部分，它受总行委托代表总行在国外经营各种国际业务，其资产负债表并入总行的资产负债表，经营战略和信贷政策等也必须同总行保持一致，总行对它具有完全的控制权。从法律上讲，海外分行不是一个独立的法人实体，而是国内银行的一个组成部分，但也必须接受和遵守东道国的各种法规。

国外分行是商业银行开展国际业务的高级组织形式，也是最普遍的一种组织形式。许多跨国银行都在世界各地的金融中心设有分行，美国银行约 60%的国际业务都是通过分行来开展的。

(四)子公司或附属机构

一些国家或地区的法律不允许外国银行在本地建立分行，这时跨国银行就可以通过入股控制当地银行或非银行机构的方式介入，从而间接达到在该国开展国际业务的目的。与分行相比，子公司或附属机构受东道国相关法规的限制更多、更严，但由于它们具有浓厚的本地色彩，容易与当地政府部门协调，也容易被当地的居民认可，因此可以发挥本土化的优势，最大限度地渗透到东道国的各个经济领域，起到国外分行所不能及的作用。

(五)合资联营银行

合资联营银行是由两家或多家银行(经常是不同国籍的银行)共同出资组建的一种海外分支形式，其中每家银行的股份均不超过 50%。合资联营银行是一种历史比较悠久的海外分支形式，始于20世纪初的欧洲，当时一些无力单独经营国际业务的中小银行通过这种共担风险的方式来开展海外业务。随着银行的发展壮大，这种联营银行已经不再流行。目前在国际金融市场上，只有少数几家合资联营银行，且他们的总部多设在伦敦。

不同的银行在不同的发展阶段，可以有针对性地采取某种战略，以便更快、更有效地进入国际金融市场。

三、国际业务的经营目标

银行的经营目标是保持资产的流动性、安全性、盈利性。国际业务是银行的重要业务之一，其经营目标应与银行的经营目标一致，但由于国际业务的特殊性，经营目标在具体表述上与国内业务又有所不同。

从盈利性而言，银行国际业务是银行追逐高利润的重要手段。近年来，许多跨国银行的国际业务收入已超过了国内收入，甚至有些银行靠国际业务的收入来填补国内业务的亏损。

对安全性与流动性而言，国际业务经营环境的复杂性及不可预见性远远高于国内业务。银行会因经营国际业务而面临额外风险，这些风险主要包括信用风险、外汇风险和国家风险。如何通过各种有效的方法将其经营的国际业务的风险控制在适当的范围内，乃至通过经营该类业务实现分散风险的目的是银行必须加以注意的。

第二节　国际资产和负债业务

新竞争环境下，我国各商业银行均致力于开发和拓展各项业务，而国际业务作为一个内涵丰富的金融概念，成为国内各大银行战略中的重要理念。如何在国际市场筹集资金，做大、做强国际业务，已经成为国内各大商业银行思考和研究的问题。

一、国际负债业务

商业银行国际负债业务是指银行在国际范围内筹集资金的业务，是银行负债业务在国际范围的延伸。这一业务既可为银行拓展资金来源渠道，又可为其他国际业务的开展奠定基础。

(一)国际借款

国际借款是指商业银行为应付业务经营过程中所出现的临时性的资金短缺及短期资金周转的需要，而在国际之间进行的同业拆借业务。它是商业银行进行短期国际借贷的主要方式，一般通过其国外分支机构向外国银行借入。

国际借款期限较短，一般为一年以内，利率一般以“伦敦银行同业拆借利率”为基础确定。这种借款属信用借款，无须抵押品，且手续简便，资金供给充裕。同时，借款不限定用途，币种选择灵活。

(二)国际存款

1. 同业存款

同业存款是指国外其他银行存放在本行的存款。同业存款的主要目的是为了便利国际的支付与清算，使用的货币大多为欧洲货币如欧元、英镑等。

2. 非银行存款

非银行存款是指其他国家非银行类机构、组织或个人存放在本国某银行的资金。非银行存款的期限不等，有短期、中期，也有长期的，长期存款的主要目的是获利。

(三)发行国际债券

发行国际债券是商业银行在国际金融市场上筹集中长期资金的重要方式。通过发行国际债券，商业银行能筹借到较长期限的可使用资金，使自己的资金来源多样化。

(四)其他外汇资金筹集方式

1. 欧洲货币存款

欧洲货币存款是指商业银行通过在资金充裕的欧洲货币市场上发行大额存单来筹集资金。这种存单面额大小不一，以适应各类投资者的需要，且存单流动性大，投资者既可持有到期，也可在需要资金时在二级市场上出售，因而备受各类投资者的青睐。

2. 回购协议

回购协议是指商业银行在需要周转资金时，将其所持有的有价证券等资产出售以获取资金，同时买卖双方约定在某一特定时间按预定价格，出售者再将有价证券购回的融资方式。回购协议实质上是一种短期抵押融资方式，那笔被借款方先售出后又购回的金融资产即是融资抵押品或担保品。

二、国际资产业务

国际资产业务是指商业银行在国际范围内的资金运用业务，包括国际信贷业务、国际证券投资业务和国际租赁业务。

(一)国际信贷业务

国际信贷业务是商业银行主要的国际资产业务，主要有直接贷款、银团贷款和贸易融资这三种方式。

1. 直接贷款

直接贷款也称为国际放款，是指商业银行采取国内贷款的形式直接向国外借款人发放贷款。与国内银行放款相比，国际放款一般不限定用途，借款人可以自由地使用资金；金额较大，风险较高，因而利息和费用也较大。放款的价格一般由放款利息、承诺费、管理费、代理费和其他杂费组成。贷款对象大多数是外国银行、政府和大的跨国公司在国外的分支机构等。

2. 银团贷款

银团贷款也称为辛迪加贷款，其实质也属于直接贷款。在国际贷款中，大量的是项目贷款，即主要是针对某一个项目而不是某一借款人发放的贷款，如铁路、公路、飞机场、核电厂的修建等。这类贷款金额大、期限长、风险大，所以单个银行不愿或没有能力发放，但盈利前景十分可观，于是许多银行便组成银团对这类项目发放银团贷款。

3. 贸易融资

贸易融资也称为进出口融资，是指商业银行在进出口贸易中对进口商和出口商提供的资金融通。这种业务政府一般要给予补贴，因此利率较低，条件优惠。商业银行的贸易融资主要有以下六种形式。

1)　出口信贷

出口信贷是商业银行在政府的鼓励支持下，为促进本国商品的出口而向进出口贸易当事人提供的资金融通。提供此种贸易融资时，政府对银行提供一定的利息补贴，使商业银行出口信贷的利率低于其他形式的贷款利率，对进出口各方有较大的吸引力。西方商业银行办理的出口信贷，大多用于大型成套设备的出口，属于中长期信贷。它主要有两种形式，即买方信贷和卖方信贷。

(1)　买方信贷。买方信贷是出口国银行向进口商或进口商银行提供的用于购买出口国商品的贷款。出口商和进口商签订合同，规定进口商见货后立即支付货款，但进口商可能没有足够的现金付款，这时商业银行提供买方信贷作为资金支持。

一般有两种做法：一是向进口商提供贷款，进口商收到贷款后，用此款向出口商支付货款；另一种做法是向进口商的银行提供贷款，然后再由该银行将款项贷放给进口商，进口商用此款支付进口货款。不管哪种做法，都要求在买卖双方签订贸易合同后，买方必须向卖方先付 15%以上的订金，而且该笔贷款仅限于购买提供贷款国的商品。进口设备投产

后，由进口商或进口国银行分期偿还给贷款银行。

(2) 卖方信贷。卖方信贷是由出口国银行在本国出口商将产品赊销给外国进口商之后，收回货款之前，向出口商提供的周转贷款。出口商与进口商签订买卖合同，允许进口商延期支付货款，而出口商可能会因为资金短缺影响到正常的经营活动，由商业银行提供卖方信贷，对出口商给予资金支持。其贷款利率一般低于国际金融市场利率，利差部分由政府补贴给商业银行。这时进口商一般要先付进口商品总值约 15%左右的订金，其余的 85%分批偿还，因此卖方信贷一般也不超过出口商品总值的 85%。

2) 打包放款

打包放款是出口国银行向出口商提供的一种短期信贷。出口商与国外进口商签订买卖合同后，在组织货物出口过程中，可能出现资金周转困难。出口商用进口地银行向其开发的信用证或其他保证文件，连同出口商品或半成品一起，交付出口地银行作为抵押，借入款项，此时提供的贷款就称为打包放款。它通常按信用证金额的一定比例提供本币资金，待出口商收回货款后再归还银行的本息。这实际上是一种短期的卖方信贷。

3) 票据买入业务

票据买入业务又称为票据贴现，是指出口企业以远期付款的方式进行商品买卖，同时开立以进口商或进口商所在地的商业银行为付款人的远期汇票，在远期汇票到期前，商业银行为了满足出口企业即期资金需要，以贴现的形式买入该汇票，然后以持票人的身份收取票款的行为。其实质是商业银行以未到期的票据作为抵押向出口企业提供短期资金融通。商业银行开展票据买入业务时，要事先申明，如果票据遭受拒付，商业银行保留有对出口企业的追索权。

4) 进出口押汇

进出口押汇是指进出口商在出口合同的执行过程和货款的收回过程中，从商业银行获得信用担保和资金融通的信贷方式。它分为进口押汇和出口押汇两种。

(1) 进口押汇是指进出口双方签订商品买卖合同后，进口地银行(一般为进口商的开户行)只凭进口商的信誉，就为其开具符合出口商要求的保证按期付款的文件(绝大多数为信用证)，以便出口商接到保证文件后能够按期发货，货到后进口商再赎单付款。银行为进口商开立信用保证文件的这一过程就是进口押汇。在进口押汇业务中，进口商必须在规定的时间内付款赎单，或者出具信托收据借出货运单据提货，出售后以所得货款归还商业银行为其垫付的资金及利息。

(2) 出口押汇是指出口商根据买卖合同的规定向进口商发出货物后，取得各种单据，同时根据有关条款，开出以进口商为付款人的汇票。为提前收回货款，出口商将汇票连同有关货运单据，在委托本国代理银行代收货款时，请求银行将该项出口汇票及有关单据先予承购。如果该银行对汇票及单据进行审查后，认为符合规定，则予以承购，收下汇票和单据，将汇票票款扣除利息后付给出口商。这种由出口地银行对出口商提供的资金融通就称为出口押汇，俗称出口买单。出口押汇与票据买入类似，但又有本质不同。前者以各种单据为抵押，在借款信用上属于抵押贷款；后者没有抵押品，在借款信用上属于信用贷款。

5)　福费廷

福费廷业务又称包买票据，是指在大型机械设备和成套设备的进出口贸易中，采取延期付款的货款支付方式下，出口商为了防止汇率变动或加快资金周转，将进口商承兑的远期汇票，按固定利率无追索权地卖给金融机构，提前取得货款的一种贸易融资方式。这种业务与票据买入业务有些类似，不同之处是时间较长，商业银行没有追索权。

6)　保理业务

保理业务又称承购应收账款业务，是保理商为国际贸易中以赊销方式进行买卖的出口商提供的将出口贸易、销售账务处理、收取应收账款和买方信用担保融为一体的金融服务。其中的出口贸易融资是指出口商以赊销的方式将出口产品装船发货，然后用取得代表出口方应收货款权利的发票、承兑汇票、货物提单等单据无追索权地卖给保理商，并提前取得货款。

(二)国际证券投资业务

商业银行进行国际证券投资的方式有以下几种。

(1)　购买外国政府或企业在本国发行的以本国货币为面值的债券，即通常所说的外国债券。如美国花旗银行在纽约购买中国政府发行的美元债券。

(2)　购买外国政府或企业在本国发行的以外国货币为面值的债券，即通常所说的欧洲债券。如英国的 HSBC 控股银行在伦敦购买中国政府发行的美元债券。

(3)　到国外去购买该国政府或企业在当地发行的债券。如中国工商银行将持有的美元在美国购买美国政府的债券或高品质的企业债券。

(4)　商业银行在国外的分支机构购买当地政府或企业发行的债券。

(三)国际租赁业务

国际租赁业务是指商业银行应国外承租人的要求，购买大型成套设备出租给国外承租人，并约期收回租金的国际融资活动。国际租赁是国际贷款的转化形式。在租赁期间，出租物的所有权归银行所有，承租人只有出租物的使用权。

租赁期满，承租人对租赁物品有退租、续租和留购的选择权。国际租赁与国内租赁一样，是一种将融资和融物相结合的资金融通方式。由于在国际租赁的合同期内，商业银行完全拥有出租物的所有权，因此可以在某种程度上降低国际租赁的风险。

第三节　外汇交易业务

商业银行的国际业务中，外汇交易业务也是很重要的一部分。商业银行外汇买卖业务主要包括两方面内容：一是受客户委托办理外汇买卖，即根据客户的请求，代理客户进行外汇买卖；二是银行自身为防范汇率风险，平衡外汇头寸或自行经营外汇交易业务而进行的外汇买卖。

商业银行从事外汇交易的方式一般有以下几类：即期外汇交易和远期外汇交易，套汇与套利交易，以及外汇的期货、期权与互换交易。

一、即期外汇交易和远期外汇交易

外汇市场上的交易品种丰富，方式多样。随着金融衍生工具的发展，交易方法更是层出不穷，最基本的有以下几种。

(一)即期外汇交易

即期外汇交易即现货交易或者说现汇交易，是指交易者在外汇买卖成交后，立即或在两个交易日内进行交割的外汇买卖。按照国际惯例，经营外汇业务的商业银行与居民、企业、旅游者等客户之间的外汇交易一般是当日成交，当日交割。商业银行之间的外汇交易则通常在交易成交后两个交易日内完成交割，以便外汇的卖出银行有足够的时间处理账户转移等事项。

(二)远期外汇交易

远期外汇交易是指买卖双方交易成交后，按双方签订的远期合同，在未来的约定日期进行外汇交割的交易方式。常见的远期外汇买卖期限为 1 个月、2 个月、3 个月、4 个月、5 个月、6 个月等，通常为 3 个月，也有长达 1 年的，但很少见。

二、套汇与套利交易

(一)套汇交易

套汇交易是指在两个或两个以上的外汇市场上，利用外汇汇率的差异进行的外汇买卖。其目的是套取汇率的差价，从中获取利润。套汇分为地点套汇和时间套汇两种。

1. 地点套汇

地点套汇是利用不同外汇市场上存在的汇率差异，从低价市场买进，从高价市场卖出，赚取利润。地点套汇主要分为直接套汇和间接套汇两种。

2. 时间套汇

时间套汇是利用不同外汇交易的交割期限的差异所造成的汇率差进行套汇交易，即掉

期交易。

(二)套利交易

套利是指利用在不同国家或地区进行短期投资的利率差异，将资金由利率较低的国家或地区转移到利率较高的国家或地区进行投资，从而赚取利率差额的外汇交易。

1. 不抛补的套利

所谓不抛补的套利，主要是利用两国市场的利息率差异，把短期资金从利率较低的市场调到利率较高的市场进行投资，以谋取利息差额收入。

例如，若美国三个月的国库券利率为8%，而英国三个月期的短期国库券利率为10%，如三个月后英镑对美元的汇率不发生变化，则投资者在出售美国国库券后，将所得的资金从美国调往伦敦购买英国国库券，就可以稳获2%的利差收入。具体计算如下。

设一人在纽约拥有100万美元资产，如投资于美国国库券(三个月期)，利率为8%，本利共为108万美元。但此时若他进行套利，则获利便可增加。如即期市场汇率为￡1=＄2.00，则他在即期市场卖出100万美元，获50万英镑。他将50万英镑调往伦敦并投资于三月期英国国库券，三个月后可获利 55万英镑[50×(1+10%)]。这时，若美元对英镑汇率没有发生变化，那么，他将在伦敦投资的收益 55万英镑换成美元则为110万美元，比他不进行套利交易多赚2万美元。

2. 抛补的套利

抛补的套利是指套利者在把资金从甲地调往乙地以获取较高利息的同时，还通过在外汇市场上卖出远期的乙国货币以防范风险。

援引上例，套利者不将100万美元投资于美国国库券以谋取8%的利息收入，而是在即期市场上将这笔美元卖出以换得英镑，随后将钱调往伦敦投资于利率10%的英国三个月短期国库券，由此他在三个月后可获得55万英镑。

在这同时，套利者马上在远期外汇市场上订立契约，卖出三个月的55万英镑以买进美元。为简便计算，仍设汇率为￡1=＄2.00，这样三个月后他可稳获110万美元的收入。

投资者之所以要在将英镑调入伦敦的同时，在外汇远期市场上售出英镑，购买美元，其原因是防止美元升值。如上例所述，如套利者不进行“抛补”(即在即期卖出的同时，远期买进，或相反)，则当他投资于英国三个月国库券后获得55万英镑时，若美元与英镑汇率变为￡1＝$1.90，则 55万英镑只能合 104.5 万美元，而套利者本来投资于美国国库券却可得108万美元，结果由于美元升值他亏损了3.5万美元。

一般来说，在浮动汇率体系下，汇率在三个月内不发生变化几乎是不可能的，因此，套利者在进行套利的同时，又进行抛补，才是既防范汇率风险，又可获得利息收入的安全之策。

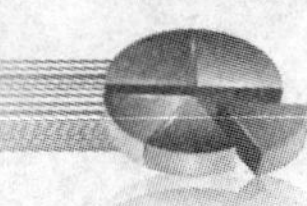

三、外汇期货、期权和互换交易

(一)外汇期货交易

外汇期货交易是指在有形的外汇市场上，由清算所向下属成员清算机构或经纪人，以公开报价的方式进行具有标准合同金额和清算日期的远期外汇买卖。

外汇期货交易与远期交易在交割时间、合同形式等方面极为相似，但在具体运作上，外汇期货交易较之外汇远期交易，有着显著的特点：外汇期货交易有具体的市场，如国际货币市场和伦敦金融期货交易所等；外汇期货交易是一种固定的、标准化的形式，具体体现在合同规模、价格、交割期限、交割地点均标准化，而非通过协商确定；外汇期货交易的买方只报买价，卖方只报卖价，由交易所确定每日限价；外汇期货交易的远期合约大多很少交割，交割率甚至低于1%；外汇期货交易的买卖双方无合同责任关系，买卖双方与清算所有合同责任关系。

(二)外汇期权交易

外汇期权交易即买卖远期外汇权利的交易。在这种交易中，外汇期权的买方和卖方在规定时期内按双方商定的条件，比如一定的汇率，购买或售出指定数量的外汇。在行市有利时，买方将买入看涨期权，可以获得在期权合约有效期内按某一具体履行价格购买一定数量某种外汇的权利；在行市不利时，买方将买入看跌期权；在行市捉摸不定时，投资者倾向于购买双向期权，即买方同时买进看涨期权和看跌期权。在外汇期权交易中，买方向卖方支付期权费，该费用被视为购买期权的价格。外汇期权交易对买方而言，它在期权有效期内没有必须按预定价格履行合同交割的义务，这有利于买方对资产和收益的保值。对卖方而言，可以获得期权费。商业银行在外汇期权交易中，可能充当买方，也可能充当卖方。

(三)外汇互换交易

互换交易是指互换双方在事先预定的时间内交换货币或利率的一种金融交易。双方在期初按固定汇率交换两种不同货币的本金，随后在预定的日期内进行利息和本金的互换。外汇互换交易主要包括货币互换、利率互换和货币利率互换等。商业银行在互换交易中，可充当交易一方或充当中介人。交易者通过货币互换来降低筹资成本；通过货币互换工具消除其敞口风险，尽量避免汇率风险和利率风险；货币互换属于表外业务，可以规避外汇管制、利率管制和税收方面的限制。

第四节　国际结算业务

银行在国际业务发展中，国际由于贸易或非贸易往来而发生的债权债务，要用货币在一定形式和条件下收付结算，因此就产生了国际结算业务。

其中国际贸易是结算产生和发展的主要根据，同时国际结算的发展反过来又促进了国际贸易的发展。因此，国际贸易结算构成了国际结算的主要内容。在国际结算中，由于擅长处理货币收付和兑换、在国外有大量的分支机构和代理行等原因，商业银行成为全球国际结算的中心。国际结算业务也就成为商业银行的一项重要国际业务。商业银行国际结算的方式主要有汇款、托收和信用证三种。

一、汇款结算方式

汇款结算方式是付款人把应付的款项交给自己的往来银行，请求银行代自己把款项交付给收款人的一种结算方式。汇款结算有四个基本当事人，即汇款人、汇出行、汇入行和收款人。如果汇入行和汇出行之间没有建立代理行关系，那么完成一笔汇款业务，还需要与两家银行都有代理关系的第三家银行参与。

在汇款结算方式下，银行不需要考察汇款的目的和客户的信用状况，只需简单地接受委托并办理汇款，银行只面临操作风险。因汇款过程中使用的工具不同，汇款又分为电汇、信汇和票汇三种。

(1)　电汇(T/T)是汇出行应汇款人的申请用加押电报、电传或电子划拨系统通知汇入行向收款人解付一定金额的汇款方式。这种汇款方式的基本操作程序依次为：汇款人填写电汇申请书，连同款项和汇费一起交汇出行；汇款人取得电汇回执；汇出行将汇款内容加密后用电报、电传或电子划拨系统通知汇入行解付；汇入行核押后通知收款人取款；收款人到汇入行取款；收款人取款后在汇入行的“收款人”收据上签字或盖章；汇入行借记汇出行账户，将“付讫借记通知书”寄汇出行。

(2)　信汇(M/T)是汇出行应汇款人申请，邮寄信汇委托书或支付委托书，授权汇入行向收款人解付一定金额的汇款方式。它与电汇的操作程序基本相同，不同之处在于：在汇出行通知汇入行的手段上，信汇用的是信汇委托书，电汇用的是电报、电传或电子划拨系统；在保密方式上，信汇是汇出行的授权人员签字，电汇用密押。信汇比电汇的费用要低，但由于速度相对较慢，现在很少采用这一方式。

(3)　票汇(D/D)是汇出行应汇款人申请，开立以其分行或代理行为解付行的银行即期汇票，支付一定金额给收款人的一种汇款方式。这种汇款方式的基本操作程序依次为：汇款人填写票汇申请书，连同款项和汇费一并交汇出行；汇出行开出即期银行汇票交汇款人；

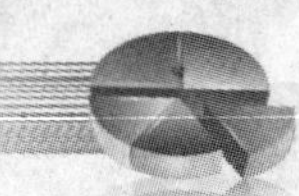

汇款人将汇票交收款人；汇出行将票汇通知书邮寄汇入行；收款人持汇票向汇入行取款；汇入行向收款人解付票款；汇入行借记汇出行账户，将“付讫借记通知书”寄汇出行。

二、托收结算方式

托收是债权人因向债务人收取款项而向其开出汇票，委托出口地银行或其国外的分行或代理行代收款项的一种结算方式。一笔托收结算业务通常有四个当事人，即委托人、托收行、代收行和付款人。委托人又称出票人，是开立汇票委托托收行向国外付款方收款的人。托收行是接受委托人的委托，转托国外代收行代为收款的银行，托收行一般是出口地银行。代收行是接受托收行的委托，代为向付款人收款的银行，代收行一般是进口地银行。付款人又称受票人，是最终支付货款的人，一般是进口商。

三、信用证结算方式

信用证(L/C)是银行根据进口商的请求，对出口商发出的、授权出口商签发以银行或进口商本人为付款人的汇票，承诺只要交来符合条款规定的汇票单据必定承兑和付款的一种书面保证文件。

在汇款结算和托收结算方式下，国际贸易中的进出口双方存在着风险严重不对称。如果是先发货后付款，则出口方存在着收不到货款的风险；反之，则进口方存在着收不到货物的风险。即使托收结算尤其是跟单托收结算大大降低了出口方收不到货款的风险，但这种风险依然没有消除。在出口货物销售前景不好的情况下，进口商可能会出现道德风险，既不支付进口货款，同时也不要进口商品。如果出现这种情况，出口商必将遭受重大的损失。信用证结算很好地克服了汇款结算和托收结算的缺点。在信用证结算方式下，如果出口商严格按照信用证的要求发货并制备单据，只要开证行不倒闭，出口商就一定能收到货款，基本消除了出口商收不到货款的风险。信用证结算的优点，使其成为当前国际结算最主要、最广泛的形式，被称为国际商业银行往来的生命线。

根据其性质、期限、流通方式等特点，信用证种类可以分为以下几类。

(1) 跟单信用证和光票信用证。跟单信用证是开证行凭跟单汇票或单纯凭单据付款的信用证。这里的单据是指代表货物或证明货物已经交运的单据，包括提单、铁路运单、航空运单、邮包收据等。国际贸易所使用的绝大部分信用证是跟单信用证。光票信用证是指开证行仅凭不附单据的汇票付款的信用证，或汇票仅附有非货运单据，如发票、垫款清单的信用证。贸易结算中的预支信用证和非贸易结算中的旅行信用证都是光票信用证。

(2) 不可撤销信用证和可撤销信用证。不可撤销信用证是指信用证一经开出，在其有效期内，未经受益人及各有关当事人的同意，开证行不得片面修改和撤销的信用证。只要受益人提交了符合信用证规定的单据，开证行就必须履行付款义务。这种信用证在票面上注明了“不可撤销”字样，它对受益人收款比较有保证，所以在国际贸易中使用得最多。

可撤销信用证是指开证行对所开信用证不必征得受益人或有关当事人的同意而可以随时撤销或修改的信用证，票面上有“可撤销”字样。由于对出口商不利，所以出口商一般不接受这种信用证。

(3) 保兑信用证和不保兑信用证。保兑信用证是指开证行开出信用证后请另一银行保证对符合信用证条款规定的单据履行付款义务的信用证。对信用证加具保兑的银行叫保兑行，它通常是通知行，也可能是出口方的其他银行或第三国银行。信用证的“不可撤销”是指开证行对信用证的付款责任，“保兑”则是指开证行以外的银行对信用证的付款责任。因为保兑行所负的责任相当于其本身开证，所以只能在不可撤销信用证上才能加以保兑，成为保兑的不可撤销信用证。此时，开证行和保兑行都对信用证承担第一付款责任，这对出口商最为有利。不保兑信用证是指没有经过另一家保兑银行保兑的信用证，当开证行资信好和成交金额不大时使用。

(4) 即期信用证和远期信用证。即期信用是指开证行或付款行收到符合信用证条款的跟单汇票或装运单据后，要立即履行付款义务的信用证。这种信用证能使出口商收汇迅速，因而在国际贸易中广泛使用。远期信用证是指开证行或付款行收到符合信用证条款的跟单汇票或装运单据后，不立即付款，而是等到汇票到期时才履行付款义务的信用证。

(5) 可转让信用证和不可转让信用证。可转让信用证是指规定信用证的每一受益人可以把信用证的全部或部分使用权转让给第二受益人的信用证。不可转让信用证是指受益人不能将信用证的权利转让给他人的信用证。凡信用证中未注明“可转让”者，即为不可转让信用证。

(6) 循环信用证。循坏信用证是指信用证的全部或部分信用额度在被使用之后能够重新再被使用，直至达到规定次数或规定的总金额为止的信用证。这种信用证的优点在于进口方可以不必多次开证，从而节省开证费用，同时也可以简化出口审证、改证等手续。它适用于大额的、长期合同下的分批交货。它可以按时间循环或按金额循环。按时间循环的信用证是受益人在一定时间内可支取信用证规定的金额，支取后，在下次仍可继续支取。上次未用完的信用证余额可以移到下次一并使用的叫做积累循环信用证；上次未用完的信用证余额不能移到下次一并使用的叫做非积累循环信用证。按金额循环使用的信用证是信用证金额议付后，仍恢复原金额，可再使用，直到用完规定的总金额为止。

(7) 对开信用证。对开信用证是指两张信用证的开证申请人互以对方为受益人而开立的信用证。第一张信用证的受益人就是第二张信用证的开证申请人，同样，第一张信用证的开证申请人就是回头证的受益人。两张信用证的通知行往往就是回头证的开证行。两张信用证的金额相等或大体相等。这种信用证一般用于来料加工、补偿贸易和易货贸易。对开信用证的生效方法有两种：第一种是两证同时生效，即第一证先开出，但暂不生效，等对方开来回头证，受益人接受后，通知对方银行，两证同时生效；第二种是两证分别生效，即第一证开出后立即生效，回头证以后另开，或第一证的受益人在交单议付时，附一担保书，保证在若干时间内开出以第一证开证申请人为受益人的回头证。分别生效的对开信用证只有在易货双方相互信任时才会开立。

(8) 背对背信用证。背对背信用证又称转开信用证，指受益人以自己为申请人，要求原证的通知行或其他银行以原证为基础，另开一张内容相似的以实际供货人为受益人的新信用证。背对背信用证的开立通常是中间商转售他人货物，从中图利，或两国不能直接办理进出口贸易时，通过第三者以此种方法来沟通贸易。

(9) 预支信用证(L/C)。预支信用证是开证行授权代付行(通常是通知行)向受益人预付信用证金额的全部或一部分，由开证行保证偿还并负担利息的信用证。通常是进口商向开证行申请，要求开证行在信用证上加列条款，授权出口地的通知行或保兑行在交单之前，向出口商预先垫付全部或部分金额的款项，待出口商交单议付时，出口地银行再从议付金额中扣还预先垫款本息，将余额付给出口商。若出口商到时不能装货交单，出口地银行可向开证行提出还款要求，开证行保证立即偿还出口地银行的垫款本息，然后向开证申请人索要此款。

(10) 备用信用证。备用信用证又称商业票据信用证、担保信用证或保证信用证，指开证行根据开证申请人的请求对受益人开立的承诺承担某项义务的凭证。

第五节 案 例 研 究

一、案例研究1：如何看待信用证的修改

(一)案例展示

某日，上海大众食品公司出口黑龙江大豆5000吨至朝鲜，双方约定采用信用证方式结算。于是，朝鲜客商要求朝鲜外贸银行开出不可撤销信用证一份，该不可撤销信用证的受益人为上海大众食品公司，开证申请人为朝鲜客商，开证行为朝鲜外贸银行，议付行则为上海大同银行。信用证的有效期至2004年5月30日，货物的装运期为2004年5月15日。

2004年4月，朝鲜客商通过朝鲜外贸银行发来修改电文一份，要求货物分两批分别于5月15日、30日出运，信用证的有效期延展至6月15日。上海大同银行在第一时间将信用证修改情况通知了受益人。

5月30日，上海大众食品公司将5000吨黑龙江大豆装船出运，在备齐了所有信用证所要求的单据后，于6月3日向上海大同银行要求议付。上海大同银行审单后拒绝对其付款。

(资料来源：国际结算精品课-厦门城市职业学院，http://www.xmcu.cn.)

(二)案例分析

这是一起典型的信用证修改案例。本例中银行将信用证的修改情况通知了受益人，而

受益人没有明确表明接受或拒绝，在此种情况下，若其按旧证内容办理，我们认为他拒绝了修改；若按新证内容办理，我们则认为他接受了修改。本例的情形显然是大众食品公司接受了信用证的修改。该信用证的修改项目有三项：分批装运、装运期、有效期。既然大众食品公司接受了信用证的修改，它就必须全盘接受，而不能接受一部分、拒绝一部分。因此，大众食品公司接受延展装运期和有效期而拒绝分批装运的做法不符合规定，议付行的拒付完全正确。

(三)案例启示

在不可撤销信用证情况下，任何一方对信用证的修改，都必须经过各当事人的同意，特别是受益人的同意，方能生效。当修改项目不止一项时，则必须接受全部项目，否则必须拒绝全部项目，不能只接受其中一项，而拒绝其他各项。

二、案例研究 2：银行间接套汇计算

(一)案例介绍

下列三个外汇市场的汇率情况为：

伦敦外汇市场 1 英镑=1.6980 美元

巴黎外汇市场 1 英镑=9.6762 法郎

纽约外汇市场 1 美元=5.7910 法郎

(资料来源：商业银行国际业务. http://www.fifc.edu.cn.)

(二)案例分析

如果银行计划以 100 万美元进行三地间的套汇，可采取如下方法操作：第一步，在纽约市场上卖出 100 万美元，换回 579.1 万法郎；第二步，在巴黎市场上以 1 英镑等于 9.6762 法郎的价格出售 579.1 万法郎，换回 59.8480 英镑；第三步，在伦敦市场上卖出 59.8480 英镑，收回 101.6220 万美元。不计费用，通过三地套汇，银行可获利 101.6220-100=1.6220 万美元。

【复习思考】国际资产和负债业务有哪些？

习 题

一、名词解释

欧洲货币存款、国际信贷、押汇业务、出口押汇、进口押汇、打包放款、保付代理、

国际借款、即期外汇交易、远期外汇交易、套汇交易、套利交易、不抛补的套利、抛补的套利、外汇期货、外汇期权、外汇互换交易、托收结算、信用证结算、担保业务、直接贷款、银团贷款、贸易融资、打包放款、国际结算

二、填空题

1. 国际业务的组织结构有________、________、________、________、________。

2. 国际金融组织转贷款属于________贷款。

3. 出口信贷主要有两种形式，即________和________。

4. 汇款结算有四个基本当事人，即________、________、________和________。

5. 欧洲债券的基本形式是________。

6. 在可自由兑换货币中，占主导地位的货币统称为________。

7. 目前，在我国一般的境内交易禁止以________计价结算。

8. 卖方信贷一般也不超过出口商品总值的________。

9. 卖方信贷是由________在本国出口商将产品赊销给外国进口商之后，收回货款之前，向________提供的周转贷款。

10. 买方信贷是________向________或________提供的用于购买出口国商品的贷款。

11. 国际信贷业务是商业银行主要的国际资产业务，主要有________、________和________这三种方式。

12. 商业银行的贸易融资主要有以下六种形式：________、________、________、________、________和________。

三、判断题

1. 银团贷款也称为辛迪加贷款，其实质也属于直接贷款。 ( )

2. 银团贷款金额大，期限长，风险小。 ( )

3. 票据买入业务的实质是商业银行向出口企业提供短期资金融通。 ( )

4. 打包放款是出口国银行向出口商提供的一种长期信贷。 ( )

5. 出口信贷属于中长期信贷。 ( )

6. 国际信贷业务是商业银行主要的国际资产业务。 ( )

7. 福费廷是对未到期的国际贸易应收账款进行无追索权贴现。 ( )

8. 任何银行都可靠自身分支机构来完成所有的国际业务。 ( )

9. 可自由兑换货币即为现汇。 ( )

10. 国际清算是外汇银行业务的基础之一。 ( )

11. 通常所说的外汇交易是指不同货币之间按照一定的汇率所进行的交换。 ( )

四、单项选择题

1. 银行将一笔款项汇往法国，收款人是中国境外公司，因此，汇款人填写汇款申请书

时必须用(　　)填写。

A. 中文　　B. 法文　　C. 英文　　D. 意大利语

2. 信用证的第一付款人为(　　)。

A. 进口商　　B. 开证行　　C. 议付行　　D. 转让行

3. 国家机关不得作为担保人，但为使用(　　) 进行转贷提供担保除外。

A. 商业贷款　　B. 出口信贷　　C. 政府贷款　　D. 银团贷款

4. 目前，在我国一般的境内交易禁止以(　　)计价结算。

A. 外币　　B. 人民币　　C. 信用卡　　D. 支票

5. 世界上国际金融中心有几十个，而最大的三个金融中心是(　　)。

A. 伦敦、法兰克福和纽约　　B. 伦敦、巴黎和纽约

C. 伦敦、纽约和东京　　D. 伦敦、纽约和香港

五、多项选择题

1. 期权的优点，对于买方，是一种(　　)。

A. 投资少，潜在收益大的交易　　B. 可以保值

C. 转嫁风险　　D. 没有损失的交易

2. 外汇调期是指在即期外汇市场上(　　)，在远期外汇市场(　　)同样数量的同种货币。

A. 买进一种货币的同时，卖出　　B. 卖出一种货币的同时，买入

C. 买入一种货币的同时，买入　　D. 卖出一种货币的同时，卖出

六、简答题

信用证可以分为哪几种？

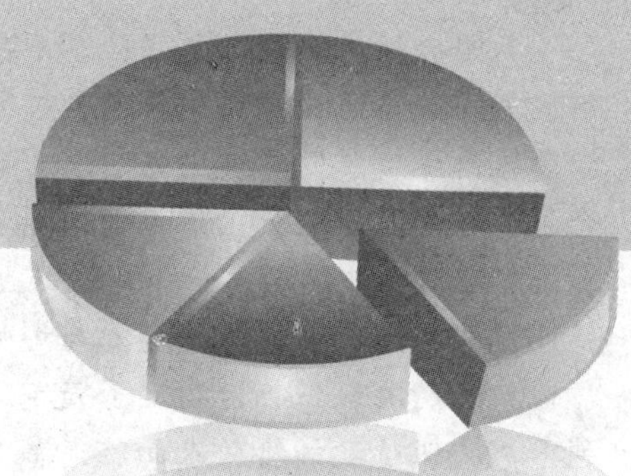

第十一章 商业银行风险管理

本章精粹：

- 商业银行风险概述。
- 商业银行风险管理策略。
- 商业银行风险管理与防范。
- 案例研究 1：巴林银行倒闭案。
- 案例研究 2：日本大和银行事件。

案例导入 美国次贷危机

美国次级贷款危机搅得世界不安宁，同时也引发了人们对风险管理的关注。

美国次贷危机，具体来看，应该是美国房地产市场上的次级按揭贷款的危机。美国次贷危机的爆发暴露出美国房贷资产证券化市场存在严重问题，让我们对房贷资产证券化产生了质疑：是否这一金融创新工具在实践过程中还有许多鲜为人知的纰漏和不足，美国次贷证券化过程中是否做好了相关风险控制？

一、美国次贷危机的起源与影响

美国的次级抵押贷款大多是前几年住房市场高度繁荣时贷出的。相对于主要抵押贷款利率，次级贷款的贷款人面临着高于平均水平的还贷利率，风险性较高，所以当宏观经济发生逆转时，这些贷款人的违约风险将急剧上升。可是就是这样一种高风险的贷款产品，它的规模却在近几年急剧扩张并多次资产证券化，急剧的规模扩张和高度的证券化比例为次贷危机埋下了隐患。

2004 年二季度以来，美国优质贷款拖欠率略有抬头，但次贷拖欠率却大幅上升，从 10.4%升至 13.5%，是同期优贷拖欠率的 5 倍多。2007 年 3 月 13 日，美国第二大次级抵押贷款公司——新世纪金融公司，被迫提出破产保护申请，当日道琼斯指数跌至 1.37%，由此揭开了次贷危机的序幕，并产生巨大的蝴蝶效应，此后“多米诺骨牌”纷纷倒下。

二、次贷危机深层次原因透视

探究美国次贷危机的深层原因，应该首先从资产证券化流程进行深度剖析。首先，在利益驱使下，次级贷款经纪人通过各种方式，甚至猎杀放贷和欺骗贷款让借款者接受可能并不是很适合他们的贷款。这在一定程度上增加了原始资产贷款池风险。其次，次级贷款经过证券化和再证券化(包括担保债权凭证 CDO 的创设、信用违约互换 CDS 的创设和 ABX 指数的创设)，使得建筑在次级抵押贷款这种基础资产上的信用衍生品大楼越来越高，经过多次打包重组后，形成了巨大的“次贷”衍生品泡沫市场。但是随着美国房地产市场的降温和加息周期的到来，次贷借款人无法按时偿还债务，引起次贷质量的严重恶化，次贷债券的评估价格随之下降，金融衍生产品价格也纷纷下跌。最后，很多对冲基金亏损严重，这时投资者“用脚投票”，直接导致对冲基金资金链断裂，最终引发危机爆发。

因此次贷危机爆发的深层次原因主要是美国次贷证券化过程中的风险防范不到位。

(一) 原始资产池的信用风险

(1) 系统性风险。系统性风险也就是宏观经济风险，美国次贷中表现为房地产市场的降温和加息周期的到来。美国次贷危机的形成过程中，包括所有的金融机构、投资者都错误地估计了美国的经济形势，过分乐观地看待美国的房地产市场，同时也没有做好风险准备的计提工作。以新世纪金融公司为例，公司对宏观经济风险缺乏准确判断，违约风险准备金提取不足，当房地产转入熊市时，违约就成为系统性风险，最终导致破产的下场。

(2) 非系统性风险。非系统性风险是与借款人的信用状况联系密切的风险，是由于原始借款人的还款能力存在问题而引发的违约风险。在美国，不同信用评级的人在贷款时享受不同的贷款利率，次级抵押贷款大部分是针对信用分数低于 620 分、收入证明缺失、负债较重的人，其利率通常比优惠利率高 2%～3%，因而当宏观经济出现逆转时，次级贷款借款人相对于优质贷款借款人有着明显较高的违约率。美国次贷资产池确实存在非常严重的非系统性风险，即信用风险。

(二) 证券化结构设计风险

(1) 破产隔离风险。美国大部分次贷资产打包出售给了 SPV，即“真实销售”，成功地实现了第一层次的破产隔离，但是第二层次的破产隔离却没有实现。为了获得更高的利润，SPV 会自己保留低级别证券，或者对低级别的证券保留赎回权，这些低级别的证券具有很高的风险，很多都没有经过信用评级机构的信用评级。如此的结构设计导致 SPV 的破产风险，没有实现 SPV 的完全破产隔离直接导致了资产证券化结构设计的失败。当次贷借款人大量违约时，就出现了 SPV 的破产现象。

(2) 信用增级风险。美国次贷证券化中运用的内部增级手段主要就是优先/次级证券安排，在美国次贷中表现为优先档证券、中间档证券和股权档证券。这种设计的直接结果就是，原始基础资产池的违约风险集中在只占 20%的低级证券当中，使这部分证券的风险急剧上升。由于风险过度集中，低级证券的抗风险能力严重不足，最终还是会影响到高级证券的偿付，无法实现内部信用增级的目的。

(3) 第三方风险。美国次贷危机中第三方风险表现得尤为显著，特别是信用评级公司扮演了极其重要的角色。在结构性衍生信贷市场中，由于信息高度不对称，投资者严重依赖于评级公司的报告做出决策，但是大量评级为 AAA 和 AA 级的债券，事后证明价值被严重高估。信用评级机构对整个宏观经济的错误判断和对次贷市场过分乐观的估计，给投资者带来巨大的风险。美国信用评级机构主要存在评级机构监管缺失，信用评级机构与证券发行人、承销商之间存在严重利益冲突以及信用评级行业由于缺乏竞争导致道德风险缺失等问题。

(资料来源：李明伟. 浙江工业大学之江学院，2008-11-03.)

第一节 商业银行风险概述

银行业作为经营货币的企业与生俱来就注定了其风险的本质，与其说银行是经营货币的企业，不如说是为了获得利润而经营风险的组织。所以风险和利润对银行来讲是一个硬币的两面，不可分割，同为一体，过分强调哪一方都会给银行的发展带来阻碍，只有充分掌握风险在银行经营中的特点，将风险经营、管理与防范结合起来，在硬币的两面之间寻找有效的平衡，才能收到利润增长与风险防范的最佳效果，才可以在风险与利润的动态错位中谋求长远的发展。

商业银行的盈利受到风险的影响，而风险来源于多方面。风险的多源性给定义风险带来了很大困难。因此，定义风险是测量和管理风险的基础。当前，商业银行在风险管理方面已逐步迈向全面风险管理阶段，简单、笼统的风险定义已无法满足实际需要。事实上，风险的定义正逐年精确化。我们对商业银行风险管理的介绍就从风险的定义与分类开始。

一、商业银行风险的含义与特征

商业银行风险是指商业银行在经营过程中受到各种不确定因素的影响而遭受损失的可能性。商业银行所面临的各种风险均直接表现为货币资金损失的风险。商业银行风险的特征如下。

(1) 商业银行作为经营货币信用业务的企业，与一般工商企业及其他经济单位相比，最显著的特点是负债经营，即利用客户的各种存款及其他借入款作为主要的营运资金，通过发放贷款和投资获取收益，其自有资本占资产总额的比率远远低于其他行业。这一经营特点决定了商业银行本身就是一种具有内在风险的特殊企业。因此，银行风险所带来的损失超过一般企业经营风险所带来的损失，它具有涉及金额大、涉及面广等特点。

(2) 商业银行风险既是银行发展的内在动力，又是制约力量之一。一方面，银行风险客观存在于银行经营活动过程中，既带来挑战又带来机遇，它推动银行通过有效的风险控制，规避风险负面效应，获取较好收益。从这个意义上讲，银行风险推动银行业的发展。另一方面，银行风险可能造成的严重后果具有警戒作用，能够对银行行为产生一定的约束，成为银行业务过度扩张的有效制约力量。

二、商业银行风险的成因

(一)宏观经济影响

1. 国家经济政策

在市场经济条件下，政府通过适当的宏观经济政策对经济发展进行规划和引导，有助于克服市场经济自身存在的盲目性和滞后性。而国家经济政策的制定和实施将不可避免地引起经济活动中投资总量、投资结构、行业分布、外汇流动等方面的变化，这些变化会直接影响到相关产业的经营状况和发展前景，进而影响银行经营安全性、流动性和盈利性目标的实现。在国家经济政策中，货币政策通过对货币供应量和利率的调整，直接影响银行客户的行为取向，进而导致商业银行风险的产生。如果货币供应量过多、物价上升，就可能出现挤兑风潮，严重威胁银行的经营安全；如果实际利率提高，则会增加银行的经营成本，降低银行的收益(实际利率=名义利率-通货膨胀率)。

2. 经济运行状况

在市场经济条件下，宏观经济运行常呈现出周期性波动的特点。在经济周期的不同阶段，银行所面临的风险程度也不尽相同。在经济处于复苏和繁荣阶段时，社会投资欲望强烈，商业银行信贷规模扩大，经营利润增加，风险较小，而在经济处于萧条和危机阶段时，商业银行信贷规模缩小，经营利润减少；特别是当借款人经营条件恶化，发生亏损或倒闭时，商业银行就会面临很大的风险。

3. 金融监管力度

在现代经济社会中，以银行业为主体的金融体系日益成为国民经济的神经中枢和调节机构。金融风险的涉及面广，危害性大。这就要求金融监管当局对金融体系实施有效的监管以控制和减少风险的产生，维持经济的持续、稳定发展。如果金融监管体系健全、措施得力，就会将潜在的风险消灭在萌芽状态并减轻风险造成的损失；反之，则容易导致银行业的无序竞争和其他短期行为的发生，使银行的经营风险加大。

(二)商业银行自身的管理水平

1. 商业银行经营管理的思想与方针

商业银行在自身的经营管理过程中如果过分强调盈利性，就会导致资产业务中的风险业务比重过大，使银行的经营风险增加。如果银行经营思想过于保守，经营方针落后于经济发展对商业银行的要求，业务品种少，业务承办不能形成足以分散风险的规模，也会加大商业银行的风险。

2. 商业银行业务结构比例状况

商业银行的业务结构比例状况主要可以从以下两个方面进行考察。

(1) 资产业务、负债业务与中间业务三者之间及各业务内部的各种类之间的比例关系是否协调。

(2) 资产、负债等各种业务之间的期限结构与利率结构是否协调。

如果商业银行业务结构比例失调，资产、负债业务期限不匹配，融资缺口过大，都会加大商业银行的经营风险。

(三)信息不对称导致风险的发生

1. 借款人的道德风险与商业银行风险

在商业银行存贷款业务中，银行有可能遭受到来自借款人道德风险引发的信用风险。首先，在贷款条款谈判过程中，借款人有可能不如实申报自己的财务状况和盈利能力，造成贷款合约不完整。其次，在贷款发放后，银行很难对借款人的行为进行监督，借款人可

能从事一些高风险的活动，从而增加了银行的经营风险。

2. 银行经营者的道德风险与商业银行风险

在所有权与经营权分离的情况下，银行的经营活动主要是由专业的经理人来完成。由于经理人与委托人的利益不一致，银行经营者有可能从事一些有损于股东利益的事情，最终使银行受到潜在风险的威胁。

3. 银行自身的道德风险与商业银行风险

银行自有资本比率很低，使得它有从事高风险投资的动机，而存款人又很难对银行实行监督。此外，许多国家的政府在整个银行系统陷入困境时会以最后贷款人的身份出面援助，从而增加银行从事风险投资的动机，加剧了银行风险。

4. 逆向选择与商业银行风险

在信贷市场上，银行对借款人的资金用途、投资项目的风险等信息了解很少，出于自身利益的考虑，银行往往希望通过提高利率增加利息收益来抵补此类情况可能带来的损失，结果却使得低风险项目退出市场，相反，那些从事高风险投资项目可能使得银行风险加大的借款人却留在了信贷市场中。由此可见，逆向选择的存在最终导致的是银行总体风险水平的提高，并使得银行的收益和风险处于不对称状态之中。

三、商业银行风险的分类

商业银行的风险一般分为系统风险、非系统风险；按风险的主体构成分为资产风险、负债风险、中间业务风险、外汇风险；按风险产生的原因分为客观风险、主观风险；按风险的性质分为静态风险、动态风险；按风险的形态分为有形风险、无形风险；按业务面临的风险分为信用风险、市场风险、流动性风险、外汇风险、利率风险、操作风险、投资风险。商业银行是一种高风险的经营，因此，要建立商业银行经营的早期预警机制，有效控制和规避这些风险，提高风险管理能力。下面介绍商业银行在经营过程中所面临的主要风险。

(一)信用风险

信用风险是由于信用活动中存在着不确定性而导致银行遭受损失的可能性。更确切地说，是所有因客户违约而引起的风险。违约会导致一方所借出金额遭受全部或部分损失。它指以下任一种情况：如没有履行偿还义务、违反约定事项、经济违约或卷入法律诉讼等。信用风险是银行业面临的最主要的风险，也是国内外一些专业机构、专业人员非常关注的问题。信用风险是首要的银行风险，少数重要客户的违约可能会给银行带来巨大损失，甚至导致支付危机。

在信用风险的监控方面，银行采用的往往是传统的方法和制度。比如，限额系统设定对单一客户、同一行业的客户、在同一国家的客户等的贷款数额上限；信贷经理或信贷委员会对贷款申请进行审查；银行还在不同层次上实行负责制，规定谁应对银行的某项“承诺”负责。此外，银行还对客户的贷款余额实行集中汇报，以确保贷款金额保持在银行的总额度之内。最后，银行还实行风险分散化制度。

虽然银行在批出贷款前就执行这些制度和程序，但测量信用风险仍存在一些难点。

(二)市场风险

市场风险是指一些债券由于利率波动产生了其市场价格的变动，导致银行的资产产生损失。市场风险在银行衍生产品交易活动中表现得最明显。例如巴林银行的倒闭和大和银行的巨额亏损都显示了市场风险所可能带来损失的严重性。市场风险的一个具体内容是外汇风险。

我国目前实行的是金融的分业经营，商业银行参与的市场业务有限，受市场风险的影响相对还比较小，利差依然是许多银行收入的重要来源，利率风险是银行面对的主要市场风险。随着混业经营政策的松动，商业银行受各种市场风险的影响将日趋严重。

1. 外汇风险

外汇风险是指汇率的变动使银行持有的资产或者负债的实际价值发生变动给银行带来的损失的可能性。持有外币资产的银行会面临汇率风险。

原则上讲，外汇风险是银行外汇业务中唯一独特的风险。银行外汇业务中面临的其他风险也同样存在于国内业务中。自 1973 年以来，浮动汇率的实行给国际货币体系带来了许多不稳定因素，加剧了国际金融市场的动荡，是形成商业银行外汇风险的主要根源。

外汇风险是市场风险的组成部分。对于市场交易来说，外汇汇率是众多市场参数中的一个，其变动情况应与其他市场参数一起考虑。外汇风险还存在于所有以外汇表示的银行业务和市场交易中，这是因为收益必须折合成一种基本货币，外汇汇率的变化对收益的多少有直接的影响。处理外汇风险的传统方法是对银行资产组合分币种实行风险管理。外汇风险属于国际金融的研究领域，在此不作详细展开。

2. 利率风险

利率风险是指银行的财务状况在利率出现对银行不利的波动时面临的风险。利率风险可能给银行的盈利和资本带来巨大的威胁，尤其是当商业银行持有大量的长期贷款和债券的时候。

例如储贷协会是美国最重要的储蓄机构，第二次世界大战后至 70 年代发展很快，但近几年遇到了危机。其主要原因是市场利率上升，使大量存款从银行和储贷协会提走，储贷吸收协会吸收资金成本上升，出现亏损现象，倒闭逐渐增多。

银行资产负债表上大部分项目所形成的收入和成本都要与利率挂钩。由于利率不稳定，所以收益也不稳定。任何借、贷款活动都要承担利率风险。获取可变利率收入的贷款人要承担因利率下降而造成收入减少的风险；支付可变利率的借款人要承担因利率上升而造成的成本上升的风险。这两种情况的收入或成本与市场利率挂钩，所以都存在风险。但从另一角度看，这也意味着获取收益的机会。

与市场利率挂钩的方式是多样的。有时，贷款利率与一定的市场利率存在固定的联系，即执行通常所说的“固定利率”。但这只是一定时间内的利率固定，任何到期的交易若要续存，就得与新的市场条件挂钩。因此所谓的“固定利率”在到期时就变成了可变利率，而所谓的“固定利率”在两个调息日之间又是固定的。而且，两个调息日之间的时间也并非一定是等长的，例如，尽管市场利率经常变动，但银行优惠利率在两次调息之间是固定的，而其跨越的时间又是不等长的。

利率风险的另一来源是隐藏在银行产品中的隐含选择权。固定利率贷款的提前偿还就是一个典型的例子。如果借贷双方没有签署禁止提前偿还的协议，那么，当利率大幅下降时，借款人可以提前偿还贷款，再以更低的利率重新借入，也就是说他拥有提前还款选择权。存款也存在类似的选择权，存款人可以在利率上升时把期限短的存款转存为期限长的固定利率存款，从而获利。对于上述两种情况，损失的都是银行。这种选择权风险有时被称为间接利率风险，它并不直接产生于利率的变化，而是来源于客户的行为。由于这些产品在银行的资产负债表中的地位非常重要，因此选择权风险是不容忽视的。衡量选择权风险要比衡量与市场利率简单挂钩所形成的一般利率风险更为困难。

(三)流动性风险

流动性风险是指商业银行没有足够的现金来应付客户的取款需求或未能满足客户的贷款需求或其他即付的现金需求，而使银行蒙受信誉损失或经济损失的可能性。该风险会导致银行出现财务困难，甚至破产倒闭。

当银行流动性不足时，它无法以合理的成本迅速增加负债或变现资产获得足够的资金，从而影响了其盈利水平。尽管流动性风险作为一种结构性的风险，并不会直接引发损失或造成资产价值的减少，但其危害却是相当严重的。在极端情形下，流动性不足会造成银行的清偿危机、信誉危机，甚至置商业银行于死地。流动性风险始终是商业银行面临的最基本风险，它是其他风险在商业银行整体经营方面的综合体现。

(四)操作风险

操作风险是指由于不完善或有问题的内部程序系统、人员过失或外部事件而造成损失的可能性。相对其他经营风险，操作风险通常具有隐蔽性、主观性和不可预测性等特点。

操作风险涵盖了商业银行内部很大范围内的风险，但长期以来一直没有得到与其他风

险同等的关注。近年来，许多商业银行由于内部控制失误而蒙受了很大的损失，因而操作风险日益受到重视。

操作风险主要包括：内部欺诈风险、外部欺诈风险、就业政策与工作场所安全的风险、客户产品和业务操作风险、灾害和其他事件、业务中断与系统失败风险、执行交割和内部流程管理风险等。这些操作风险可以简单地归纳为人员因素引起的操作风险、流程因素引起的操作风险、系统因素引起的操作风险和外部事件引起的操作风险四类。最重大的操作风险均是由于内部控制及公司治理机制的失效。如国际商业信贷银行(BCCI)和巴林银行的倒闭，以及大和银行的巨额损失实际上就是由于内部控制的失效而造成的。

以上六种风险既各有各的表现形式，又彼此存在一定联系，可能同时出现或者相互转化、相互影响，不应独立地看待与管理。

(五)投资风险

投资风险是指由于投资对象市场价值的波动，从而使商业银行在投资活动中投入的本金和预期收益产生损失的可能性。投资风险按商业银行的投资内容可分为证券投资风险、信托投资风险和租赁投资风险等。商业银行的投资性资产在提供流动性保障、创造收益、降低经营风险等方面起着十分重要的作用，但是，商业银行在开展投资业务时也承担了一定的风险。随着银行业务的扩大，投资风险日益成为商业银行的一种重要风险。

(六)法律风险

银行要承受不同形式的法律风险。现在法律可能无法解决某些与银行有关的法律问题，同时，不完善、不正确的法律意见和文件可能造成与预计情况相比资产价值下降或负债加大。另外，影响银行和其他金融机构的法律可能发生变化，在开拓新业务时，或交易对象的法律权利未能界定时，银行容易受到影响。

目前我国在法律法规建设方面仍存在需要继续完善的地方，在这种状况下，当事人对法律法规的理解就容易产生歧义，再加上执行也不尽如人意，这就加大了商业银行遭受法律风险的可能性。尤其是在开拓新业务或交易对象而法律未能界定时，银行尤其容易受到法律风险的影响。

(七)声誉风险

声誉风险产生于操作上的失误、违反有关法规、资产质量低下、不能支付到期债务、不能向公众提供高质量的金融服务、管理不善等问题。声誉风险对银行损害极大，尽管它也像流动性风险一样并不直接造成损失或造成资产价值的减少，但是因为银行的业务性质要求它必须能够维持存款人、贷款人和整个市场的信心，那么声誉风险可能带给商业银行的信任危机就像流动性风险那样具有毁灭性。

(八)国家风险

随着银行业的国际化，银行的国家信贷和国家投资活动日益频繁，从而使银行所面临的国家风险日益突出。国家风险是指借款人所在国的经济、社会和政治环境方面的变动给银行带来损失的可能性。在同一国家范围内不存在国家风险。如 20 世纪 80 年代拉美国家发生的债务危机以及东南亚金融危机都为我们认识国家风险提供了一个典型的案例。

第二节　商业银行风险管理策略

商业银行风险管理的目的在于确保安全经营获取最大利润。风险管理既是一套工具和技术，也是执行银行战略应经过的程序。狭义地讲，风险管理仅指对风险的度量，它包括收集风险方面的数据，识别风险并使之量化。广义地讲，风险管理的含义主要是指风险控制，目的在于监测银行各部门从事经营活动所面临的风险。它还包括依据适用于整个企业的风险管理规章来监督企业部门行为是否恰当，以及采取何种行动重新认识风险的性质；风险管理者在综合考虑业绩、风险管理和战略规划的基础上，设计企业资金配置的规章制度等。

商业银行的风险管理包括风险识别、风险估计、风险评价和风险处理四个方面。商业银行的风险管理策略就是指商业银行在风险管理中针对这四个方面而采取的业务技巧和方法。

一、商业银行风险管理的基本要求

(一)正视风险存在的客观事实

商业银行在从事风险管理的过程中，必须正视风险存在的客观事实，不断研究发现可能产生风险的原因，以便采取相应的措施加以防范。

(二)合理承受与分散风险

商业银行的经营特点决定了商业银行开展经营活动的过程本身就是承受风险的过程。因此，商业银行有必要根据各项业务发生风险的概率，适度地安排业务比例和业务规模，使风险得以有效地分散，使收益足以弥补所处经济环境中一般情况下的平均风险，使自身清偿力足以弥补所处经济环境中一般情况下的最大风险。

(三)控制、消除与转移风险

商业银行在合理地承受了各种风险之后，要用自己关于风险管理的技能对风险进行控制、降低、消除，或将其转移到金融市场上去，促使各种不同方向的风险能够在金融市场上得以融合和抵消。

二、商业银行风险的识别与估计方法

(一)商业银行风险的识别方法

风险的识别是从商业银行外部纷杂的风险环境和内部经营环境中识别出可能对银行经营带来意外损失的风险因素，它是商业银行风险管理的第一步，也是最重要的一步。因为风险识别为风险度量、风险分析、风险评价与风险控制等确定了方向与范围，如不能正确地识别风险因素，根本就谈不上有效的管理。风险识别这一环节的工作，要求对各种可能出现的风险进行系统的、连续的识别与分类。风险是多种多样、错综复杂的，无论是潜在的还是实际存在的，静态的还是动态的，内部相关的还是外部相关的，风险是否客观存在等，都要作系统的分析与归类。

通过风险的识别，不仅要确定银行经营管理中存在哪些风险，还要找出引起这些风险的原因。一般来说，正确地识别出存在什么风险，也就意味着找到了引起这些风险的主要原因。但由于银行业务本身的多样化和引起这些风险原因的复杂性，而且各种风险可能是交织在一起的，更增加了辨别风险的难度，因此，识别银行风险时必须采用科学的方法，避免简单化与主观臆断。常用的风险识别方法有以下几种。

1. 财务报表分析法

在商业银行的经营管理中，最直接最方便的风险识别工具就是银行的财务报表，如资产负债表、损益表、留存收益表、财务状况变动表等。对银行自身的财务报表进行分析是商业银行实行风险管理的重要内容。

(1) 通过财务报表可以获得各种风险指标，如流动性风险比率、利率风险比率、信用风险比率以及资本风险比率等。

(2) 通过对财务报表的静态分析(如比率分析、比例分析等)和动态分析(如时期比较分析、趋势分析等)，可以估计银行过去的绩效，衡量银行目前的财务和经营状况，预测银行未来的发展趋势，找出可能影响银行未来经营的风险因素。

2. 风险树图解法

风险树图解法是将商业银行的风险以图解的形式逐层分解，以便顺藤摸瓜，找出银行所承受风险的具体形态。由于风险分散后的图形呈树枝状，故称之为风险树。这种方法可以使银行清晰、准确地判明所承受风险的具体形态和性质，迅速地认清所处的风险环境并做出准确科学的决策。

3. 专家意见法

专家意见法也叫德尔菲法是由商业银行风险管理人员将制定出的调查方案和调查内容，连同反映银行经营状况的有关资料，以发放调查表的方式一起寄发给若干专家，专家们根据调查表所列问题并参考有关资料各自独立地提出自己的意见，对收到各专家寄回的第一次书面分析判断意见加以综合归纳出几种不同判断，经风险管理人员将意见汇集整理后，再以书面形式寄发各专家，经过多次这样的反复，使意见逐步收集并汇总成趋于基本一致的结果。在对商业银行面临的风险进行识别时，特别是在涉及原因比较复杂、影响比较重大而又无法用分析的方法加以辨别的风险时，专家意见法是一种十分有效的方法。它避免了公开发表意见时各种心理因素对专家们的影响，并可以使各种意见相互启迪，起到集思广益的效果。

4. 筛选—监测—诊断法

筛选—监测—诊断法的一般过程可分为筛选、监测、诊断三个紧密相连的环节。

(1) 筛选是指风险分析人员对商业银行内部和外部的各种潜在风险因素进行分类，确定哪些因素明显地会带来损失，哪些因素需要进一步研究，哪些因素明显地不太重要。通过筛选使管理者排除干扰，将注意力集中在一些可能产生重大经济风险的因素上。

(2) 监测是指对筛选出来的结果进行观测、记录和分析，掌握这些结果的活动范围和变动趋势。

(3) 诊断是根据监测的结果对潜在的风险因素进行评价、判断和分析，以判明风险的具体形态。

(二)商业银行风险的估计方法

1. 客观概率法

在大量的试验和统计观察中，一定条件下某一随机事件相对出现的频率是一种客观存在，这个频率被称为客观概率。人们对某一随机事件可能出现的频率所作的主观估计被称为主观概率。商业银行在估计某种经济损失发生的概率时，如果能够获得用于反映当时经济条件和经济损失发生情况的足够的历史资料，则可以利用统计的方法计算出该种经济损失发生的客观概率。这种方法被称为客观概率法。

客观概率的计算方法如下。

设 A 代表商业银行一种业务发生某种经济损失的随机事件，N 代表统计观测次数，M 代表 A 发生的次数，$P(\mathrm{A})$代表 A 的概率，则

$$P(\mathrm{A})=M/N$$

设 $B_i(i=1,2,\cdots,n)$代表 A 赖以发生的经济条件。当且仅当 A 与 B_i 同时发生时，有全概率公式

$$P(\mathrm{A})=\sum P(\mathrm{B}_i)P(\mathrm{A}/\mathrm{B}_i)$$

假定根据商业银行掌握的历史资料，存在 B_1、B_2 两种经济条件，根据公式进行计算的结果，随机事件 A 在两种经济条件下各自发生的概率为

$$P(\mathrm{A}|\mathrm{B}_1)=0.2 \qquad P(\mathrm{A}|\mathrm{B}_2)=0.3$$

两种经济条件发生的概率为

$$P(\mathrm{B}_1)=0.1 \qquad P(\mathrm{B}_2)=0.4$$

根据公式进行计算，随机事件 A 在历史上发生的概率为

$$P(\mathrm{A})=0.1\times0.2+0.3\times0.4=0.14$$

客观概率法在实际运用中有时会遇到一些困难：一是历史资料的收集较为困难，其准确性和全面性难以确定；二是经济环境不断变化，客观概率法的假设前提往往不能成立。

2. 主观概率法

主观概率法是商业银行拟定出几种未来可能出现的经济条件提交给所选定的一些专家，由各位专家利用有限的历史资料，根据个人经验对每种经济条件发生的概率和在每种经济条件下商业银行某种业务发生经济损失的概率做出主观估计，再由商业银行汇总各位专家的估计数值进行加权平均，根据平均值计算出该种经济损失的概率。

假定某商业银行选定 5 名专家，拟出 B_1、B_2 两种未来可能出现的经济条件，由各位专家对未来每种经济条件发生的概率和在每种经济条件下该商业银行某种业务发生损失的概率做出主观估计，并据以制表，如表 11-1 所示。

表 11-1　专家主观概率估计值

随机事件		专　家					主观概率估计值的平均值
		1	2	3	4	5	
B_i	B_1	0.09	0.11	0.11	0.10	0.09	0.1
	B_2	0.38	0.40	0.40	0.40	0.41	0.4
A	A/B_1	0.20	0.19	0.19	0.20	0.20	0.2
	A/B_2	0.29	0.30	0.30	0.31	0.29	0.3

根据公式，利用表 11-1 中主观概率估计值的平均值，可以求出该银行某种业务在未来风险中经济损失发生的概率为

$$P(\mathrm{A})=0.1\times0.2+0.3\times0.4=0.14$$

3. 统计估值法

利用统计得来的历史资料，可以确定在不同经济条件下某种风险发生的概率，或是在

不同风险损失程度下某种风险发生的概率。这种相关关系可以用直方图或折线图来表示，如图 11-1 所示。

利用统计方差和样本资料，可以估计风险平均程度(样本期望值)和风险分散程度(样本方差)。估计方法可以采用点估计或区间估计。点估计是利用样本来构造统计量，再以样本值代入估计量求出估计值。但是由于样本的随机性，这样的估计值不一定就是待估参数的真值。那么，它的近似程度如何，误差范围有多大，可信程度怎样，这些问题就要采用区间估计来解决。区间估计用来表达在某种可信程度上某种风险发生的条件区间。

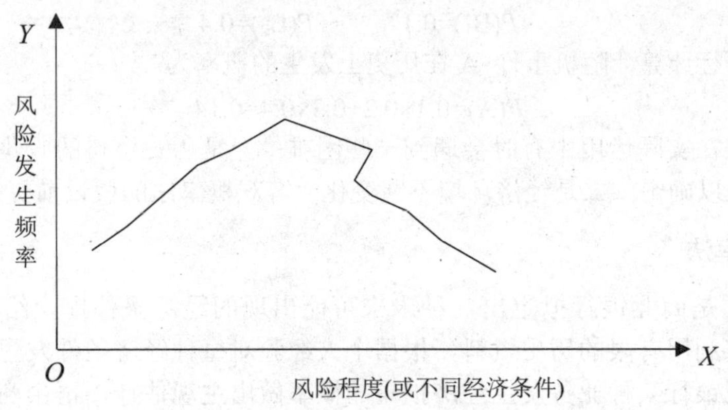

图 11-1　风险发生概率折线图

4. 假设检验法

(1) 对未知参数的数值提出假设，然后利用样本提供的信息来检验所提出的假设是否合理，这种方法被称为假设检验法。和统计估计法一样，假设检验法适用于统计规律稳定、历史资料齐全的风险概率估计。假设检验法是概率性质的反证法。

(2) 对风险参数假设检验的基本思想是：首先提出假设 H_0，然后构造一个事件 A，使它在假设 H_0 成立的条件下概率很小。再做一个实验，如果 A 在一次实验中居然发生了，则拒绝接受 H_0。这是因为“小概率原理”认为，概率很小的事件在一次实验中是几乎不可能发生的。如果发生了，也就是说导出了一个不合理的现象。而这一现象的出现源于假设 H_0，因此应该拒绝接受假设 H_0。否则，不应拒绝假设 H_0。

5. 相关预测法

相关预测法又叫因果分析法，是指在收集和利用大量相关数据的基础上，对市场各种变化因素进行预测的方法。常使用的方法有回归分析法。

回归分析法是根据已有的统计数据，把自变量和因变量之间的变化关系用某种形式表示出来，建立一个适当的因果关系的方法。回归分析法是在商业银行风险的估计中经常使用的一种比较科学的预测方法。根据处理变量数的多少，回归分析法可分为一元回归分析法和多元回归分析法。前者是指处理变量只有一个的情况；后者是指处理变量在两个以上的情况。这里只介绍一元回归分析法的运用。

一元回归分析的方程式是

$$Y=a+bX$$

式中，X 为时间变量(自变量)；Y 为实际资料预测值(因变量)；a 和 b 是回归分析系数，可用最小二乘法求出。其计算公式为

$$a=\frac{\sum y_i}{n}$$

$$b=\frac{\sum t_i y_i}{\sum t_i^{2}}$$

式中，y_i 代表各期的实际值；t_i 代表时间变量值。若时间数为奇数，可用中间的时间为原点，用“0”表示；若时间数为偶数，可用中间两个时间之中点为原点，中间两个时间分别以“-1”和“+1”表示。

例：某银行想了解由于利率变动对储蓄额的影响情况，收集了从 1998—2002 年的储蓄额资料及计算(见表 11-2)。

表 11-2　某银行储蓄额数据资料表

年　份	t_i	储蓄额 y_i /千元	$t_i y_i$	t_i^2
1998	−2	37 500	−75 000	4
1999	−1	43 730	−43 730	1
2000	0	49 840	0	0
2001	+ 1	56 600	+56 600	1
2002	+ 2	64 320	+128 640	4
n=5	$\sum t_i$ =0	$\sum t_i$ =251 990	$\sum t_i y_i$ =66 510	$\sum t_i^2$ =10

将以上数据代入公式求 a、b 值，得：

$$a=\frac{251\,990}{5}=50\,398$$

$$b=\frac{66\,510}{10}=6651$$

代入公式 $Y=a+bX$，得

$X=t_i$，t_3 =2003−2000=3

t_4=2004−2000=4

则：y_{2003}=50 398+6 651×3=70 351(千元)

y_{2004}=50 398+6 651×4=77 002(千元)

三、商业银行风险的评价与处理

(一)商业银行风险的评价方法

商业银行风险的评价是指商业银行在取得风险估计结果的基础上，研究该风险的性质，分析该风险的影响，寻求控制风险对策的行为。

风险评价的方法在很大程度上取决于管理者的主观因素，不同的管理者对同样货币金额的风险有不同的评价方法。这是因为相同的损益对于不同地位、不同处境的法人具有不同的效用。所谓效用，是指利益或收益存在于主体心目中的满足欲望或需要的能力。商业银行常用的风险评价方法有以下几种。

(1) 成本效益分析法。成本效益分析法是研究在采取某种措施的情况下需要付出多大的代价，以及可以取得多大的效果。

(2) 权衡分析法。权衡分析法是将各项风险所致后果进行量化比较，从而研究各项风险的存在及发生后可能造成的影响。

(3) 风险效益分析法。风险效益分析法是研究在采取某种措施的情况下，取得一定的效果需要承担多大的风险。

(4) 统计型评价法。统计型评价法是对已知发生的概率及其损益值的各种风险进行成本及效果比较分析并加以评价的方法。

(5) 综合分析法。综合分析法是利用统计分析的方法，将风险的构成要素划分为若干具体的项目，由专家对各项目进行调查统计评出分值，然后根据分值及权数计算出各要素的实际评分值与最大可能值之比，作为风险程度评价的依据。

(二)商业银行风险对策的选择原则

1. 优势原则

优势原则是指在可采取的方案中，利用比较优势，剔除劣势方案。

2. 期望值原则

期望值原则是指在可采取的方案中，选取损益值的期望值较大的方案。

3. 最小方差原则

最小方差原则是指在可采取的方案中选取损益值的方差最小的方案。方差越大，说明实际发生该方案的损益值偏离期望值的可能性越大，从而方案的风险越大。在实际业务工作中，经常会出现按照期望值原则与最小方差原则选择结论不一致的情况。如何处理这种矛盾，则属于对风险和效益两者间目标抉择的问题。

4. 最大可能原则

最大可能原则是指当一种状态发生的概率显著地大于其他状态时，则将其视为肯定状态，根据这种状态上各方案损益值的大小进行决策。

5. 满意原则

满意原则是指定出一个足够满意的目标值，将各备选方案在不同状态下的损益值与此目标相比较，损益值达到或优于这个目标且概率最大的方案即为当选方案。

(三)商业银行的风险处理

商业银行风险的处理是指商业银行采取各种措施对风险进行预防、规避、分散、转移、抑制和补偿。

1. 风险抑制

风险抑制是指当风险无法转嫁出去时，则要在银行自身的经营过程中予以消除或缩小。商业银行常用的风险抑制手段如下。

(1) 掉期交易，即商业银行在进行外汇交易时，通过将相同货币、相同金额而方向相反、交割期限不同的两笔或两笔以上的外汇交易结合起来进行的方法来避免外汇风险，也就是在买进或卖出即期外汇的同时，以卖出或买进远期外汇的方法来防范外汇风险。

(2) 期货交易，即当前达成成交合约，并事先约定结算时的利率或汇率，以后的结算不受利率或汇率变动的影响。

(3) 期权交易，即投资者支付一定的费用，签订期权合约，取得在合约规定的期限内按照协定价格买进或卖出一定数量证券或外汇的权利。由于期权交易的直接交易对象不是物，而是证券或外汇的权力，所以购买期权以后既可以执行，也可以不执行。

2. 风险规避

风险规避是指银行在经营过程中拒绝或退出有风险的经营活动。商业银行常用的风险规避策略有以下几种。

(1) 避重就轻的投资选择原则。即在各种可供选择的投资项目中，应注意选择风险较小的项目，避免风险过大的投资。在权衡风险和收益时，要在兼顾二者的前提下优先考虑风险因素。

(2) “收硬付软”、“借软贷硬”的币种选择原则。即在国际业务中，对将要形成收入或构成债权的项目选用汇价稳定趋升的“硬”货币；对将要对外支付或构成债务的项目选用汇价明显趋跌的“软”货币。这种策略的前提是能够准确地预测汇率波动的方向，同时，也与谈判时银行的地位和实力有关。

(3) 扬长避短、趋利避害的债务互换策略。是指当事双方同意在预先约定的时间内，通过一个中间机构来交换一连串付款义务的金融交易。互换交易有两种类型：货币互换和利率互换。在货币互换交易中，两个独立的借取不同货币信贷的借款人，同意在未来的时间内，按照约定的规则，互相负责对方到期应付的借款本金和利息。通过这种交换，借款的双方都可以既借到自己所需的货币贷款，又同时避免了还款付息时货币兑换引起的汇率风险，从而使双方或者至少其中一方获益。在利率互换交易中，两个单独的借款人从两个不同的贷款机构借取了同等数额、同样期限的贷款，双方商定互相为对方支付贷款利息。互换可以规避市场风险、逃避政策管制和套利。

(4) 资产结构短期化策略。即降低资产的平均期限或提高短期资产的比重。资产结构短期化的好处是，既有利于增加流动性以应付信用风险，又有利于利用利率敏感性来调整资产负债或利率定价来处理市场风险。它避免了长期性资产所特有的一系列风险。

3. 风险分散

风险分散是指商业银行通过实现资产结构多样化，尽可能选择多元的、彼此不相关或负相关的资产进行搭配，以降低整个资产组合的风险程度。商业银行分散风险的具体做法包括以下几种。

(1) 资产状态多元化，即力求银行资产的形态、种类等各方面都有所差异。

(2) 授信对象多元化，即银行的授信对象既有企事业单位，也要有各级政府和个人；既有大企业，也要有中小企业；既有中低收入阶层，也要有高收入阶层；同时，还要兼顾到各个地区和各个行业。

(3) 信贷资金分量化，即对单一客户的授信额度要控制在一定范围之内，将单项资产在总资产中的份额限制在极小的比例之内。若有巨额的贷款需求或证券筹资，则尽量邀请其他银行组成银团共同贷款或投资。在国际业务中，还要注意货币种类的多样化和授信国别的多样化等。

4. 风险转移

风险转移是指当风险分散之后仍有较大的风险存在时，就利用某些合法的交易方式和业务手段将风险转嫁出去。商业银行转嫁风险的具体做法如下。

(1) 提前或推后结算结汇，即当预计本币将要贬值、外币将要升值时，国内销货商要设法提前收款，出口商要设法推迟收汇。当预计本币将要升值、外币将要贬值时，则国内购货商要设法提前付款，进口商要设法推迟付汇。当然，这种提前或推后的做法应当符合交易规则，为交易对方所承认或接受。有时进出口双方会调整合同契约条件，如进口商将进口原料卖给生产厂家时要求以外币计价，就将外汇风险转嫁给了生产厂家。

(2) 对于因汇率变动而造成的风险损失，可以通过提高国内本币销售价格的方式将风险转嫁给消费者。

(3) 多头与空头，即银行在预计外汇将要升值时做多头，预计外汇将要贬值时做空头，从而把风险转嫁给交易对手。这种做法的前提是对汇率变动方向的预测要十分准确，否则就会遭受双倍的风险损失。

5. 风险补偿

风险补偿是指商业银行采取各种措施对风险可能造成的损失加以弥补。商业银行常用的风险补偿方法如下。

(1) 合同补偿，即在订立合同时就将风险因素考虑在内，如将风险可能造成的损失计入价格之中，订立抵押条款和担保条款等。

(2) 保险补偿，即通过存款保险制度来减少银行风险。存款保险制度要求所有经办存款的机构(投保机构)根据存款额大小按一定的费率将保险费交给某一保险机构，当投保机构无力支付存款时，该保险机构在一定限度内代为支付。商业银行可以利用存款保险制度来降低或消除因挤兑风潮而使银行倒闭的风险。

(3) 法律补偿，即利用法律手段对造成银行风险损失的法律责任者提起财产清理诉讼，尽可能地挽回一部分损失。

第三节　商业银行风险管理与防范

随着金融自由化、全球化趋势的加强以及金融创新的发展，建立全面的风险管理模式是现代商业银行发展的必然趋势，也是国际化商业银行谋求持续发展的最重要方式。

商业银行不仅是经营货币的企业，更是管理风险的企业。《商业银行法》规定了商业银行的“效益性、安全性、流动性”三原则，而这三性都离不开中华人民共和国险管理。从发达国家和地区银行的实践来看，风险管理贯穿于银行工作的全过程，所有工作以防范风险为核心。可见，全面构建现代商业银行风险管理体系并适时进行创新，既是商业银行改革与发展的重要内容，又是提高质量效益的重要保障。

一、商业银行风险管理的程序

风险管理是指商业银行应用系统的、规范的方法对其经营活动中的各种风险进行识别、评估、防范与控制的过程。

风险管理的目标是在考虑成本的前提下，最大限度地防止和减少损失，最终保障经营活动正常和顺利地进行。具体来讲包括两个方面的内容：一是在风险信号出现之前，进行有效的风险控制，防患于未然；二是在风险出现造成一定的不良影响后，尽快采取弥补措施，避免损失的发生和进一步扩大，避免由此发生的亏损以及更严重的生存危机。

商业银行风险管理的程序是风险识别，风险计量，风险防范与控制。

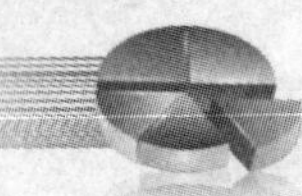

(一)风险识别

风险识别是指在风险发生前，对风险的类型、产生的原因进行分析和判断，以便对风险进行估算和控制。风险识别是风险管理的第一阶段，是对风险的定性分析，也是风险管理的基础。

(二)风险计量

风险计量是指通过一定的方法和技术，计算风险发生的可能性(概率)、可能的损失的严重程度，为控制和处理风险提供依据。风险计量是银行风险管理的中间环节，具有承前启后的作用。

(三)风险防范与控制

风险防范与控制是风险管理的核心阶段，风险识别、风险计量都是为风险控制做准备工作。风险控制的方法包括风险预防、风险监测、风险回避、风险分散、风险转移、风险保险和风险处理等。风险处理是风险管理的最后阶段，是指当风险事件发生后，对风险问题和风险资产的处理，以控制风险的进一步扩大，同时避免引发其他类型的风险。风险处理的方式包括展期、财务援助、代位清偿、变卖财产、重组和破产清算等。

二、商业银行贷款业务中信用风险的防范和控制

在对贷款业务中涉及的信用风险进行识别、判断和计量的基础上，商业银行还必须要有效地防范和控制信用风险，这是商业银行风险管理工作的重点。

(一)选择适当的授信方式

商业银行对具体的借款人应当采取不同的授信方式。比如，对信用程度高、偿债能力强、现金流量充足的借款人，可以采用信用贷款的方式；对信用程度一般、偿债能力一般、现金流量不很充足的借款人，采用保证贷款、抵押贷款或者要求借款人投保贷款保险的方式；对资信很差、偿债能力不足的借款人，则应当拒绝发放贷款。

(二)建立健全贷款管理制度

(1) 审贷分离制度。商业银行的贷款调查部门、审查部门和检查部门各自明确自己的职能、权利和责任，做到各司其职、各负其责，以达到相互制约、共同管理贷款风险的目的。

(2) 分级审批制度。商业银行根据业务量大小、管理水平高低和贷款风险程度确定其所属各分支机构的贷款审批、发放权限。

(3) 审贷委员会制度。商业银行的各级机构都应建立审贷委员会，专门对各项贷款进行审查，充分发挥集体智慧，使贷款决策更加科学化。

(4) 信贷工作责任制。商业银行的内部应当将贷款管理每一个环节的责任都落实到部门、岗位、个人，真正做到权责明晰、目标明确，从而有效提高防范风险的效能。

(5) 行长负责制。商业银行各级行长应当对本级银行的贷款发放和收回负全部责任，而各级行长在职期间贷款资产质量的好坏，也应当作为判断其业绩的最重要依据之一。

(6) 离任稽核制。对于与信贷有关的人员，在调离其岗位时，必须进行离任稽核，以明确其所应负的责任。

(7) 岗位轮换制。对商业银行的信贷岗位要定期轮换，防止长期隐藏或掩盖错误等问题的发生。

(三)做好贷款的五级分类工作

贷款的五级分类工作是贷款风险控制的基础，它是要通过分类，明确各类贷款的存在形态，确定控制的重点和力度。根据国际通行的做法，通常按照贷款资产的质量，将贷款分为以下五类。

(1) 正常类贷款。商业银行对这类贷款的偿还有充分的把握，不存在任何影响贷款及时偿还的消极因素。

(2) 关注类贷款。这类贷款的借款人情况基本正常，但存在潜在的缺陷，值得关注。

(3) 次级类贷款。这类贷款的借款人还款能力出现明显问题，需要执行担保来还款，可能还会带来一定损失。

(4) 可疑类贷款。这类贷款的借款人已经无法足额偿还贷款本息，即使执行担保，也要造成损失。

(5) 损失类贷款。这类贷款的全部或大部分已经损失。

(四)针对有问题贷款项目的具体情况，采取相应的化解风险的措施

(1) 督促借款人进行经营管理的整改。如果发现借款人在经营管理上确实存在问题，并可能对贷款安全造成威胁，商业银行应立即与借款人一同研究改进管理的措施，并由借款人做出具体的整改计划，由银行督促其实施。

(2) 签订贷款处理协议。在双方协商一致的基础上，通过办理贷款展期、借新还旧、追加新贷款、追加或调换担保等措施，来共同化解风险。

(3) 参与借款经营管理。对于那些因经营管理不善而导致贷款风险的贷款人，银行可以要求派人参加其董事会或高级管理层，参与借款人重大决策的决定甚至可以要求借款人对现有的管理班子进行撤换或调整。

(4) 落实贷款债权，防止借款人逃、废银行贷款。对借款人在申请破产、解散、被兼并、

被转让、分立、股份制改造过程中趁机逃、废银行债务的情况，银行应当采取有针对性的措施，明确并落实其相应的贷款债权。

(5) 使用法律手段，加大贷款清收力度。对于经多种努力后仍然不能收回的贷款，银行可以采用法律手段来进行追偿。当然，在决定起诉之前，银行应当对借款人和保证人的财产和收入情况进行调查，在胜诉之后，通过没收财产、拍卖资产、扣收收入等方式，抵偿贷款本息。

(6) 呆账冲销。对于经过努力最终依然无法收回的贷款，商业银行只能将其列为呆账，用计提的贷款呆账准备金冲销，从而抵补风险损失。

三、商业银行流动性风险的防范和控制

商业银行流动性是指商业银行能够随时满足存款人提取存款的要求，能够支付到期债务，并能够满足正常贷款等的资金需求。商业银行流动性风险防范和控制的本质内容就是合理估测流动性需求，并满足和维持流动性供给。根据商业银行流动性定义，我们从资产和负债两个方面来具体分析满足和维持流动性供给的方法。

(一)从资产方面满足和维持流动性供给的策略

(1) 建立分层次的准备金制度。商业银行在资金配置中适当地安排第一准备金资产和第二准备金资产，来满足和维持商业银行的流动性供给。

第一准备金资产又称现金资产，包括库存现金、在中央银行的存款、存放同业和托收未达现金，它是商业银行流动性最强的资产，是满足流动性的第一道防线。第二准备金资产包括银行的短期贷款、短期投资和短期票据，它是维持流动性的第二道防线。一般而言，银行第一准备金资产属于非盈利资产，因此商业银行在经营管理中，一般都尽可能地降低到法律所规定的最低标准。当现金资产不能满足流动性需求时，商业银行的第二准备金资产可以迅速转化为现金，从而建立一个缓冲层，减缓银行的流动性压力，避免造成不必要的损失。

(2) 控制和调节资产的结构。商业银行在进行资金分配时，以结构对称、偿还期对称和分散化原理为指导，在资产内部建立一种资产能源源不断地偿还到期债务的自动偿还机制，从而保证和提高资产的流动性。

(3) 实施资产证券化等金融创新措施。商业银行的资产证券化是指商业银行把贷款资产出售给专门的信托机构或部门，由其以所购资产为标的发行证券向投资者销售。通过资产证券化，商业银行可以在贷款发放之后根据需要中途收回资金来供给和满足流动性，这就为商业银行带来了一种新的维持流动性供给的方式。

(二)从负债方面满足和维持流动性供给的策略

(1) 通过借入款的方式临时购买新的资金。该策略是指商业银行通过临时性借款方式筹集资金来增加供给，满足和维持所面临的流动性需求，它属于商业银行增加主动性负债的策略。临时性借款的具体方法包括以同业拆借、转抵押贷款等方式向同业借款，以信用借款、再贴现借款、再抵押借款等方式向中央银行借款，以订立回购协议的方式筹措短期资金，以向国际金融市场借款的方式筹集资金，以发行金融债券和大额可转让定期存单(CD)的方式筹措资金，以售后回租的方式解决资金周转困难等。

(2) 实施负债多元化。所谓负债多元化是指商业银行要尽可能地从多种渠道筹集资金，满足流动性需求。这主要是指存款负债的多元化，只有使存款尽可能地多元化，才能建立稳定的存款机制，避免因大额存款客户的突发性流失而使银行面临流动性风险。

四、商业银行利率风险的管理和防范

利率风险的管理与防范，就是通过准确地制定利率政策和定价，来防止利率风险的发生。要有效地防范利率风险，核心是做好三件事：一是明确决定和影响利率变动的因素；二是把握市场利率变化的趋势；三是调节资产负债结构，综合控制利率风险。

(一)明确决定和影响利率变动的各种因素

(1) 社会的平均利润率。由于社会资源在供求关系的作用下会在国民经济的不同行业中不断流动和转移，使得利率的总体水平从长期来讲只能等于全社会的平均利润率水平。

(2) 借贷资金供求状况。这是影响利率变化的最直接的因素，市场上信贷资金的供应紧张，利率就会升高；反之，利率就要下降。

(3) 经营成本。银行的经营成本主要包括两个方面：一是银行吸收存款时对存款人支付的利息，即银行借入资金的成本；二是银行的人力资源成本、固定资产费用和其他费用，即银行的业务费用。银行的上述经营成本必须通过利息收取来弥补，因此经营成本无疑会影响利率的确定。

(4) 通货膨胀预期。当预期通货膨胀率上升时，利率水平有很强的上升趋势；而当预期通货膨胀率下降时，利率水平则趋于下降。因为当通货膨胀率预期上升，可贷资金的供给就会减少，而对资金的需求却会增加，由此引起利率的上升，反之则相反。

(5) 中央银行的货币政策。中央银行利用公开市场操作等货币政策工具，依据不同的经济形势，相应增加或减少基础货币的投放，通过流动性效应、收入效应、通货膨胀效应来影响可贷资金的数量，从而导致利率的上升或下降。

(6) 经济周期。当经济进入衰退和萧条时期，投资和消费需求低迷，可贷资金需求量减小，市场利率一般较低；而当经济走出低谷，步入复苏、繁荣阶段，投资机会多，收入增

长，各种经济主体对可贷资金的需求量日趋扩大，利率逐渐上升。可见，受经济周期的影响，利率的变动也表现出很强的周期性。

(7) 国际利率水平。在开放的经济中，国际利率水平及其变动趋势对国内利率水平具有很强的“传染性”。

(8) 资本市场状况。如果资本市场股票和债券的投资收益率上升，经济主体必然会将更多的资金投入资本市场，银行用于信贷的资金必然会减少，导致市场利率上升；反之，当资本市场的投资收益率下降，大量资金会流入银行，信贷资金供给充裕，市场利率下降。

(9) 其他因素。除了上述因素，还有国家经济政策、税率、汇率、历史习惯、社会政治、军事及自然状况，这些因素也会对利率的变动产生直接或间接的影响。

(二)预测市场利率变动趋势

在明确利率变动影响因素的基础上，通过一定的方法和技术来对这些因素加以分析，从而预测出利率变化的趋势，为银行变更和调整利率政策提供依据。宏观经济波动分为繁荣、衰退、萧条、复苏四个阶段，它的变化是有一定规律性的，而且必然会通过一定的经济指标的变化反映出来。这些指标称为敏感性指标，通常按周期循环的时间性区分为三类，即先行指标、同步指标与滞后指标。

(1) 先行指标(又称领先指标或超前指标)是指在总体经济活动达到高峰或低谷之前，先行出现高峰或低谷的指标。先行指标是经济景气分析的有力工具，利用它们的变动特征和它们与总体经济变动之间的超前关系，可以分析预测总体经济何时扩张，达到高峰；何时收缩，落至低谷。先行指标主要有金融机构新增贷款，企业定货指数，房地产业土地购置面积、开发面积等。

(2) 同步指标(又称一致指标)是指其达到高峰或低谷的时间与总体经济出现高峰或低谷的时间大致相同的指标。同步指标可描述总体经济的运行轨迹，确定总体经济运行的高峰或低谷位置。它是分析现实经济运行态势的重要指标。主要的经济同步指标有：国内生产总值、工业总产值、社会消费品零售总额等。

(3) 滞后指标(又称落后指标)是指其高峰或低谷出现的时间晚于总体经济出现高峰或低谷的时间的指标。它有助于分析前一经济循环是否已结束，下一循环将会如何变化。滞后指标一般有：财政收入、工业企业实现利税总额、城市居民人均可支配收入等。

(三)调节资产负债结构，综合控制利率风险

商业银行可以通过对资产和负债的共同控制和调节，来有效地控制银行的整体利率风险。其主要采取的方法是缺口管理，就是在对利率的变动趋势进行预测的基础上，通过有意识地保持某种缺口状态，使商业银行的利差最大化。

具体来说，如果预测未来的利率上升，商业银行就应在未来保持正缺口状态，通过增加利率敏感性资产、减少利率敏感性负债或增加固定利率负债、减少固定利率资产等方法，

尽可能地扩大缺口，最终将使银行的净利息收入最大化。如果预测利率将下降，则银行应当在未来维持负缺口状态，调节资产负债结构，降低银行的资金成本，从而增加净利息收入。如果对未来利率的预测难以把握，银行应固守零缺口状态，使利率敏感性资产和利率敏感性负债在数量和期限上尽可能保持一致，这样无论市场利率如何变动，银行最终都获得基本稳定不变的净利息收入。

1. 采取恰当的利率定价措施，直接控制利率风险

商业银行在把握利率变化趋势的基础上，可以在存贷款等业务活动中，采取直接的利率定价措施来控制利率风险。其基本的原则是：当预测未来的利率上升时，对贷款或投资业务，应尽可能采取浮动利率，而对存款业务，应尽可能采取固定利率，从而使银行在利率上升时获得最大的利益；当预测未来的利率下降时，则采取相反的定价策略。

在上述原则的基础上，为保证确定合理的利率水平，使利率风险控制真正有效，银行必须要把握两个问题：一是确定贷款利率时要把可能发生的贷款风险损失程度以直接或间接的方式加入定价当中；二是确定存款利率时要充分考虑银行贷款、投资所能够获得的收益率水平。

在实际工作中，银行常常采取一些具有利率风险防范作用的具体的利率定价方法，具体如下。

(1) 基准利率定价法。基准利率定价法是指银行首先向借款人提供几个基准利率，比如同业拆借利率、国库券利率、大额可转让定期存单利率等供借款人挑选；然后，银行根据借款人的情况决定不同的加息率；最后将二者相加就是对某一借款人发放贷款的利率。

(2) 优惠利率加乘法。优惠利率加乘法是指银行以对优质客户发放贷款时的优惠利率为基础利率，再根据客户的实际情况进行适当的加成。具体的加成方法分为加法和乘法两种，加法是对各种贷款的风险程度进行估算，并由此计算出各种贷款的利率增加比率；乘法是首先对各种贷款的风险程度进行分析，然后计算出各种贷款的调整系数，最后将该调整系数与优惠利率相乘，得出某一笔贷款的利率。

2. 利用衍生金融工具间接控制利率风险

银行可以利用衍生金融工具，对利率风险头寸进行套期保值交易，从而有效地控制利率风险对银行损益的影响。常用的金融工具包括：利率期货交易、利率期权交易、利率互换交易等。

五、商业银行汇率风险的管理和防范

(一)对银行总体外汇风险进行控制和管理

针对外汇交易风险，商业银行可以通过选择计价货币、在合同中加列货币保值条款、配对管理、投保货币风险保险、借款与投资、远期外汇交易、择期外汇交易、掉期外汇交

易、办理外汇票据贴现、货币期货、货币期权、货币互换等方法进行管理。

(二)对单一业务外汇风险的管理

(1) 对外汇交易风险的管理。商业银行要有效控制外汇交易风险，必须要制定和完善外汇交易风险控制制度，其中额度控制是外汇交易风险控制的主要方法。一是要限定外汇交易部门整体交易额度。包括对交易币种、交易规模、缺口头寸限额、止损点限额的严格限定和控制。而且除了制定每天交易的限额之外，还必须制定每日各类交易的最高亏损限额和总体最高亏损限额。当超过这些限额时，银行将进入市场，进行相应的外汇交易，将多余的头寸对冲掉。二是要限定和分配交易人员的额度。首先对外汇交易人员的素质提出严格要求，然后根据交易员的级别和水平确定不同的额度。

(2) 对外汇信用风险的管理。对于外汇信用风险，银行首先要根据交易对象的资本实力、经营作风、财务状况等情况，制定出银行能够给予的最高限额。此外，银行应当建立同业拆借制度，确定与其他银行同业拆出、拆入的最大额度，并适时做出调整，严格禁止越权拆借，以避免引发银行间的外汇信用风险。

(3) 对外汇借贷风险的管理。对外汇借贷风险，商业银行必须要严格执行外汇贷款的审批、审查制度，随时了解和掌握借款人的情况，并注意严格保持期限的对称和结构的分散化。此外，在外汇借贷过程中，银行一般应选择借入利率较低的货币，贷出利率较高的货币，并结合汇率的变动趋势进行综合考虑。

第四节 案 例 研 究

一、案例研究 1：巴林银行倒闭案

(一)案例展示

1995 年 2 月 26 日，英国银行业的泰斗、在世界 1000 家大银行中按核心资本排名第 489 位的巴林银行，因进行巨额金融期货投机交易，造成 9.16 亿英镑的巨额亏损，被迫宣布破产。

后经英格兰银行的斡旋，3 月 5 日，荷兰国际集团(ING)以 1 英镑的象征价格，宣布完全收购巴林银行。

巴林银行创立于 1762 年，至 1995 年已有 233 年的历史。它最初从事贸易活动，后涉足证券业，19 世纪初，成为英国政府证券的首席发行商。此后 100 多年来，该银行在证券、基金、投资、传统商业银行业务等方面取得了长足发展，成为伦敦金融中心位居前列的集团化证券商，连英国女皇的资产都委托其管理，素有“女皇的银行”之美称。该行 1993 年的资产 59 亿英镑，负债 56 亿英镑，资本金加储备 4.5 亿英镑，海内外职员 4000 人，盈利

1.05 亿英镑；1994 年税前利润高达 1.5 亿英镑。该行当时管理 300 亿英镑的基金资产、15 亿英镑的非银行存款和 10 亿英镑的银行存款。

就是这样一个历史悠久、声名显赫的银行，竟因年轻职员尼克·里森进行期货投机失败而陷入绝境。

28 岁的尼克·里森 1992 年被巴林银行总部任命为新加坡巴林期货有限公司的总经理兼首席交易员，负责该行在新加坡的期货交易并实际从事期货交易。

1992 年巴林银行有一个账号为“99905”的“错误账户”，专门处理交易过程中因疏忽造成的差错，如将买入误为卖出等。新加坡巴林期货公司的差错记录均进入这一账号，并发往伦敦总部。1992 年夏天，伦敦总部的清算负责人乔丹·鲍塞(Gordon Bowser)要求里森另外开设一个“错误账户”，以记录小额差错，并自行处理，以省却伦敦的麻烦。由于受新加坡华人文化的影响，此“错误账户”以代码“88888”为名设立。

数周之后，巴林总部换了一套新的电脑系统，重新决定新加坡巴林期货公司的所有差错记录仍经由“99905”账户向伦敦报告。“88888”差错账户因此搁置不用，但却成为一个真正的错误账户留存在电脑之中。这个被人疏忽的账户后来就成为里森造假的工具。倘若当时能取消这一账户，巴林银行的历史就可能改写了。

1992 年 7 月 17 日，里森手下一名刚加盟巴林的王姓交易员手头出了一笔差错：将客户的 20 口日经指数期货合约的买入委托误为卖出。里森在当晚清算时发现了这笔差错。要矫正这笔差错就须买回 40 口合约，按当日收盘价计算，损失为 2 万英镑，并应报告巴林总部。但在种种考虑之下，里森决定利用错误账户“88888”承接了 40 口卖出合约，以使账面平衡。由此，一笔代理业务便衍生出了一笔自营业务，并形成了空头敞口头寸。数天以后，日经指数上升了 200 点，这笔空头头寸的损失也由 2 万英镑增加到 6 万英镑。里森当时的年薪还不足 5 万英镑，且先前已有隐瞒不报的违规之举，因而此时他更不敢向总部报告了。

此后，里森便一发不可收，频频利用“88888”账户吸收下属的交易差错。仅其后不到半年的时间里，该账户就吸收了 30 次差错。为了应付每月底巴林总部的账户审查，里森就将自己的佣金收入转入账户，以弥补亏损。由于这些亏损的数额不大，结果倒也相安无事。

1993 年 1 月，里森手下有一名交易员出现了两笔大额差错：一笔是客户的 420 口合约没有卖出，另一笔是 100 口合约的卖出指令误为买入。里森再次做出了错误的决定，用“88888”账户保留了敞口头寸。由于这些敞口头寸的数额越积越多，随着行情出现不利的波动，亏损数额也日趋增长至 600 万英镑，以致无法用个人收入予以填平。在这种情况下，里森被迫尝试以自营收入来弥补亏损。幸运的是，到 1993 年 7 月，“88888”账户居然由于自营获利而转亏为盈。如果里森就此打住，巴林银行的倒闭厄运也许又一次得以幸免。然而这一次的成功却从反面为他继续利用“88888”账户吸收差错增添了信心。

1993 年 7 月，里森接到了一笔买入 6000 口期权的委托业务，但由于价格低而无法成交。为了做成这笔业务，里森又按惯例用“88888”账户卖出部分期权。后来，他又用该账户继续吸收其他差错。结果，随着行情不利的变化，里森再一次陷入了巨额亏损的境地。到 1994 年时，亏损额已由 2000 万、3000 万英镑一直增加到 7 月份的 5000 万英镑。为了应付查账的需要，里森假造了花旗银行有 5000 万英镑存款。其间，巴林总部虽曾派人花了 1 个月的时间调查里森的账目，但却无人去核实花旗银行是否真有这样一笔存款。

1994 年下半年起，尼克·里森在日本东京市场上做了一种十分复杂、期望值很高、风险也极大的衍生金融商品交易——日本日经指数期货。他认为日本经济走出衰退，日元坚挺，日本股市必大有可为。日经指数将会在 19000 点以上浮动，如果跌破此位，一般说日本政府会出面干预，故想一赌日本股市劲升，便逐渐买入日经 225 指数期货建仓。1995 年 1 月 26 日，里森竟用了 270 亿美元进行日经指数期货投机。不料，日经指数从 1 月初起一路下滑，到 1995 年 1 月 18 日又发生了日本神户大地震，股市因此暴跌。里森所持的多头头寸遭受重创。为了反败为胜，他继续从伦敦调入巨资，增加持仓，即大量买进日经股价指数期货，沽空前日本政府债券。到 2 月 10 日，里森已在新加坡国际金融交易所持有 55 000 口日经股价指数期货合约，创出该所的历史记录。

所有这些交易均进入“88888”账户。为维持数额如此巨大的交易，每天需要 3000 万～4000 万英镑。巴林总部竟然接受里森的各种理由，照付不误。2 月中旬，巴林总部转至新加坡 5 亿多英镑，已超过了其 47 000 万英镑的股本金。

1995 年 2 月 23 日，日经股价指数急剧下挫 276.6 点，收报 17885 点，里森持有的多头合约已达 6 万余口，面对日本政府债券价格的一路上扬，持有的空头合约也多达 26000 口。由此造成的损失则激增至令人咂舌的 8.6 亿英镑，并决定了巴林银行的最终垮台。当天，里森已意识到无法弥补亏损，于是被迫仓皇出逃。

26 日晚 9 点 30 分，英国中央银行——英格兰银行在没拿出其他拯救方案的情况下只好宣布对巴林银行进行倒闭清算，寻找买主，承担债务。同时，伦敦清算所表示，经与有关方面协商，将巴林银行作为无力偿还欠款处理，并根据有关法律赋予的权力，将巴林自营未平仓合约平仓，将其代理客户的未平仓合约转移至其他会员处置。

27 日(周一)，东京股市日经平均指数再急挫 664 点，又令巴林银行的损失增加了 2.8 亿美元，截止到当日，尼克·里森持的未平仓合约总值达 270 亿美元，包括购入 70 亿美元日经指数期货，沽出 200 亿美元日本政府债券与欧洲日元。

在英国央行及有关方面的协助下，3 月 2 日(周四)在日经指数期货反弹 300 多点的情况下，巴林银行所有(不只新加坡的)未平仓期货合约(包括日经指数及日本国债期货等)分别在新加坡国际金融期货交易所、东京及大阪交易所几近全部平掉。至此，巴林银行由于金融衍生工具投资失败引致的亏损高达 9.16 亿英镑，约合 14 亿多美元。

3 月 6 日，荷兰国际集团(ING)与巴林达成协议，愿出资 7.65 亿英镑(约 12.6 亿美元)现金，接管其全部资产与负债，使其恢复运作，将其更名为“巴林银行有限公司”。3 月 9 日，此方案获得英格兰银行及法院批准，ING 收购巴林银行的法律程序完成，巴林全部银行业务及部分证券、基金业务恢复运作。至此，巴林倒闭风波暂告一段落，令英国人骄傲两个世纪的银行已易新主，可谓百年基业毁于一旦。

此案中，使巴林银行遭受灭顶之灾的尼克·里森于 1995 年 2 月 23 日被迫仓皇逃离新加坡，3 月 2 日凌晨在德国法兰克福机场被捕，11 月 22 日，应新加坡司法当局的要求，德国警方将在逃的里森引渡到新加坡受审。12 月 2 日，新加坡法庭以非法投机并致使巴林银行倒闭的财务欺诈罪名判处里森有期徒刑 6 年 6 个月，同时令其缴付 15 万新加坡元的诉讼费。1999 年 4 月 5 日，新加坡司法当局宣布，因其在狱中表现良好，提前于 1999 年 7 月 3 日获释出狱，并将其驱逐出境。7 月 4 日，里森回到伦敦。

(资料来源：http://wenku.baidu.com/view/632421314b35eefdc9d330c.html)

(二)原因分析

1. 巴林集团管理层的失职

早在 1994 年末和 1995 年初，新加坡国际金融交易所曾发现新加坡巴林期货公司的交易中存在若干异常，并向巴林集团提出了一些关于新加坡巴林期货公司的征询。这些原本是可能促成较早发现里森活动的。根据官委清盘人的观点，如果巴林集团的管理层适当检讨并理解新加坡国际金融交易所在致该集团的信中所表述的忧虑，那么倒闭是可能挽回的。官委清盘人认为巴林资产负债管理委员会回复新加坡国际金融交易所第二封信的态度尤其应该受到严厉指责，该回信向新加坡国际金融交易所作出了许多毫无基础的错误保证。同样，琼斯对新加坡国际金融交易所的两封信的态度，也反映了他对问题掉以轻心到了令人无法接受的程度。我们无法理解，琼斯作为新加坡巴林期货公司的财务董事，何以未经独立地详细了解整个事件，就在里森草拟的回复新加坡国际金融所征询里森交易活动的复函上签字。

2. 松散的内部控制

从巴林破产的整个过程来看，无论各国金融监管机构还是国际金融组织都普遍认为，金融机构内部管理是风险控制的核心问题，而巴林的内部控制却是非常松散的。

据报载，在 2 月 26 日悲剧发生之前，巴林银行的证券投资已暴露出极大的风险性，但竟未引起该行高级管理人员的警惕。1 月份第一周，里森持有合约 3024 张，20 天后，即持有合约 16 852 张(短短 20 天内，合约持有额增长 4 倍)。到 2 月中旬，里森持有的合约突破 20 000 张，比在同一市场操作的第二大交易商持有头寸多出 8 倍。这个信号由于我们所不知道的原因而没有被巴林银行的最高管理当局注意到从而作出应有的反应。总之，巴林银行本身的内部控制制度失灵了，预警系统失效，最终导致了悲剧的发生。巴林破产后不久，直到尼克·里森去职的那天，即 2 月 23 日星期四，公司的风险报告仍出现交易平衡。但是，据新加坡有关当局说，巴林在 1995 年 2 月头 18 天里给新加坡国际期货公司汇去 1.28 亿美元作垫付维持金之用；据《金融时报》报道，英格兰银行行长埃迪·乔治(Eddie George)4 月 5 日对英国公共财政部及内务委员会的国会成员说，巴林在未通知英格兰银行的情况下，擅自给其新加坡分部汇去 7.6 亿英镑现金。

破产前的巴林运作机构，里森主要是与巴林公司的伦敦总部、东京分部及香港分部交

易。而在新加坡的期货交易，仅有少数客户，其中三个为巴林分支，另一个是巴黎国家银行，每笔交易都会经过一家巴林分支，因此，巴林主管完全不知晓里森的所作所为是不可能的。里森后来在狱中感慨："对于没有人来制止我的这件事，我觉得不可置信。伦敦的人应该知道我的数字都是假造的……这些人都应该知道我每天向伦敦总部要求现金是不对的，但他们却仍旧支付这些钱。"可以说，巴林银行的倒闭不是一人所为，而是一个组织结构漏洞百出、内部管理失控的机构所致。

3. 业务交易部门与行政财务管理部门职责不明

在巴林新加坡分部，尼克·里森本人就是制度。他分管交易和结算，这种做法给了里森许多自己作决定的机会。作为总经理，他除了负责交易外，还集以下四种权力于一身：监督行政财务管理人员；签发支票；负责把关与新加坡国际货币交易所交易活动的对账调节；以及负责把关与银行的对账调节。行政财务管理部门保留各种交易记录并负责付款。虽然公司总部对他的职责非常清楚，却并未采取任何行动，他们生怕因得罪他而失去了这个"星级交易员"。他既负责前台交易又从事行政财务管理，就像一个人既看管仓库又负责收款。由于工作便利，尼克·里森将代号为"88888"的误差账号用了 1 年多，直到 1995 年 2 月 23 日他辞职时才被发现。

伦敦总部也曾想到确定来自新加坡分部的利润是否能够长期持续下去，还派了一个审计组来到新加坡分部。审计组主要依靠里森提供的情况，编制了一个长达 24 页的报告。他们对公司的一般性风险有所了解，在报告中这样写道："管制有可能被总经理一人取代"，"他负责前台交易及财务管理"，"可能会以集体的名义做交易，并保证按自己的意图去交割和记录"。但是报告接着又说："鉴于行政财务管理方面缺少有经验的资深骨干，总经理必须积极兼任交易和后勤管理两职。"同时报告还指出，"在巴林新加坡期货部存在着离开交易正常轨道做违反新加坡国际货币交易所规章之事的可能"。审计组对里森的交易策略也非常了解——许多交易并非是低风险的套利，而是日经指数的单向高风险投赌，所以审计组曾写道，"虽然风险高，却可能有更高的回报"。

4. 代客交易部门与自营交易部门划分不清

尼克·里森所作的交易也曾受到巴林新加坡期货部同行们的质询，但是他总是说自己是代客户交易。也有人提出尼克·里森在对巴林撒谎，因为代客户垫付期货合同的维持金是非常少有的事。代客户交易与自营交易混淆不清造成管理上的困难，只有把两者划分清楚，才能进行有效的风险管理。

5. 奖金结构与风险参数比例失当

许多公司为鼓励员工辛勤工作，采取发放奖金的办法。一般根据员工的职务、工作经验、工作成绩以及其他诸多因素来确定，各个公司规定不一。当然，表彰工作成绩是一回事，根据交易所得利润支付大笔奖金，而不考虑公司的风险参数或公司的长期策略，则是另一回事。巴林一直将公司 50%的毛利作为奖金发给雇员。这个百分数比绝大多数公司的高。巴林 1994 年的 1 亿英镑(1.61 亿美元)奖金在公司倒闭前几天刚刚宣布分配。几个主要总裁可望拿到 100 多万英镑。奖金时常是根据一个小组或个人在前一年所赚利润决定的。这种把交易员的收入与他的交易利润挂钩的奖励制度，最大的问题是刺激了交易员的贪婪投机，高额的奖金使得雇员急于赚钱而很少考虑公司所承担的风险。

6. 缺乏全球性的信息沟通与协调

据《金融时报》报道，英格兰银行行长埃迪·乔治 1995 年 4 月 5 日曾对公共财政部和内务委员会中的国会成员讲，巴林在未通知英格兰银行的情况下，擅自将 7.6 亿英镑的资金汇到新加坡。而 1987 年英国银行法规定任何银行如需将大于其资产 25%的资金汇到海外分支，必须事先通知英格兰银行。至 1995 年 2 月 23 日，巴林总共汇去了 7.6 亿英镑以垫付里森的交易，而这个数将近巴林资本的两倍。

虽然金融市场特别是衍生产品市场已越来越全球化了，但是其法规大多数仍由各个国家自己制定，而且实施范围亦不超出本国国界。巴林破产案中，巴林总部由英格兰银行及证券期货管理局管理，巴林新加坡期货部则受制于新加坡国际货币交易所(新加坡国际货币交易所的上级为新加坡货币局)。而东京股票交易所(TSE)、大阪股票交易所(OSE)及东京国际金融期货交易中心(TIFFE)却受制于日本银行(中央银行)。这三个国家的管理者并没有义务去沟通管理信息，而其中的一些组织如新加坡国际货币交易所和大阪股票交易所在日经指数衍生产品方面又一直是竞争对手。显然，缺乏全球性的协调及信息互不沟通也是未能阻止巴林破产的又一主要原因。

(三)案例启示

1. 完善商业银行内部控制

从理论分析和实践经验来看，衍生工具一旦脱离了贸易保值的初衷而成为投机手段时，风险是极大的，尤其是当交易员孤注一掷时，可能会招致无法挽回的损失。银行管理层应当建立起严密的风险防范机制，经常审查资产负债表中的表内及表外业务，及早发现问题，堵塞漏洞。从巴林银行事件来看，即使是里森用开立虚假户头进行衍生工具交易，以制造代客买卖的假象，但巴林银行管理层也应该从或有资产的不正常增加中发现问题，这时应该核实该客户的身份、财力等。有鉴于此，金融机构在制定有关从事衍生性金融商品交易的内控制度时，应该考虑自身从事该类交易的目的、对象、合约类别、交易数量等。较完善的内控制度应包含：交易的目标价、交易流程、坐盘限额、权责划分、预立止损点、报告制度等。

在新加坡巴林公司，里森一人身兼交易和监察二职，严重违反银行内部控制规定，这是整个事件的根源。对于我国的银行来说，完善内控制度可以做到以下几点。

(1) 在改革新形势下，商业银行的业务不断变化和快速创新，修订和完善规章制度尤为

重要。

① 建立科学性和实用性兼容的内控制度操作规程，避免因程序遗漏导致的风险。

② 建立涵盖内部控制和会计控制的实体性稽核规范，制定相应的稽核标准体系，为提高稽核质量提供客观依据。

③ 建立稽核工作制度，加强稽核人员自我控制、自我约束，确保稽核信息真实可靠。

④ 建立后续稽核和再稽核制度，强化对稽核人员的行为约束，提高稽核质量，促进稽核成果有效转化。

⑤ 建立稽核联动机制，理顺稽核关系，加强与其他职能部门和被稽核单位的稽核合作，增强查防案件的协同效应。

(2) 重点岗位重点监控。由于里森业务熟练，所以被委以重任，但却疏于对他进行考核管理。甚至问题初露时，管理当局也未予以足够重视，使事态逐步扩大，最终导致银行倒闭。

我国金融管理机构也应进一步加强对金融衍生工具的监管，特别是应重视表外业务(即或有资产和或有负债)的管理，防止金融机构由于缺乏内部的风险管理机制而造成损失，进而影响金融体系的稳定性。

(3) 实行授权授信控制，包括授权批准的范围、层次、责任、程序等。

(4) 建立事前、事中、事后监督体系，以保证内部控制机制的高效性和可靠性。稽核关口前移，实施超前防范。将过去传统性的以事后稽核为主的方法，转换为以事前、事中稽核为主的超前防范。事前稽核，主要是对经营决策，措施出台进行事前审议、论证、监督，事先发现经营可行性和效益性方面的利弊因素，参与决策，及时对信贷、财务收支等方面的正确性、合理性及效率、效益进行有效稽核。事中稽核，是对规章制度，经营管理过程的监控和对正在进行的业务活动是否真实、合理、合法、合规和有效，及时纠偏取正。因此，把事前、事中稽核监控的触角伸展到决策领域，这样就能对经济业务可行性和效益性的利弊因果，事先发现，避免造成人力、物力、财务的失误和损失。超前实施防范，通过事前、事中稽核，帮助商业银行建立健全规章制度，达到“以防为主，防治结合”，防患于未然，把问题和差错事故消灭在萌芽之中。

(5) 严格违规必究的处罚机制，树立规章制度的权威，对于违反规定的应坚决按标准处罚。在巴林银行案中，对于里森的违规行为，巴林银行总部高层始终置若罔闻，这也是值得我们反思的。

(6) 进行人性化管理，实施以德治行，加强从业人员的职业道德教育与管理。

2. 应加强金融机构的外部监管

新加坡曾被认为是金融监管很完善的国家，但是巴林事件的发生使人们对新加坡监管体系产生了疑问。现在新加坡期货交易所已将每份合约保证金由 62.5 万日元提高到 135 万日元，新加坡还将加强制度方面的监管。有关人士还提出了将交易合约数量与投资者的资金实力相挂钩，虽然这样可能使市场成交量受到影响，但市场的健康发展可能会吸引更多的投资者。

3. 完善商业银行监管体系

除需要做好自身的内部控制外部监管外，金融系统应尽快完善行业监管体系，实现监管的法制化、科学化、高效化，使行业自律与社会监督相结合，充分体现外部审计的独立性，着重做到以下几点。

(1) 完善主体法律，制定金融法律实施细则。

(2) 构建科学的金融监管信息系统，增强信息的透明度和准则性。

(3) 建立高效的金融风险预警体系。

(4) 加强对海外分支行的监管，严格按《商业银行境外机构监管指引》执行，同时加强现场检查和处理力度。

(5) 加强行业自律与社会监督。

巴林银行已经有 200 多年的经营历史，理应有一套完善的内部管理制度，如果有个别职员在职权范围内违反操作规程是可能发生的。但一名交易员能够违反制度，擅自越权操作，将相当于其母行资本几倍的资金作赌注，而且能够掩藏几周不为监管部门所知晓，可见巴林银行内部的监管漏洞之多。本来巴林银行后线结算部门应该履行监察职责，但是这个警报系统并没有发挥作用，这抑或是里森与结算部门的人同谋，来欺瞒管理层；或许是既让里森负责前台交易又让他掌管后线结算这种做法的严重恶果。

除了巴林银行内部存在的原因外，新加坡国际金融交易所，新加坡金融监管当局，英国金融监管当局都负有不可推卸的责任。事件也反映了对从事跨国业务的金融机构施以更加严密监管和加强行业自律、社会监督的必要性。

二、案例研究 2：日本大和银行事件

(一)案例展示

大和银行是日本名列第 12 位的大型国际性商业银行。1995 年 9 月 25 日，该行纽约分行主管交易的执行副总裁井口俊英坦言自己在长达 11 年的时间中累计隐瞒了高达 11 亿美元的巨额亏损；随即，大和银行被迫对外宣布其亏损。由于家大业大，虽未倒闭，却信誉扫地，最后不得不走向同住友银行合并之路。井口俊英成为继巴林银行交易员里森之后又一个令国际银行界为之震惊的人物。

早在“二战”结束时，日本就通过了《证券和交易法》，其中第 65 条严令禁止日本的银行参与国内证券业。该法案类似于美国的《格拉斯—斯蒂格尔法案》(Glass - Steagall Act)，旨在保证存款人利益不受证券市场大幅度波动的影响。然而，日本银行业的利润来源因此

大受限制，在与非银行金融机构的业务竞争中也显然处于不利地位。于是，日本银行业纷纷积极拓展国际证券业务，通过国际渠道进行国内证券投资，以此增加利润，积累经验，等待国内金融管制的放松。许多日本银行将其海外分支机构作为对国内人员进行证券交易培训的基地。由于膨胀太快，交易人员缺乏必要的素养和经验，交易机构又缺乏必要的风险管理机制，这就为恶性事件的发生埋下了隐患。

井口俊英 1976 年开始在大和银行纽约分行工作，三年后被提升为交易部主任，从此负责前台交易、后线结算和债券保管。自从 1984 年井口在美国的政府债券市场上亏损 20 万美元后，他便开始利用职务之便篡改客户账目，把客户账上的债券出售，再造假账说明这些债券并未卖掉。年复一年，假账和亏损积聚迅速，然而大藏省、美国联邦储备银行及大和银行总行均未曾检查出问题直到井口俊英自感难以为继才主动坦白。各方面才如梦初醒。

1995 年 9 月 25 日大和银行开除了井口俊英。27 日，美国纽约南部地方检察院以伪造罪将当事人井口俊英逮捕。同年 10 月 5 日，大藏省和日本银行开始对大和银行进行调查。随后，大和银行会长安部川澄夫和总裁藤田彬引咎辞职。

这起事件不仅使大和银行遭受巨大的经济损失，而且使美国金融界乃至世界金融界对日本金融机构普遍产生不信任感。人们怀疑，像大和银行这样不透明的经营管理体制和不完善的风险管理体制，在日本金融机构中是否普遍存在。许多人认为，日本金融机构要恢复原来的信誉，还需要一定的时间。

(二)原因分析

1. 内部控制失效

从事件的经过看，大和银行国债交易部门的内部控制制度存在极大缺陷，具体如下。

根据一般的金融常识，业务和管理应由两人分做，以便相互监督。但是，井口一人不但从事债券的买卖，同时兼任债券的管理。也就是说，债券买卖的记录和银行债券余额的记录都在他一人手中，这就给他欺上瞒下、投机交易、伪造账目开了方便之门。

近年来，巴林银行、大和银行以及一系列严重事件的发生，都与内控机制上的缺陷有直接关系，因此，金融机构内部控制问题受到许多国家金融监管当局和一些国际金融机构前所未有的关注，都把健全有效的内部控制作为防范金融风险的第一道防线。

2. 外部监管有名无实

大和银行疏于对海外分行的管理，也是造成这起事件的一个重要原因。大和银行在人力不足的情况下，过快地发展海外机构，造成对海外业务管理上职责不清，各管理部门之间协调不力，对海外机构检查力度不够。

有关分析认为，日本和美国的金融监管当局对这起事件也负有一定责任。井口串通上司津田昌宏通过隐匿确认书、篡改账簿来掩盖巨额亏损，具有一定的隐蔽性，但是纽约分行内部控制制度的许多缺陷(如交易前台和后台业务不分)是显而易见的。但日、美监管当局在历次检查中均未发现这些问题，以致未能及时督促其建立健全内部控制制度，使巨额亏损长期隐瞒。

(资料来源：钟行. 监管不严 违章操作逾十年大和重创 金融信誉落千丈. 人民日报(19980109 七版))

(三)案例启示

大和银行事件的发生，教训是深刻的，它给我们的启示主要有四点。

(1) 要重视操作风险的防范。商业银行面临的主要风险有信用风险——贷款到期后，借款方不能归还贷款从而使放款方承受损失的风险；国家风险——与借款人所在国的经济、社会和政治环境方面有关的风险；市场风险——银行表内和表外头寸由于市场价格的变动而遭受损失的风险；利率风险——银行的财务状况在利率出现不利的波动时面临的风险；流动性风险——银行无力满足客户的提款要求或正当的贷款申请而造成损失的风险；操作风险——由于内部控制和公司治理机制失效，外部监管也不到位，而造成损失的风险。在上述六大风险中，操作风险十分重要，由于其他几种风险的发生都往往由于内部控制和公司治理机制失效而导致操作风险。由于这种失效使得银行无法及时发现问题并迅速采取必要的对策，无法避免各种操作失误或欺诈，如银行交易员、信贷员、其他工作人员越权或从事职业道德不允许的或风险过高的业务，从而导致银行的财务损失，或使银行在其他方面的利益受到损害。国际商业信贷银行和巴林银行的倒闭，大和银行的巨额损失，实际上都是由于内部控制和公司治理机制失效，以及外部监管不到位而造成的。因此，我国的商业银行，特别是从事跨国经营的商业银行，要从大和银行事件中吸取教训。

(2) 商业银行要注重提高经营管理水平，建立健全内部控制制度。商业银行在制订发展计划时，不能盲目追求资产规模的膨胀和新兴业务的拓展，而应该首先致力于建立和健全内部控制制度。内部控制制度建设成本较高，其收益也不易度量，但是任何有战略眼光的银行家都应在“大和事件”中吸取教训，做出明智的选择。

(3) 金融监管当局要加强监管力度，不断改进监管方法和技术，督促银行加强内部管理，防范和化解金融风险。

(4) 在金融监管工作中要加强国际合作。“大和事件”发生后，美国监管当局怀疑大藏省早知此事，与大和银行联合欺骗美国，这势必对日本在美设立金融机构和在美金融机构的经营活动带来长期的不利影响。在跨境银行监管过程中，母国监管当局与东道国监管部门加强交流与合作，及时沟通监管信息，既是国际金融监管领域的通常做法，也是对跨境金融机构实施监管的有效手段。

【复习思考】日本大和银行事件对我们的启示是什么？

【知识拓展】国际商业银行风险管理阶段如下。

20世纪80年代至今，是国际银行业风险管理模式和内容获得巨大发展的时期，大致分为下几个阶段。

第一阶段，20世纪80年代受债务危机的影响，商业银行普遍开始注意对信用风险的防范和管理，其结果是巴塞尔资本协议的诞生。该协议通过对不同类型资产规定不同权重来量化风险，强化银行的资本充足率管理，对保护银行安全起到了巨大作用。

第二阶段，20世纪90年代以后随着衍生金融工具及交易的迅速增长，市场风险日益突出，巴林银行倒闭、大和银行危机等实践促使国际金融界对市场风险的关注，一些主要的国际大银行开始建立自己内部的风险度量与资本配置模型，以弥补巴塞尔资本协议的不足。主要包括市场风险度量的 VAR 方法(即风险价值法，这一方法最主要的代表是摩根银行的“风险矩阵”系统)、银行业绩衡量与资本配置方法(“经风险调整的资本收益率 RAROC”)。

第三阶段，与此同时，国际大银行认识到信用风险仍然是关键的金融风险，并开始关注信用风险度量方面的问题，试图建立测量信用风险的内部方法和模型。

第四阶段，1997 年夏亚洲金融危机爆发，促使国际金融界进一步深入考虑风险防范与管理问题。特别是1998年10月，美国长期资本管理公司(LTCM)在国际金融动荡的冲击之下，几近破产，并导致部分国际大银行遭受重大损失，而这些损失主要由信用风险与市场风险合力造成。这一案例启示人们：损失不再是单由风险所造成，而是由信用风险和市场风险等联合造成，应该更加重视市场风险与信用风险的综合模型以及操作风险的量化问题。全面管理正是在这样的背景下应运而生，与此同时，各种集市场风险、信用风险和其他多种风险于一体的新模型纷纷创立，这在商业银行风险管理历史上不啻是风险管理理念的一次重大改革。

习　题

一、名词解释

商业银行风险、信用风险、市场风险、流动性风险、操作风险、投资风险、法律风险、声誉风险、国家风险、风险树、专家意见法、风险抑制、风险规避、风险分散、风险转移、风险补偿

二、填空题

1. 商业银行风险的估计方法有______法、______法、______法、______法和______法。
2. 商业银行风险的评价方法有______法、______法、______法、______法和______法。
3. 商业银行风险对策的原则有______原则、______原则、______原则、______

原则和________原则。

4. 商业银行常用的风险抑制手段有________、________和________。

5. 商业银行常用的风险补偿方法有________补偿、________补偿和________补偿。

6. 商业银行风险管理的程序是________、________和________。

7. 所谓的贷款五级分类，是将贷款分为________、________、________、________和________。

8. 市场领导者营销战略包括 ________、________、________。

三、判断题

1. 商业银行风险具有涉及金额大、面广等特点。 (　　)
2. 贷款风险是商业银行必须要面对的，贷款风险也是必然要发生的。 (　　)
3. 商业银行所面临的各种风险均直接表现为货币资金损失的风险。 (　　)
4. 借款人偿还贷款本息有问题的贷款是次级贷款。 (　　)
5. 肯定要发生一定损失的贷款是损失贷款。 (　　)

四、多项选择题

1. 导致巴林银行倒闭的风险类型是(　　)。

   A. 投资风险　　B. 信用风险　　C. 操作风险　　D. 流动风险

2. 目前世界上最具权威的两家信用评级机构是(　　)。

   A. 标准普尔公司(Standard & Poor’s Corp)

   B. 穆迪(Moody’s Corp)

   C. FITCH

   D. IBCA

五、简答题

1. 商业银行风险的成因有哪些？
2. 商业银行风险的分类有哪些？
3. 商业银行风险的识别方法有哪些？
4. 贷款风险分类的意义有哪些？
5. 关注贷款与次级贷款的主要区别有哪些？
6. 可疑贷款与损失贷款的主要区别有哪些？
7. 什么是贷款风险？如何防范贷款风险？

第十二章 商业银行市场营销

本章精粹：

- 商业银行营销概述。
- 商业银行的市场细分及定位。
- 商业银行营销组合策略。
- 案例研究 1：中国建设银行的市场细分。
- 案例研究 2：澳大利亚的目标市场选择。

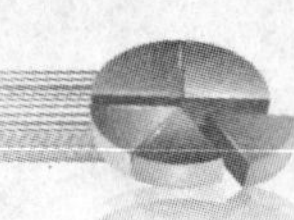

案例导入　商业银行的营销大战

与国外银行的职能定义不同，在计划经济下的四大国有商业银行，属“第二财政”概念，分别承担着支援国家建设的不同角色。直到 1992 年邓小平南行讲话以后，中国银行业才开始了“中行上岸，农行进城，建行推倒围墙”的银行定位大洗牌。1995 年 7 月 1 日，《中华人民共和国商业银行法》颁布实施，四大行从专业银行向商业银行转变的帷幕正式拉开。紧接着，中国银行业第一轮吸收存款大战逐渐升级，银行营销也从此朦朦胧胧地开始了。

国内银行的营销不是从广告，而是从柜台开始的。不过，那时候的营销活动远没有今天热闹，仅仅是在网点柜台上“提供老花镜”之类的服务。

在向市场转变的过程中，银行从销售、管理，甚至包括公司架构、公司治理结构等都有一个转变过程。尽管四大行之间的专业“黄线”早在 20 世纪 90 年代中期就被抹掉了，但金融资源尚属稀缺资源，客户总是要求银行多一点。中国银行业更熟悉的还是计划、指令、配置等字眼，对营销则感觉很陌生。

说到营销，首先就要银行走出去面向客户。但这看似简单的一个动作，中国银行业花了 10 年还没有完成。值得提及的是：第一个冲出网点的是股份制商业银行，第一个面对面的大众营销形式是“马路营销”，第一个靠大众营销铺到全国各个角落的银行创新产品是借记卡。而这三个“第一”，都是在 20 世纪 90 年代中后期由偏安深圳的招商银行创造的。

当年招商银行“一卡通”的成功，并不是赢在销售技巧上，而是赢在营销策略上——“让开大路，占领两厢”，可以视作中国银行业第一个描述最清晰的营销策略。

然而，“占领两厢”意味着要走家串户，是一种人海战术概念。无疑，这和招商银行的人手少、规模小形成了矛盾。令人意想不到的是，当年还是初生牛犊一门心思往前冲的招行，硬是将天大的矛盾变成了独家的机遇。它找来了专业的广告公司帮忙，使一卡通迅速红遍大江南北。当时还没有人意识到，“统一的营销策略+广告手段”，立刻使中国在银行产品方面的营销进入了一个全新时代，而刚刚兴起的柜台营销和马路营销，已被远远甩在了后面。

就在“一卡通”发行量迅速拉升以后，由于受到一次其他银行某案件的牵连，“一卡通”曾差点“遇难”。虽然这很快变为一场虚惊，但招行事后却出了一身“冷汗”：如果没有了一卡通，很难想象招商银行怎么办？这时候，他们才意识到，要打造银行的整体形象。

从 2003 年春天起，招行“因您而变”的形象广告已经开始在中央 1 套及各地方电视台播出。而且，在乘坐上海地铁时，记者看到，在整整一节车厢中挂满了银行产品的广告，虽然有十多种，却都是一个品牌——招商银行。这种以产品群广告来烘托企业形象的广告形式，的确给人以极大的震撼力。

在股份制商业银行大手笔营销的刺激下，国有四大商业银行也越来越坐不住了。在中国银行业一直是“老大”的工商银行，其品牌形象广告早在1997年就已经遍布各地。在新浪、搜狐等国内知名的门户网站上，人们不仅可以看到工商银行的企业形象广告，还可以发现“电子银行”、“理财金账户”等不同产品的宣传。在搜狐网站首页以及新闻、财经频道中，都有工行的广告出现，占所有银行类广告的1/3。

有专家预测，工行的产品资源是国内所有银行所无法企及的。因此，一旦工行这只“大象“跳起舞来”，那将是金融营销大战中最亮丽的一道风景线。

一边是越来越多的产品要卖出去(其中包括交叉销售产品)，另一边是越来越多的售后服务需求要给以满足，这就是当前银行产品营销所面临的巨大压力。更让银行焦虑的是，自从中国加入世贸组织以后，市场的竞争激烈程度骤然加剧，国内银行已经在销售中感到了外资银行的重兵压境，下一步就是最惨烈的产品拼刺刀了。作为应招，目前国内任何一家银行都早已不单单出售银行传统的存、贷款产品了。

据招行相关人士介绍，一卡通最早推出的时候，只有几个简单的储蓄功能，可如今已经增加到20多种功能，其中包括了基金、保险、证券等多种与其他金融行业交叉的功能，早就突破了银行本身的产品范围。在民生银行，仅零售银行的产品功能就已经有62项之多，比如保险，民生银行代理了很多公司的保险，但只能将其算作一项功能。

为此，银行增加了广告投放量。在国内某一知名财经类杂志上，2002年8月份只有1家国内银行投放了广告，而2003年同期则增至3家。在许多电视台的黄金时段中，银行广告的面孔也越来越多。而且，这些广告多数针对的是银行现有的零售业务，尤其是新开发的业务。

其实，银行的营销提升更多的还发生在这一轮广告大战的背后，即各家银行都开始注重统一的营销策划。2003年7月28日，民生银行在全国启动的“非凡理财万里行”，尽管有3个部门共同参与组织，但其内容却保持了高度一致，都是以“客户关怀”为核心来展现现有的产品。

招商银行更是早早就在广告宣传上统一了口径。之前也经历过一段各打各的时期，但那时客户的感觉非常不好，于是招行便下大力气将广告的制作权收归总行办公室的一个部门，其他业务部门只要提出需求即可，总行办公室则负责统一策划广告方案。

(资料来源：中国中小银行网，http://www.minbank.net.)

第一节 商业银行营销概述

商业银行是经营货币和提供有关服务的金融企业，其业务的特殊性导致了经营的特殊性。市场营销观念也适应于商业银行这样的服务业，这是因为商业银行同样面对顾客，并以盈利为目的。阿瑟·迈丹把商业银行营销定义为：把可盈利的银行服务引导流向经选定

的用户的管理活动。

当前我国金融市场传统的市场格局和市场定位已被打破，新的市场格局和市场定位尚未形成，新兴商业银行不断建立，非银行金融机构异军突起，外资金融机构在开放的条件下纷纷在我国抢滩设点。金融市场多元化的竞争格局迫使商业银行必须借助市场营销的手段，以适应市场竞争的需要，在竞争中求生存，在生存中求发展。另一方面，随着经济发展和居民可支配收入的增加，企业、法人和消费者个人的金融需求也日益向多元化方向发展，商业银行要适应这种市场需求的变化，也需转变经营观念，运用市场营销的手段，研究市场、细分市场，及时发现和掌握市场需求，并为满足市场需求提供金融产品优质服务，只有这样，才能在激烈的金融竞争中处于优势地位，立于不败之地，因此“营销”作为竞争新策略正日益受到商业银行的青睐。营销的概念、策略也不断被商业银行所采纳、运用，逐步渗透到其经营活动中去，从而形成了新一轮竞争的特色。

一、商业银行营销的内涵及特点

金融企业营销是以金融市场为导向，通过运用整体营销手段，以金融产品和服务来满足客户的需要，从而实现金融企业的经营目标。然而，由于金融企业对国民经济的宏观影响和作用较大，其经营活动必须服从国家宏观调控的方针和政策，这就决定了商业银行在营销过程中有其自身的特点。

(1) 商业银行为消费者提供的不是有形商品，而是无形商品，即服务。但又不是一般的服务，而是以货币这种商品为媒介的服务。即金融业的服务是以金融商品为依托的服务。从市场学的角度看，企业要生存发展，就必须为消费者提供物美价廉的商品，作为金融企业的商业银行为消费者提供的是特殊商品，即服务，因此，服务质量就应成为商业银行在经营过程中要解决的关键问题。由于银行业的特殊性，使得商业银行的服务质量主要体现在服务的信誉、速度、便利性和服务的好坏上，而服务过程中的诚实守信、快速便捷、服务态度好也就成为消费者对商业银行的基本要求，这是商业银行和一般经营有形商品的企业在营销过程中的一大区别。

(2) 商业银行为消费者所提供的金融产品，亦即以货币为媒介的信用卡、大额存单等，其价格不是或基本不是由商业银行自身确定的。因为金融商品的价格的定价基础是国家规定的存贷款利率和再贴现利率，中央银行确定了利率，事实上也就基本确定了商业银行的主要业务，即存贷款业务的价格。

因此，商业银行产品定价应考虑的基本要素是需求和风险程度。同时还要考虑特殊因素即中央银行的金融法规和风险程度。商业银行必须在符合金融法规的前提下制定价格，有时还必须服从国家经济政策和宏观调控要求，商业银行仅仅在一定程度上、一定范围内对其所提供的服务拥有定价权，这是商业银行在营销中的特点之一。这一特点是由金融业的特殊性决定的。

二、市场经济发达国家的银行营销理念和策略

营销的目的是面向市场，满足和创造顾客需求，没有顾客就没有企业生存的基础。企业的基本职能只有两个，就是市场营销和创新。营销活动的成败在很大程度上取决于支撑它的营销理念正确与否。市场营销理念是一种意识形态，是从事营销活动的指导思想、态度和方法，是一切经营活动的出发点，也是一种商业哲学或思维方法。营销活动是一种业务活动的过程，它必须在一定的市场营销的观念下支配进行。而营销策略是一个创造性的思维活动，决定着市场营销的效果。

(一)各国营销理念和策略综述

银行界一般认为，市场营销活动首先应坚持针对性的服务方式，围绕客户的需要，负责对客户所需的金融服务项目作出安排建议。其次是实施“一揽子”的服务方式。如美国商业银行将各类金融产品和服务项目进行配套，以从整体上满足和解决客户的各种需要。三是安排专家为客户理财的服务方式。即向客户提供集业务员、咨询员、情报员为一体的个人银行家，负责对客户的财务状况提供咨询和服务。四是培养“关系经理”的服务方式。“关系经理”不仅推销银行传统业务，而且还为客户提供并办理新的业务，使潜在的客户变成现实的“用户”。五是保持良好信誉，加强公关服务。如美国的商业银行认为加强公共关系赢得公众好评是银行服务的基础，因此，特别注重公众舆论态度的变化，从不放弃任何通过报刊、会议、商谈以及其他各种媒介活动进行宣传报道的机会。

(二)花旗银行的经验

花旗银行在 20 世纪 70 年代就开始了营销观念的转变，他们用商品消费的思路去分析客户的心态，并据此采取相应的对策。科学的营销策略，使其零售业务发展成为花旗银行最具优势的业务之一，2004 年花旗银行零售业务收入增长率达到 63%以上，创造了 131 亿美元的利润。为了拓展市场，加大金融产品营销力度，花旗银行的主要措施如下。

(1) 明确的市场定位和差异服务。花旗银行的市场定位是美国本土及全球的中产阶级与高收入消费阶层。在亚洲，花旗银行服务的重点是占人口总数 20%的高收入阶层，为他们提供信用卡和抵押贷款等一系列的产品服务；针对欧美和亚洲地区消费者的不同特点，花旗银行卡的功能也有所不同。

(2) 顾客至上及相互信任的服务理念。花旗银行的服务宗旨是要给顾客以愉快的银行感受。花旗银行一直致力于建立顾客对银行的依赖和信任关系，并依此目标改善其产品和服务。

(3) 树立形象并强化花旗银行的品牌效应。例如，对信用卡的营销除了突出服务意识外，花旗银行的广告还特别着重塑造成功的形象，这对顾客尤其是年轻客户产生了巨大的吸引力。

(4) 以人为本的战略思想。花旗银行深知商品营销的成败往往取决于营销队伍的素质和

营销人员的技能，因此，他们花大力气致力于这方面的投资和建设。

(5) 不断创新服务方式。例如，花旗银行在金融业最先尝试直接寄售物品的做法，20世纪70年代直接向顾客寄送信用卡曾一度成为信用卡最重要的营销方式。

(三)实现以客户为中心经营理念的转变

“以客户为中心”的经营理念，是市场经济发展的客观要求，也是服务行业在竞争中立于不败之地的必然选择。但是，要真正把“以客户为中心”的理念落到实处，确实还存在很大的差距，还有许多工作要做。

1. 银行经营理念转变的依据

现代市场营销强调以客户和市场为中心，并在此基础上建立与客户及社会的和谐关系形成良性循环。银行作为经营货币商品的特殊企业，同样要以占领客户为其生存与发展的基础，谁拥有了较大的客户群尤其是优质客户群，并围绕为客户提供最优质的服务来安排和设计业务发展，谁就能在激烈的银行同业竞争中处于领先地位。

2. 经营理念的内容

商业银行市场营销以客户为中心的经营理念内容非常丰富。首先，满足客户需要优先于银行产品推销，商业银行要协调并调动全行各方面的资源为客户提供服务，满足客户多方面、多层次的需求；其次，银行客户关系战略集中于银行的目标客户，因此，银行内部为此要加强合作，形成团队精神，做好服务工作；最后，商业银行根据客户面临的困难、需求及市场环境变化而不断进行调整、改变和创新，商业银行以满足客户需要为先，为客户提供解决问题的方案和办法，满足客户的各种需要是商业银行的责任。

3. 以客户为中心的市场营销的具体做法

以客户为中心的市场营销，首先要对客户进行分类，确定目标客户群。根据“二八定律”，商业银行80%的业务和利润来自20%的重点客户，所以银行通常会集中大部分资源为20%的重点客户提供不同的甚至是特定的服务。其次，做好市场细分工作，还要以金融品种为载体，进行个性营销。因为不同的客户对金融业务的需求是不相同的，其差异不仅仅体现在金融产品的类型和档次上，而且体现在对利率、费率和销售方式的不同需求上。因此，需要将市场区分为更细小的份额或客户群体，实施不同的营销策略和方法，从而达到营销的预期效果。从国外的情况来看，市场营销以产品为中心转向以客户为中心以来，各大银行普遍推行了客户经理制，客户经理为客户提供全方位的服务。因此，客户的各种金融产品需求不用去找银行的各个产品销售部门，而是通过客户经理去接受“一揽子”金融服务。商业银行产品开发和市场营销以客户为中心，就要为客户提供配套、组合式的金融服务。银行要从客户需要入手，根据客户分类和不同客户的特点，以“量身定做”的方式开发适合不同客户群需要的金融产品，从不同层次上满足顾客的不同需要。

三、商业银行营销战略的选择

商业银行营销战略的选择往往取决于各自的资本实力和它在金融业中所处的竞争地位。据此可将商业银行分为四类：市场领导者、市场挑战者、市场追随者和市场补缺者。

1. 市场领导者营销战略

处于市场领导者地位的商业银行一般被公认为市场领袖，占有极大的市场份额，且控制和影响着其他商业银行的行为，在市场上从资产规模、金融服务范围、金融产品创新、机构网点分布以及促销力量等多个方面都表现出“第一号”的形象和地位。处于领导地位的商业银行要想继续保持第一的优势，就得采取必要的营销战略。

(1) 实施多样化经营战略，扩大市场份额。西方商业银行领导者除了从事传统的银行业务外，还兼营其他金融业务，如信托业务、代理融通业务、保险业务和投资银行业务等，甚至从事一些非金融性质的业务，如租赁服务、纳税准备、私人家庭顾问以及金融咨询服务等。同时不断进行金融产品创新，开发和利用新技术，向顾客提供“一揽子”金融服务，从而使银行成为超级“金融百货公司”。

在我国银行业中，处于市场领导者地位的工行、中行、建行和农行，近年来亦纷纷实施多样化经营战略，不断推出新的金融产品和服务，如增加存贷款的形式、种类和期限，增加原有金融产品的附属功能，增设新的服务项目、扩大服务范围以拓展业务领域。同时，还开展国际金融服务。其银团贷款、黄金买卖、外汇交易在国际上也处于前列，把增加利润转向扩大多元化金融服务上来，以多样化的金融产品和优质服务满足客户的不同需求。

(2) 实施成本优势战略，维持现有市场份额。市场领导者控制相当大的市场份额，它可以从技术、人员、信息及市场营销等多方面实现规模经济，从而享有低成本优势。另一方面，市场领导者雄厚的资产以及其他有利的内部条件为其不断设计易于提供的业务种类和巨额投资支出奠定了坚实的基础。西方商业银行实施成本优势战略时，往往以系统的观点全面审议和评价与银行经营活动有直接或间接关系的各个方面，分析各个环节上降低成本的可能性，最终制定出优惠的价格来吸引客户，巩固和发展其市场领导者地位。

(3) 实施地理扩张战略，扩大市场总需求。处于领导者地位的大银行在国内市场上达到一定规模后，继续扩大市场占有率往往得不偿失，而且过大的市场份额可能招致其他银行对其的反垄断起诉。因此，各国大银行都十分注重对海外市场的扩张，从而达到扩大总需求的目的。目前中国银行在全球 25 个国家和地区设立了 560 家分支机构，海外资产达 1700 多亿美元，海外存款近千亿美元，2004 年贷款近 144 亿美元。

2. 市场挑战者营销战略

处于市场挑战者地位的商业银行在银行业中的地位一般仅次于市场领导者，其资产实力雄厚，经营效益良好，并具有很强的竞争能力。市场挑战者由于不甘心停留在自己已有的竞争地位而经常向市场领导者或其他竞争者发起进攻。它们一般采取的营销战略如下。

(1) 降低成本，实施多样化经营，与客户建立良好的关系。银行市场份额的大小很大程度上取决于银行经营的业务范围、服务价格和服务质量。市场挑战者要想赶上市场领导者，除了向客户提供全方位的金融服务外，还需要从价格上给客户优惠，并提高服务质量，使客户得到最大的满足。近年来，这类银行把与客户建立良好关系放在重要位置，鼓励经理级以上人员参与各种社交活动与社会高层人士和重点大户建立良好的人际关系，并配备一支训练有素的外勤人员，了解客户的需求和有关反映，加强与重点客户的联系等：

(2) 发挥本身优势，提供富有特色的金融产品和服务。市场挑战者往往在金融产品和服务、技术、服务质量、价格及营销能力等方面表现出明显的特色和优势。为了向市场领导者等发起有效的进攻，挑战者大多充分发挥自身的优势和个性，向客户提供富有特色的服务。这就涉及金融服务定位，即按实际业务，把竞争定位区别开来，以成为某个服务市场中较佳的银行。如美洲银行强调其在国际金融业务方面的优势；芝加哥大陆银行声称自己主要为那些中小公司提供服务；香港银行突出其在通信、人员方面的优势，在广告中强调“快速传递，唯我独尊”。

(3) 实施合并战略，配置最佳的发展规模。挑战者通过与其他银行合并来壮大资产实力，扩张营业网点，从而增加市场份额。近年来，西方银行业不断掀起合并风潮，如在美国，随着跨州银行业务法律限制的解冻，不仅是大的国民银行，诸如花旗银行、大通银行、化学银行等大规模进行了对他州银行的收购活动，而且不少州立银行也纷纷加紧了兼并行动。挑战者实施合并战略的主要优势在于：①使银行资本集中化，增强资本实力，确保在激烈的竞争中持续壮大并改善竞争地位；②有利于银行调整资产和改善资本结构，提高经济效益；③可以节约成本。

3. 市场追随者营销战略

处于市场追随者地位的商业银行一般拥有中等的资产规模，分支机构数量不多，没有能力向市场领导者和挑战者发起进攻，但这不等于说市场追随者不需要有营销战略。一个市场追随者必须知道如何保持现有的客户，如何争取新客户加入才能得到一个令其满意的市场份额。因此，他们必须保持低成本、高质量的金融产品和服务，在营销战略上主要采取追随和模仿战略，具体如下。

(1) 完全追随战略，是市场追随者在尽可能多的细分市场和营销组合领域中模仿领导者和某些挑战者的行为。如领导者(或挑战者)向市场提供自动柜员机(ATM)设备，推出全天 24 小时服务，追随者也向自己的目标市场迅速推出自动柜员机，进行全天服务，从而防止自己原有的客户转向。这一战略要求追随者时刻注视其他银行的变化，并能对环境变动作出及时有效的反应，成功的追随者可能会成为某一地区的创新者，并吸引更多的客户，提高市场占有率。

(2) 保持一段距离的追随战略。市场追随者与领导者(或挑战者)之间保持某些距离，但又在主要市场和金融产品创新、一般价格水平和分销网点上追随领导者或挑战者。如信用卡业务在我国最早由中国工商银行推出，但到目前为止，绝大多数商业银行都已开展信用卡业务，并在一定程度上有所创新。如上海浦东发展银行最近推出一种新的智能型信用卡——“东方卡”，广东发展银行推出的“旅游联名信用卡”等。

(3) 有选择追随战略。市场追随者在有显著利润的领域追随、模仿领导者和挑战者，而在其他领域中则坚持走自己的路。例如，美国尼亚加拉银行是一家具有中等规模的银行，20 世纪 70 年代初开始瞄准市场上几家大银行(如花旗银行、纽约银行等)的经营动向，在这些大银行相继推出自动柜员机(ATM)，通过电话建立账户的新型服务的同时，也在自己的目标市场上采取类似的举措，使自己的市场占有率稳步上升，由 70 年代初期的 0.9%上升为 1979 年的 2.3%。并继续保持增长势头。

4. 市场补缺者营销战略

处于市场补缺者地位的商业银行一般资产规模很小，提供的金融产品(或服务)品种单一，集中于一个或某几个细分市场进行经营。补缺者为避免同领导者或挑战者的业务冲突，通常采用密集性营销战略，占领那些为大银行所忽略或放弃的市场。美国硅谷在 20 世纪 80 年代以其密集的计算机公司而闻名于世，共有 2600 多家与生产计算机有关的大中型企业，包括英特尔、苹果和 IBM 等公司。当时共有 350 多家银行在硅谷为这些企业提供金融服务，它们的目标服务对象主要集中在大型计算机公司，对中小企业则兴趣不大。针对硅谷这种状况，硅谷银行决定避开大银行的目标市场，选择那些新的、发展速度较快、被其他银行认为风险太大而不愿意服务的中小企业为目标市场，集中其全部力量和资源，采取有效的营销策略来实现其经营目标和满足客户需求。主要包括：①注重经济有效的广告宣传。由于目标市场是当地的中小企业，因此硅谷银行只选择当地的报纸及经济类杂志宣传银行的服务特点和服务范围等。②开展各种公共关系活动。组织各种研讨会、每月一次别开生面的“计算机午餐会”以及大型鸡尾酒会等活动，邀请中小企业的主管与他们建立良好的关系。③提供多样化的服务。硅谷银行除了提供一些基本的银行产品和服务外，还向客户提供财务、法律、投资咨询等系列化配套服务。

四、商业银行营销新趋势

21 世纪是知识经济与新金融时代，商业银行的业务逐步向全能化、规模化、国际化、新技术化发展趋势。面对变化着的环境，商业银行的营销也将因时因势顺应潮流，及时转变经营观念和思路，以顾客需求为出发点，以顾客满意为经营目标，开展全方位的营销活动，向顾客提供更多、更新、更好的金融服务。

由于信息技术的高速发展，银行管理者和营销人员将不得不放弃已根深蒂固的习惯和做法。银行面临的可能是长期以来市场营销中最为激烈的模式转变。这种转变表现在以下

几个方面。

(一)新的服务理念

经济决定金融，金融业的生存与发展来自经济主体中的微观客户，客户是企业特别是以提供服务为主的金融企业的源泉与基础，金融竞争的实质就是客户的争夺，没有客户的加入与信任金融业将成为无本之木和无源之水。

1. 强调“以客户为中心”的理念

以花旗为例，花旗银行企业文化中的最优之处就是把提高服务质量和以客户为中心作为银行的长期策略。花旗银行在它的经营中能够牢固确立以客户为中心的战略，把与顾客的长期稳定关系作为银行的重要目标，尤其是作为主要营销目标。同时，把客户的需求作为企业改革的一个重要原则，强调结构的变化要与文化的变化相一致。

在20世纪70年代以前，花旗银行注重的是机构与产品的发展，而并非完全是服务。但随着金融业尤其是银行业竞争的日益激烈，花旗银行转而把服务于客户作为银行的中心战略，把消费品营销的原则应用于银行营销。

1993年初花旗在全球有效地实施了“以顾客为重点的管理”计划，了解顾客的需求，改善银行的服务，将客户至上作为超越制度的文化深入全球的花旗机构和员工的意识之中。

2. 重视品牌建设

花旗银行还认识到，以客户为中心的金融战略关键是要有吸引客户的品牌。它们认为：实施品牌战略的最大优势在于不必完全在价格上展开竞争，卓越的品牌具有购买简单方便、保证质量一致、鼓励重复购买、增加市场份额、提高附加价值等积极作用，效应难以估量，作用难以替代。为此，花旗银行对组织结构进行了调整，把传统的以地区和产品为中心的组织结构改组到以客户为中心的组织结构，试图在全世界建立高效、方便与高质量的品牌。

为了实施品牌战略，花旗把闻名全球的飞利浦公司作为银行学习的典型，目标是把花旗银行的业务创立成与Marlboro(万宝路)一样公众认同的品牌。为此，花旗聘请了飞利浦公司的前CEO负责品牌战略的实施，经过潜心的品牌探索，花旗获得了成功。目前花旗银行业务市场覆盖全球100多个国家的1亿多客户，服务品牌享誉世界，花旗已成为一只久经打造与长期积蓄而成的无价品牌，“花旗”两字代表的是一种世界级的金融服务标准，是一个与众不同的品牌效应，它的成功就是创建了卓越的品牌形象——Citibanking，在世界各地的分支机构都是按同样高的服务标准接待每一位花旗的客户，规范而又独特的品牌服务吸引了世界上众多的知名大企业、大财团以及全球居民，成为全球金融业的标兵。

3. 我国金融业的借鉴

理念决定成败，思想决定成功。进入21世纪的中国金融业已经失去以往垄断时期的优势，且金融服务具有与工商企业所不同的“产品同质性”特征，在我国的金融市场上，不仅机构多了、品种多了，而且同一种产品不只是一家机构单独向市场提供，其他同业也可以同样提供。特别是随着科技的发展，金融主体的多元化，作为客户的企业与居民可以选择的金融机构、金融产品、金融工具以及金融服务非常丰富。金融企业要在竞争中取胜必须无论何时何地都要以客户为中心，要把满足客户的需要作为经营活动的出发点与落脚点，在为客户提供“全方位、高质量、零缺陷”优质金融服务获取利益的同时求得自身的利益，实现双方的共同发展。

当今金融业的服务方式、服务内容已经丰富多彩，变化万千。环境导致的金融竞争必然空前激烈难以想象，客户选择什么样的金融企业为自己服务主要取决于金融企业的知名度和对该机构的信任度。在竞争市场化的环境下，怎样使客户在选择金融服务时选择自己，使自己在众多竞争者中脱颖而出，就必须以鲜明的个性特征深深根植于客户心目中，成为客户忠诚与偏好的品牌， 即以优质的品牌吸引和锁定客户。然而，中国的金融业长期以来缺乏的就是知名的服务品牌，金融服务过度同质化，知识产权一片贫乏。新世纪的金融业将进入品牌的火拼时代，谁拥有优质的金融品牌谁将在竞争中制胜、在竞争中获利。因此，实施全新的以品牌为载体的客户导向战略义不容辞，非常迫切。 客户导向战略就是以市场为目标、以客户为中心、以品牌为手段、全力服务客户的经营方针。而且无论是传统式的网点机构，还是信息化的网络机构，都要能及时方便地为客户提供个别化、特殊化、品牌化的产品，不仅要“大而全”，而且更要“专而特”“强而精”。

(二)新的服务方式

外资金融机构更注重个性化服务，提倡差异化服务。

外资金融机构的服务都非常个性化，可以根据客户的具体要求或不同情况提供相应的服务项目。如花旗银行的口号是：代替统一服务的是那种能满足每一个单独客户需求的服务。汇丰银行的同一项业务就有不同的品种提供给客户选择，如理财户口有“运筹理财户口”“卓越理财户口”“万用户口”“商业理财”等，置业计划就有“居者有其屋”“夹心阶层”“租者置其屋”等，银行工作人员在详细了解顾客的愿望和需求之后，会向客户推荐最合适的服务，也可以特别制定相关的投资、基金、外汇买卖等方面的理财方案，使每一个客户都能在金融机构得到贴身的个性化服务。

此外，外资金融机构通过客户信息管理系统对客户产生的效益进行分析，鉴别客户的价值，确定重点服务的客户群体，对不同的客户实行差异化服务。对优质客户尽可能给予价格优惠并用尽招术挽留他们，如银行对中高收入阶层提供支票账户、周转卡、优先服务金卡等，凡持金卡者，无论何时何地在任何一家分行都无须排队等候服务，随到随办理。对于开设了“卓越理财”等账户的大客户，均可在贵宾室享受服务，顾客一进门就开始享受贵宾待遇，客户经理微笑引领，并送上茶点、饮料。

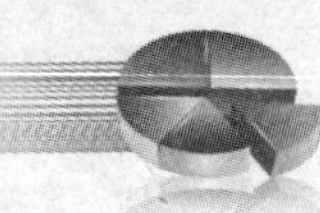

(三)新的服务手段

自从 IBM 公司的 702 型计算机首次被安装到美洲银行后，各类新颖的计算机设备便不断地被引入金融业。大银行往往不惜花费大量的资金更新主系统的硬件和软件，积极大胆地采用最新的计算机产品，采用最新的软件技术。这些设备的普及不仅降低了银行的服务成本，而且大大提高了服务质量。

(1) 功能齐全，服务完善。发达国家建成了三个层面的信息系统。

① 金融业内部的信息系统，主要是以银行会计为依据的银行内部业务的处理系统，即技术先进且相互协调的柜台业务服务网络，以及以银行经营管理为目标的银行管理信息系统网络。

② 金融业之间的信息系统，这是随着各项业务之间交往的频繁，银行间的支票、汇票等转账结算业务的急剧上升而发展起来的。借助这一类系统，资金清算得到及时、有效的处理，成为提高银行经营管理效率的一个重要措施。为此，发达国家银行之间纷纷建立统一的、标准化的资金清算体系，以实现快速、安全的资金清算，如美国联邦储备体系的资金转账系统(FEDWIRE)、日本银行金融网络系统(BOJ-NET)、美国清算所同业支付系统(CHIPS)、环球金融通信网(SWIFT)等。这些系统的建立既降低了交易成本，又加快了交易速度，还能为客户提供各种新的银行服务。

③ 金融业与客户之间的信息系统。发达国家银行推出了面向大众的各类自助服务，建立了自助客户服务系统网络，包括金融机构为企业客户建立企业网上银行以及金融机构为社会大众建立电话银行、自助银行等，通过各类终端为客户提供周详、多样的金融服务。

(2) 自动化程度高，安全保密性强。当前西方发达国家的大规模网络信息系统都非常重视法规遵从问题，都有一个标准化的结账规则体系，都有各类软、硬件方面的安全保障措施，如主机系统、通信系统的硬件备份、软件加密等，能最大限度地避免各类不安全的因素。

(四)新的经营产品

外资金融机构还提供完美的“一站式”服务。

客户到外资金融机构办理业务，都能享受到“一站式”金融服务。汇丰银行和花旗银行的许多分行都是敞开式办公，客户一进入银行，便有银行职员主动迎上前来，询问是否需要什么服务，将客户迎到自己的办公台前，客户只需把自己的需求告诉职员，便可以在座位上等候，其他事项不管涉及多少部门都由职员负责处理，使客户受到优越尊贵和便利的服务。另外，外资金融机构还设有许多分中心，处理客户的一站式业务，如汇丰银行在香港设有多家工商业务中心、日夜理财中心等，专门处理理财、信贷、投资等方面的业务。客户无论到金融机构办理什么业务都能在一家分行完成全部手续。此外，外资金融机构还设计出品种繁多的优惠服务。

外资金融机构会根据客户对机构的贡献度大小，提供各种各样的优惠服务，以此吸引并留住客户，包括利率优惠、服务费用优惠、赠送礼品、减免年费、特约商户打折等。客户对机构的贡献越大，机构给予客户的优惠也就越多。

第二节　商业银行的市场细分及定位

如同商品市场中的营销一样，在商业银行的营销过程中同样也存在一个市场细分的问题。因为任何一家银行同样也不可能服务于金融市场中的所有顾客，一方面，每家银行的资源都是有限的；另一方面，顾客不但数目巨大，分布广泛，而且各自的金融服务需要又是迥然不同的。因此，只有通过市场细分，各家银行才有可能发现能充分发挥其资源优势的细分市场，并在该细分市场中取得竞争优势，达到扬长避短的目的。

一、商业银行的市场细分

商业银行的市场细分关键在于确定科学合理的细分标准，从而对商业银行客户加以正确的区分。由于银行的个人客户在年龄、性别、职业、收入、文化程度以及公司客户在企业规模、产品特征、业务特点、经营状况、风险大小等各方面存在着差异，所以他们对银行金融产品和服务的需求各不相同。拥有这些具有不同需求的客户，究竟以什么标准加以细分，自然影响和制约着市场细分能否达到最终目的。

(一)银行差异化营销必须对“两极市场”进行细分

银行营销不同于消费品、工业品营销，它是一种典型的两极营销模式。银行存款的客户是银行服务的消费者，因而是银行营销的重点。而银行贷款的客户，是银行利润的重要来源之一，也不容忽视，如果目标市场选择不准确，就会直接导致不良资产和银行风险的产生，因而贷款客户也是银行营销的重心所在。在市场细分中，银行必须将存款客户和贷款客户分开单独细分。在对存款客户和贷款客户进行市场细分时，银行又必须将个人客户和公司客户分开细分，因为这两部分消费群体对银行服务的需求存在着较大的差异性。

(二)银行服务必须考虑可能的变量

市场细分的变量选择应根据行业、企业、市场、消费者等方面的具体情况而定，但必须做到具有可衡量性、可占领性和效益性。银行对个人存款市场进行细分时，可以确定以下几个变量，如地理区域、职业、收入、家庭生命周期、存款数额等几个主要因素。为了对市场进行有效的细分，确定合理的目标市场，银行必须结合上述几个变量进行相关分析，选择同时满足几个变量细分要求的消费群体作为目标市场，使细分市场内的消费群体接近无差异性。银行对公司贷款市场进行市场细分时，可以选择以下几个变量，如地理区域、行业类型、企业类型、公司规模、资信状况、盈利状况、风险等级等几个主要因素。例如银行选择行业类型、公司规模、赢利状况、风险等级四个变量来细分，那么银行可以选择大型高新技术企业作为公司贷款市场的一个目标市场。因为它们存在资金需要量大、贷款期限长、贷款风险大、盈利率高等共同特点。银行对个人贷款市场、公司存款市场的细分变量选择也是如此。

二、市场细分的方法

市场细分有各种可选择的细分标准。如可依据地理变量标准、人口统计变量标准、心理变量标准、行为变量标准等来进行细分。但金融市场毕竟不是实物商品市场，相比之下，其自有其行业的特殊性。这种行业的特殊性决定了银行营销中所进行的市场细分。一般来说，主要是依据以下几种细分标准：地理细分标准、人口统计细分标准、营业额细分标准和行业细分标准。

(一)地理细分标准

所谓地理细分就是按地理位置、自然环境来细分市场，就是要求把整个市场划分为不同的地理区域单位，如地区、县城、乡镇或街道，银行根据各地区之间的需要和偏好的不同，及自身的实力决定在其中一个或一些地理区域开展业务。如设置新的营业机构或营业网点时，即是按照地理变量来划分的，任何一家商业银行都不会随随便便就设立一处营业机构，因为作为一家自主经营、自负盈亏的企业，它总是要最大限度地用好它有限的资源以求获得最大收益。这就决定了它只会把它的营业机构或网点设置在最有发展前途的区域内。

分析地理因素的目的在于便于商业银行选择设置网点的数量和位置，并正确确定金融产品的品种和档次。主要的地理因素分为：

(1) 国外客户和国内客户。这两类客户对商业银行服务的需求有所不同，国外客户主要是本币化金融产品、外币化金融产品。此外提供服务的方式与手段也有差异，如交流的语言和金融产品载体的文字、输入有关业务时所要履行的手续等。

(2) 城市客户、城郊客户和农村客户。城市客户更需要的是多元化的金融产品和服务，城郊和农村客户则主要选择便利的位置。

(二)人口统计细分标准

人口统计细分标准指的是根据人口的特征如年龄、性别、收入、职业和地位来对服务对象进行划分，同组归纳，或者说同组同质化。例如根据职业上的差别，银行可以把律师、会计师、医生或其他白领阶层选择作为一组特定的较同质的服务对象。而针对购房者提供各种住房信用抵押贷款服务，则是以收入作为依据进行市场细分。客户群体最常用的标准主要有：

1. 年龄

不同年龄阶段的人，有不同的生活工作经历和生活观念，对待风险和收益的态度也不同。例如，25～34 岁年龄组，注重财富积累和高消费，对财产的增值要求高于保值要求，愿意为获取高额投资回报承担高风险；35～45 岁年龄组，大多数面临着“上有老下有小”的家庭环境，他们一要考虑家庭消费，二要考虑子女教育开支，三要准备个人和家庭其他成员的养老基金等，他们渴求财产的保值与增值，厌恶高风险，因此既重视消费理财，又需要投资理财；46～60 岁年龄组，对储蓄、政府债券和保险特别是养老和医疗保险较为感兴趣。

2. 收入

收入和职业也是重要的细分因素。高收入者的工作比较繁忙，偏爱由中介为其理财，对高风险的投资理财有较好的承受力；中等收入者的职业稳定，对消费理财和投资理财有兴趣，不喜欢风险；低收入者的职业不稳定，对储蓄存款的搭配感兴趣，尤其对国债理财更感兴趣，一般不考虑投资理财。

3. 家庭生命周期

根据家庭生命周期理论，年轻单身，由于收入有限，对资金需求量较大，但家庭积蓄较少，对消费理财感兴趣；已婚且有一定积累的家庭，其理财目的重在对子女的教育支付，他们不仅需要生活理财，更需要投资理财；中老年家庭一般与子女分居，在个人理财上关注消费、医疗和养老，重视对低风险金融产品的投资。

(三)营业额细分标准

银行往往会发现，20%的顾客往往占有 80%的储蓄存款。所以有效的营销活动就是找出这 20%的顾客的共同特征，并有针对性地对他们采取促销活动以能更多地吸引这种类型的顾客到自己的银行中来。

企业规模的差异在很大程度上决定着不同企业对于金融产品需求的差异。主要如下。

(1) 小型企业，年产值或年营业额在 500 万元以下，主要需求为存款及存款组合、担保贷款、抵押贷款、国内结算业务、保管箱业务、信托业务、单位信用卡业务、公司理财、代理业务、代理企业财务等。

(2) 中型企业，年产值或年营业额在 500 万元到 1 亿元之间，主要需求比小型企业多了国际结算业务、租赁业务、代理外汇买卖业务。

(3) 大型企业，年产值或年营业额在 1 亿元以上的，和前两者相比多了代理股票上市、

银行担保、银行表外业务等。

(四)行业细分标准

行业细分标准也就是银行只选择其服务范围领域内的某一个或一些特定的行业作为服务对象。当然这一行业应该有相当数量规模的企业，具备潜在的盈利条件和较为独特的金融需要。这些典型行业有医疗行业，如医院、养老院、疗养院等，高等教育机构，如各大中专院校，保险机构，房地产开发商及政府机构部门。

值得指出的是，银行进行市场细分时，往往不是也不该只按照某一种标准来进行，而是把几种细分标准结合起来使用。如一家银行按照地理变量把全国市场细分为若干区域，而一旦选定了其中的某一区域，又有可能按照营业额变量、行业变量来划分设立只集中于某一特定的行业上的业务部门；或者在另外一些区域上则按照人口统计变量来进行市场细分。如图 12-1 所示为商业银行市场细分的方法。

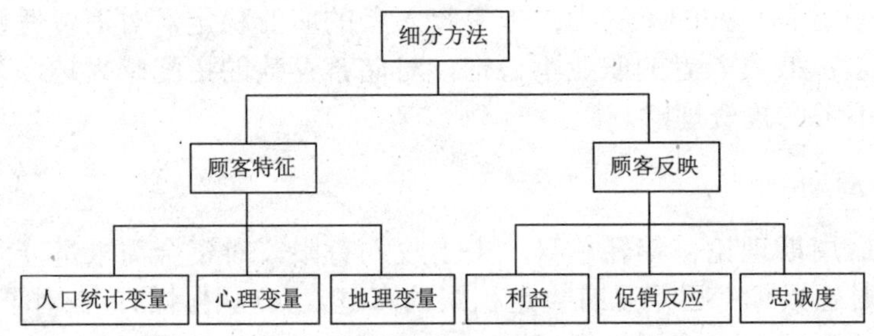

图 12-1　商业银行市场细分的方法

三、选择目标市场

(一)挑选目标细分市场应遵循的原则

(1) 目标市场应该与银行的经营目标和公众形象保持一致，至少应该是相容的。如果一家本以批发商为服务对象的银行突然改以零售业的分期付款贷款业务为目标市场是不能指望有太大的成功的。

(2) 目标市场的选择应与银行所具有的资源实力相一致。如果某一特定的细分市场只能通过大规模的广告活动才能打开，而一家负担不起这笔广告费用的银行却以其作为目标市场，其结果是可想而知的，至少是令人怀疑的。同样的，如果目标市场要求相当高的专业知识和服务技巧，而一家银行当无力提供该档次的服务质量水准时，却同大银行争夺该市场，则其结果往往是需要付出非常高的代价并因此变得前途难卜。

(3) 所挑选的目标市场不仅要有充足的客源，而且更应该是使银行能实现盈利的客户量。因为营销的观念提倡的是以实现一定的利润为基础的顾客需要的满足。但能否选择合适的目标市场会对银行的经营活动产生很大的影响。

(二)商业银行选择目标市场的要求

目标市场的选择因不同银行、不同环境而异，如有的银行把中高层收入者作为目标市场，有的银行把老年人作为目标市场，有的把房地产商作为目标市场等。

商业银行选择目标市场，一般要符合五个方面的要求。

1. 充足稳定的购买力

商业银行拟选定的目标市场，应对商业银行所提供的一定的金融产品和金融服务有足够的现实购买力和潜在购买力，而这种购买力能在一定的时期内保持相对稳定，不会因某些偶然因素大起大落，变化幅度较小。目标市场有充足稳定的购买力，一是能保证商业银行获得足够的营业额和利润额；二是能降低商业银行的开发成本和经营成本。

2. 整体的一致性

商业银行目标市场需求的变化，应尽可能地与商业银行整体金融产品的开发、创新的方向一致，以便商业银行适时地按市场需求的变化调整自己所提供的金融产品和金融服务，在满足核心客户群和主客户群需要的同时，也能满足其他客户群的需要，兼顾一般客户的利益。

3. 减少竞争成本

一般来说，商业银行拟选定的目标市场，竞争者应相对较少或者其竞争实力相对较弱，以便商业银行能充分发挥自身优势，充分利用自身的资源，更好地开拓市场、占领市场、扩大市场份额，并能减少竞争成本，同时又能减少竞争阻力，顺利占领目标市场并取得成功。

4. 获取市场信息

商业银行拟选定的目标市场，对客户的潜在市场需求和新市场需求较为敏感，商业银行能从中预测到市场发展变化的趋势和发展变化的可能，有助于商业银行建立有效获取市场信息的网络，更快、更直接地获取有关信息。

5. 畅通的分销渠道

商业银行拟选定的目标市场，在为核心客户群和主客户群提供金融产品和金融服务时，有畅通的分销渠道。也就是说，有相应的营业网点，以便商业银行的金融产品和金融服务迅速、及时、顺利地进入市场，在较短的时间内与客户见面。

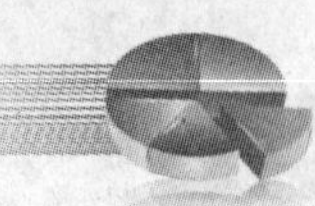

(三)商业银行选择目标市场应处理好的关系

目标市场的选定是商业银行进行正确市场定位的前提，也是其制定营销战略的基础和重要组成部分，所以商业银行在选择目标市场时，一般都比较慎重。一般来说，商业银行选择目标市场，还应考虑或者说处理好以下关系。

1. 差异性与一致性的关系

商业银行选择目标市场，必须考虑核心客户群、主客户群与一般客户群之间在市场需求、购买能力、消费习惯等方面的差异性，因为不同的市场需求，对商业银行所提供的金融产品和金融服务的要求也有所不同。同时，还应该考虑核心客户群、主客户群与一般客户群之间在市场需求等方面的一致性。不能将差异性和一致性绝对地割裂开来，而是把两者有机地统一起来，既不能片面强调差异性而排斥与其他客户群的相同性和一致性，也不能以一致性、相同性来淡化差异性。搞新产品、新服务的创新和开发，既要有差异性特色，又要有相同性基础。

2. 吸引力与承受力的关系

在一定时期的一定环境内，商业银行可选择的市场机会往往很多，但市场机会并不等于商业银行的机会，因为并不是所有的细分市场带来的市场机会对商业银行都具有吸引力。只有当市场机会与商业银行的条件、资源和自身优势相吻合时，才能形成商业银行的机会；只有当市场机会的吸引力与商业银行的承受力相一致的时候，建立商业银行目标市场才有可能变成现实。一般来说，只有那些能够充分发挥商业银行优势与特长的市场机会或细分市场，才能够成为商业银行的目标市场。

商业银行选择目标市场，大多会关注和偏爱市场热点，即市场的消费需求热点，因为需求热点能迅速扩大市场规模，增加市场容量，实现预期目标。然而，纵观变化万千的市场，市场的“热”与“冷”都是相对的，热一阵子后就会冷下去。而今天“冷”(产品在市场上受冷遇、被顾客所冷漠)的产品，并不意味着明天还会继续冷下去。在一定条件下，“热”与“冷”会朝着各自的对立面转化，“热”产品会冷，“冷”产品会热。因此，商业银行选择目标时，对于“热”极一时的金融产品和服务项目，有时反倒应该冷静一些。看一看它的生命周期，看一看它的发展态势，心里有了谱再作决定，不要人热我也热。对于被冷落的市场需求和金融产品，有时倒要有关注的热情，看一看它是否有热的可能，看一看它的潜在市场，不要人冷我亦冷。

3. 多与少的关系

商业银行拟选定的目标市场，其所服务的市场面是多好还是少好，也是值得关注和研究的一个问题。任何商业银行都不可能或难以通过自身经营和营销能力来满足一个目标市场的所有差异性服务，而只能满足体现差异性的若干个市场面。在市场竞争激烈的状况下，商业银行应该从自身的情况出发，在经营过程中，选择有限的几个市场面作为服务对象，而不能面面俱到、包罗万象。商业银行所服务的市场面的数量，要与自己的经营能力相一致，要与自己的竞争实力相吻合。商业银行可以依据目标市场的开发，逐渐拓展，稳健发展。

四、商业银行市场定位

市场细分(Market Segmentation)和市场定位(Market Positioning)是最精华的营销概念之一，它们是营销决策中相互联系的两个过程，市场细分是市场定位的基础，市场定位是市场细分的目的。商业银行在产品和服务的营销中恰当地进行市场定位对于银行发挥其自身优势、提高自身竞争力有着重要的作用。

市场定位是企业识别、开发适合目标客户需要的产品和服务，通过营销沟通目标客户，使其在心中明确感知到企业比竞争对手更具特色，并具有差异性优势。市场定位同目标市场的选择是相互联系的两个概念。选择目标市场是市场定位的一部分而不是全部。市场定位概念强调的是寻求差异性的优势，如果企业仅选择目标市场但是并没有相应提供差异性的服务，就不能视作是企业的市场定位策略。

(一)银行必须将市场定位提升到战略高度

市场定位是银行的营销战略，银行的所有因素都应该支持市场定位战略。这些因素包括：产品和服务、价格、银行分支机构的网点设置、广告促销方案、银行员工的培训、服务流程的设计、银行的企业文化以及银行的组织架构等。市场定位并不是银行在营销环节中的最终环节，恰恰相反，它仅仅是营销策略的一个开始。市场定位需要一系列重要的、复杂的因素支持，需要银行认真地对待每一个因素。否则，市场定位将仅仅停留在一句宣传上的口号而已，不能真正使银行获取差异性的优势，保持持续的发展。

(二)我国商业银行市场定位的具体策略

1. 顾客定位

(1) 树立科学的营销理念。

通过满足消费者的个性化的需求，和顾客建立互相信任的、稳定的双向沟通的互动关系，才能争取和留住顾客，这也是银行营销的关键所在。要想在目前日趋激烈的市场竞争中获得成功，商业银行应从长远角度把握对市场的分析、定位，协调好各部门的关系，共同以顾客需求与满意为营业宗旨，形成效益和质量至上、以市场为导向、以客户为中心的经营理念，建立起与市场经济相适应的商业银行营销体制；注意市场细分，明确服务重点，提高服务质量；广泛运用大众传媒、雇员媒介以及有形实施的传递途径，宣传银行品牌形象；加大金融产品的市场营销力度，主动上门展示和推销服务，到客户中去寻找市场，并以此提高金融产品和服务的市场占有率。

(2) 实施差别化的经营战略。

我国商业银行应将客户划分成低价值客户和高价值客户，并对其分别进行管理。将尽可能多的大众化和标准化的服务投向低价值客户，以降低服务成本和交易成本。利用新产品和有特色的服务吸引高价值客户，强化与客户的联系，稳定和吸引这部分客户，具体的做法：通过采用新方法、新技术，提高效率以及产品收益，拓展服务渠道，扩大服务内容，建立个性化服务等；通过确立首选的客户类型，有针对性地提供个性化的服务，对特别优质的客户给予手续费优惠等等，以提高客户忠诚度，稳定客户资源等。

2. 经营领域定位

(1) 地域选择。

必须从银行自身的效益出发，结合自身规模，以经济发达的地域市场为目标采取循序渐进的方式，以经济相对集中、产业相对发达、地域附加值较高的区域替代经济相对分散、产业相对落后、地域附加值较低的区域，以使分支机构设置趋向合理化。

(2) 网络利用。

网络银行使商业银行传统的竞争格局发生了很大的改变，为商业银行充分利用"后发优势"成为可能，为商业银行通过技术先进实施的跳跃性发展创造了契机。

我国商业银行应积极发展网络金融业务。首先，要求我国商业银行对网络技术和电子商务的发展方向实施密切跟踪，逐步形成传统银行业务和网络银行业务 "两条腿" 走路的格局，即以传统银行业务支撑网络银行业务的快速发展，以网络银行业务拉动传统银行业务的持续发展。其次，要求我国商业银行应重视并要加快对网络金融人才的培养。

3. 产品定位

1) 实施品牌战略

在银行名牌战略的推行过程中，我国商业银行首先必须解决一些认识方面的问题：任何一个品牌的创立、塑造与培育都需要长期扎扎实实的艰苦努力，由于银行业竞争手段的易模仿性，其经营特色的形成难度较大，因此不能急功近利。再者，品牌战略的实施必须有企业文化的支撑。没有企业文化就没有银行持久的生命力。

当前我国商业银行虽意识到品牌的作用，但文化含量不足，品牌兴行也停留在口号标语或短期的运动式、新闻式活动中。我国商业银行应努力克服这种非市场行为，注重设计、培育富有个性的经营理念和竞争手段，并将其提升为价值观念、行为方式等文化范畴的内容，指导员工行为，推动名牌战略的实施。同时要建立与品牌相联系的人与人温馨、友好、善意的交往，创造高品位的银行文化。客户同时关心银行的信誉问题，银行必须进行职业道德、职业技能和职业责任感的培训与教育，赋予他们远大的眼光和使命感，使他们本着为顾客着想，对顾客负责的态度进行工作，随时让顾客感受到银行的精神面貌及对顾客的关心程度，这比任何广告更能塑造健康形象。

2) 应用金融创新

我国商业银行应积极进行主要以中间业务、个人金融服务、金融工具和技术以及风险控制机制为主的创新。

(1) 个人金融服务创新。目前，我国金融服务尚未完全普及到个人拥护，个人金融服务领域严重供给不足具有广阔的发展前景。个人金融服务具有潜力大、风险最小、增长速度最快的优点，这一领域将成为银行最重要的利润增长点。从现实来看，我国商业银行应以信息技术为载体，加快发展个人金融业务，在注重对传统方式、单一功能的个人金融业务进行创新的同时，逐步向高技术型、万能型金融业务发展。

(2) 金融工具的创新是金融创新的核心。我国商业银行应借鉴西方商业银行的成功经验，结合银行实际积极推进金融工具创新，与全面拓展各项新业务协调配合。充分利用金融电子化提供的种种机遇，加强硬件投入，搞好软件开发，积极推广和应用科技成果，并借助发展网上银行来提高竞争力。

(3) 适应金融市场变化的要求，建立稳健的风险控制机制。如在利率、汇率剧烈变化的情况下，充分利用新的避险工具，保证银行资产的增值与保值。建立动态的风险预警系统，及时跟踪各种新型金融工具的风险和收益情况等，在金融创新中稳健发展。

第三节　商业银行营销组合策略

商业银行在市场竞争中的生存和发展的基础是提供优质的产品和服务。和其他企业一样，银行从事经营是为了满足客户的需求并从中获利。这一目标的实现必须通过提供让客户满意的产品和服务来实现，因此，产品是银行生存的基础。

一、商业银行产品策略

商业银行在制定营销策略时，首先要决定自身发展什么产品来满足客户的需求。产品是商业银行市场营销组合的第一要素，其他要素如定价、促销等都是以产品策略为基础的。产品是一个观点、一项服务、一件商品或是这三者的组合。

(一)商业银行产品的定义

商业银行产品有广义与狭义之分。狭义的银行产品是指由银行创造，可供资金需求者与供给者选择，在金融市场上进行交易的各种金融工具。这是指有形的银行产品，如货币、各种票据、有价证券等。广义的银行产品是指银行向市场提供并可由客户取得、利用或消费的一切服务。它既包括狭义的金融工具，也包括各种无形的服务，如存款、贷款、结算、

财务管理、咨询、信托、租赁等。只要是由银行提供，并能满足人们的某种欲望与需求的各种工具与服务，都被列入广义银行产品的范畴。

(二)商业银行产品的层次

商业银行产品是一个复杂的概念，从客户的需求到具体的产品形式有着不同的层次。具体地说，它可分为核心产品、形式产品与扩展产品三个层次。不同的层次具有不同的意义，商业银行应该对其进行详细划分，以便更好地改进银行产品。

1. 核心产品

核心产品也称为利益产品，是指客户从产品中可得到的基本利益或效用，它是商业银行产品中最基本、最主要的组成部分。客户之所以购买产品是为了满足其特定的某种需求，这是购买的实质。因此，银行产品应该要使客户的这种基本需求得到满足。如客户使用信用卡就希望利用它进行转账结算、存取现金、透支，这三大功能便是信用卡的核心功能所在。核心产品说明了产品的本质——消费者所能得到的基本利益，体现了金融产品的使用价值，因此，它在商业银行产品的三个层次中处于中心地位。如果核心产品不能符合客户的口味，那么形式产品与扩展产品再丰富也不会吸引客户。

2. 形式产品

形式产品是指商业银行产品的具体形式，用来展现核心产品的外部特征，以满足不同消费者的需求。与其他企业的产品不同，许多银行产品都是无形产品，无法通过外形、颜色、式样、品牌、商标、包装等来展示，而主要通过质量和方式来表现。例如，信用卡根据清偿方式不同可以分为借记卡(客户需先存款再消费)与贷记卡(客户可先消费再存款)，根据物理性质不同可分为普通的磁条卡与带有集成电路的智能卡(IC 卡)，这些就是信用卡的不同形式。随着人们消费水平、文化层次的不断提高，人们对银行产品外在形式的要求也越来越高，因此，商业银行在营销时必须注重银行的形式产品，设计出不同的表现形式，以增强银行产品的吸引力。

3. 扩展产品

扩展产品也称附加产品，是指在满足客户基本需求的基础上，银行产品还可以为客户提供额外的服务，使其得到更多的利益。这是银行产品的延伸与扩展部分。银行产品具有较大的相似性，不同银行为客户提供的多种服务在质上是相同的，为了使本行的产品有别于其他银行的同类产品，吸引更多的客户，商业银行必须在扩展产品上多花功夫。20 世纪 60 年代以来，随着银行业的不断发展与竞争的日益加剧，银行服务呈现出系列化发展的趋势，在某一产品中往往附加其他服务以满足客户的多种需求，为客户提供更大的便利。能否为客户提供灵活多样的附加服务将直接关系到银行产品营销的有效性，因此商业银行的营销人员必须充分认识到扩展产品在银行产品中的重要性。

以上三个层次构成了商业银行产品的整体概念，这三个层次之间是紧密相关的。它们之间的关系如图 12-2 所示。从图中可以看出，商业银行的产品策略也必须要以客户的需求为中心，把握产品的整体概念。

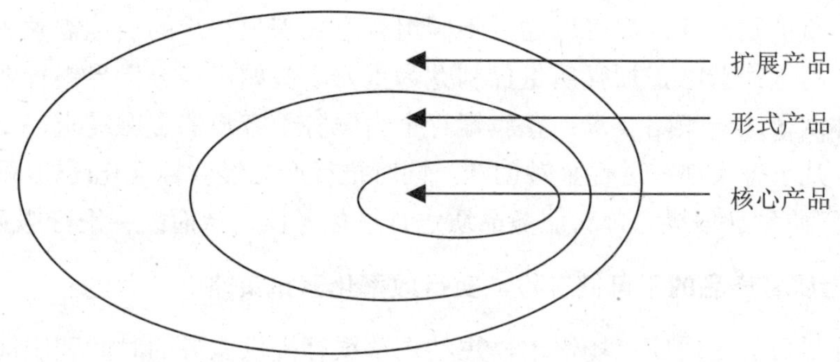

图 12-2　商业银行产品的整体概念

(三)商业银行产品组合策略

银行服务产品的各种特性对其营销都各有利弊，因而商业银行营销组合策略的主要任务就是针对各种特性，利用其对营销有利的一面，克服其对营销不利的一面。

1. 针对银行服务产品的非实体性，实行科技化和有形化营销策略

一方面，商业银行应加大科技投入，引进先进的技术设备，加强对员工的选拔和培训，提高整体专业水平，提供优质高效的金融服务。另一方面，商业银行在营销中应强调产品的品牌、等级和标志物，展示银行产品的价格、效果或收益，让客户对所购买的金融产品的成本、收益、风险及品质、服务效率等相关因素形成清晰的形象的认识，也就是说让金融产品有形化。同时，商业银行通过环境建设及员工形象建设，也能让客户对银行产品的质量和信誉形成良好的感性认识。目前，产品的有形展示和企业形象的设计已深受世界各大银行重视。

2. 针对银行服务产品的相关性，实行关系化和可分化营销策略

关系化营销就是商业银行从长期的、持久发展的角度出发，主要依靠开展公关活动，提供细致入微的人性化服务，对老客户实行服务倾斜(如差别定价、提供增值服务)，甚至发展一定形式的合作组织(如成立银行会员俱乐部)，以吸引、维护和增进与客户以及其他战略合作者的关系，达到营销目标。可分化策略是指商业银行使用 ATM 机、网络等销售终端将银行服务的生产者和消费者实现部分分离，以缓解客流高峰并延长营业时间，提高服务效率和增进客户便利。

3. 针对银行服务产品的不稳定性，实行差异化和规范化营销策略

银行应推出多样化、特色化服务产品，并随着市场环境的变化而作出变通，以满足不同客户的理财需要。同时，也要强化产品基本单位的生产环节的标准化操作规范。这样既可以保证产品质量的稳定性，又可以通过不同组合方式满足客户的个性需求。特别是当银行网点较多而且跨国经营时，加强质量控制尤为重要。例如，当今世界银行业最具实力的银行大多数均体现了这一策略要求：花旗银行全力服务于客户的金融需求，不断地推出个性化服务产品，几乎每天都在进行金融创新，同时推行产品经营标准化(已取得ISO认证)，并引入“Sigma”质量管理概念，对服务品质进行量化考核，从而改善银行服务。

4. 针对银行服务产品的不可储存性，实行效率化营销策略

这是指银行尽可能地适应市场需求，主动调整银行提供服务的时间和空间资源，调节产品供求关系，同时充分利用这些资源，提供多功能服务和一揽子服务，给客户整体的、全面的满足，从而提高服务效率。如招商银行的“一卡通”引进了先进的客户号管理方式，做到一张磁卡联结多个账户，并实现全国联网，为持卡人提供通存通兑、自动提款、直接消费、证券投资、自助转账等多种便捷的理财方法。招商银行还为“一卡通”配备了功能强大的电话银行和网络银行。招商银行的“一卡通”服务，实际上就是一种一揽子服务营销手段，即提供客户个人所需要的所有理财服务。此外，银行业正在流行的“一站式”服务也是典型的例子。

5. 针对银行业务的风险性，实行综合风险管理策略

银行业面临的主要风险有信用风险、市场风险(即利率或汇率波动风险)、经营风险等。银行在交易每一项产品时，都应对产品所涉及的各种风险进行预测和衡量，采取相应的风险管理手段，并在交易的存续期内定期核查。银行业的风险管理应作为商业银行营销管理体系的基础和有机组成部分，保证银行业的市场开拓、利润创造和持续健康发展。目前，商业银行业的经营者和监管者都很重视这一点。

(四)商业银行产品的开发战略

商业银行必须要不断地开发出新产品才能适应经济的发展满足客户的需要。银行的产品有有形的，也有无形的，大多数是无形的，因为商业银行主要是向客户提供服务。银行新产品的开发，就银行内部来说，主要来自三个方面：第一，由银行自己的研究开发部门设计，专家们根据经济环境的变化，为公司财务部门、个人储蓄和投资设计新方法；第二，营销部门根据他们同顾客的密切接触了解顾客的要求和想法，形成对市场的了解，设计出新产品；第三，银行各个层次的职员，都可能从他们多年的工作经验中总结出新的产品构

思。从银行外部，它可能来自：第一，客户的建议；第二，子公司或关联公司的设想；第三，同业中的新产品，如跟随某一银行的新产品，加以改进后成为自己的新产品；第四，独立的研究部门、大学的成果。通过这些渠道，银行可以开发新产品。对银行产品开发具有明显效果的战略，一般有以下几种。

(1) 扩张战略。这是全能银行的模式。一家银行已经确立了自己的地位，建立了主要的服务项目后，就要逐步增加新的、广泛的相关服务作为辅助，使顾客能在一家银行得到完整的服务。

(2) 差别战略。这是以细分的市场为目标设计的新产品。例如，根据不同层次的人设计不同的服务，在一定情况下会取得良好的效果。这种产品一般规模较小。

(3) 卫星产品战略。一些小银行没有全国性分支机构，也没有资金雄厚的大客户，应用此种战略比较合适。它通过向不在本行开户的顾客提供贷款，通过信用卡等形式，打开非开户人的销路，从而增加了银行产品的销量。

二、商业银行价格策略

价格是企业市场营销组合中的一个重要变数。在营销组合中，价格是唯一能够为企业创造收入的因素，而其他因素只能增加成本。价格也是营销组合中最为灵活的因素之一，它能够适应市场需求的变化进行迅速的调整。对消费者来说，在多数情况下，价格一直是购买选择的主要决定因素。

银行产品中，有一部分是免费服务，因而是无价的。但是绝大多数产品是收费的，因而价格对银行营销依然非常重要。要想寻求我国商业银行与时俱进、因势而变的合理的定价方法，就必须对目前我国商业银行金融产品定价的现状有一个准确把握。一般而言，价格是为了得到某种商品或服务而作出的让渡。商业银行经营的是特殊商品——货币与信用，其价格自然具有特定的内容，主要是确定存贷款利率水平和所提供的各种服务项目的收费标准。

产品如何定价，采用什么方法定价，是市场营销策略的重要组成部分，而定价是否合理直接影响到商业银行产品的市场竞争地位及市场占有率，因此，商业银行产品价格策略既是一门科学，又是一门艺术。商业银行产品的价格一般由利率、汇率、佣金(手续费收入)等构成。

(一)利率现状

利率是利息额与借贷本金之比，即资金的使用费用。它是反映市场资金供求状况，衡量金融产品收益率的重要指标，主要取决于社会平均利润率、借贷资本的供求关系、物价水平以及对通货膨胀的预期、国际利率水平、国家宏观经济政策和货币政策、法律、历史等多种因素。

我国商业银行在其业务结构相对较为单一，中间业务不发达的情况下，利息收入构成绝大部分赢利来源。因此，利率在我国商业银行产品定价中显得至关重要。然而，长期以来，我国对资金的利率一直实行大一统管理，由人民银行统一制定和监管，各金融机构只是负责在人民银行授权范围内组织实施，表现出强烈的计划性、垄断性和封闭性，没有实现市场化，缺乏应有的生机和活力。为此，在推进利率市场化改革方面中国实行做了大量的放权工作。

1996 年 1 月，全国统一的同业拆借市场网络成型，成为我国利率市场化的起点。

1997 年 6 月放开银行间债券回购利率。

1998 年 8 月，国家开发银行在银行间债券市场首次进行了市场化发债。

1999 年 10 月，国债发行也开始采用市场招标形式，从而实现了银行间市场利率、国债和政策性金融债发行利率的市场化。

2000 年 9 月，放开外币贷款利率和大额外币存款利率。

2004 年 1 月 1 日，人民银行再次扩大金融机构贷款利率浮动区间。11 月，放开 1 年期以上小额外币存款利率，让商业银行拥有更大的外币利率定价权。

2005 年起改革陷入停滞阶段。

利率市场化的主要障碍是四大行资不抵债，不良率高企，基本上不具备利率市场化的基础条件。工作重点转移到“四大”银行上市。

2006 年 8 月，央行扩大商业性个人住房贷款的利率浮动范围，浮动范围扩大至基准利率的 0.85 倍。

2008 年全球爆发金融危机，中国启动 4 万亿投资计划，这使得利率市场化改革再次被延缓。

2012 年 6 月 8 日和 7 月 6 日，人民银行扩大利率浮动区间：将存款利率浮动区间的上限调整为基准利率的 1.1 倍，将贷款利率浮动区间的下限调整为基准利率的 0.8 倍、0.7 倍。此举意味着中国利率市场化号角正式吹响。

2013 年 7 月 20 日，中国人民银行发布通告，全面放开金融机构贷款利率管制，取消贷款利率 0.7 倍的下限，转而由金融机构自主决定贷款利率，这被业界称为利率市场化的里程碑事件。

(二)汇率现状

汇率是指两国货币间的兑换比率。随着世界经济向一体化趋势发展，国际各种业务交往日渐频繁，资本流动也日趋活跃，所以商业银行在国际推广其金融产品时，必须考虑不同货币间的比价情况，妥当定价，以使其金融产品在国际范围内获得更大的赢利空间。1995 年至 2005 年，人民币兑美元的汇率一直稳定于 8.281 的水平。

2005 年 7 月 21 日，央行正式宣布废除原先盯住单一美元的货币政策，开始实行以市场供求为基础、参考一揽子货币进行调节的浮动汇率制度。当天，美元兑人民币官方汇率由

8.27 调整为 8.11，人民币升幅约为 2.1%。

2007 年 1 月 11 日，人民币对美元 7.80 关口告破，13 年来首次超过港币。

2007 年 5 月 21 日，央行决定银行间即期外汇市场人民币兑美元交易价浮动幅度，由 0.3%扩大至 0.5%。

2008 年 4 月 10 日，人民币对美元汇率中间价突破 7.00。

2008 年中期至 2010 年 6 月，人民币自 2005 年汇改以来已经升值了 19%，但受到 2008 年美国金融危机的影响，人民币停止了升值走势；同时，在危机爆发后，人民币开始紧盯美元。

2010 年 6 月 19 日，央行宣布重启自金融危机以来冻结的汇率制度，进一步推进人民币汇率形成机制改革，增强人民币汇率弹性。

2012 年 4 月 14 日央行决定自 4 月 16 日起，银行间即期外汇人民币兑美元交易价浮动幅度由 0.5%扩大至 1%，为 5 年来首次。

自 2005 年 7 月 21 日起，我国开始实行以市场供求为基础、参考一揽子货币进行调节、有管理的浮动汇率人民币制度，人民币汇率不再盯住单一美元，而是按照我国对外经济的实际情况，选择若干种主要货币，赋予相应的权重，组成一个货币篮子。同时根据国内外经济金融形势，以市场供求为基础，参考一揽子货币计算人民币多边汇率，进行管理和调节，维护人民币汇率在合理均衡水平上的基本稳定。因此，商业银行要积极推进结构调整的步伐，转换经营机制，提高适应和应对汇率变动的能力。

(三)中间业务收入现状

中间业务又称表外业务，从广义上讲商业银行的中间业务 “是指不构成商业银行表内资产、表内负债，形成银行非利息收入的业务”。

所谓中间业务，是指银行不需动用自己的资金，依托业务、技术、机构、信誉和人才等优势，以中间人的身份代理客户承办收付和其他委托事项，提供各种金融服务并据以收取手续费的业务。它与资产业务、负债业务共同构成商业银行的三大业务类型。

中间业务种类繁多，不胜枚举。根据巴塞尔委员会的划分，银行中间业务大致可分为商业银行提供的各类担保业务，主要包括贷款偿还担保、履约担保、票据承兑担保、备用信用证等；贷款承诺业务，主要有贷款限额、透支限额、备用贷款承诺和循环贷款承诺等；金融工具创新业务，主要包括金融期货、期权业务、货币及利率互换业务等；传统中间业务，包括结算、代理、信托、保管、咨询等业务。

在国外，商业银行的中间业务发展得相当成熟。美国、日本、英国的商业银行中间业务收入占全部收益比重的均在 40%左右，而我国现阶段商业银行表外业务的规模一般占其资产总额的 15%以上。

随着利率市场化的启动，银行背靠利差坐收利息收入的好时光渐行渐远，比拼重点转向中间业务收入。从上市银行 2013 年前三季度的成绩单来看，五大国有银行依然牢牢占据规模榜单，中小银行的中间业务也异军突起。以下为部分银行 2013 年前三季度的手续费及佣金收入情况见表 12-1。

表 12-1　部分银行 2013 年前三季手续费及佣金收入附表

银　行	手续费及佣金净收入/亿元	同比增幅/%	营业收入/亿元	占比/%
民生银行	229.87	46.6	859.75	26.74
光大银行	111.06	66.33	487.68	22.77
招商银行	217.06	48.14	975.31	2.26
工商银行	955.03	19.85	4419.17	21.61
中国银行	653.85	30.95	3056.09	21.39
建设银行	800.88	14.54	3773.9	21.22
兴业银行	168.62	70.05	803.04	21
平安银行	74.15	78.46	373.45	19.86
农业银行	672.7	15.76	3513.41	19.15
交通银行	195.01	25.46	1242.22	15.70

以电子通信和计算机为中心内容的金融电子化是中间业务发展的技术依托。中间业务是知识密集型业务，具有集人才、技术、机构、网络、信息、资金和信誉于一体的特征，是金融领域的高技术产业。中间业务的发展需要大批知识面广、实践经验丰富、懂技术、善经营、会管理的复合型人才，尤其需要具备金融、法律、财会、税收、工程、企业管理、计算机、市场营销等专业知识的中高级人才。

三、商业银行渠道策略

商业银行营销组合中，产品策略是如何开发满足顾客需要的产品，定价策略主要是制定一个既能使消费者接受又能给商业银行带来满意利润水平的价格水平。商业银行有了一定价格水平的产品，并不能马上给它带来收益，商业银行还须运用一定的促销方法，通过一定的途径把产品在一般目标市场销售出去。商业银行经营效益的高低，不仅取决于金融产品的品种和价格，而且还取决于适当的分销渠道。

分销渠道是连接金融产品供应者和需求者的基本纽带，它的合理设计和拓展，有利于商业银行适时、适地、方便、快捷地将金融产品和服务提供给客户。商业银行传统的分销渠道有分支机构网点、代理行等。随着电子信息和网络技术的发展，商业银行的分销渠道日益多元化，自动取款机(ATM)、自助银行、销售终端机(POS)、电话银行、网上银行等现代分销渠道已被广泛使用。各种新型分销渠道的出现，极大地拓宽了商业银行的经营空间，缩短了银行与客户之间的距离，增强了金融企业提供产品和服务的能力。

现代商业银行的分销渠道非常丰富，归纳起来，可以分为以下三大类。

(一)商业银行直接分销渠道

在市场空间尚大和经费比较充足的情况下，商业银行为扩大营销范围，拓宽营销渠道，常增设直接的营销网络，包括分支机构、网络银行、ATM 终端、信用卡电话银行服务，扩大直销范围和增加人员推销。

1. 商业银行分支机构

对于大多数商业银行来说，增设分支机构是其扩充分销渠道的首选。

(1) 分支机构地址的选择。商业银行设立分支机构首先要选择大致范围，可以从以下因素考虑：①人口特征。主要包括现有居民人口以及计划中的居民人口、居民收入及分配、居民结构与层次、就业人数规模及就业特征等因素。②商业结构。包括商业单位、零售单位、服务机构、批发商及主要购物场所的数量、质量以及它们的年营业额或销售量。③工业结构。分析的内容包括该地区主要的工业公司的数量、年销售量、各类行业的就业人数、工作时间。商业和工业结构的信息主要用于评估该地区商业和工业存贷款或银行服务的市场的潜力。④银行业结构。该地区现有金融机构的数量、位置和年营业额以及所提供服务的类别。

具体地点的选择可以从以下因素考虑：①出入方便。该位置出入是否方便？是否临街？是否有足够的停车位置或停车场？毗连的公共交通是否方便？②引人注目。路人或乘车人能否清晰看见银行办事处及标牌？现在或将来是否有障碍物遮掩银行建筑物和标牌？③车程。银行距离居民区、商业区或贸易区的距离是否合理？④竞争者位置。最近的竞争者位置有多远？如果所选位置对于大多数居民区、商业区、贸易区来说都很方便，那么与竞争银行为邻并不一定就是威胁。所以，很多城镇的主要路口往往有几家银行机构并不足为奇。⑤房地产成本。银行分支机构具体地点的选择往往会侧重于财务成本的考虑。但银行必须谨慎考虑，避免“因小失大”。从长远的利益来看，与不能方便客户或不易进出但比较便宜的银行位置比较，成本越高的位置产生的投资回报越大。

(2) 分支机构的经营规模的测算。商业银行分支机构的设置的另一个关键问题是规模效益的问题，即如果经过一段时间的经营活动，达不到应有的资产规模，这种分支机构是没有经济效益的，这种无效益的扩张对于一个企业化经营的银行来说就是失败。银行分支机构的规模效益在很大程度上取决于当地金融资源规模的大小以及银行自身管理水平的高低，但是，银行往往可以在分支机构设立前进行谨慎的市场调研和保本经营规模的测算。

银行分支机构的保本经营规模通常可以依据以下公式进行简单测算。

$$Q_0 = \frac{F+R}{P-V}$$

其中：Q_0代表保本经营规模，F代表固定费用；R代表税金；P代表银行单位资产平均收益水平；V代表单位资产变动成本，这里可以表示为商业银行单位资金平均成本。

例如，某商业银行单位资产平均收益率为 7.2%，单位资金平均成本为 4.6%，某新设分支机构年固定费用为 1200 万元，估计每年税金支出为 120 万元，据此估算该分支机构的保本经营规模点：

$$Q_0 = \frac{1200+120}{7.2\%-4.6\%} = 50.77(\text{万元})$$

说明该分支机构的经营规模至少要达到 50.77 万元以上，才保证不至于出现亏损。

(3) 加速海外分支机构的建设。除中国银行外，目前我国商业银行海外分支机构的建设十分薄弱。面对国际经济和国际金融一体化的发展趋势，国内大中型商业银行应加速海外分支机构和网络的建设，中小商业银行则可以与四大国有商业银行建立策略性伙伴关系，解决海外网络配合问题。

2. 网上银行销售

网上银行(网络银行)实际上是现代商业银行自设销售手段的拓展，充分利用电脑网络提供网上服务来进行银行产品交易，可以为客户提供超越时空的“AAA”式服务，即在任何时间(Anytime)、任何地点(Anywhere)为客户提供 365 天全天候的任何方式(Anyhow)的金融服务。它具有交易品种多、快捷、便利，且更为便宜的特点，是现代商业银行分销渠道的典型代表。

3. ATM 自助银行服务

ATM 自助银行服务系统是商业银行自设营销渠道的新发展，于 20 世纪 70 年代由美国率先推出，80 年代进入高速推广阶段。目前，我国处于完善和开发 ATM 功能阶段。ATM 自助银行服务系统的优点：一是突破了金融服务和产品提供的时间和地点局限，为客户提供了便利。二是在一些金融资源相对集中的大中城市，ATM 的成本低于银行分支机构，已成为一种方便且便宜的银行营销渠道。由于其成本低，覆盖更广，已逐渐成为商业银行整体应对外部竞争的优势。

4. 信用卡网络

信用卡网络也是商业银行的直接分销方式之一，它是指银行通过发行信用卡，向持卡人直接提供金融产品和服务的产品销售系统。银行信用卡具有存贷、结算、汇兑等多种功能，并且具有灵活、便利等特点，因而深受广大客户欢迎。

5. 银行客户经理队伍

银行客户经理队伍是一种面对面的人员推销渠道。随着银行市场营销理念的更新和客户价值观念的变化，这种银行客户经理的直接分销渠道正得到普遍的重视和推广。

商业银行自设直接分销渠道除以上介绍的几种形式以外，还有很多方式，如电话银行、手机银行、POS系统、客户终端(企业银行)、家庭银行等。

(二)商业银行间接分销渠道

商业银行间接分销渠道是指银行通过中间商或代理行销售金融产品，扩大营销范围的分销渠道。

(1) 代理行。代理行销售主要是指银行之间相互利用各自的优势，代理销售其他银行的金融产品和服务，拓展销售范围，增加产品销售的方法。代理行销售有很多好处，可以使银行大大节约成本，扩展银行产品的辐射面，弥补银行分支机构设置的不足。例如：中国工商银行目前已与世界各地银行建立代理关系超过1000家，大大增加了中国工商银行销售网络系统的能力和覆盖面。代理行销售已成为现代商业银行选择间接分销渠道的一种理想途径。

(2) 特约经销商户。特约经销商户是伴随银行卡业务发展而形成的银行产品中间销售商，如大型宾馆、酒店、商场、百货公司等。随着银行卡业务的迅猛发展，特约经销商户这种特殊的银行中间销售商队伍也会得到迅速的扩大。

(3) 其他银行中间商。例如：银行经纪人。随着银行业务范围的不断拓展以及金融产品创新的影响，银行经纪人业务也会得到迅速的发展。可以预见，经纪人在银行中间业务、表外业务以及银行债券销售方面起到非常重要和普遍的作用。

四、商业银行促销策略

金融产品促销是指商业银行通过人员和非人员的方法传播银行产品信息，帮助或促进消费者熟悉银行产品和服务，继而产生购买行为的过程。商业银行的促销和一般工商企业一样，也包括广告、人员促销、公共关系、政治权利等四个方面。此外，商业银行还可综合运用各种可能的营销策略如CIS、公共关系、定向营销等策略，形成一个系统的科学的营销体系，最有效地发挥市场营销在商业银行经营管理中的作用。

(一)广告促销

广告是经济发展的产物，也是银行促销的一种重要方式。借助广告可以刺激需求、引导消费、扩大销售、提高银行的竞争力。

1. 广告的含义

所谓广告，即广而告之，是“以其事告之于人”，也就是说向社会公众告知某个事件。广义的广告是包括一切向目标市场上的客户对象(包括现有的和潜在的)传递某种信息的活动，包括非经济广告和经济广告两大类。前者是为了向社会公众告知某种事情或介绍某种思想、观点、计划，不以获利为目的的广告；后者则是为了促进购买行为、以获利为目的的广告。狭义的广告只包括后者，是指经济广告。

2. 广告的特点

和其他促销手段相比，广告具有的特点如下。

(1) 非人员性。非人员性指广告是通过媒体传播而非人员的直接传播。

(2) 广泛性。广告通过大众传媒把银行需要传送给人们的信息传播出去。一定时间或空间内，接受信息的人员要广泛得多，受影响的人也多得多，引起注意的作用也大得多，大大提高了促销信息的传播效果。

(3) 潜在性。广告的促销作用相对滞后，它对消费者态度和购买行为的影响不能立竿见影，而要延续一段时间。但由于宣传媒体的原因，广告可多次进行，其传播的渗透力对吸引潜在客户的作用是巨大的。

(4) 低成本性。广告通过大众传媒传播信息，与其他促销方式相比，广告接触到潜在客户的人均费用较低，这是导致银行在营销活动中运用广告越来越广的一个重要原因。

(5) 艺术性。广告是一种说服的艺术，通过艺术化的语言、图片、声音展示形象和产品特征，加深消费者印象和引起偏爱。一个成功的广告长期植根于消费者的脑海中，这与其艺术化的表现是分不开的。

3. 银行广告种类的选择

1) 报纸、杂志媒体

报纸由于发行量大、覆盖面广，几乎涉及各阶层的读者。报纸的订阅和分发地区比较明确，区域的相对集中度较高。报纸的信息传递快，费用也比较低。报纸主要借助文字传播，适合内容比较复杂的说明广告。

杂志有综合性杂志和专业性杂志。杂志品种多，不同读者可选择性大。大多数为固定订户，尤其是专业性杂志，订户更为固定。由于杂志印刷质量较好，保存时间长，反复传阅的可能性大。读者一般阅读杂志时比较认真，广告的被注意率也就较高。但杂志发行周期长，信息传递慢。

2) 广播、电视媒体

广播媒体传播速度快，传播范围广，而且制作周期短，传播时间灵活，费用也低，但仅限于声音，留下的记忆和印象较差，最适合于时机性广告。

电视媒体由于电视机普及率高，收视率也高，传播的范围广，速度快，加上其集语言、动作、形象于一体，综合了视觉、听觉效果，所以表现力和感染力强。电视媒体在广告媒体中传播效果最好。据统计，电视广告直接产生的效果占所有媒体的 50%左右，积累性效果达到 70%左右。尽管其费用最高，但电视媒体影响大、效果好。

3) 户外媒体

户外媒体如设置在露天和公共场所的广告牌、招贴等。由于其主题鲜明、形象突出，或是耀眼的图集，或是醒目的文字，给人留下深刻印象。另外，广告牌长期固定在某一场所，可重复传播，注意率高。户外媒体对地区的选择性强，传播面较小。

4) 邮寄媒体

邮寄媒体是通过邮局直接寄给消费者宣传品的方式进行传播。邮寄媒体针对性最强，可根据目标市场客户的需求特点，决定传播的内容和形式。邮寄媒体可详细介绍产品和服务的功能、特点，说明性强。邮寄媒体被阅读率高，据估计一般在 90%以上，所以传播效果好，费用也较低。

5) 其他媒体

除了上面的四种传播媒体之外，还有传单、手册、指南、车票、说明书等，也是银行推广业务、促进销售的传播工具。尤其在推出新产品和服务，需详细向客户说明并给予客户指导的情况下，更是一种有效的方式。

银行可以结合自身特点，选择合适的广告媒体。当然，银行也可以以某一媒体为主，再以其他媒体为辅，实现重点和多元化相结合。只有充分有效地利用各种广告媒体，才能增强广告促销的功效，确保银行在竞争中处于主动、有利的地位。银行业常用的广告媒体比较如表 12-2 所示。

表 12-2　银行业常用广告媒体比较

媒　体	优　点	缺　点
电视	市场覆盖面大，生动形象，富有感染力，能引起高度重视。适合银行形象的塑造和金融产品功能的陈述	干扰多，成本高，观众选择性少。不适合于市场细分和功能复杂的金融产品
广播	大众化宣传，覆盖面广，地理和人口方面的选择性强，成本低。银行广告较少采用此种媒体	只有声音，不生动，表现手法单一，非规范性收费，转瞬即逝。难以为抽象的金融服务提供直观而又引人入胜的宣传
户外广告	位置固定，目标受众稳定，展露时间长，费用低，竞争少。较多用于银行名称和服务内容的宣传	内容单一，容量有限，观众没有选择，缺乏创新。画面设计十分重要，广告用语必须简明易记
报纸	灵活，及时，可信度高，本地市场覆盖面广，能广泛被接受。适合于较复杂金融产品的宣传	保存性差，复制质量低，传阅者少
互联网	覆盖面广，成本低，内容详尽，版面灵活。	干扰多，较难引起上网者的注意

续表

媒 体	优 点	缺 点
杂志	地理、人口可选择性强，可信度高，有一定权威性，复制率高，保存期长	有些发行数是无用的，版面无保证
直接邮寄	导向性和选择性强，成本低，效果好。适合于对特定细分市场的宣传。在新产品推出时可起到短期保密，防止竞争者模仿的作用。人情味重，适合银行批发业务的宣传	相对来说成本较高，可能造成滥寄“三等邮件”的印象，不适宜于大范围宣传
其他方式	传单、手册、说明书和服务指南等。能向客户提供更多的信息，便于客户查阅。适用于宣传内容复杂的创新金融产品和零售业务的宣传。常与人员推销相配合	目标受众有限，单独使用效果有限

(二)人员促销

银行的客户有不同的种类，对于各种客户银行应采取完全不同的促销方法。近年来，银行工作人员也越来越多地认识到人员促销在银行推销策略中的重要作用。

1. 人员促销的含义

人员推销是一项古老的艺术，它是以促成销售为目的，派专人与客户进行面对面交流推销银行产品的方式。商业银行的人员促销，主要是指由商业银行的某个业务部门或市场拓展处(有的商业银行叫市场营销部)的专门人员，有意向、有目的地去某个企业或单位，上门推销商业银行的某个产品或某项业务，当面向这些单位或企业的有关人员介绍和说明这些金融产品或服务的用途、特点，并说服这些单位或企业购买商业银行的产品或接受商业银行的服务。

由于银行产品和服务的复杂性和专业性，尤其是在新产品和新的服务项目不断涌现的情况下，人员促销所具有的灵活、直接、亲切、详尽和反复多次等优势，已成为银行产品和服务销售成功的关键。

2. 人员促销的特点

1) 信息传递的双向性

人员促销是一种双向沟通的促销形式。商业银行的有关人员在促销过程中，一方面向顾客提供有关信息，或介绍新的产品或服务，或介绍经营的某些优势，或介绍商业银行为企业、单位提供的差别化服务；另一方面又通过与客户交谈和推销观察，搜集和了解客户对商业银行原有产品的意见或建议，搜集和了解客户对商业银行新产品的反应、客户潜在的市场需求，为商业银行开发新的产品和经营决策提供依据。

2) 促销目的的双重性

商业银行人员促销有两重目的：一是推销商业银行的产品或服务，使得客户对商业银行有更多的了解。通过与促销人员的交谈，使客户强化自己对商业银行的认同感和亲近感，从而成为商业银行的客户或核心客户。二是了解客户对商业银行的某些特殊需求，帮助客户解决一些具体困难，满足其需求，从而培养客户对商业银行的深切感情和对商业银行的忠诚。

3) 促销活动的情感性

人员促销不同于其他方式的促销，它是促销人员与客户面对面的交谈，只要促销人员尊重客户、理解客户，在考虑商业银行利益的前提下，处处为顾客着想，把握交谈的技巧，就能获得客户的好感。在一种融洽和谐的气氛中完成信息的传递、交流和接纳，使促销活动带有浓郁的情感色彩，促销的效果会更好。

4) 满足需求的多样性

商业银行通过人员促销，能满足客户多方面的需要：一是满足客户对商业银行所提供的产品或服务的需要；二是满足客户对商业银行所提供的信息的需要；三是满足客户对有关金融业务的咨询需要；四是满足客户至尊至上的心理需要。

5) 促销范围的广泛性

商业银行的人员促销范围非常广泛，可由业务部门或市场营销部门的专门人员上门推销，向客户或重点客户推销新的产品或服务。只要有人力、有精力，大量的已有客户和准客户都可作为促销对象。此外，还可由一线的临柜人员和业务员，在为客户办理业务的过程中，直接向客户推销。凡是来银行办理业务的客户都可作为我们的促销对象。

6) 促销方式的灵活性

商业银行的人员促销，方式灵活多样，可根据实际需要来选择，或上门郑重其事地与客户洽谈；或找个茶座、酒吧，边品茶、饮酒，边交流洽谈；或开个小型座谈会，与若干客户进行交流；或在办理业务过程中有针对性地三言两语地介绍；或设置大堂经理、导储员、客户经理专门向客户介绍……各种方式都有各自的优点和局限性，应因事制宜，因人制宜，因时制宜，选择合适的方式。

但是，人员促销的开支大、费用高，对促销人员的素质要求高，因此这种促销方式的运用也有一定的局限性。

3. 人员促销的方式

1) 柜台服务

柜台服务是指当客户来到银行后，由银行的营业柜台人员提供的服务。这是一种比较传统的银行人员促销方式，各家银行在营业大厅设立专业咨询服务台，由熟悉业务，主要是熟悉存、汇款业务的职员向客户介绍产品和服务。随着现代银行大量运用电子计算机系统，有些业务已经非人员化。尽管这为客户提供了自助的方便，但却不能替代人员促销的

优势。有的银行在营业大厅专门设立咨询台，负责向客户介绍各柜台的服务功能，回答客户问题，提供专门咨询服务。有的银行在设计营业大厅时，改变原先一般大厅的格局，把营业大厅分为三个区域：一是办理传统、常规业务的区域，受理单位和个人的现金收付和转账结算；二是ATM等计算机自助服务区域，办理存取款、查询、兑换等业务；三是促销人员专门受理客户个人金融理财的区域，通过面对面、无干扰的谈话方式，为客户提供多功能、全方位的咨询和服务，特别是满足了对金融资产了解不深的客户群的需要。例如，英国巴克莱银行就增加促销人员，建立个人“财务顾问”式的促销体系。每一位来银行的客户都能受到一位“财务顾问”的热情接待，并给予全面的咨询服务，令客户十分满意，增强了客户对银行的信任感和亲切感。

2) 个别服务

个别服务是指银行促销人员专门为某些单位客户或部分个人客户提供服务。目前，有的银行引进了“私人银行家”，集业务员、咨询员和情报员三位一体，向客户推销产品、谈判费用、达成交易，并提供一系列售后服务。中国香港银行界普遍采用“客户经理”的促销方式，如香港大通银行每位客户经理专门负责 50～100 名客户，经常主动保持与这些客户的联系，负责向这些客户提供服务和咨询并推销银行产品。

4. 人员促销的技巧

1) 事先有准备

商业银行人员促销，尤其是去企业或单位促销的专门人员，在上门促销前要有充分的准备，一是要了解商业银行所有促销对象对商业银行产品或服务的市场需要以及促销对象自身的情况；二是要了解促销对象接待部门和接待人员的一些情况，如属于哪个部门接待，接待人员的学历、籍贯、兴趣爱好、性格、作风、为人等；三是要熟悉商业银行所要促销的产品或服务项目等方面的情况，情况不熟悉，促销就不能到位；四是要熟悉与促销相关的一些情况，如同业的促销情况、促销手段等。

2) 营造良好气氛

商业银行促销人员在与促销对象交谈前，要注意营造良好气氛，为产品促销和服务促销做好铺垫。好的气氛，对于促销效果起着重要作用。营造好的气氛，一是要选择易于促销交谈的地点，要注意周围的环境，不宜嘈杂喧闹，房屋要宽敞明亮，没有压抑感；二是促销人员要有好的心情，即使遇到不顺心的事，也要调整自己的情绪和心态，不宜将自己的不快带入促销中去；三是善于把握切入正题的时机，在这之前能多谈一些对方感兴趣也有话讲的话题，双方有共同话题，就有一种“知己”的感觉。在这样的基础上谈正题，效果就比较好。

3) 寻求共同点

商业银行促销人员在向顾客促销产品或服务项目时，有时不宜速战速决。开门见山、三言两语说完了就没话说，对方一拒绝就打道回府，这样的促销是失败的。一般来说，促销人员在向顾客促销产品前，应先交谈些轻松的话题，然后不知不觉地引到正题上去。在迂回进入正题的交谈过程中，要善于寻找双方交谈的共同点，在一些方面要与对方的看法一致达成共识，对方就会不知不觉地接纳你为促销产品或服务所输出的信息。前面的共同点在这个时候就会起暗示和影响作用，对方就有可能改变原有的想法和行为，而产生购买商业银行产品或服务的需求和较强的消费动机。

4) 绝不恼怒顾客

商业银行促销人员在向顾客促销产品或服务过程中，对方可能会因心情不好或其他原因，态度冷漠，不理不睬；或出言不逊，蛮横无理；或挑剔苛刻，说三道四；或借其他银行来压你，提出不当要求；或一口回绝，毫无回旋余地……面对种种情况，促销人员都应克制、忍耐，不要急于表白、解释，更不能心中有气，恶语相对，要视顾客为上帝，而上帝永远是对的。有一点必须牢牢记住，即使促销不成，也不要伤了和气。遇到这种情况，不妨先放一放，“冷”处理一下，了解对方产生这种反应的原因，然后寻找适当的机会，再行促销或作有针对性的解释，千万不能恼怒顾客。

5) 选好促销方式

商业银行促销人员在向顾客促销产品或服务过程中，对于不同的顾客，可选用不同的促销方式。

(1) 试探性促销。对于初次上门促销的准客户，双方都因初次接触而相互不了解，因此，促销人员可采取“刺激—反应”的模式，在促销过程中，不要过于直露，不宜把话说死，应作试探性的促销，以观察顾客的反应，随后根据顾客的反应调整谈话的内容。试探性促销并不一定要达到目的，但一定要给对方留下一个较好的印象，不能让对方把门关上，在适当的时候，再作进一步联系。

(2) 引导性促销。商业银行促销人员，对于商业银行其他产品的客户和准客户，在促销新产品或服务时，不能操之过急，要把促销的重点放在向顾客介绍新产品或服务项目的功能、优势等方面，旨在培养和激发顾客对新产品的兴趣和消费需求，引导顾客进入我们设定的消费情景之中，从半信半疑到只信不疑再到相信且想买。

(3) 针对性促销。商业银行促销人员在调查研究的基础上，针对一部分有某种潜在市场需求的顾客，根据商业银行所能满足这种潜在市场需求的产品的特点，有针对性地向这部分顾客介绍该产品的性能和优点，并用充分的数据和事实展示给顾客，促使这部分顾客由潜在的市场需求转变为具体的消费行为。

(4) 示范式促销。商业银行临柜人员在为顾客办理业务过程中，向顾客介绍银行的新产品或新服务项目时，为了更好地向顾客展示新产品的功能，可向顾客示范新产品的操作过程，或指导顾客进行新产品的操作(如无人银行中的自动金库、外币自动兑换机、电子银行)，使顾客发生兴趣，并具体感受新产品的优越性。

(5) 差别式促销。心理学家曾做过大量的调查和试验，证明了性别差异的吸引性，也就是人们常说的同性相斥，异性相吸。对于女性顾客，英俊潇洒的男性促销员上门促销，更能获得女性顾客的认同和好感，促销产品的成功率大大高于同性促销的成功率。反之，对于男性顾客，漂亮的女性促销员上门促销，就更易于被男性顾客接受。女性促销员更能揣摸对方的心理，更善于调节促销中的气氛，女性促销员在促销过程中的一举一动更能引起男性顾客的关注。同时，女性促销员也更善于化解男性顾客的顾忌，促使他实现消费行为。差别式促销，也要把握好分寸，促销人员在促销过程中不能轻佻，更不能投其所“好”，做有损行规、人格的事。

(三)公关促销

1. 公关促销的含义

公关(即公共关系)是现代西方国家企业销售促销中逐渐发展起来的一个新概念，当前已成为促销的一个主要手段。银行公共关系就是在公共管理理论的指导下，运用一定的公关技术，在银行与顾客、银行与社会、银行之间以及银行内部开展双向信息沟通与交流，以获得公众对银行的理解、信任和支持，树立银行的良好信誉，塑造银行的良好形象，加强银行内部的团结与协作，最终为银行经营创造和谐的内外部环境。

与其他行业相比，公共关系在银行业中的运用还是一个新问题。在国外，银行界对公共关系的应用也大大落后于一般的企业。在我国，银行公共关系运用比较滞后，许多银行经营者对银行公共关系还比较陌生。但随着银行内外部环境的发展需要，公共关系在银行经营中将大有用武之地。

作为一门“博取好感的艺术”，公共关系刻意追求良好的银行形象，包括：产品和服务形象、员工形象、外观形象等内外在的精神、风格、特征。良好的银行形象会给银行的发展带来巨大的潜力，能为银行赢得客户和市场，为银行带来更多的支持和帮助，增强战胜困难的能力。所以，公共关系促销是银行促销的一个重要组成部分。

2. 公关促销的特征

公关促销与以上两种广告和人员促销方式相比，具有以下一些特征。

(1) 公关促销的对象是企业和与其相关的社会公众之间的相互关系，即所谓的公共关系。公共关系与人际关系有着明显的区别，因为人际关系是从单个的人出发，研究人与人之间的关系；而公共关系则以银行为出发点，强调银行与公众之间的联系。

(2) 公关促销的目的不仅要促销银行的产品，而且要树立银行的整体形象，争取公众的支持，改善银行的经营环境，取得更好的经济效益与社会效益。

(3) 公关促销的基本方法是双向沟通。公关促销是银行与企业、公众之间的双向沟通。一方面是通过向客户宣传银行的经营方针、经营范围，使公众了解银行；另一方面通过信息反馈使银行了解客户，不断调整营销手段与经营方针。

(4) 公关促销的手段比较多，可以利用各种媒体传播，也可以进行各种形式的直接传播。

3. 公关促销的方法

公关促销的核心是公关活动的方法和形式的策划与实施。成功的公关活动会起到树立银行良好形象的作用，而失败的公关活动则会给银行形象造成不利影响。公关活动的成败很大程度上取决于是否有计划和是否有创造性。当然，无论选择何种形式和方法，都必须事先筹划，根据银行在目标市场所处的位置(如是新办银行，还是已有相当规模和信誉的银行，或是处于困境中的银行等)选择独特的公关内容和形式，才能取得好的效果。

公关促销的方法大体有以下几种。

(1) 通过新闻媒介，宣传银行形象。新闻媒介，如报纸、杂志、广播、电视等，是最重要的与公众沟通、扩大影响的渠道。新闻报道在说服力、影响力、可信度方面比商业广告所起的作用要大得多，也最容易被社会公众接受和认同，所以银行要与新闻媒介建立良好的关系，争取他们的支持。有的银行设立新闻联络员，不仅保持与新闻界的密切联系，而且主动培养记者对金融界的兴趣，随时向金融界透露本银行的业务状况，以提高公共宣传的效率。当然，更重要的是银行要不失时机地策划出价值高、可予报道的新闻，并在高质量、有社会影响的媒体上报道，这样才能引起新闻媒体的关注，成为传媒的热点。

例如，中国银行深圳分行在开展电脑代收缴水费、电费、电话费、煤气管道费、社会劳动保险费、高层楼宇费，代发工资，代办股款收付结算等现代生活“一条龙”服务时，曾受到有关管理部门的反对。为此，该行开展了广泛的媒体攻势：对政府方面积极反映情况，并介绍这一服务符合国际惯例，有利于深圳投资环境的改善；组织有关部门参观、考察电脑代收费的全过程；策划和组织了与邮电部门联合召开代客户收费座谈会，把客户的意见及时反映给主管单位；写了长篇通讯《改革带来的思考——电话代收费以后》登在《深圳特区报》上。通过这一系列的活动，取得了市政府和主管单位的支持，推广了电脑代收费业务。

(2) 借助社会名人和知名团体，扩大知名度。银行邀请名人参加开业典礼、新产品发布会等，都能达到扩大知名度的目的。

(3) 积极参与和支持社会公益事业。在国外，银行开展公关促销的主要形式是对社会公益活动进行赞助。我国很多银行也积极借鉴这种做法扩大银行的影响，如赞助希望工程和孤寡老人，为慈善基金会和教育基金会捐款，热心支持所在社区的建设与举办大型文体活动等。通过赞助活动，金融企业可以获得以下几个好处：通过设置在运动场、剧院等处的广告牌宣传了银行的品牌；通过媒体报道赞助活动的过程获得免费的公共宣传，大大提高了银行的知名度；给公众以一种对社会有责任感、对公益事业有热情的良好印象，可以赢得公众的普遍赞誉。

(4) 主动与客户保持联系，包括口头沟通和书面沟通。如个别访谈，邀请客户参加讲演、信息发布会，座谈会，通信、邮寄宣传品与贺卡等。在美国，有的银行把联系客户作为一项强行规定的硬指标，目的就是为了使银行形象能长期保留在客户的记忆中。公关活动对维系老客户、吸引新客户都有良好的作用，尤其对稳定老客户的作用更大。如工行上海分行配合喜迎储蓄存款超过20亿美元的日子，诚邀客户到新坐落于浦东的世纪金融大厦参加金融一日游活动，让广大市民真正体会“身边银行”的浓浓深情。

(四)权力促销

商业银行虽然有优质产品、完美的营销方案，但是要进入某个特定的地理区域(特别是跨国经营)时，可能会面临各种各样的政治壁垒和公众舆论方面的障碍，这就需要商业银行运用权力营销策略排除障碍而达到经营目的。

在金融业异常开放的今天，激烈的市场竞争使商业银行在很多经营领域遭受到侵蚀。商业银行作为企业，其经营的目标是实现利润最大化。为在竞争过程中生存下去，商业银行必须不断地在不同的领域进行创新。这个过程将受到种种阻碍，最大的阻碍有些是来自于有权打开市场的守门人，为此商业银行须采用权力营销策略去实现自身的目标。

1. 权力营销概述

(1) 权力营销概念。权力营销就是指商业银行利用自身的权力或者其他掌权者的权力以营利或开拓新市场为目标，而开展的各种营销活动。具体而言，权力营销一方面是指商业银行为进入国外市场或国内受到限制的目标市场，通过对政策制定者、政府官员、有影响力的企业高级职员进行游说、劝说、威逼利诱，以得到他们支持的一切活动；另一方面是商业银行对产品消费者施加各方面的影响，以促使消费者购买的活动。

(2) 权力的类型。权力可分四类：法定权力、职位权力、专家权力、认同权力。法定权力是指在社会或组织中处于一个合法地位上所具备的权力。拥有合法权利的权力者有要求他人服从的权利。职位权力是指处于组织机构占据权势和支配地位时所拥有的权力，这种职位权力与职位高低成正比：职位高，权力高；职位低，权力低。掌权人物在决策中起着重大作用。专家权力是指具备或被公认是某领域里的专家所具备的权力，这种权力是与知识联系在一起的。认同权力自于个人修养，是上述三种权力的综合及延伸。

2. 运用权力的基本方式

科特勒认为，权力是指某一渠道成员支配另一渠道成员的能力，可采用五种基本方式来运用权力。

(1) 强制型权力。它是指商业银行因代理商或中间商不合作或合作不力时，以取消合同或终止合同方式胁迫代理商或中间商，使其信服。这种方式短期内有效，长期来看，其效果不佳。

(2) 报酬型权力。它是指商业银行对代理商或中间商支付额外报酬的权力，是一种特殊行为。这种方式能笼络代理商或中间商，但也会助长他们要求报酬的欲望。

(3) 契约型权力。它是指商业银行按照固有关系及合同要求实施某种行为的力量。

(4) 专家型权力。它是指商业银行在专业知识领域所拥有的权力。如果代理商或中间商拥有这种权力，商业银行的专家型权力就会遭到削弱。

(5) 咨询型权力。它是指商业银行为代理商或中间商所拥护，并以能与其同步感到自豪所体现出来的一种权力。

3. 开展权力营销时应采取的措施

(1) 研究权力自身的规律，探讨正确有效发挥各种权力在营销作用中的方式。

(2) 探讨目标市场中的权力结构，寻找可借助权力的机会，开展营销活动。这一点在国际营销中具有特别重要的意义。

(3) 走出对权力营销理解的误区，扭转发挥权力在营销活动中的作用是“以权谋私”的偏见。权力营销是以遵守营销职业道德为准则的。

(4) 正确借助名人效应、专家效应，借助政府和有关组织的影响，制定权力营销策略。

(5) 划清权力营销与以权谋利的界限，杜绝权力营销中的不正之风。

第四节　案 例 研 究

一、案例研究 1：中国建设银行的市场细分

(一)案例展示

中国建设银行(以下简称“建行”)深圳市分行接连推出“女子银行”、“科技银行”、“汽车银行”、“住房银行”、“口岸银行”、“建筑银行”、“企业理财银行”等一系列建立在市场细分基础上的特色银行，在当地乃至全国曾引起强烈反响。

深圳经过 20 年的开放发展，已形成了门类齐全、服务网点密集、从业人员比例高的开放型银行体系。目前，深圳已有政策性银行、国有商业银行、股份制商业银行、农村信用联社及邮政储蓄机构网点 1200 多个，外资银行 52 家，金融竞争十分激烈。但金融产品日渐趋同的情况与其他地区并无二致，走专业化、特色化经营之路成为必然。

1999 年年底，建行深圳市分行在全国率先创办了第一家特色银行——女子银行，引起社会各界的广泛关注，建行深圳市分行也由此拉开了市场细分的序幕。女子银行的正式名称是建行深圳嘉华支行。在这里，从行警到员工、到行长，全为女性，办公区的布置也处处散发着女性的柔美气息。她们把已有的服务品种整合成理财、个人卡、个人贷款、代收费、女士沙龙 5 个服务组合，专门为女性提供金融服务。女子银行开办的女士理财沙龙，

第一次活动计划120人参加，结果来了160多人，甚至有上海的女士乘飞机前往深圳参加沙龙。

女子银行的成功推出，使建行深圳市分行认识到，客户的需求是有差别的，提供更加个性化、差别化的理财服务，将是未来金融业务发展的必然趋势。于是，建行深圳市分行一口气又相继推出了8个特色银行。

2000年10月8日开业的口岸银行的李行长介绍说："香港人买菜都到深圳，而每天从罗湖口岸过境的香港人有 6 万，我们把罗湖商业城支行办成口岸银行后，来办业务的香港人比以前增加了三成，每天新开户的客户中，香港人有四成，我们推出的外币业务和一揽子个人理财服务业务，香港人来这里办业务，直把深圳当成了香港！"

建行深圳市分行科苑支行，作为全国首家科技银行，于2000年3月1日在深圳市高新技术产业园区宣布成立。它为高科技企业提供创业贷款、厂房专项贷款、投融资顾问、高新技术论坛等金融服务，投资咨询网顾问更是包括了中国工程院院士牛憨笨、倪嘉缵等知名专家。

与此同时，建行深圳市分行还相继推出了"住房银行"、"建筑银行"、"企业理财银行"等特色银行。不管是哪种特色银行的推出，无不引起市民的广泛好评。

特色银行特在哪？特在服务对象上，几乎每家特色银行都有着自己独特的服务群体；特在服务项目上，所有的特色银行都有专门针对各自客户群体的特色服务；特在人员配备上，特色银行员工都经过一定的挑选，比如，高科技银行的客户经理大都为电子、计算机专业本科以上学历的员工，而汽车银行和建筑银行的客户经理都在该行业服务多年；特在服务环境和服务设施上，如科技银行布置了各种最新的项目服务设备和资讯信息终端，住房银行和汽车银行都设置了专门办理按揭业务的个人理财室等。特色银行的推出首先实践了以客户为中心的理论，强化了以市场为导向的理念；其次是树立了品牌；第三是特色产品、特色服务、特色营销成功地结合，结合出了"效益"；第四是造就了一批素质高、业务强的金融人才。

(资料来源：侯宇振. 新华网，http://www.xinhuanet.com.)

(二)原因分析

(1) 市场细分有利于选择目标市场和制定市场营销策略。

建行深圳市分行接连推出"女子银行"、"科技银行"、"汽车银行"、"住房银行"、"口岸银行"、"建筑银行"、"企业理财银行"等一系列建立在市场细分基础上的特色银行，在当地乃至全国曾引起强烈反响。

(2) 市场细分有利于发掘市场机会，开拓新市场。

建行深圳市分行开拓了女子市场、香港人市场、高科技企业市场。

(3) 市场细分有利于集中人力、物力投入目标市场。

建行深圳市分行创造了特色产品、特色服务、特色营销，树立了品牌，得到了“效益”。

(三)案例启示

搞好市场细分是我国商业银行适应市场竞争、增强竞争优势的必然选择，它对有序开展业务创新、实行差异化营销、营造竞争优势具有重要意义。建设银行深圳市分行推出“女子银行”、“科技银行”、“汽车银行”、“住房银行”、“口岸银行”、“建筑银行”、“企业理财银行”等一系列建立在市场细分基础上的特色银行，在当地乃至全国曾引起了强烈反响。其成功最为重要的因素就是找准了市场的切入点，也就是在理解市场细分情况下，找到符合自己银行发展的制高点，形成自己的经营模式，进而形成竞争优势。

二、案例研究 2：澳大利亚的目标市场选择

(一)案例展示

银行市场策略以客户为中心，对两大类基本客户，即个人客户和企业客户进行细分，将需求大致相同的客户归并为一组，从中选择、确定目标市场，并运用具有不同针对性的营销手段满足这些目标市场的需求。

划分目标市场的标准很多。对于个人客户，目前澳大利亚各主要银行的通行做法是将个人市场划分为大众阶层、中产阶层和富人阶层。对于只要求基本银行服务的大众客户，银行尽量提供电子化服务以降低成本；对于教育程度较高的中产阶层，除基本服务项目外，还为其提供各类私人借贷、楼宇贷款、保险、信用卡等服务，并将理财服务也推广到该阶层；对于富人阶层，各银行在近几年均先后成立了“私人银行部”，对这些“高价值”客户，依据其不同的资产状况和金融需求，为其度身设计一揽子金融服务(Tailore Financial Service Pack Age)，提供高档服务。

多层面的市场分类是澳洲联邦银行的基本策略。其市场分类的特点是“细而又细”，在将客户分为个人、企业两个基本类别的基础上，对每一类客户又进一步细化。如对个人客户，他们根据年龄分为不同组别，有针对性地提供适合各年龄段需要的金融产品和服务。

不仅如此，对同一产品也根据各年龄段的特点设计不同的形式。以储蓄为例，有针对小朋友推出的儿童零用钱账户，也有针对青年人设立的移动电话银行、网上银行账户，还有为老年人保留的最原始的储蓄存折的服务。其宗旨是从客户需要出发，为客户提供全面、终身服务。尽管像儿童零用钱这样的账户服务不会给银行带来多少收益，但这能使客户从小就认识了解联邦银行，再加上联邦银行随着小客户的成长不断为其及时提供适当的产品和服务，使得联邦银行锁定客户的能力大大增强。目前联邦银行拥有近 1000 万户客户，占澳大利亚人口总数的一半，其中很多客户以联邦银行的服务相伴终身。因此，这种自然培养客户的长期策略不仅稳定了客户群，并为银行提供了生生不息的业务源泉，而且还相应减轻了银行拓展新客户的压力，节省了相关的成本和费用。

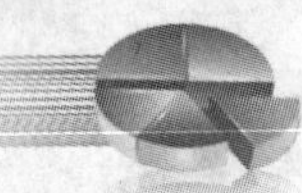

(二)原因分析

澳大利亚各主要银行对个人客户和企业客户进行细分，将个人市场划分为大众阶层、中产阶层和富人阶层。依据其不同的资产状况和金融需求，提供不同的服务。同时，还对每一类客户又进一步细化。如对个人客户，根据年龄分为不同组别，有针对性地提供适合各年龄段需要的金融产品和服务。不仅如此，澳大利亚对同一产品也根据各年龄段的特点设计不同的形式。可见，同一社会收入阶层、同一年龄需求大致相同，对银行产品的偏好往往表现较为一致，即人们的态度、行为、消费模式、投资意识等具有很强的相似性；反之，不同的阶层对此具有差异性。

(三)案例启示

市场细分是指企业按照一种或几种因素，把整个市场分割成若干个有相似需求和欲望的消费群，形成子市场的市场分类过程。它不是对商品进行分类，而是对同种商品需求各异的消费者进行分类，是识别具有不同要求或需要的购买者或用户群的活动。一个社会的总体市场，可以按不同的需求愿望和有货币支付能力的相关群体，划分为各种细分市场。商业银行在权衡竞争中的各方面条件后，作出选择和争夺对自己最有利的某一个或几个细分市场，作为实现主要经营目标的决策和行为，就是商业银行目标市场竞争战略。

在市场细分基础上，商业银行根据主客观条件，依据客户不同的资产状况和金融需求，从中选择一个或几个市场，作为自己的目标市场，提供不同的服务，以便把人力、物力、财力、技术集中到最为有利的市场，占领市场，获取利润。

【复习思考】商业银行的营销组合策略有哪些?

习　题

一、名词解释

商业银行营销、商业银行市场细分、权力营销、商业银行市场定位、银行产品、商业银行间接分销渠道、商业银行直接分销渠道、广告、人员促销、公共关系、扩展产品、形式产品

二、填空题

1. 商业银行营销战略的选择分为四类：________、________、________和________。
2. 市场追随者营销战略分为________、________和________。
3. 商业银行产品有着不同的层次。具体地说，它可分为________、________与________三个层次。

4. 市场细分可依据________变量标准、________变量标准、________变量标准与________变量标准等来进行细分。

5. 商业银行选择目标市场，一般要符合________、________、________、________与________五个方面的要求。

6. 权力类型可分________、________、________和________四类。

7. 科特勒认为，权力是指某一渠道成员支配另一渠道成员的能力，可采用________、________、________、________与________五种基本方式来运用权力。

8. 商业银行间接分销渠道有________、________与________。

9. 银行产品开发战略，一般有________、________与________三种。

三、判断题

1. 公关促销的核心是公关活动的方法和形式的策划与实施。　(　　)

2. 成功的公关活动会起到树立银行良好形象的作用，而失败的公关活动则会给银行形象造成不利影响。　(　　)

3. 核心产品在商业银行产品的三个层次中处于中心地位。　(　　)

4. 对于大多数商业银行来说，增设分支机构是其扩充分销渠道的首选。　(　　)

5. 价格是唯一能够为企业创造收入的因素。　(　　)

6. 商业银行人员促销和其他工作不同，在上门促销前不需要作准备。　(　　)

四、多项选择题

1. 商业银行设立分支机构首先要选择大致范围，可以从(　　)因素考虑。

A. 人口特征　B. 商业结构　C. 工业结构　D. 银行业结构

2. 商业银行具体地点的选择可以考虑的因素有(　　)。

A. 出入方便　B. 车程　C. 竞争者位置　D. 房地产成本

3. 人口统计细分标准有(　　)。

A. 年龄　B. 收入　C. 家庭生命周期　D. 地址

4. (　　)属于商业银行的直接分销渠道。

A. 分支机构　B. 网络银行　C. 代理行　D. ATM 终端

5. (　　)属于商业银行的间接分销渠道。

A. 代理行　B. 特约经销商户　C. 银行中间商　D. 分支机构

6. 以下属于银行广告的有(　　)。

A. 报纸　B. 杂志　C. 广播　D. 会议

五、简述题

1. 商业银行营销的特点有哪些？

2. 广告的特点有哪些？

3. 人员促销的方式有哪些?
4. 人员促销的技巧有哪些?
5. 公关促销的特征有哪些?
6. 公关促销的方法有哪些?

参 考 答 案

第一章

二、填空题

1．资产业务、负债业务、中间业务

2．从旧式的高利贷银行转变而来、以股份公司的形式组建、由国家作为主要出资者组建。

3．英格兰银行

4．单一银行制、分行制、连锁银行制

5．总行制、商业银行

6．决策机构、执行机构、监督机构

7．安全性、流动性、盈利性

8．挤兑

三、判断题

1. × 2. × 3. × 4. × 5. √ 6. √

四、单项选择题

1．A 2．D 3．D 4．D 5．C 6．A
7．D 8．D 9．C 10．A 11．B 12．C
13．D 14. B

五、多项选择题

1．BC 2．ABCD 3．ABCD 4．ABCD
5．ABC 6．ACD 7．AD
8．BCD

第二章

二、填空题

1. 存款、借入款、股东权益

2. 现金资产、持有证券、贷款、其他资产

3. 负债总额、股东权益总额

4. 收入、支出

5. 经营活动现金流量、筹资活动现金流量、投资活动现金流量

6. 利息收入、手续费收入

7. 利息支出、营业费支出

三、分析题

提示：

1) 各比例指标分析

(1) 存贷款比例指标。年初比例为 97.85%(即 8 984 335/9 181 390)；本期期末比例为 90.66%(即 9 125 376/10 065 731)，该行存贷款比例大大超过 75%的标准，其主要原因是贷款规模过大。从年初到本期期末，该行在降低比例方面做了一些工作，指标下降了 7.19(97.85-90.66) 个百分点，新增存款的存贷比例仅为 15.95%(9 125 376-8 984 335/10 065 731-9 181 390)。

该行还应该加大力度，一方面积极吸收存款，扩大存款基数；另一方面按期回收旧贷，严格控制新贷发放，从而缩减信贷规模，降低存贷款比例。

(2) 贷款质量指标。年初三项不良贷款比例为 41.37%(即 3 716 543/8 984 335)，其中逾期贷款率为 22.6%，呆滞贷款率为 17.66%，呆账贷款率为 1.11%；本期期末三项不良贷款比例为 43.23%(即 3 945 316/9 125 376)。其中三项分解指标分别为 23.3%、18.75%、1.19%。该行贷款质量指标中只有呆账贷款率略低于 2%，其他指标均大大超过规定标准，信贷资产状况极差，而且从年初到本期期末各项指标均呈上升趋势。

该行如果不加紧采取措施纠正，则后果堪忧。应该采取的措施包括：①管好用好新贷款，保证回收率为 100%；②加大力度清收原有不良贷款，包括收贷、补办抵押、以资抵债等措施；③按比例足额提取呆账准备金，并按规定冲销贷款呆账。

(3) 备付金比例指标。

年初比例为 766 270/9 181 390=8.35%

本期期末比例为 523 499/10 065 731=5.2%

该行备付金比例符合规定标准。年初比例稍高是为了保证支付和清算汇差需要。但从年初到本期期末备付率下降幅度较大，尤其是在央行的备付金存款下降了 43.12%((629 112-357 842)/629 112)，应当引起警惕，保证备付金比例维持在 5%以上。另外库存现金由 137 158 万元增加到 165 657 万元，增幅为 20.78%，现金投放有增大的趋势，与人民银行加强现金基础上管理的规定相悖，应当严格控制。

(4) 拆借资金比例指标。

年初拆入资金比例为(183 489+1 859 030)/9 181 390=22.25%

拆出资金比例为 167 815/9 181 390=1.83%

本期期末拆入资金比例为(141 429+1 721 466)/10 065 731=18.51%

拆出资金比例为 70 435/10 065 731=0.7%

从项目指标分析来看，该行拆入资金比例大大超过 4%的标准，而拆出资金比例极低。说明该行资金头寸严重短缺，大量依靠借用他行资金来维持运转，资金状况极不乐观，流动性和保证支付的目标可能受到威胁。该行应当采取的措施主要是大力吸收存款，增加存款总量，同时在保证支付的前提条件下，减少拆入资金数量，降低拆入资金比例。但是该行拆入资金比例由年初的22.25%下降到本期期末的18.51%，可见这方面的工作已初见成效。

(5) 资本利润率和资产利润率指标。该行本期期末利润为-80 917 万元，为亏损行。因此资产利润率和资本利润率均为负，而且所有者权益项只有实收资本和本年利润项，并无其他项目，可见该行已亏损多年，银行资本有逐年减少的危险，资本保全目标难以实现。

造成这种状况的原因是多方面的，从资产负债表中可以看出的问题有：

① 不良贷款比例太高，为 43.23%，利息回收困难，缺少资金来源。

② 资产结构不合理。一是非贷款资产比例太低，仅为(14 044 872-9 125 376)/14 044 872=35.03%，而且其中有 1 214 515 万元的内部资产和 135 556 万元的待清理资产(包含信托)，占非贷款资产的 27.44%[(1 214 515+135 556)/(14 044 872-9 125 376)]，这些是没有收益和挂账待处理的资产。这种状况导致除贷款利息回收，该行很少有其他资产收益。二是在总资产中的低收益资产和无收益资产比重较大，为(425 998+3 199 260)/14 044 872 =25.81%。

③ 负债结构不合理。一是拆入资金比例过大，为 18.15%，导致资金来源成本过高。二是本期期末总定期存款和总活期存款几乎各占一半，而且从年初到本期期末定期存款的增幅超过活期存款的增幅，存款成本有加大的趋势。三是各项存款中从年初到本期期末主要是储蓄存款增长了(6 580 717-5 745 193)/5 745 193=14.54%，而对公存款基本上没有增长。众所周知，储蓄存款成本高于对公存款(因为利息高)。四是高、中成本负债占总负债的比例偏高，也可发现这一问题，该比例为 (2 962 654+5 280 433)/13 800 604=59.73%。

2) 该行资产负债管理综合评价

从资产负债表来看，该国有商业银行资产和负债结构均不合理，存贷款比例、贷款质量、拆借资金比例都大大超标，利润状况堪忧，资本保全目标受到影响。该行应采取针对性措施，增加存款总量，特别是中低成本存款，减少拆入资金数量，降低各项费用；及时转化三项不良贷款，加大收息力度，拓宽收益来源，扭转上述不利局面，保证银行良性经营，维护存款人和所有者的利益。

第三章

二、填空题

1．投入资本、资本公积、盈余公积、未分配利润

2．普通股、债券

3．20 亿、10 亿、5 亿

4．0、10%、20%、50%、小

5．信用转换系数

6．在开业注册登记时所载明、界定银行经营规模；业务经营过程中通过各种方式不断补充

7．自由支配使用、无须偿还

8．核心资本、附属资本、股本、公开储备、50%

9．公开储备

10．未公开储备、重估储备、普通准备金、带有债务性质的资本金工具

11．贷款呆账准备金、坏账准备金、投资风险准备金、五年及五年期以上的长期债券

12．资本充足率=资本÷风险加权资产、8%、4%

13．12

14．100%、50%、20%、0

15．(300+40)÷(6000×10%+5000×20%+2000×100%)=9.4%

16．资本充足率=(200+80)/1500×100%=18.6%

资本充足率=(200+80)/1500

17．核心资本

18．附属资本

19．0、0.5%、1%、5%

三、判断题

1．√　　2．×　　3．√　　4．√

四、单项选择题

1．C　　2．A　　3．C　　4．B　　5．C

五、多项选择题

1．ABD　　2．CD　　3．ABC　　4．ACD　　5．ABD

七、计算题

第一步，求出该商业银行的表内风险权重资产。

表内风险权重资产=80×0+330×0+100×20%+90×50%+1200×100%=1265(万元)

第二步，求出该商业银行的表外风险权重资产。

表外风险权重资产=200×100%×20%+250×50%×100%=165(万元)

第三步，求出该商业银行的风险资产总额。

风险资产总额=表内风险权重资产+表外风险权重资产=1265+165=1430(万元)

第四步，求出该商业银行的资本充足率。

资本充足率=资本总额/风险资产总额×100%=150/1430×100%=10. 5%

因为 10.5% > 8%，可见，该商业银行实现了资本充足率要求，符合《巴塞尔协议》的规定。

《巴塞尔新资本协议》规定，如果银行的核心资本与风险加权总资产之比不得低于 4%。若风险加权总资产为 10 000，则核心资本不得低于多少？10 000×4%=400。

第四章

二、填空题

1. 被动型负债、主动型负债
2. 定期存款、储蓄存款
3. 活期储蓄、定期储蓄
4. 派生存款
5. 主动负债、被动负债、发行各种债务凭证
6. 定期存款

三、判断题

1．√　2．×　3．√　4．√　5．√　6．√
7．×　8．√　9．√　10．×　11．×　12．√
13．√　14．√　15．√　16．×

四、单项选择题

1．A　2．C　3．D　4．B　5．D

五、多项选择题

1．BCD　2．ABC　3．ABCD　4．ACD　5．ABCD

第五章

二、填空题

1．现金资产、贷款类业务、票据类业务、证券投资、金融同业

2．资金汇集法、资金转换法、经验法、缺口管理法

3．准备金、收款过程的现金、同业存款

4．国库券、中长期债券

5．期限标准、贷款对象标准、保障条件标准、管理方法、 风险程度

6．短期贷款、中期贷款、长期贷款

7．工商业贷款、不动产贷款、消费者贷款、同业贷款、其他贷款

8．抵押贷款、质押贷款、担保贷款、信用贷款、票据贴现贷款

9．备用信贷、循环信贷

10．正常、关注、次级、可疑、损失

三、判断题

1．√　2．×　3．√　4．√　5．×　6．√　7．√

五、分析题

1．提示：

(1) 金融资产占据了绝大部分的比重。

(2) 各项贷款是最重要的盈利性资产。

(3) 现金类资产是银行最有意义的资产。

2．在中国经济稳步快速发展的大环境下，国内商业银行资产业务发展继续呈现了快速增长势头，资产结构也出现了相应的变化。2007 年末， 中国银行业金融机构总资产达 52.6 万亿元，总资产较上年新增 8.65 万亿元，增长了 19.68%，增幅高出上年 2.38 个百分点。14 家上市商业银行资产总额已达 29.84 万亿元，占全部银行业金融机构总资产的 56.73%。14 家上市商业银行资产新增 5.07 万亿元，增长了 20.46%。2007 年，国有控股商业银行资产总额为 23.38 万亿元，比上年新增 3.38 万亿元，平均增速为 16.87%。全国性中小股份制商业银行资产业务表现出更为强劲的扩张势头，其资产规模达到 5.95 万亿元，比上年新增了 1.57 万亿元，平均增速高达 35.95%。城市商业银行资产总额为 5057.98 亿元，比上年增长了 30.53%。

提示：

(1) 经济持续快速增长和固定资产投资需求高涨，使客户对银行贷款需求加强，从外部推动了商业银行资产业务扩张。

(2) 商业银行自身发展压力加大是其资产扩张的内因。伴随着商业银行竞争加剧以及外资银行深度进入，国内商业银行面临较大发展和盈利压力。而在非利息收入还不能成为商业银行主要收入增长支撑的前提下，国内商业银行盈利还必须依靠利息收入的增长。为了大幅增加收入，给股东一个好的回报，商业银行偏好于依赖资产快速增长，即大力投放贷款和积极进行证券投资，来增加利息收入和投资收益。

(3) 银行业是较为典型的具有规模经济特征的行业，只有其规模达到一定程度，才能使成本大幅下降，竞争力得到加强。因此，大多数中小商业银行还难以摆脱追求规模扩张的思路。相反，在外部竞争加剧的形势下，其追求规模扩张思路进一步强化，多数中小商业银行都把“做大做强”作为自身的战略目标，制定了较高年度资产负债以及存贷款增长指标，不遗余力进行资产扩张，而且在资产扩张方面由过去单纯依赖自然增长扩张方式向并购等多种方式转变。

2007 年银监会下发了《关于允许股份制商业银行在县域设立分支机构有关事项的通知》，规定股份制商业银行在商业可持续的原则和“风险可控”的前提下，可以在具有城市群或经济紧密区特征的城市或县域设立支行，并视为同城分支机构管理。有关银行市场准入规定的变化，也为中小银行的区域扩张创造了条件。2007 年，国内大多数中小商业银行在区域扩张方面都表现出了积极态度，通过在异地设立分支机构和收购当地金融机构方式进行自我扩张。

(4) 2007 年国内商业银行特别是规模较大的银行，积极实施综合化和国际化经营战略，在向证券、保险、基金等行业继续渗透的同时，加快向海外扩张步伐，其跨行业、跨国界并购和渗透也在一定程度上促进了资产的快速扩张。

(5) 新的银行机构挂牌与设立进一步增加了银行业资产规模。

第六章

二、填空题

1. 准备金、同业存款、托收未达款
2. 基础头寸、可用头寸
3. 库存现金、中央银行的超额准备金
4. 基础头寸、银行存放同业的存款
5. 一定会提取的存款、可能会提取的存款、随时可能会提取的存款
6. 应调入或调出资金、到期同业往来清入或清出资金、法定存款准备金调减或调增额
7. 发行新股、卖出债券
8. 适时调节原则、安全保障原则

9．历史同期库存现金规模、季节性变化规律、银行业务的发展速度

10．存款准备金、库存现金

三、判断题

1．√　2．×　3．√　4．√　5．√
6．×　7．√　8．√　9．√

四、单项选择题

1．B　2．A　3．D

五、多项选择题

1．AD　2．ABCD　3．ABCD　4．AB

第七章

二、填空题

1．通知贷款、透支贷款
2．信用贷款、担保贷款
3．自营贷款、委托贷款、特定贷款
4．产品有市场；不挤占挪用信贷资金、恪守信用
5．审贷分离、分级审批
6．贷前调查、贷时审查
7．品德、能力、资本、担保、经营状况、发展前景
8．资产负债表、损益表、现金流量表、利润表
9．短期偿债能力、长期偿债能力、经营能力、盈利能力
10．贷款申请阶段

三、判断题

1．√　2．×　3．×　4．×　5．√　6．√

四、多项选择题

1．BCD　2．AB　3．ABCD　4．BCD.　5．ABCD

五、分析题

分析提示：表面上看企业的要求是合理的。一般认为，第一期工程已经结束，如果投入3000万元配套设施后，房地产公司销售房屋收入可以用于归还银行的贷款，贷款期限短，风险性较小。但是，仔细分析企业的财务报表发现此房地产公司在本年前已经开始进行期

房销售，房源已经基本售完。也就是说第一期开发的楼盘的销售收入基本已经到位。这样我们可以得出另一个完全相反的结论：

① 房地产公司第一期的回收款可能用于第二期楼盘的开发。

② 此次贷款用途有可能是用于第一期的收尾资金，但是还款来源并不像借款企业讲到的那样可由一期的销售款来归还。可能要等到二期销售完之后才能归还。目前由于房价偏高，因此未来的销售情况难以预计。

③ 借款人不真实反映情况。

结论：此企业不能正常归还贷款，银行不能向其贷款。

第八章

二、判断题

1. √　2. ×　3. √　4. √　5. √　6. √
7. √　8. √　9. √　10. √　11. √　12. √
13. √　14. √　15. √　16. √　17. √　18. ×
19. √　20. ×　21. √　22. √

三、单项选择题

1. C　2. B　3. D　4. A　5. A　6. B
7. A　8. A　9. C　10. D　11. B

四、多项选择题

1. ABCD　2. ABCD　3. ABCD　4. ABCD
5. ABCD　6. ABCD　7. ABCD　8. ABCD
9. ABCD　10. ABC　11. D　12. CD
13. ABCD　14. ABCD　15. ABCD　16. ABCD
17. ABCD　18. AC　19. BCE　20. AB
21. BCD　22. BCD　23. ABC　24. ABCD

第九章

二、填空题

1. 结算业务、代理业务、信托业务、租赁业务
2. 汇票、本票、支票
3. 同城结算、异地结算
4. 支票结算、账单支票与划拨制度、直接贷记转账和直接借记转账、票据交换所自动

转账系统

5．汇兑结算、托收结算、信用证结算、电子资金划拨系统

6．代收代付、代理证券、代理保险、代理政策性银行、代理中央银行、代理商业银行

7. 个人信托、法人信托

8．担保、承诺

9．外汇期货、股票指数期货、利率期货

10．股权期权、利率期权、外汇期权

11．看涨期权、看跌期权、双重期权

12．场内期权、场外期权

13．融资租赁、经营性租赁

14．单一投资租赁、杠杆租赁

三、判断题

1．× 2．√ 3．√ 4．√ 5．√

第十章

二、填空题

1．代表处、代理行、分行、子公司或附属机构、合资联营银行

2．专项

3．买方信贷、卖方信贷

4．汇款人、汇出行、汇入行、收款人

5．普通债券

6．国际通用货币

7．外币

8．85%

9．出口国银行、出口商

10．出口国银行、进口商、进口商银行

11．直接贷款、银团贷款、贸易融资

12．出口信贷、打包放款、票据买入业务、进出口押汇、福费廷、保理业务

三、判断题

1．√ 2．× 3．√ 4．× 5．√ 6．√

7．√ 8．× 9．√ 10．√ 11．√

四、单项选择题

1. C　2. B　3. C　4. A　5. C

五、多项选择题

1. ABC　2. AB

第十一章

二、填空题

1. 客观概率、主观概率、统计估值、假设检验、相关预测
2. 成本效益分析、权衡分析、风险效益分析、统计型评价、综合分析
3. 优势、期望值、最小方差、最大可能、满意
4. 掉期交易、期货交易、期权交易
5. 合同、保险、法律
6. 风险识别、风险计量、风险防范与控制
7. 正常类贷款、关注类贷款、次级类贷款、可疑类贷款、损失类贷款
8. 多样化经营战略、成本优势战略、地理扩张战略

三、判断题

1. √　2. ×　3. √　4. ×　5. ×

四、多项选择题

1. AC　2. AB

第十二章

二、填空题

1. 市场领导者、市场挑战者、市场追随者、市场补缺者
2. 完全追随战略、保持一段距离的追随战略、有选择追随战略
3. 核心产品、形式产品、扩展产品
4. 地理、人口统计、心理、行为
5. 充足稳定的购买力、整体的一致性、减少竞争成本、获取市场信息、畅通的分销渠道
6. 法定权力、职位权力、专家权力、认同权力
7. 强制型权力、报酬型权力、契约型权力、专家型权力、咨询型权力

8．代理行、特约经销商户、其他银行中间商

9．扩张战略、差别战略、卫星产品战略

三、判断题

1．√　2．√　3．√　4．√　5．√　6．×

四、多项选择题

1．ABCD　2．ABCD　3．ABC　4．ABD

5．ABC　6．ABC

参 考 文 献

[1] 郭颂平. 保险营销[M]. 北京：高等教育出版社，2003.

[2] 夏英. 市场营销案例[M]. 北京：机械工业出版社，2004.

[3] 岳忠宪. 商业银行经营管理[M]. 北京：中国财政经济出版社，2006.

[4] 韩瑾. 商业银行经营管理[M]. 杭州：浙江大学出版社，2007.

[5] 王红梅. 商业银行业务与经营[M]. 北京：中国金融出版社，2006.

[6] 邢天才. 商业银行经营管理[M]. 大连：东北财经大学出版社，2004.

[7] 王培忠. 市场营销学案例教程[M]. 北京：经济科学出版社，2002.

[8] 王德静. 浅谈增强国有商业银行的竞争力[J]. 金融研究，2008：7-14.

[9] 胡家源. 银行大时代[J]. 南风窗，2007：5-30.

[10] 连平. 银行业巨变[J]. 中国经济报告，2008：11-19.

[11] 谢平. 中国入世三年来金融改革的最新进展[J]. 金融四十人论坛，2009：2-5.